普通高等院校"十三五"规划教材

国际贸易理论与实务

GUOJI MAOYI

LILUN YU SHIWU

李红丽　佟　哲◎主　编
杨耀旭　黄　蕾　丁俊凌　马　澜　吴　宏　卢　隽◎副主编
赵云芸　潘　颖◎参　编

清华大学出版社
北京

内 容 简 介

本书结合当前国际贸易理论研究的前沿以及国际贸易实务的实际做法，重点对国际贸易理论、政策与实务进行了探讨。本书共十六章，其中第一章至第五章是国际贸易理论部分，包含国际贸易理论概述、国际贸易理论、国际贸易政策、国际经济一体化理论与实践，以及世界贸易组织等内容；第六章至第十六章为国际贸易实务部分，是本书的主要内容，包括国际贸易实务基础、国际贸易的磋商与合同签订、国际贸易术语、国际货物买卖合同的标的条款、国际货物买卖合同的运输条款、国际货物买卖合同的保险条款、国际货物买卖合同的价格条款、国际货物买卖合同的支付条款、国际货物买卖合同的一般交易条款、国际货物买卖合同的履行和国际贸易方式等知识。

本书可作为高等院校经济类、管理类各专业学生的通用教材或辅导书，也可供从事与国际贸易相关工作的专业人员学习和参考。

本书封面贴有清华大学出版社防伪标签，无标签者不得销售。
版权所有，侵权必究。举报：010-62782989，beiqinquan@tup.tsinghua.edu.cn。

图书在版编目(CIP)数据

国际贸易理论与实务 / 李红丽，佟哲主编．—北京：清华大学出版社，2017（2023.8重印）
（普通高等院校"十三五"规划教材）
ISBN 978-7-302-47887-4

Ⅰ.①国⋯ Ⅱ.①李⋯ ②佟⋯ Ⅲ.①国际贸易理论-高等学校-教材 ②国际贸易-贸易实务-高等学校-教材 Ⅳ.①F740

中国版本图书馆 CIP 数据核字(2017)第 184398 号

责任编辑：刘志彬
封面设计：汉风唐韵
责任校对：宋玉莲
责任印制：刘海龙

出版发行：清华大学出版社
　　网　　址：http://www.tup.com.cn，http://www.wqbook.com
　　地　　址：北京清华大学学研大厦 A 座　　邮　编：100084
　　社 总 机：010-83470000　　邮　购：010-62786544
　　投稿与读者服务：010-62776969，c-service@tup.tsinghua.edu.cn
　　质量反馈：010-62772015，zhiliang@tup.tsinghua.edu.cn
印 装 者：三河市龙大印装有限公司
经　　销：全国新华书店
开　　本：185mm×260mm　　印　张：20　　字　数：514 千字
版　　次：2017 年 8 月第 1 版　　印　次：2023 年 8 月第 5 次印刷
定　　价：56.00 元

产品编号：075456-01

前　言

伴随着经济全球化的进程和互联网相关技术的成熟与应用，我国进出口贸易的方式与规模都在不断变化。电子商务国际贸易的快速发展降低了国际贸易的从业门槛，越来越多的有志之士加入进出口贸易工作中。因此，系统学习国际贸易理论与实务的必要性日益突出。本书是针对非国际经济与贸易专业本科生而编写的教材，同时适用于国际贸易理论与实务的初学者和从事国际贸易相关工作的业务人员学习与参考。

本书具有以下三个特点。

▶ 1. 范围广

除了多数教材包含的内容外，本书增加了国际经济一体化分析、国际商法和国际金融相关基础知识，更符合非国际经济与贸易专业学生的需要。

▶ 2. 结构新

本书内容分为两部分：第一章至第五章是国际贸易理论部分，包含国际贸易理论概述、国际贸易理论、国际贸易政策、国际经济一体化理论与实践，以及世界贸易组织等内容；第六章至第十六章为国际贸易实务部分，是本书的主要内容，包括国际贸易实务基础、国际贸易的磋商与合同签订、国际贸易术语、国际货物买卖合同的标的条款、国际货物买卖合同的运输条款、国际货物买卖合同的保险条款、国际货物买卖合同的价格条款、国际货物买卖合同的支付条款、国际货物买卖合同的一般交易条款、国际货物买卖合同的履行和国际贸易方式等知识。在国际贸易实务部分，首先介绍外汇与汇率、国际商法等相关基础知识，再按照国际贸易的前期准备、交易磋商与合同履行的程序编排各章节内容，更贴近国际贸易实务工作的实际。

▶ 3. 重实训

国际贸易实务与进出口贸易的实际工作联系紧密，书中以实例的形式展示进出口贸易双方撰写信函的结构与样式，介绍国际贸易合同和海运提单的缮制，详细说明了国际贸易价格的核算方法与过程等。这些都是国际贸易的实际工作内容，为读者参与国际贸易工作或进行国际贸易仿真实训奠定了基础。

本书由河南中医药大学李红丽和广东技术师范学院天河学院佟哲任主编，

开封大学杨耀旭、武汉商学院黄蕾、河南中医药大学丁俊凌、南京中医药大学马澜、浙江财经大学吴宏、贵州师范大学经济与管理学院卢隽任副主编，武汉商学院赵云芸和潘颖参与编写。鉴于编者能力有限，书中难免存在不足之处，敬请读者指正，以备日后进一步修订完善。

编　者

目 录

第一章　国际贸易理论概述　1
学习目标　1
第一节　国际贸易的产生与发展　2
第二节　国际贸易的概念与统计指标　8
第三节　国际贸易理论的内容与研究方法　14
本章小结　16
复习思考题　16

第二章　国际贸易理论　17
学习目标　17
第一节　古典国际贸易理论　17
第二节　新古典国际贸易理论　23
第三节　当代国际贸易理论　26
本章小结　39
复习思考题　39

第三章　国际贸易政策　40
学习目标　40
第一节　进口关税政策　41
第二节　限制性非关税政策　44
第三节　鼓励性非关税政策　47
本章小结　55
复习思考题　55

第四章　国际经济一体化理论与实践　56
学习目标　56
第一节　国际经济一体化的含义与形式　57
第二节　国际经济一体化的经济效应分析　61
第三节　国际经济一体化实践　65
本章小结　73
复习思考题　73

第五章 世界贸易组织　　74

　　学习目标　　74
　　第一节　关贸总协定的产生与发展　　75
　　第二节　世界贸易组织　　79
　　第三节　中国与世界贸易组织　　87
　　本章小结　　90
　　复习思考题　　90

第六章 国际贸易实务基础　　91

　　学习目标　　91
　　第一节　国际贸易实务概述　　92
　　第二节　外汇与汇率　　96
　　第三节　关于国际货物买卖的国际公约　　101
　　本章小结　　105
　　复习思考题　　105

第七章 国际贸易的磋商与合同签订　　106

　　学习目标　　106
　　第一节　国际贸易的交易前准备　　107
　　第二节　国际贸易的磋商　　114
　　第三节　国际贸易合同的签订　　121
　　本章小结　　124
　　复习思考题　　124

第八章 国际贸易术语　　125

　　学习目标　　125
　　第一节　国际贸易术语相关惯例　　126
　　第二节　《Incoterms® 2010》中适用于海运或内陆水上运输的贸易术语　　130
　　第三节　《Incoterms® 2010》中适用单一或多种运输方式的贸易术语　　136
　　本章小结　　143
　　复习思考题　　144

第九章 国际货物买卖合同的标的条款　　145

　　学习目标　　145
　　第一节　商品的名称与质量　　146
　　第二节　货物的数量　　152
　　第三节　货物的包装　　157
　　本章小结　　163
　　复习思考题　　163

第十章　国际货物买卖合同的运输条款　164

　　学习目标 ································· 164
　　第一节　国际货物的运输方式 ················· 165
　　第二节　装运条款 ························· 176
　　第三节　运输单据 ························· 181
　　本章小结 ································· 188
　　复习思考题 ······························· 188

第十一章　国际货物买卖合同的保险条款　189

　　学习目标 ································· 189
　　第一节　海上货物运输保险承保的范围 ········· 190
　　第二节　国际货物运输保险的内容 ············· 193
　　第三节　海上货物运输保险条款和保险单据 ····· 200
　　本章小结 ································· 208
　　复习思考题 ······························· 208

第十二章　国际货物买卖合同的价格条款　209

　　学习目标 ································· 209
　　第一节　国际贸易价格概述 ··················· 210
　　第二节　国际贸易进出口价格的核算 ··········· 218
　　本章小结 ································· 229
　　复习思考题 ······························· 229

第十三章　国际货物买卖合同的支付条款　230

　　学习目标 ································· 230
　　第一节　国际结算的票据 ····················· 231
　　第二节　国际贸易中的汇付与托收 ············· 240
　　第三节　信用证 ··························· 246
　　本章小结 ································· 257
　　复习思考题 ······························· 257

第十四章　国际货物买卖合同的一般交易条款　258

　　学习目标 ································· 258
　　第一节　商品检验 ························· 259
　　第二节　索赔 ····························· 264
　　第三节　不可抗力 ························· 268
　　第四节　仲裁 ····························· 271
　　本章小结 ································· 275
　　复习思考题 ······························· 275

第十五章　国际货物买卖合同的履行　　276

　　学习目标 ·· 276
　　第一节　出口合同的履行 ·· 276
　　第二节　进口合同的履行 ·· 285
　　本章小结 ·· 292
　　复习思考题 ·· 293

第十六章　国际贸易方式　　294

　　学习目标 ·· 294
　　第一节　一般贸易方式 ··· 295
　　第二节　其他贸易方式 ··· 304
　　本章小结 ·· 311
　　复习思考题 ·· 311

参考文献 ·· 312

第一章 国际贸易理论概述

学习目标

通过本章的学习,了解国际贸易产生的背景和条件,熟悉国际贸易的发展历程,掌握国际贸易的基本概念和相关统计指标,为后续国际贸易理论的学习奠定基础。

引导案例

"一带一路"构筑全球经贸新格局

"一带一路"有望构建新的全球经济大循环。"一带一路"地区覆盖总人口约46亿(超过世界总人口的60%),GDP总量达20万亿美元(约占全球的三分之一)。1990—2013年,全球贸易、跨境直接投资年均增长速度为7.8%和9.7%,而"一带一路"相关65个国家同期的年均增长速度分别达到13.1%和16.5%。尤其是国际金融危机后的2010—2013年期间,"一带一路"对外贸易、外资净流入年均增长速度分别达到13.9%和6.2%,比全球平均水平高出4.6个百分点和3.4个百分点。"一带一路"将形成全球第三大贸易轴心。

随着我国产业结构升级以及日本经济持续衰退,过去以日本为雁首的亚洲产业分工和产业转移模式逐渐被打破。根据劳动力成本和各国的自然资源禀赋相对比较优势,未来5年,我国劳动力密集型行业和资本密集型行业有望依次转移到"一带一路"周边及沿线国家,带动沿线国家产业升级和工业化水平的提升,构筑以我国为雁首的新雁阵模式。

虽然加强"一带一路"区域贸易投资合作还须克服诸多难题,诸如区域整体发展水平和市场规模较低、高水平经济一体化建设明显滞后、贸易往来存在较多壁垒和障碍等,但是,"一带一路"以推动实现区域内政策沟通、道路联通、贸易畅通、货币流通、民心相通为重点,促进开放型经济新体制的建立,包括基础设施互联互通、能源资源合作、园区和产业投资合作、贸易及成套设备出口等领域,将依托沿线基础设施的互通互联,对沿线贸易和生产要素进行优化配置,形成以"周边为基础加快实施自由贸易区战略"和"面向全球的高标准自贸区网络"是未来的大势所趋。

资料来源:张茉楠."一带一路"构筑全球经贸新格局.华夏时报,2016-03-18.

第一节　国际贸易的产生与发展

一、国际贸易产生的条件

国际贸易是一个历史的范畴,是在一定的历史条件下产生的,是社会生产力发展到一定阶段的产物。国际贸易的产生必须具备两个基本的条件,一是有剩余产品可以作为商品进行交换;二是要有国家的存在。这些条件不是人类社会一产生就有的,而是随着社会生产力的不断发展和社会分工的不断扩大而逐渐形成的。

在原始社会初期,人类的祖先结伙群居,打鱼捕兽,生产力水平极度低下,人们处于自然分工状态,劳动成果仅能维持群体最基本的生存需要,没有剩余产品用以交换,因此谈不上有对外贸易。

人类历史的第一次社会大分工,即畜牧业和农业的分工,促进了原始社会生产力的发展,产品除维持自身需要以外,还有少量的剩余。人们为了获得本群体不生产的产品,便出现了氏族或部落之间用剩余产品进行的原始的物物交换。当然,这种交换还是极其原始并偶然发生的物物交换。

在漫长的年代里,随着社会生产力的继续发展,手工业从农业中分离出来成为独立的部门,形成了人类历史的第二次社会大分工。由于手工业的出现,便产生了直接以交换为目的的生产——商品生产。当产品是专门为满足别人的需要而生产时,商品交换就逐渐成为一种经常性的活动。随着商品生产和商品交换的扩大,出现了货币,于是,商品交换就变成了以货币为媒介的商品流通。这样就进一步促进了私有制和阶级的形成。由于商品交换的日益频繁和交换的地域范围不断扩大,又产生了专门从事贸易的商人阶层,这就是人类历史的第三次社会大分工。第三次社会大分工使商品生产和商品流通进一步扩大,商品生产和流通更加频繁和广泛,从而阶级和国家相继形成。于是,到原始社会末期,商品流通开始超越国界,这就产生了对外贸易。

人类社会的三次大分工,每次都促进了社会生产力的发展和剩余产品的增加,同时也促进了私有制的发展和奴隶制的形成。在原始社会末期和奴隶社会初期,随着阶级和国家的出现,商品交换超出了国界,国家之间的贸易便产生了。可见,在社会生产力和社会分工发展的基础上,商品生产和商品交换的扩大,以及国家的形成,是国际贸易产生的必要条件。

二、资本主义生产方式以前的国际贸易

(一) 奴隶社会的国际贸易

在奴隶社会,自然经济占主导地位,其特点是自给自足,生产的目的主要是为了消费,而不是为了交换。奴隶社会虽然出现了手工业和商品生产,但在一国整个社会生产中显得微不足道,进入流通的商品数量很少。同时,由于社会生产力水平低下和生产技术落后,交通工具简陋,道路条件恶劣,严重阻碍了人与物的交流,对外贸易局限在很小的范围内,其规模和内容都受到很大的限制。

奴隶社会是奴隶主占有生产资料和奴隶的社会,奴隶社会的对外贸易是为了奴隶主阶级服务的。当时,奴隶主拥有财富的重要标志是其占有多少奴隶,因此奴隶社会国际贸易

中的主要商品是奴隶。据记载，希腊的雅典就曾经是一个贩卖奴隶的中心。此外，粮食、酒及其他专供奴隶主阶级享用的奢侈品，如宝石、香料和各种织物等也都是当时国际贸易中的重要商品。

奴隶社会时期从事国际贸易的国家主要有腓尼基、希腊、罗马等，这些国家在地中海东部和黑海沿岸地区主要从事贩运贸易。我国在夏商时代进入奴隶社会，贸易集中在黄河流域。

对外贸易在奴隶社会经济中不占有重要的地位，但是它促进了手工业的发展，奴隶贸易成为奴隶主经常补充奴隶的重要来源。

（二）封建社会的国际贸易

封建社会时期的国际贸易比奴隶社会时期有了较大的发展。在封建社会早期，封建地租采取劳役和实物的形式，进入流通领域的商品并不多。到了中期，随着商品生产的发展，封建地租转变为货币地租的形式，商品经济得到进一步的发展。在封建社会晚期，随着城市手工业的发展，资本主义因素已在孕育，商品经济和对外贸易都有较快的发展。

在封建社会，封建地主阶级占统治地位，对外贸易是为封建地主阶级服务的。奴隶贸易在国际贸易中基本消失。参加国际贸易的主要商品，除了奢侈品以外，还有日用手工业品和食品，如棉织品、地毯、瓷器、谷物和酒等。这些商品主要是供国王、君主、教堂、封建地主和部分富裕的城市居民享用的。

封建社会国际贸易的范围明显扩大，例如，亚洲各国之间的贸易由近海逐渐扩展到远洋。早在西汉时期，中国就开辟了从当时的长安经中亚通往西亚和欧洲的陆路商路——丝绸之路，把中国的丝绸、茶叶等商品输往西方各国，换回良马、种子、药材和饰品等。到了唐朝，除了陆路贸易外，还开辟了通往波斯湾以及朝鲜和日本等地的海上贸易。在宋、元时期，由于造船技术的进步，海上贸易进一步发展。明朝永乐年间，郑和曾率领商船队七次"下西洋"，经东南亚、印度洋到达非洲东岸，先后访问了30多个国家，用中国的丝绸、瓷器、茶叶、铜铁器等同所到的国家进行贸易，换回各国的香料、珠宝、象牙和药材等。

在欧洲，封建社会的早期阶段，国际贸易主要集中在地中海东部。在东罗马帝国时期，君士坦丁堡是当时最大的国际贸易中心。公元七八世纪，阿拉伯人控制了地中海的贸易，通过贩运非洲的象牙、中国的丝绸、远东的香料和宝石，成为欧、亚、非三大洲的贸易中间商。11世纪以后，随着意大利北部和波罗的海沿岸城市的兴起，国际贸易的范围逐步扩大到整个地中海以及北海、波罗的海和黑海的沿岸地区。当时，南欧的贸易中心是意大利的一些城市，如威尼斯、热那亚等，北欧的贸易中心是汉萨同盟的一些城市，如汉堡、卢卑克等。

综上所述，资本主义社会以前的国际贸易是为奴隶主和封建地主阶级利益服务的。随着社会生产力的提高，以及社会分工和商品生产的发展，国际贸易不断扩大。但是，由于受到生产方式和交通条件的限制，商品生产和流通的主要目的是为了满足剥削阶级奢侈生活的需要，贸易主要局限于各洲之内和欧亚大陆之间，国际贸易在奴隶社会和封建社会经济中都不占有重要的地位，贸易的范围和商品品种都有很大的局限性，贸易活动也不经常发生。

三、资本主义早期的国际贸易

国际贸易对经济发展的重要作用，是从资本主义社会开始的。国际分工和世界市场的形成，加速了人类社会由封建社会向资本主义社会的过渡，由于大机器工业的建立和资本主义生产关系的确立，商品生产和商品交换得到高度的发展，国际贸易急剧扩大，贸易活动遍及全球，国际贸易真正具有了世界性质。

(一) 国际贸易促进了资本主义生产方式的产生

国际贸易给资本主义生产方式的形成提供了必要的条件，它促进了欧洲资本主义的资本原始积累。所谓资本原始积累，就是指在资本主义生产方式确立以前，资本家占有财富和资本的积累。国际贸易对资本原始积累的作用具体表现在，它为资本主义生产提供了劳动力、货币资本与市场。

(1) 从提供劳动力角度来讲，资本主义国家在初期都以不同方式从直接生产者农民手中夺取生产资料——土地，把农民变为除出卖劳动力以外一无所有的雇用工人。这种剥夺过程往往同国际贸易的发展有一定的关系，前后所发生的"圈地""清地"运动，大批农民被从土地上赶走，背井离乡，沦为雇用奴隶。耕地被改建成牧场，生产羊毛，出现"羊吃人"的现象。这是因为羊毛与羊毛织品是当时英国的主要出口商品，国外销路旺盛，价格上涨，生产羊毛比生产粮食可以取得更大的利润。这种把耕地变为牧场的掠夺农民土地的过程，也就是为工业资产阶级提供劳动力的过程。

(2) 从提供货币资本角度来讲，对外贸易是货币资本积累的重要来源。从16世纪到18世纪，欧洲商业资产阶级通过欺骗、掠夺、贩卖黑人等办法，从世界各地得到大量的黄金和白银，其中大部分在欧洲转化为货币资本。

(3) 从提供市场角度来讲，欧洲殖民者在16—18世纪先后发动了一系列商业战争，扩大殖民地，把非洲、亚洲和美洲广大地区卷入世界市场，这些地区既为欧洲殖民主义国家提供销售市场，又成为它的原料产地。

国际贸易对资本主义生产方式的基础作用，只是就它推动和加速封建社会向资本主义过渡的条件和时间而言，绝不能由此得出"国际贸易是资本主义生产方式的整个基础"的结论。因为决定资本主义生产方式产生的基础，只能是社会生产力的发展和生产关系的变化。

(二) 国际贸易成为资本主义生产方式本身的产物

在资本主义生产方式确立以后，由于这种生产方式的内在要求，又决定着资本主义国家必须有国际贸易，国际贸易能促进资本主义国家的经济发展。

▶ 1. 国际贸易可以提高利润率

(1) 国际贸易可以降低生产成本。资本家通过国际贸易，从国外获得廉价的原料、燃料、辅助材料、机器、设备等，降低了资本家用于不变资本的费用。同时，通过国际贸易，还可以使可变资本转化的必要的生活资料变得便宜，这种必要的生活资料随资本主义的发展阶段而不同。

(2) 通过国际贸易可取得规模经济利益。通过国际贸易，扩大出口，可使生产规模扩大，劳动生产率提高，生产成本降低。

(3) 通过国际贸易，可取得超额利润。这种超额利润一部分来自高于他国的劳动生产率，一部分来自对市场的垄断。发达的资本主义国家劳动生产率高，生产商品时实际消耗的劳动时间大大少于国际社会的必要劳动时间，报酬按照实际劳动时间支付，而该商品按照国际市场价格出售时，在国际市场上却被以国际社会的必要劳动时间所代表的价格出售，这种差额成了资本家的超额利润。由于生产力水平的提高需要较长的时间，故发达国家的资本家可在较长时期内获得这种超额利润。

(4) 通过资本输出，就地设厂，可提高利润率。跨国公司通过全球战略，利用各个国家经济发展的不平衡、自然资源的差异、廉价的劳动力，与其较高的技术、经营管理能力相结合；绕过关税与非关税壁垒，利用各国的销售渠道；以"转移价格"的方法扩大从发展中国家的价值转移；通过环境污染严重的工厂外迁节省大量环保费用等，大大提高了利润率。

▶ 2. 通过国际贸易，可取得国外市场

在资本主义经济发展不平衡规律的作用下，资本主义国家的生产需要国外市场。列宁在同俄国民粹派进行论争时，提出了资本主义国家需要国外市场的三个因素：第一，资本主义只是广阔发展的、超出国家界限的商品流通的结果。因此，没有对外贸易的资本主义国家是不能设想的，而且的确没有这样的国家。第二，彼此互为"市场"的各种工业部门，不是均衡发展的，而是互相超越着，因此较为发达的工业就需求国外市场。第三，资本主义生产的规律，是生产方式的经常改造和生产规模的无限扩大，资本主义企业必然超出村社、地方市场、地区和国家的界限。因为国家的孤立和闭关自守的状态已被商品流通所破坏，所以每个资本主义工业部门的自然趋向使它需要"寻求"国外市场。

▶ 3. 国际贸易有助于社会产品的实现

资本主义社会生产的问题，实际上就是社会总产品的实现问题，而社会总产品各个部门之间的实现过程，实际上就是社会再生产的社会总产品各部分的流通过程。这个过程不仅是价值补偿，而且是物质补偿。国际贸易对资本主义社会两大部类的平衡，各部门间的产品价值实现和实物形态补偿起着重要作用。

(1) 国际贸易可解决两大部类的不平衡发展。在资本主义条件下，两大部类经常处于不平衡发展状态，第一部类中的社会产品超过（或少于）两大部类中固定资本更新和扩大所必需的生产资料，而第二部类中创造的社会产品又少于（或超过）必要的生活资料。资本主义国家往往通过国际贸易出口（或进口）过剩（或不足）的第一部类社会产品，进口（或出口）必要的消费资料，以解决两大部类的不平衡发展。

(2) 国际贸易可促进产品的实现。资本主义社会总产品的实现是指社会总产品中各个部分的价值补偿和实物补偿。国际贸易在解决和缓和资本主义国家社会总产品的实现上起着很大作用。首先，国际贸易扩大了市场，解决了相当一部分产品的实现问题。在历史上，英国工业革命以后，工业产品大大超过国内市场的容量。到了19世纪中期，一半以上的工业品要靠在国外市场上销售，80%的棉织品要输往国外。第二次世界大战后，发达国家的某些生产部门主要是为国外市场而进行生产的。日本造船、化肥、缝纫机和纺织机械产品的一半以上靠出口，汽车、电视机、合成纤维的1/3靠出口。美国农产品对出口依赖性很大，每4亩耕地中就有1亩是为出口而生产的。因此，如果没有出口市场，资本主义国家的产品实现就极为困难。其次，国际贸易有助于实物形态的补偿。资本主义大工业的建立，使初级产品实物形态的补偿跨越了国界。资本主义新的工业所加工的，已经不是本地的原料，而是来自极其遥远的地区的原料。它们的产品不仅供本国消费，而且同时供世界各地消费。

▶ 4. 国际贸易可促进劳动生产率的提高

(1) 国际贸易刺激着资本家提高劳动生产率。在国际贸易中，在商品款式、包装等一致的情况下，价格在竞争中起着重要作用。为了在国际贸易中取得高额利润，资本家千方百计地提高劳动生产率，降低成本，以打败竞争对手。

(2) 国际贸易给资本家提高劳动生产率提供了重要途径。首先，通过国际贸易，普及了科学技术，带动了发达国家和世界经济的发展。第二次世界大战后，日本和德国经济迅速增长的重要原因之一就是结合本国情况，大量引进欧美国家的先进技术。日本在"二战"后工业生产的增长中，约有1/3来自引进的先进技术。其次，利用国际分工，节约社会劳动。国际分工可以使贸易参加国发挥优势、扬长避短，节省资源开发费用或弥补资源的不足，节约社会劳动，取得经济效益。

四、第二次世界大战后国际贸易的发展

第二次世界大战后，在第三次科技革命的作用下，在经济全球化和贸易自由化的推动下，国际贸易发展迅速。但由于受经济危机、能源危机和货币制度危机、金融危机、战争等的影响，国际贸易的发展也不稳定。对此，大体上可以划分为三个阶段。

（一）第一个阶段：第二次世界大战结束初期到1973年

(1) "二战"后世界出口贸易量的增长速度大大超过"二战"前。从1948—1973年，世界出口贸易量的年均增长率为7.8%，而"二战"前，1913—1938年，世界出口贸易量的年均增长率仅为0.7%。

(2) "二战"后世界出口贸易量的增长速度超过工业生产的增长速度。"二战"后，从1948—1973年，世界工业生产的年均增长率为6.1%，低于同期世界出口贸易量的增长速度。

(3) 工业制成品在国际贸易中所占的比重从1953年起一直超过初级产品所占的比重。在这一阶段，国际贸易的迅速发展与科技革命、生产增长、国际分工和国际金融贸易组织的建立以及经济一体化等因素所发生的作用密切相关。

（二）第二个阶段：1973—1985年

这是国际贸易由迅速发展转向缓慢发展，甚至停滞的阶段。主要表现在以下三个方面：第一，世界出口贸易量的增长速度放慢，甚至停滞。从1973—1985年，世界出口贸易量的平均增长率为2.4%，较1948—1973年世界出口贸易量的年均增长率下降2/3以上，其中，有的年份表现得更为突出。1981年世界出口贸易量增长停滞，1982年世界出口贸易量不仅没有增长，据关税与贸易总协定估计，反而下降2%。第二，出口贸易量的增长速度低于工业生产的增长速度。从1973—1985年，世界工业生产的平均增长率为2.9%，高于同期世界出口贸易量的增长率。第三，出口贸易值增长起伏较大。世界出口贸易值在1973年以后仍有较大的增长，并于1980年达到最高点20 014亿美元。但在该年以后世界出口贸易值便逐年下降，1983年降到最低点，为18 066亿美元。1983年以后，随着工业发达国家的经济复苏，世界出口贸易值又开始回升，但一直到1985年仍然没有恢复到1980年的水平。

这一阶段国际贸易增长速度放慢，甚至停滞的主要原因如下。

▶ 1. 经济危机的爆发

1974—1975年资本主义世界爆发的经济危机标志着"二战"后资本主义世界经济迅速发展阶段已经结束，进入了"滞胀"时期。其表现为"两高"（高失业率、高通货膨胀率）"一低"（低经济增长率）。在这次经济危机之后，许多国家的经济一直回升无力，大量工人失业已成为经常的现象。与此同时，严重的通货膨胀也一直困扰着这些国家。20世纪80年代初，资本主义世界又爆发了"二战"后最严重的经济危机。由于经济危机的爆发，投资和生产长期不振，市场萎缩，贸易保护主义抬头，各资本主义国家为了转嫁危

机、缓和国内的失业都高筑关税和非关税壁垒，限制外国商品的进口，这样，就直接影响了对外贸易的发展。

▶ 2. 能源危机的爆发

所谓能源危机，是指1973年以来的石油供应短缺和价格猛涨。1973年开始的第一次石油冲击使油价猛增3倍多，1979年油价又提高1倍。能源危机使贸易条件和国际收支状况大大恶化，石油价格的上涨促使了原料和其他产品成本的提高，因此使制成品价格上涨，从而不利于产品在国外市场的竞争和销售，影响了贸易的发展。与此同时，发达资本主义国家又加快了对能源的开源节流和能源转化运动，大大节省了对传统能源的消耗和进口。

▶ 3. 货币制度危机的爆发

以美元为中心和以固定汇率制度为基础的资本主义国际货币体制在20世纪70年代初已宣告彻底瓦解，美元已不是等同于黄金的货币。但是，浮动汇率制取代固定汇率制并没有改变资本主义货币金融市场上日益加剧的不稳定状况。实行浮动汇率制后，美元虽已不是中心货币，但仍是国际结算中的主要支付手段和许多国家的主要储备货币。美元一有变动，就会影响国际金融货币市场的稳定，这对20世纪70年代以来国际贸易的发展是很不利的。

（三）第三个阶段：20世纪80年代后半期至现在

▶ 1. 世界出口贸易量的增长速度从回升转为下降再回升

发达市场经济国家的商品和服务贸易的出口贸易量年均增长率从1983—1992年的5.8%提高到1993—2002年的6.3%。2004年世界出口商品贸易量进一步增长，达10%；2005年世界出口贸易量有所下降，为6.5%；2006年世界出口贸易量为8%，是自2000年以来第二个增长最快的年份。2008年世界货物贸易量仅增长2%。受金融危机的影响，2009年世界贸易量缩减12%。据世界贸易组织2011年4月7日发布的《2010年全球贸易报告》，2010年全球货物贸易进出口贸易量都实现了两位数的增长，出口增长率达到14.5%，进口增长率达到13.5%，其中，出口增速创下自1950年有该项统计以来的最高纪录。

▶ 2. 出口贸易值从增长迅速转为下降再回升

世界货物出口贸易值1986年便超过1980年的水平，之后继续增长，1995年高达50 200亿美元。2000年世界贸易值达76 000亿美元，其中，货物贸易值为62 000亿美元，服务贸易值为14 000亿美元。2001年世界货物贸易和服务贸易因受美国"9·11"恐怖事件的冲击，均呈滑坡态势，全球货物和服务出口额分别下降4%和1%。但2002年又开始回升。据世界贸易组织的统计报告，2004年世界出口贸易值为112 235亿美元，其中货物出口值为91 235亿美元，增长21.9%，服务贸易出口值为21 000亿美元，增长16%；2005年世界出口贸易值为125 350亿美元，其中货物出口值为101 200亿美元，增长13%，服务贸易出口值为24 150亿美元，增长11%。2006年世界货物出口增长15%，贸易额达120 000亿美元；同年，世界商业服务出口增长11%，贸易值达27 100亿美元。2009年世界货物出口值为121 470亿美元，下降2.3%。2010年，受全球经济复苏及美元贬值的影响，世界货物进出口值增长22%，达30.6万亿美元。

▶ 3. 世界出口贸易量的增长速度超过世界经济的增长速度

据世界贸易组织《2001年度报告》，1990—2000年，世界货物出口量年均增长率为

6.8%，而世界国内生产总值年均增长率为 2.3%。2004 年以来世界出口贸易量的增长速度均超过世界经济的增长速度。据 WTO 统计，2006 年世界货物出口贸易量增长 8%，而世界 GDP 仅增长 3.7%。2010 年全球货物贸易出口增长 14.5%，是全球 GDP 增速 3.6% 的 4 倍之多，带动了全球经济复苏。

这一阶段国际贸易发展速度回升的主要原因如下：第一，科技革命成为促进国际贸易发展的关键因素。科技革命提高了劳动生产率，优化了产业结构，使国际贸易商品结构向高级、优化方向发展，并促进了国际服务贸易和技术贸易的发展。第二，经济全球化和区域经济一体化的迅猛发展，尤其是自由贸易区的大量建立促进了贸易增长。第三，资本的国际化使跨国公司大量出现，国家之间相互投资加强。第四，贸易方式多样化，贸易手段现代化，国际电子商务作用加强。第五，西方主要国家货币汇率的大幅度升降，特别是美元大幅度贬值和日元、欧元大幅度升值直接影响贸易的回升。第六，关贸总协定乌拉圭回合多边贸易谈判达成协议和世界贸易组织的建立，进一步促进了国际贸易自由化。第七，中国对外贸易的迅速发展，促进了贸易大国地位的崛起和提高。

第二节 国际贸易的概念与统计指标

一、国际贸易的概念

国际贸易（international trade）亦称"世界贸易"，泛指国际的货物和服务的交换，由各国（地区）的对外贸易构成，是世界各国对外贸易的总和。对外贸易（foreign trade），是指一个国家（地区）与另一个国家（地区）之间的货物和服务的交换。这种交换活动称为对外贸易。海岛国家，如英国、日本等，也常用"海外贸易"表示对外贸易。对外贸易在奴隶社会和封建社会就已产生，并随着生产的发展而逐渐扩大，到了资本主义社会，规模空前扩大，具有世界性。

对外贸易与国际贸易的观察角度不同，前者是从国家（地区）角度出发，而后者则是从国际或世界角度出发。国际贸易和对外贸易有广义和狭义之分，包括货物与服务的国际贸易和对外贸易称为广义的国际贸易和对外贸易，如不把服务贸易包括在内，则称为狭义的国际贸易和对外贸易。

二、国际贸易的分类

（一）总贸易体系与专门贸易体系

按照统计标准划分，国际贸易可分为总贸易和专门贸易。

总贸易体系与专门贸易体系是一个国家（地区）记录和编制进出口货物统计的一种方法。总贸易体系（general trade system）亦称一般贸易体系，它是以国境为标准统计进出口货物的方法。凡进入本国国境的货物一律列为总进口，凡离开本国国境的货物一律列为总出口。在总出口中既包括本国产品的出口，又包括未经加工的进口货物的出口。

专门贸易体系（special trade system）亦称特殊贸易体系，是以关境为标准，以货物经过海关办理结关手续作为统计进出口货物的方法。列入专门进口货物的渠道一般有三种：

为国内消费和使用而直接进口的进口货物；进入海关保税工厂的进口货物；为国内消费和使用而从海关保税仓库中提出的货物以及从自由贸易区进口的货物。列入专门出口货物的来源一般有三种：本国生产的出口产品；从海关保税工厂出口的货物；本国化出口商品，即进口后经加工又运出关境的出口商品。关境指海关征收关税的领域；国境是一个国家行使主权的领土范围。

总贸易和专门贸易说明的是不同的问题。前者说明一国在国际货物流通中所处的地位和所起的作用；后者说明一国作为生产者和消费者在国际货物贸易中具有的意义。由于各国在编制统计时采用的方法不同，所以联合国发表的各国对外贸易额的资料一般均注明是按何种贸易体系编制的。目前采用总贸易体系的有中国、美国、日本、英国、加拿大、澳大利亚等国；采用专门贸易体系的有德国、意大利、法国等国。世界各国的服务贸易额进入国际收支统计，不进入海关统计。因此，总贸易与专门贸易体系只适用于货物贸易统计。

（二）有形贸易和无形贸易

按照贸易内容划分，国际贸易可分为有形贸易和无形贸易，或者分为国际货物贸易、国际服务贸易和国际技术贸易。

有形贸易（visible trade）是指看得见的实物商品的购销活动。无形贸易（invisible trade）是指国家或地区间进行的以无形商品为交易内容的贸易活动。无形贸易并不等同于服务贸易（trade in service），从严格意义上讲，无形贸易比服务贸易的范围要广，除了包括服务贸易中的所有项目外，国际技术贸易、国际投资收支、侨民汇款等也包括在无形贸易之中。国际技术贸易以技术作为交易标的物，即不同国家或地区的技术提供方与技术接收方按商业条件签订技术许可或技术转让合同，进行跨越关境的有偿的技术交易活动。在国际贸易中，无形贸易是随着有形贸易的发展而发展的，先是围绕商品购销的各种服务，如运输、保险、金融、通信等服务大为增加，后来又有旅游服务、专利及技术转让、资本移动、劳务贸易等的发展，一国在这些方面的支出为无形进口，在这些方面的收入为无形出口。

有形贸易与无形贸易的主要区别是有形商品的进出口经过海关手续，因而表现在海关统计上，是对外贸易收支平衡表中的重要项目。而无形贸易则不经过海关手续，通常不显示在海关的贸易统计上，一般不列入对外贸易收支平衡表，但也是国际收支的组成部分。此外，20世纪90年代以来，电子科技的发展使部分服务产品有形化，例如，光盘表面是有形产品，但就其性质而言，却属于服务产品，有形贸易与无形贸易的边界日渐模糊。

（三）出口贸易、进口贸易、过境贸易、复出口与复进口、净出口与净进口

按货物移动方向，国际贸易可以划分为出口贸易、进口贸易、过境贸易、复出口与复进口、净出口与净进口。

出口贸易（export trade）是指将本国生产和加工的货物因外销而运出国境，作为出口贸易或输出贸易。不属于外销的货物则不算，例如，运出国境供驻外使领馆使用的货物、旅客个人使用带出国境的货物均不列入出口贸易。

进口贸易（import trade）是指将外国生产和加工的货物购进后，因内销而运进国境，列入进口贸易或输入贸易。同样，不属于内销的货物不算，例如，外国使领馆运进供自用的货物、旅客带入供自用的货物均不列入进口贸易。

过境贸易（transit trade）是指从甲国经过丙国国境向乙国运送的货物，而货物所有权

不属于丙国居民,对丙国来说,称为过境贸易。有些内陆国家同非邻国的贸易,其货物必须通过第三国国境。

输入本国的外国货物未经加工再输出时,称为复出口(re-export trade)。输出国外的本国货物未经加工再输入时,称为复进口(re-import trade)。例如,出口后退货、未售掉的寄售货物的退回等。

净出口(net export)与净进口(net import)是指一国在某种货物上,既有出口也有进口,如出口量和值大于进口量和值,称为净出口;反之,进口量和值大于出口量和值,称为净进口。某项商品出口量和值大于进口量和值的国家,称为该项货物贸易的净出口国,表明该国在该种货物整体贸易中居于优势;反之,某项货物进口量和值大于出口量和值的国家,称为该项货物贸易的净进口国,表明该国在该项货物整体贸易中居于劣势地位。

(四)直接贸易、间接贸易与转口贸易

按贸易对象来划分,国际贸易可分为直接贸易、间接贸易和转口贸易。

直接贸易(direct trade)是指货物生产国与货物消费国直接卖、买货物的行为。货物从生产国直接卖给消费国,对生产国而言,是直接出口贸易;对消费国而言,是直接进口贸易。

间接贸易(indirect trade)是指货物生产国与消费国之间,经由第三国商人进行贸易的行为。这种行为对生产国来说,是间接出口贸易;对消费国来说,是间接进口贸易。

转口贸易(entrepot trade)是指货物生产国与消费国之间,或货物供给国与需求国之间,经由第三国贸易商分别签订进口合同和出口合同所进行的贸易。从第三国角度来看,即是转口贸易,又称中转贸易。即使货物直接从生产国、供给国运往消费国、需求国,由于它们之间未直接发生交易关系,仍属于转口贸易的范畴。

(五)自由结汇方式贸易和易货贸易

按照贸易清偿工具划分,国际贸易可分为自由结汇方式贸易和易货贸易。自由结汇方式贸易(free-liquidation trade)是指以货币作为清偿工具的贸易活动。当前的国际贸易以自由结汇方式贸易为主。

易货贸易(barter trade)是指以经过计价的货物作为清偿工具的贸易活动。政府间的易货贸易往往事先签订了贸易协定和支付协定,所以又称为协定贸易。民间的补偿贸易有时虽用服务作为补偿的方式,但往往被归入易货贸易之列。

三、国际贸易的统计指标

(一)对外贸易值与对外贸易量

▶ 1. 对外贸易值

对外贸易值(value of foreign trade)是以货币表示的贸易金额。一定时期内一国从国外进口的商品的全部价值,称为进口贸易总额或进口总额;一定时期内一国向国外出口的商品的全部价值,称为出口贸易总额或出口总额。两者相加为进出口贸易总额或进出口总额,是反映一个国家对外贸易规模的重要指标,一般用本国货币表示,也有的用国际上习惯使用的货币表示。2013年我国进出口总额首次超过4万亿美元,如表1-1所示。

表 1-1　2007—2016 年中国进出口额　　　　　　　　　单位：亿美元

年　份	出　口　额	进　口　额	进出口总额	贸易顺差
2007	12 180.2	9 558.2	21 738.4	2 622
2008	14 285.5	11 330.9	25 616.4	2 954.6
2009	12 016.6	10 055.6	22 072.2	1 961
2010	15 779.3	13 948.3	29 727.6	1 831
2011	18 986	17 434.6	36 420.6	1 551.4
2012	20 498.3	18 178.3	38 667.6	2 320
2013	22 096	19 504	41 600	2 592
2014	23 427.5	19 602.9	43 030.4	3 824.6
2015	22 765.7	16 820.7	39 586.4	5 945
2016	20 974.4	15 874.8	36 849.3	5 099.6

把世界上所有国家的进口总额或出口总额用同一种货币换算后加在一起，即得世界进口总额或世界出口总额。就国际贸易来看，一国的出口就是另一国的进口，如果把各国进出口值相加作为国际贸易总值就是重复计算。因此，一般是把各国的出口值相加，作为国际贸易值。由于各国一般都是按 FOB 价格（即装运港船上交货价，只计成本，不包括运费和保险费）计算出口额，按 CIF 价格（即成本加保险费、运费）计算进口额。因此，世界出口总额略小于世界进口总额。

▶ 2. 对外贸易量

对外贸易量（quantum of foreign trade）是以一定时期的不变价格为标准计算的对外贸易值，原意是用进出口商品的数量、重量、长度、面积、体积等计量单位来表示进出口商品的多少和变化的实际情况。然而，世界各个国家进出口商品成千上万，计量单位也各不一样，无法用统一的计量单位来表示世界或某个国家在一定时期的实际贸易量。以货币所表示的对外贸易值，经常受到价格变动的影响，因而不能准确地反映一国对外贸易的实际规模，更不能使不同时期的对外贸易值直接比较。为了反映进出口贸易的实际规模，通常以贸易指数表示，其方法是以固定年份为基期计算的进口或出口价格指数去除当时的进口额或出口额的方法，得出按不变价格计算的贸易值，便剔除了价格变动因素，就是贸易量。然后，以一定时期为基期的贸易量指数同各个时期的贸易量指数相比较，就可以得出比较准确反映贸易实际规模变动的贸易量指数。

西方国家和联合国通常采用下列方法来计算对外贸易量：首先，以一定时期的不变价格为标准来计算各个时期的对外贸易量，即用进出口值指数除进出口值，得到对外贸易的实际规模的近似值，即对外贸易量。其次，以一定时期为基期的贸易量和各个时期的贸易量相比较，就得出表示贸易量的指数。

（二）贸易差额

贸易差额（balance of trade）是指一国在一定时期内（如一年）出口（货物与服务）总值与进口（货物与服务）总值之间的差额。当出口总值与进口总值相等时，称为"贸易平衡"。当出口总值大于进口总值时，出现贸易盈余，称"贸易顺差"或"出超"。当进口总值大于出口总值时，出现贸易赤字，称"贸易逆差"或"入超"。通常情况下，贸易顺差以正数表示，贸易逆差以负数表示。一国的进出口贸易收支是其国际收支中经常项目的重要组成部分，是影响一个国家国际收支的重要因素。出口额＝进口额，称贸易平衡。出口额＞进口额，称贸易顺差、出超。出口额＜进口额，称贸易逆差、入超。多年以来，我国进出口贸易差额都呈现为顺差。近十年来我国的贸易顺差额变化情况可以参见表1-1。

知识链接
中美之间巨额贸易顺差的影响

（三）贸易地区分布

贸易地区分布(trade by regions)又称贸易地理方向(direction of trade)。从一个国家的角度来看，其对外贸易地区分布是指该国的对外贸易值的国别地区分布情况，即该国的出口商品是流向哪些国家或地区的市场，进口商品是从哪些国家或地区流入的，通常用各国家或地区在该国进口总额、出口总额或进出口总额中所占的比重来表示。2015年，欧盟、美国、东盟为中国前三大贸易伙伴，双边贸易额分别为5 647.5亿美元、5 582.8亿美元和4 721.6亿美元。其中，中国对美国出口增长3.4%，对欧盟、日本、中国香港地区出口分别下降4.0%、9.2%和8.9%。中国对部分新兴经济体出口增长较快，其中对印度、泰国、越南出口分别增长7.4%、11.6%和3.9%。

由于对外贸易地区分布清楚地表明了一国与其他国家或地区经济交往的广度和深度，因而可为国家制定对外贸易政策、保证重点市场、开拓新市场提供重要的决策依据。

从整个世界的角度看，国际贸易地区分布是指国际贸易值的国别地区分布情况，通常是计算各国或各地区的出口贸易额在世界总出口额中所占的比重，用来表明各国、各地区在国际贸易中所占的地位。中国是世界上第一大出口国、第二大进口国。

（四）对外贸易或国际贸易结构

对外贸易或国际贸易结构可分为广义的和狭义的两种。广义的对外贸易或国际贸易结构，是指货物、服务贸易在一国总进出口或世界贸易中所占的比重。狭义的对外贸易或国际贸易结构，是指货物贸易或服务贸易在一国总进出口或世界贸易中所占的比重，可分为对外货物贸易结构与对外服务贸易结构。对外货物贸易结构是指在一定时期内一国或世界进出口货物贸易中以百分比表示的各类货物的构成。国际贸易中的货物种类繁多，为便于统计，《联合国国际贸易标准分类》把国际货物贸易共分为10大类、63章、233组、786个分组和1 924个基本项目。其中，10大类货物分类：0为食品及主要供食用的活动物；1为饮料和烟草；2为燃料以外的非食用粗原料；3为矿物原料、润滑油及有关原料；4为动植物油脂及蜡初级产品；5为化学品及有关制品；6为按原料分类的制成品；7为机械及运输设备；8为杂项制品制成品；9为没有分类的其他商品。

知识链接
我国对外贸易商品结构的变化

国际服务贸易是不同国家之间进行的服务交易活动。根据关贸总协定乌拉圭回合达成的《服务贸易总协定》，国际服务贸易有以下四种提供方式：跨境提供，从一缔约方境内向境外任何缔约方提供服务；境外消费，在一缔约方境内向任何其他缔约方的消费者提供服务；以商业存在方式提供服务，一缔约方在其他缔约方境内通过商业存在提供服务,即服务提供者在外国建立商业机构为消费者服务;以自然人流动方式提供服务,一缔约方的自然人在其他任何缔约方境内提供服务。

世界贸易组织《服务贸易总协定》将服务行业分为十二个部门:商业、通信、建筑及相关工程、销售、教育、环境、金融、卫生、旅游、娱乐、运输、其他。对外服务贸易结构是指一定时期内一国或世界进出口服务贸易中以百分比表示的各类项目的构成。广义和狭义的对外贸易或国际贸易结构可以反映出一国或世界的经济发展水平、产业结构的变化和服务业的发展水平等。

(五)贸易条件

贸易条件(terms of trade)是用来衡量在一定时期内一个国家出口相对于进口的盈利能力和贸易利益的指标,反映该国的对外贸易状况,一般以贸易条件指数表示,在双边贸易中尤其重要。由于一个国家的进出口商品种类繁多,很难直接用进出口商品的价格进行比较。所以,一般用一国在一定时期内的出口商品价格指数同进口商品价格指数对比进行计算。其公式为

贸易条件=(出口商品价格指数/进口商品价格指数)×100。

在分析一国的贸易条件时,是以一定时期为基期,先计算出基期的进出口价格比率并当作100,再计算出比较期的进出口价格比率,然后与基期相比。如大于100,表明贸易条件比基期有利(贸易条件好转);如小于100,则表明贸易条件比基期不利(贸易条件恶化)。例如,由于大宗商品进口价格下降较多,2015年中国贸易条件指数为112.1,表明中国出口一定数量的商品可以多换回12.1%的进口商品,贸易条件进一步改善。

(六)对外贸易依存度

对外贸易依存度(foreign trade for existence degrees),也称对外贸易系数,是反映一国国民经济对进出口贸易依赖程度的重要指标。它是指一国在一定时期内进出口贸易额在其国民生产总值或国内生产总值中所占的比重。其比值的变化意味着对外贸易在国民经济中所处地位的变化。其公式为:对外贸易依存度=对外贸易总额/GNP(或GDP)。

为了准确地表示一国经济增长对外贸依赖程度,又将对外贸易依存度分为进口依存度和出口依存度。

出口依存度是指一国在一定时期内出口总额与国民生产总值或国内生产总值的比,反映一国在一定时期内,国内新创造的商品和服务总值中有多少比重是输出到国外的,也反映一国国民经济活动与世界经济活动的联系程度。出口依存度越高,说明该国国民经济活动对世界经济的依赖程度越高。其公式为

出口依存度=出口总额/GNP(或GDP)

进口依存度是指进口总额与国民生产总值或国内生产总值之比,也称市场开放度,反映一国市场对外的开放程度。其公式为

进口依存度=进口总额/GNP(或GDP)

一般来说,对外贸易依存度越高,表明该国经济发展对外贸的依赖程度越大,同时也表明对外贸易在该国国民经济中的地位越重要。伴随经济的全球化,对外贸易在各国经济中的比重都在增加。近年来,随着我国经济融入世界经济程度的加快,我国的对外贸易依存度迅速上升,在2005年甚至超过了60%,远远高于美国、日本等经济大国。2008年之

后对外贸易依存度逐步回落，随后几年处于比较平稳状态，2015年对外贸易依存度近十年来首次跌破40%，2016年对外贸易依存度持续下降，参见表1-2。

表1-2　2007—2016年我国对外贸易依存度

年份	进出口总额（亿元）	GDP总额（亿元）	对外贸易依存度（%）
2007	139 134.2	265 810.3	52.34
2008	166 420.8	314 045.4	52.99
2009	141 284.9	340 902.8	41.44
2010	190 280.4	401 512.8	47.39
2011	236 402	473 104.1	49.97
2012	239 739.1	519 470.1	46.15
2013	258 267	568 845	45.4
2014	264 334	636 463	41.53
2015	245 849	677 000	36.31
2016	243 344	744 127	32.7

第三节　国际贸易理论的内容与研究方法

一、国际贸易理论的内容

国际贸易是人类社会生产发展到一定历史阶段的必然产物，是指世界各个国家或地区之间的货物与服务的交换活动。从国际贸易的产生与发展来看，国际贸易理论主要研究不同国家或地区之间的商品、服务和技术的交换活动，通过研究这些商品、服务和技术的交换活动的产生、发展过程以及贸易利益的产生和分配，揭示这种交换活动的特点和规律。

（一）国际贸易的历史及现状

国际贸易是一个历史范畴，它伴随着社会生产力的发展而发展。在人类社会初期，没有国家，也没有国际贸易。随着社会生产力的发展，到了原始社会末期，出现了社会分工，产生了私有制，有了剩余产品，于是部落间就出现了剩余产品的交换，这便是最早的贸易。随着生产力的进一步发展，国际贸易的产品种类、数量不断增加。但总体而言，在奴隶社会和封建社会，国际贸易的范围和规模都比较小；进入资本主义社会后，随着自然经济限制被突破，国际贸易才得到了前所未有的大发展；到了第二次世界大战结束后，国际贸易的发展开始突飞猛进。在当今世界，可以说已经没有哪个国家可以离开国际贸易而很好地生存和发展。所以，各国只有积极参与国际分工和发展对外贸易，才能更好地发展本国经济。

（二）国际贸易基本理论

对国际贸易历史和现状研究的不断深入促进了国际贸易理论的发展。当资本主义生产方式处于萌芽阶段，出现了重商主义理论，但该理论并未揭示出国际贸易的本质和意义。随着资产阶级对国际贸易认识的加深，以亚当·斯密和大卫·李嘉图为代表的英国古典经济学家对国际贸易产生的原因和意义作了较科学的解释，并先后提出了绝对优势理论和比较优势理论。在此基础上，其他经济学家对国际贸易中的交换比价问题、国际贸易利益分配等问题进行了更深入的研究。20世纪初，瑞典的赫克歇尔和俄林提出了生产要素禀赋理论，他们和亚当·斯密及大卫·李嘉图的理论都强调自由贸易对参加国的好处，所以他们的观点被归结为自由贸易理论。

与自由贸易理论"共存亡""相对立"的还有保护贸易理论。它是由美国人汉密尔顿和德国人李斯特提出的。保护贸易理论并非闭关锁国的自然经济理论，其强调保护本国幼稚产业的目的是为了它们以后能更好地参与世界市场的竞争，因而这种理论对发展中国家的现代化战略形成有深刻影响。

第二次世界大战后，特别是20世纪50年代以来，国际贸易出现了许多新变化，主要有世界市场主要出口国的领先位置在不断变化，工业制成品之间的贸易量大大增加，发达工业国家之间的贸易量大大增加等。这些贸易现象无法应用传统的贸易理论进行解释，为解释这些现象，西方经济学家争论纷纷，提出了多种国际贸易理论，其中比较重要的理论是产品生命周期理论、产业内贸易理论和技术差距理论等。学习这些理论的精华，有助于我们制定适宜的贸易政策和措施。因此，国际贸易理论是这门课程研究的重要内容之一。

（三）国际贸易政策与措施

以不同的国际贸易理论作为指导思想来指导对外贸易的实践，必然会产生各种不同的贸易政策和措施。其中，自由贸易理论认为应当尽量消除妨碍自由发展的各种障碍，如削减关税和非关税壁垒；而保护贸易理论则认为应根据本国产业发展的需要，适当采用关税和其他非关税措施，限制某些产品的进口，以达到保护本国产业发展的目的。由于各种政策措施对进出口的影响是各不相同的，即使是同一种政策措施，在不同的时期、国别和地区环境下应用，其结果也是各不相同的。因此，究竟应该采用哪些措施，才能达到为本国经济发展服务的目的，是需要进行专门研究和实践的。

（四）世界多边贸易体制

第二次世界大战后，随着社会生产力的发展，国际分工日益深化，各国经济相互依存加强，迫切需要一个专门协调各国对外贸易政策和国际经贸关系的国际性组织。在美国倡议下，1947年10月30日，由中、美、加、英、法等23个国家在日内瓦签订了一项有关关税和贸易政策的多边国际协定——《关税与贸易总协定》（以下简称"关贸总协定"）。该协定于1948年1月1日正式生效，之后组织了八个回合的多边贸易谈判，大大降低了关税，减少了非关税壁垒，有力地推动了国际贸易的发展。其中，"乌拉圭回合"谈判在世界多边贸易体制发展史上具有划时代的意义，它将国际贸易覆盖的领域由货物贸易扩展到服务贸易、知识产权以及与贸易相关的投资措施等领域，并且达成了《建立世界贸易组织的协定（草案）》。在各方共同努力下，1995年1月1日"乌拉圭回合"所达成的"一揽子协议"正式生效，世界贸易组织也同时在日内瓦宣告正式成立。这标志着第二次世界大战后建立的世界多边贸易体制登上了一个新台阶，世界经济合作进入一个新的发展时代。但是，从"乌拉圭回合"协议以及各国反应来看，一些重大争执问题并未解决，还将向更深层次发展，况且，新机制本身也还存在缺陷。因此，进入 21 世纪后，世界贸易组织启动新一轮谈判，并进行了多个回合，取得一些实质成果，各成员国不断努力，企图通过更多的国际协调和干预来使国际贸易更加规范有序。因此，掌握世界贸易组织的基本内容，研究其多边贸易规则体系的基本原则，了解中国加入世界贸易组织的权利和义务，有助于我们更好地开展经贸活动。

二、国际贸易理论的研究方法

▶ 1. 静态与动态相结合

传统的国际贸易理论，如比较利益学说和 H-O 模型等，从静态的角度分析贸易行为，解释贸易产生的原因及其利益分配问题，是一种静态分析方法；而当代国际贸易的一些理论，如技术差距论和产品生命周期理论等，则从动态的角度分析贸易行为，解释贸易格局变动的原因等，是一种动态分析方法。后者比前者更具有现实意义。

▶ 2. 定性与定量相结合

国际贸易理论中的定性分析主要强调的是经济中的结构联系，如比较利益可以分为得自贸易的利益和得自分工的利益等；国际贸易理论中的定量分析主要是对事物数量关系的变换进行分析，如某一关税水平对于国内市场的有效保护率是多少。

▶ 3. 局部均衡与一般均衡相结合

国际贸易政策的局部均衡分析是指只进行单个市场、单一商品、单一要素的价格与供求的考察，如进口关税的局部均衡分析，它在局部均衡的基础上考察经济福利的变化；国际贸易政策的一般均衡分析强调的是考察全部市场、全部商品的价格与供求变化，如进口关税的一般均衡分析，以及作为总体的福利变化。

▶ 4. 理论与政策相结合

国际贸易理论大多具有很强的政策取向，是许多国家对外经济关系政策的制定基础，也是许多国际经济组织政策制定的理论依据。因此，国际贸易理论分析总是要结合贸易政策来进行。

本章小结

本章从国际贸易的产生与发展入手，介绍了国际贸易的概念、分类与统计指标等。通过了解国际贸易产生的历史发展进程，把握国际贸易理论发展的背景和规律，从全局层面掌握本课程的主要研究内容；通过预习和教师讲解，结合相关财经资料，理解国际贸易的概念和分类；通过查找和计算相关统计指标的数据，深刻领会其含义，为后续章节的学习做准备。

复习思考题

1. 简述 20 世纪 80 年代后期至今国际贸易发展的特点及原因。
2. 试列举国际贸易常用的三种分类及其含义。
3. 试述国际贸易的主要统计指标及其含义。

第二章 国际贸易理论

学习目标

通过本章的学习，了解不同国际贸易理论产生的背景，熟悉每个理论的积极意义与局限性，掌握不同国际贸易理论的核心思想，为国际贸易政策的学习奠定理论基础。

引导案例

劳动密集型产品出口优势正在消退

湖南省劳动密集型产品出口优势正在消退。2015年1—10月，全省出口劳动密集型产品146.3亿元，同比下降18.8%。据统计，湖南省劳动密集型产品出口额呈现逐季度下降趋势。第一季度出口61.8亿元；第二季度出口41.6亿元，环比下降40.8%；第三季度出口33.6亿元，环比下降46.1%。截至2015年10月份，下降趋势仍在继续。

"一带一路"地区国家需求下降是湖南省劳动密集型产品出口显"颓势"的主要原因。2015年1—10月，湖南全省超过四成的劳动密集型产品出口到"一带一路"地区，而出口值同比下降了32.9%。纺织服装类产品出口下跌最为明显，前10月累计出口59.6亿元，同比下降37.1%。而箱包类、玩具类劳动密集型产品出口则出现大幅增长，其中，1—10月箱包类产品出口值同比增长39.2%，玩具类产品同比增长87.9%。

长沙海关分析认为，湖南省劳动力月工资已上涨到300美元以上，比东南亚一些国家高出一倍多，劳工成本优势下降决定了湖南省劳动密集型制造业竞争优势逐渐消失。

资料来源：彭雅惠，庞德军．湖南日报，2015-11-26，(004)．

第一节　古典国际贸易理论

一、重商主义

重商主义产生于15世纪的欧洲，16世纪至17世纪进入全盛时期，它是在欧洲资本原始积累时期发展起来的一种经济理论体系。重商主义代表新兴商业资产阶级的利益和要求,首次从国家财富增长的角度讨论了国际贸易的作用和国家应当采取的政策措施。

(一)重商主义的国际贸易观点与政策主张

重商主义重点研究对外贸易如何为一国带来财富,其发展经历了早期重商主义和晚期重商主义两个阶段。早期重商主义理论称为"货币差额论",主要代表人物是英国人威廉·斯塔福(William Stafford)等。晚期重商主义理论称为"贸易差额论",代表人物是英国的托马斯·孟(Thomas Mun)。早期重商主义主张禁止货币出口;晚期重商主义主张货币产生贸易,贸易增加货币。

重商主义的基本观点,即世界资源是有限的、一定的,国家最主要的目标是利用一切方法增强国家实力,保持国家的强大;国家的财富反映在国家所拥有的贵金属上,出口是获利(获得贵金属),进口是损失(损失贵金属),强调维持贸易顺差;贸易是零和博弈,一国经济的所得以另一国经济的所失为代价。

根据以上思想,重商主义主张实行严格的管制贸易政策:建立强有力的国家和军队;鼓励出口、限制进口,以维持贸易顺差;提倡通过控制行业生产和劳动力来管理经济活动,实行对外贸易垄断;推行低工资政策,降低成本核算,以利于出口竞争。

(二)对重商主义理论和政策的基本评价

重商主义以保护主义为基轴,强调自己落后,需要保护;认为财富产生于流通;强调国家干预。它在一定程度上促进了资本的原始积累,推动了当时(16世纪—18世纪)国际贸易和商业运输的发展,并产生过压倒一切的影响。但是该理论也存在一定的缺陷。

(1) 该理论认为商品不是财富,金银是社会财富的唯一形态,而且金银就是货币,货币就是金银,混淆了财富与货币的区别。

(2) 该理论认为财富是在流通领域中产生的,"奖出限入"的国际贸易政策是财富增值的源泉。这种观点是不科学的,因为财富是在生产过程中创造的,流通中纯商业活动并不创造财富。

(3) 该理论只研究如何从国际贸易中获得金银,并认为一国贸易利益是建立在它国损失基础之上的,即国际贸易是一种"零和博弈"。而没有探讨国际贸易产生的原因,以及能否给本国及他国带来实际利益等问题。试设想,如果一个国家无利益可得,或者只有损失,那它就会拒绝贸易,这样国际贸易就不会发生了。

(4) 该理论主张政府实行严格管制的贸易政策,限制了国际贸易的广泛开展。按照它的经济民族主义贸易思想,自由贸易是不可能的。

二、绝对优势理论

18世纪末,英国资本主义工厂手工业发展很快,工业革命逐渐展开,其拥有庞大的殖民地,殖民贸易使英国资产阶级获得了很高的利润。新兴资产阶级为获得更多的海外廉价原材料和更大的市场,要求不断扩大对外贸易,但依据重商主义理论而制定的保护关税政策却成为了英国资本主义向外扩张的障碍。在此背景下,英国资产阶级古典政治经济学家亚当·斯密于1776年出版了《国富论》。他在该书中首次提出了自由贸易理论和绝对优势说,阐述了国际分工的原因、方式及效果。

(一)绝对优势理论的基本假设

斯密在论证绝对优势理论的过程中,做了如下假设:

(1) 世界上只有两个国家,并且只生产两种产品,即 2×2 模型。

(2) 生产过程中只投入一种生产要素——劳动。
(3) 劳动在一国国内可以自由流动,但在国与国之间不能流动。
(4) 两国的资源都得到充分利用。
(5) 当资源从一个部门转移到另一个部门时,其机会成本不变。
(6) 运输费用和其他交易费用为零。
(7) 商品可以在各国之间自由流动。
(8) 进出口贸易总值相等。
(9) 生产和交换是在完全竞争的条件下进行的。
(10) 国家之间实行自由贸易,不存在政府对贸易的干预或管制。

(二) 绝对优势理论的基本内容

斯密认为,人类具有"交换"的天然倾向,正是由于人类这种交换倾向产生了分工,而分工能提高劳动生产率,因而能增加社会财富。他以制针业为例,制针业共有18道工序,在没有分工的情况下,每人每天连一枚针也做不出来。如果在分工的情况下,10个人每天可制造48 000枚针,平均每人每天可制4 800枚。

斯密认为,适用于一国内部的不同工种之间的分工,同样也适用于国与国之间的分工。国际分工的基础是一国的自然优势和后天优势。各国所拥有的不同的自然资源和天然禀赋构成一国独特的自然优势,通过努力而掌握的特殊技艺构成一国的后天优势。这些优势可使一国生产某种产品的成本绝对低,如果每个国家都按照自己绝对有利的生产条件去进行专业化生产,然后彼此进行交换,则对所交换国家都有利。

所谓绝对优势是指,如果一国相对于另一国在某种商品的生产上有更高的效率,则称该国拥有这一产品上的绝对优势。即如果一国生产某单位产品所需投入的劳动更少,则表明该国在生产这一产品上具有绝对优势。国家间的绝对优势产生于劳动生产率的差异。

在以上假设的前提下,斯密得出以下结论:各个国家应该专门从事自己具有绝对优势的商品的生产,即按照绝对生产成本的差异组织分工和生产,继而进行交换,则交易双方均可受益,资源得以充分和最优利用,世界可以享受的商品数量增加,因而总体福利水平得以提高。

(三) 用简单数字说明绝对优势理论

设世界上只有甲、乙两个国家,每个国家均生产X、Y两种产品,即 2×2 模型。假设分工前,甲国生产1个单位X产品需要1个单位的劳动耗费,生产1个单位Y产品需要2个单位的劳动耗费;乙国生产1个单位X产品需要2个单位的劳动耗费,生产1个单位Y产品需要1个单位的劳动耗费,如表2-1所示。

表2-1 分工前甲、乙两国的生产情况

国家＼产品	X	Y	总劳动耗费	总产量
甲	1	2	3小时	2单位
乙	2	1	3小时	2单位
世界(总劳动耗费)	3小时	3小时	6小时	
世界(总产量)	2单位	2单位		4单位

按照绝对优势理论的原则进行分工，甲国以生产 X 为主，乙国以生产 Y 为主，分工后两国的生产情况如表 2-2 所示。

表 2-2　分工后甲、乙两国的生产情况

国家 产品	X	Y	总劳动耗费	总 产 量
甲	3	0	3 小时	3 单位
乙	0	3	3 小时	3 单位
世界（总劳动耗费）	3 小时	3 小时	6 小时	
世界（总产量）	3 单位	3 单位		5.5 单位

可见，在全部劳动耗费不变的情况下，与分工前相比较，世界的总产量增加了 2 单位，甲国经过分工，比分工前多生产了两个单位的 X 产品，乙国经过分工，比分工前多生产了两个单位的 Y 产品。如果甲国的消费保持 1 单位 X 产品，乙国的消费保持 1 单位 Y 产品，然后按照 1X∶1Y 的比率进行交换，则甲、乙两国的消费均有所增加，即甲国比分工前多消费 1 个单位的 Y 产品，乙国比分工前多消费 1 个单位的 X 产品，甲、乙两个国的消费水平得到了提高。甲、乙两国组成的世界的总消费在甲、乙两个国消费均得到增加的情况下也得到了提高（X、Y 产品各增加了 1 个单位）。

（四）绝对优势理论对重商主义的批判

斯密认为，社会财富不是以金银，而是以生产商品和劳务的总量来衡量的；提出增加财富的方法有两个：一是要加强分工，以提高工人的劳动生产率；二是要增加资本的数量，以增加从事生产劳动的人数。

斯密主张，政府应鼓励经济自由主义，减少对经济的干预，认为在自由放任政策下，市场作用可以保证土地、劳动、资本等生产要素的使用都符合各自的最大利益，并使社会总产量和社会整体利益最大化。

斯密从货币流的调整机制出发，认为贸易的顺差与逆差事实上存在着自动调节机制，会导致贸易自动向平衡的方向发展。贸易的一方不可能长期保持顺差而以此积累财富，贸易的利益应该是双方的，也只有贸易利益双方共享才可能使贸易得到正常发展。此外，他还认为国际贸易也是一国解决生产剩余，消除过剩的办法之一。

（五）绝对优势理论的基本评价

绝对优势理论的积极意义体现在：斯密用其劳动价值论对国际贸易进行了分析，从商品绝对成本差异的角度来讨论国际贸易的基础；斯密将劳动分工的概念扩大到国际范围，提出了国际分工和专业化生产能使资源得到更有效地利用，从而提高劳动生产率的规律，贸易利益来自于分工；斯密第一次从生产领域阐述国际贸易的基本原因，明确肯定国际贸易可以为参与双方带来经济利益，从而为各国之间开展自由贸易铲除了障碍，促进了国际贸易理论和实践的发展。

绝对优势理论的缺陷与不足：认为一国必须有一种产品的劳动生产率超过他国，否则不具有参加国际贸易的前提条件。这一点过于绝对，与实际不符；在劳动价值论的坚持方面，无法说明两种产品进行国际交换的内在等价要求是什么，在国际间进行交易的价值基础是什么。

三、比较优势理论

19世纪初,英国开始成为"世界工厂",即世界其他各国工业品的主要供应者。英国资产阶级虽因工业革命而大发其财,但政权却仍旧掌握在地主阶级手中。于是,工业资产阶级与地主阶级之间发生了激烈的斗争。经济方面的斗争主要表现在《谷物法》存废问题的争论上,地主阶级力图保存《谷物法》,而工业资产阶级则强烈要求废除它。就在英国工业资产阶级迫切需要从理论上论证谷物自由贸易优越性的情况下,比较优势理论应运而生。

大卫·李嘉图是英国工业革命时期的资产阶级经济学家,他在1817年出版的《政治经济学及赋税原理》一书中,特别强调了比较优势理论。该理论最早是由英国经济学家托伦斯于1815年在《论对外谷物贸易》一书中提出。李嘉图发展了比较优势理论,有效地解决了绝对优势理论中的内在矛盾,使之成为国际贸易理论的重要基石。

(一)比较优势理论的基本假设

(1)世界上只有两个国家,并且只生产两种产品,即 2×2 模型。

(2)生产过程中只投入一种生产要素——劳动。

(3)劳动在一国国内可以自由流动,但在国与国之间不能流动。

(4)要素市场和商品市场是完全竞争型的,两国均实行自由贸易政策,不存在任何贸易限制。

(5)劳动时间决定价值,即以劳动价值论为基础。

(6)交易双方单位生产的劳动成本不变,无规模收益,不考虑运输、保险等成本支出。

(7)当资源从一个部门转移到另一个部门时,其机会成本不变。

(8)收入分配不受贸易的影响。

(二)比较优势理论的主要内容

李嘉图认为,决定贸易的基础是比较优势(自己与自己比)而不是绝对优势。在国际分工中,如果两个国家的劳动生产率水平不相等,例如,甲国生产任何产品的劳动耗费均高于乙国,乙国相反,生产任何产品的劳动耗费均低于甲国。这时,两国之间进行贸易的可能性依然存在,因为两国劳动生产率间的差距并不是在任何产品上都一样。这样,处于绝对优势的国家不必生产全部的优势产品,而应集中生产本国具有最大优势的产品;处于绝对劣势的国家也不必停止生产全部产品,只应停止生产本国最大劣势产品,即遵循"两利相权取其重,两弊相衡取其轻"的原则进行生产。通过自由贸易,参与交换的国家可节约社会劳动,增加产品消费。世界也因自由贸易而增加产量,提高劳动生产率,获得增量福利。

(三)用简单数字说明比较优势理论

设世界上只有甲、乙两个国家,每个国家均生产 X、Y 两种产品,即 2×2 模型。假设分工前,甲国生产1个单位 X 产品需要6个单位的劳动耗费,生产1个单位 Y 产品需要4个单位的劳动耗费;乙国生产1个单位 X 产品需要1个单位的劳动耗费,生产1个单位 Y 产品需要2个单位的劳动耗费,参见表2-3。

以 X 产品为 Y 产品的价值衡量标准,比较生产 Y 的相对成本甲国 4/6<乙国 2/1;以 Y 产品为 X 产品的价值衡量标准,比较生产 X 的相对成本甲国 6/4>乙国 1/2。按照比较优势理论的原则进行分工,说明甲国的优势在于生产 Y,甲国应集中生产 Y,而乙国的优势在于生产 X，乙国应集中生产 X。分工后，甲国集中生产 2.5 个单位的 Y，乙国集中生产 3 个单位 X，参见表 2-4。

表 2-3 分工前甲、乙两个国家的生产与劳动耗费

国家＼产品	X	Y	总劳动耗费	总产量
甲	6	4	10 小时	2 单位
乙	1	2	3 小时	2 单位
世界（总劳动耗费）	7 小时	6 小时	13 小时	
世界（总产量）	2 单位	2 单位		4 单位

表 2-4 分工后甲、乙两个国家的生产与劳动耗费

国家＼产品	X	Y	总劳动耗费	总产量
甲	0	10	10 小时	2.5 单位
乙	3	0	3 小时	3 单位
世界（总劳动耗费）	3 小时	10 小时	13 小时	
世界（总产量）	3 单位	2.5 单位		5.5 单位

假定按 1X∶1Y 的方式交换，这样，全世界产量得以提高(5.5 单位＞4 单位)。

可见，在全部劳动耗费不变的情况下，与分工前相比较，世界的总产量增加了 1.5 单位，甲国经过分工，比分工前多生产了 0.5 个单位的 Y 产品，乙国经过分工，比分工前多生产了 1 个单位的 X 产品。如果甲国的消费保持 1Y 单位产品，乙国的消费保持 1 单位 X 产品，然后按照 1X∶1Y 的比率进行交换，则甲、乙两个国家的消费均有所增加，即甲国比分工前多消费 0.5 个单位的 X 产品，乙国比分工前多消费 0.5 个单位的 Y 产品和 0.5 个单位的 X 产品，甲、乙两个国家的消费水平得到了提高。甲、乙两个国家组成的世界总消费在甲、乙两个国家消费均得到增加的情况下，也得到了提高(X 产品增加了 1 个单位、Y 产品增加了 0.5 个单位)。

（四）对比较优势理论的基本评价

(1) 比较优势理论揭示了国际贸易具有互利性，且贸易基础是比较利益，使那些落后国家或民族有可能进入国际贸易中。证明了各国通过出口相对成本较低、进口相对成本较高的产品，就可以实现互利。

(2) 比较优势理论的成立是建立在若干假设前提下，在很大程度上这些假设过于苛刻，实际不能成立。

(3) 依据比较优势理论，国际贸易在发达国家与欠发达国家之间的可能性更大，但现实是世界贸易主要是在发达国家之间进行。

(4) 按照比较优势理论，越是自由贸易，越能促进分工的实现，利益越大。如果各国是合乎理性的，就应鼓励和实行自由贸易，但现实中各国均不同程度地实施贸易保护。

20 世纪 50 年代，该学说在我国被批判为违背劳动价值论，因为李嘉图认为在国内按

等价原则交换,在国际则行不通。20 世纪 60 年代,该学说在我国被认为有其合理的内容,如节约社会劳动。改革开放后,有人认为该学说是我国对外开放的理论基础,有人则认为它不能作为我国对外开放的理论基础。

第二节 新古典国际贸易理论

一、要素禀赋论

要素禀赋论,又称 H-O 模型,是由瑞典经济学家赫克歇尔(E. Hechsher)和他的学生俄林(B. Ohlin)提出来的。1919 年,赫克歇尔发表论文《国际贸易对收入分配的影响》,提出要素禀赋论的基本观点。1933 年,俄林出版了《地区间贸易与国际贸易》一书完善了赫克歇尔的论点,创立了完整的要素禀赋论。

在阐明贸易发生的原因时,要素禀赋论提出了以下的假设条件。

(1) 两个国家,两种要素和两种同质商品。生产要素的初始水平给定,各不相同。

(2) 两国使用相同技术,即生产函数一样。

(3) 商品 X 是劳动密集型产品,Y 是资本密集型产品。

(4) 商品生产规模报酬不变,即单位生产成本不随产量的增减而变化。

(5) 两国在生产中均为不完全分工,即都生产两种商品,而不是只生产一种占优势的产品。

(6) 两国需求偏好相同。

(7) 两个国家的商品市场、要素市场属于完全竞争市场。

(8) 一国内要素可以自由流动,但不能在国际间自由流动。

(9) 没有运输成本、关税和其他影响国际贸易自由进行的壁垒。

(10) 充分就业,两国资源被充分利用。

(11) 贸易是平衡的。

第(1)、第(3)是该模型的关键假定,表明两国要素禀赋不同;两种商品的要素密集度不同,且不随要素价格的变化而变化。

(一) H-O 模型的基本论点

在上述假设前提下,赫克歇尔和他的学生俄林提出了 H-O 模型的四个基本命题。

(1) 国际贸易、国内贸易实际都是不同区间的贸易(区域范围不同),区域划分的根据是要素存量的差异,相对要素存量有着根本区别的地区即为区域。

(2) 每一国家若用自己相对丰富的生产要素从事生产和消费就会处于相对优势地位。一国出口的产品总是用自己相对丰富的要素生产的产品;进口的产品是用自己相对稀缺的要素生产的产品。

(3) 若两国要素存量的比例不同,即使两国要素的劳动生产率完全一样,也会产生成本差异,即为贸易产生的根本原因。

(4) 国际间商品交换的结果是使要素收入的国际差别缩小,即随着国际贸易的发展,每一种要素在各国的差异越来越小。

（二）H-O 模型的基本内容

H-O 模型的核心思想就是各个国家应该在要素方面发挥自己所具有的优势。如果一个国家的劳动要素存量相对丰富，则该国就应该集中生产、出口劳动密集型产品。反之，如果一国的资本要素存量相对丰富，则该国就应该集中生产、出口资本密集型产品。如果两个国家都贯彻这一原则进行生产、交易，则各国的资源会更为有效配置，福利水平将会得到提高，世界范围内的资源也将更为有效配置，福利水平也将会得到提高。

（三）H-O 模型的基本评价

▶ 1. H-O 模型与比较优势理论的异同点

共同点：都强调优势，H-O 模型强调要素存量相对优势，比较优势理论强调比较优势。

不同点如下。

（1）比较优势理论认为贸易产生的原因是劳动生产率差异；H-O 模型认为劳动生产率一样也能产生国际贸易，因为各国要素存量存在相对差异。

（2）比较优势理论从单一要素（劳动）出发，认为生产由劳动决定价值；H-O 模型认为生产由两种以上要素决定。

（3）比较优势理论认为国内等价交换在国际上行不通；H-O 模型认为国际贸易是不同区域贸易，与国内贸易在本质是相同的。

▶ 2. 对 H-O 模型的评价

（1）H-O 模型是在比较优势理论的基础上发展而来，将发挥优势的思想扩展为资源和要素，从实际优势出发决定贸易模式，更符合世界经济情况。

（2）过分突出供给的差异，单纯地强调生产要素的供给对贸易格局的影响，忽略了产品需求方面对国际贸易的影响。事实上，要素禀赋的差异并不是贸易发生的充分条件。

（3）过于强调静态分析，忽视动态发展对发展中国家不利。事实上，技术进步等因素都在不同程度上影响着国际贸易格局。

（4）H-O 模型是建立在"三要素论"基础上，背离了劳动价值论，掩盖了资本家和土地所有者对劳动者的剥削行为。所谓"三要素论"，即认为劳动、资本和土地是一切社会生产所不可缺少的三个要素。商品价值是由这三个要素所提供的生产性服务共同创造的。

二、要素价格均等化理论

H-O 模型提出国际贸易可以消除生产要素价格的差异，使各国生产要素价格趋于均等化。这一观点由美国经济学家沃夫冈·斯托尔珀和保罗·萨缪尔森予以发展并证明。1941 年他们在论文《实际工资和保护主义》中用数学方法进行了证明。1948 年、1949 年萨缪尔森又在论文《国际贸易和要素价格均等化》及《再论国际要素价格均等化》中，发展了要素价格均等化理论。认为在特定的条件下，国际生产要素价格均等是必然的，而不仅仅是一种趋势。为此通常称要素价格均等化理论为 H-O-S 定理。

（一）假设前提

（1）贸易前后，两个国家，生产同样两种商品。

（2）生产每种商品都只使用两种生产要素。

（3）两国生产每种商品的技术水平是完全一样的。

（4）两种商品的要素密集度不一样。

（5）生产要素的供给不变。

(6) 没有关税和运输成本,商品在国际间能完全自由地流动,而生产要素在国际间则完全不能流动。

(7) 两国根据各自的比较利益,实行不完全分工。

(二) 主要观点

(1) 某一商品相对价格的上升,将导致该商品密集使用生产要素的实际价格或报酬提高,而另一种生产要素的实际价格或报酬下降,即斯托尔珀-萨缪尔森定理。

(2) 国际贸易使两国同种商品相对价格的差异不断缩小,并最终达到均等。在这个过程中,两国丰富要素价格不断上升,稀缺要素价格不断下降,两国要素价格朝着差异缩小的目标变化。

(3) 随着同种商品价格的统一,两国要素价格水平必将达到均等,即国际贸易使两国同质的生产要素获得相同的相对和绝对收入。

国际贸易将提高劳动力丰富国家劳动力的相对价格,降低资本丰富国家劳动力的相对价格;提高资本丰富国家资本的相对价格,降低劳动力丰富国家资本的相对价格。因此,国际贸易将会缩小国家间工资和利率的差异。也即,两国间生产要素价格均等是一种必然,贸易双方的同质生产要素最终都将获得同样的报酬。

(三) 基本评价

(1) 在各国要素价格存在差异的生产要素不能通过国际间自由流动来直接实现最佳配置的情况下,国际贸易可替代要素国际流动,"间接"实现世界范围内资源的最佳配置。

(2) 说明了国际贸易如何影响贸易国的收入分配格局。

(3) 假设条件过于苛刻。

二、列昂惕夫反论

(一) 列昂惕夫反论的内容

列昂惕夫根据美国 200 个行业 1947 年、1951 年和 1962 年的统计数据(见表 2-5),计算出了每生产 100 万美元价值的出口商品与竞争性进口商品所需要使用的资本和劳动的数量,并比较了两组商品的要素密集度。

表 2-5　1947 年、1951 年、1962 年美国进出口产品的资本-劳动比率

时间		使用资本(1)($1 000)	使用劳动(2)	资本-劳动比率(3)=(1)/(2)
1947 年	100 万美元货物的出口	2 550	182	14.011
	100 万美元货物的进口	3 091	170	18.182
1951 年	100 万美元货物的出口	2 257	174	12.977
	100 万美元货物的进口	2 303	168	13.726
1962 年	100 万美元货物的出口	1 876	131	14.328
	100 万美元货物的进口	2 132	119	17.916

结果发现,1947 年、1951 年和 1962 年美国进口替代品的资本与劳动的比率是出口商品的资本与劳动之比的 1.30、1.06 和 1.25 倍,即发现美国进口替代品的资本密集度比美国出口商品的资本密集度高。这说明美国参与国际贸易是为了节约它的资本并解决过剩劳动力的

问题，而不是相反。这一结论与 H-O 模型相悖，在西方引起轰动，被称为"列昂惕夫反论"。

（二）对列昂惕夫反论的解释

▶ 1. 列昂惕夫本人的劳动力相对丰富说

H-O 模型的假设前提之一是各国的生产要素是同质的，事实上，各国的生产要素禀赋不仅有数量上的不同，而且也存在着质量上的差异。列昂惕夫认为，美国工人的劳动生产率约是外国工人的 3 倍，原因在于美国企业的管理水平较高，工人所受的教育和培训较好，他们的进取精神也较强。如果将美国的劳动数量乘以 3，就可以看出美国是劳动力相对丰富而资本相对稀缺的国家。这一解释难以成立，列昂惕夫后来也做了自我否定。因为，当美国的劳动生产率高于其他国家时，其资本的生产率也会高于其他国家。如果美国的劳动和资本都应乘以相近的成数，那么美国资本相对丰富的程度就不会有大的变化。

▶ 2. 要素密集逆转观点的解释

持这种观点的人认为，某种商品在资本相对丰富的国家属于资本密集型产品，而在劳动力相对丰富的国家则属于劳动密集型产品。在这种情况下，同一种产品是劳动密集型或资本密集型并没有绝对的标准界限。在其他国属于劳动密集型产品，在美国国内可能就会是资本密集型生产的产物。当然，这种逆转现象并不普遍，它只有在特定的条件下才可以用来解释列昂惕夫反论。美国大量进口的自然资源产品在美国为资本密集型产品，而在发展中国家则是劳动密集型产品。

▶ 3. 消费偏好说

如果两国消费者都对本国拥有相对优势的产品具有强烈的偏好，以至于本国优势产品不能满足本国消费，需要进口，那么它们的贸易模式就会与 H-O 模型所推测的情况完全相反。

▶ 4. 自然资源稀缺说

H-O 模型假设在生产中只使用劳动和资本两种生产要素，忽略了其他生产要素，如自然要素。实际上，自然要素与资本要素之间常常是互补的，如果其他要素在产品中起决定作用，它就会对资本/劳动的比率产生不同的结果。美国对许多自然资源的进口依赖性很强，许多生产过程需要使用自然资源，如采矿业、钢铁业等。这也有助于解释美国进口产业具有较高的资本密集程度这一现象。

▶ 5. 贸易壁垒说

H-O 模型假设两国之间进行的是自由贸易。而在列昂惕夫的研究时期，美国对本国的劳动密集型行业实行严格的保护，利用关税壁垒阻碍劳动密集型产品的进口，人为地降低了进口替代品的劳动密集程度。

尽管关于列昂惕夫反论的解释多种多样，但不可否认的是，它在给西方经济学界带来巨大震动的同时，也给国际贸易理论的发展带来了新的契机。

第三节 当代国际贸易理论

一、产业内贸易理论

（一）当代国际贸易的发展

第二次世界大战以后，特别是 20 世纪 50 年代末以来，国际贸易出现了许多新的倾向。

▶ 1. 同类产品之间的贸易量大大增加

按照古典与新古典贸易理论，国家之间技术和资源禀赋的差异越大，它们之间的贸易量也应该越大；如果两个国家的差异越小，它们之间的贸易量就会比较小。也就是说，各国之间的贸易主要是不同产品之间的贸易，即行业间贸易。

但"二战"后以来，工业国家传统的"进口初级产品-出口工业产品"的模式逐渐改变，出现了许多同一行业既出口又进口的现象，即行业内贸易现象。

一国产业内贸易水平可以用产业内贸易指数来衡量，格鲁贝尔-劳埃德（G-L）指数是目前产业内贸易常用的一个指标，其表达式如下：

$$T = 1 - |X - M| \div (X + M)$$

式中，X——一国某一特定产业或某一类商品的出口额；M——一国某一特定产业或某一类商品的进口额；T——产业内贸易指数，取值范围在 $0 \sim 1$。当 $T = 0$ 时，表示该国在产业或这类产品上只有进口或出口，不存在产业内贸易，只有产业间贸易；当 $T = 1$ 时，表示该国在这一产业或这类产品上既有进口又有出口，而且进口量等于出口量，产业内贸易达到最大化。T 越接近于 1，说明该国该产业的产业内贸易比重越大；T 越接近于 0，说明该国该产业的产业内贸易比重越小。经济发达程度和经济外向程度是影响产业内贸易指数的两个重要因素。

1970—1999 年将近 30 年的时间内，各国的行业内贸易指数都有很大幅度的上升，且发展中国家上升的幅度更大，与发达国家的差距逐渐缩小。这种行业内贸易在许多国家都超过其贸易总额的 50% 以上。

▶ 2. 发达的工业国家之间的贸易量大大增加

20 世纪 50 年代，大部分贸易发生在发达国家与发展中国家之间（南北贸易）；60 年代以后，发达国家相互之间的贸易不断增加；到 20 世纪末，发达国家之间的贸易已经接近全球贸易的 50%，成为国际贸易的重要部分。例如，2000 年，加拿大全部出口中的 95% 和进口中的 82% 运往和来自其他工业化国家；日本最低，出口中也有 51%、进口中则由 39% 来自其他工业化国家。把全部工业化国家放在一起考虑，工业化国家之间的出口占工业化国家总出口的 70%；而它们之间的进口也占工业化国家总进口的 70%，即工业化国家之间的贸易占它们总贸易的 2/3 以上。

▶ 3. 产业领先地位不断转移

有许多产品曾经由少数发达国家生产和出口，在国际市场上占有绝对的领先地位，其他国家不得不从这些国家进口。然而，第二次世界大战后这种产业领先地位在不断发生变化。一些原来进口的国家开始生产并出口这类产品，而最初出口的发达国家反而需要进口。例如，美国 1923 年发明了第一台电视机，到 20 世纪 90 年代，全部进口；日本在 60 年代后成为电视机的生产、出口国；90 年代以来，韩国和中国逐渐成为电视机的主要生产和出口国。纺织品是欧美最早向其他国家大宗输出的产品，20 世纪初，洋布占领中国市场，挤垮了土布。几十年后，纺织品的主要生产国变成了发展中国家。汽车工业，美国是最早的汽车生产和出口国，现在则大量进口日本汽车。最近几年，韩国也成为重要的汽车出口国了。

（二）规模经济与国际贸易

▶ 1. 规模经济的基本原理

规模经济就是企业因生产规模扩大而使成本降低、效益增加的现象。

规模经济可以分为外部规模经济和内部规模经济。外部规模经济来源于行业内企业数量增加所引起的产出规模的扩大。由于同行业内企业的增加和相对集中,在信息收集、产品销售等方面的成本会降低。这种情况多见于竞争性很强的同质产品行业,对应的市场主要是完全竞争的市场,在这些行业中的企业的规模一般都比较小。例如,在美国的"硅谷"有成百上千家电脑公司,每家都不是很大,但集中在一起,形成了外部规模经济。北京的"中关村电脑城",浙江的许多"纽扣城""电器城""小商品市场"等,也都具有获得外部规模经济的性质。

内部规模经济来源于企业自身生产规模的扩大,企业规模越大,竞争优势越大,对应的市场通常是不完全竞争市场。由于生产规模扩大和产量增加,分摊到每个产品上的固定成本会越来越少,从而使产品的平均成本下降。具有内部规模经济的一般都是大企业、大公司,多集中于设计、管理、销售成本较高的制造业和信息产业,如汽车、飞机、钢铁、电脑软件行业等。一般来说,垄断竞争企业、寡头企业或垄断企业可以通过扩大企业规模来获得内部的经济规模。

通过一个例子我们来说明外部规模经济与内部规模经济的区别。假设,某行业最初由 10 家厂商组成,每家生产 100 件产品,整个行业的产出是 1 000 件。现在考虑两种情形:首先,假设该行业规模扩张了一倍,即由 20 家厂商组成,每家仍生产 100 件产品。这就是存在外部规模经济的情形,即厂商效率的提高是由于更大的行业规模,尽管各厂商规模并没有变化。其次,我们假设全行业产出不变,仍是 100 件,但只剩下一半厂商(5 家),每家各生产 200 件产品。若每件产品的生产成本下降,则存在内部规模经济:单个厂商产出越多,效率越高。

▶ 2. 外部规模经济和国际贸易

随着行业规模的扩大,会造成行业内各企业平均成本下降,进而使得产品在国际市场上拥有竞争力,企业就有动力出口该产品,从而产生国际贸易。从贸易所得来看,各个企业在短期内可能会由于成本下降先于价格下降而出现利润,但长期又回到经济利润等于零的状况。对企业来说,短期可能有所得,长期则无所失。对于国内消费者来说,长期价格下降,消费量上升,消费者剩余增长。因此,整个社会由于贸易而获得净收益。

▶ 3. 内部规模经济和国际贸易

垄断竞争企业面临的是一条向下倾斜的需求曲线,即消费者不会因一种产品的稍微提价而全部转向另外的产品,也不会因为一种产品的稍微降价就全部转向该产品。垄断竞争企业的长期竞争会造成该行业企业的平均经济利润为零。

当生产规模太小时,劳动分工、生产管理等因素会受到限制,产品的平均成本较高;随着规模的扩大,更有效的劳动分工和专业化生产得以实现,从而使劳动生产率提高,平均成本下降。规模经济报酬递增是指一国产出水平增长的比例高于要素投入增长比例的生产状况。现举例说明这一情况。表 2-6 列出了某一假想行业的投入与产出关系,且该产品的生产只需要劳动这一种投入。表 2-6 中显示出生产中所需的劳动是如何取决于这种产品的产量的。我们可以用这个例子说明为什么规模经济能成为国际贸易的动因。

假定世界上只有美国和英国两个国家,两者具有生产这种产品的同样技术,最初都生产 10 个单位。根据表 2-6,该产量在每个国家均要 15 小时的劳动投入,即全世界用 30 个小时来生产 20 单位产品。但是,我们现在假定该新产品的生产集中到一个国家,譬如说美国,且美国在这一行业也投入 30 个小时的劳动,然而,在一个国家内投入 30 个小时的劳动,却能生产出 25 件产品。显然,生产集中到美国使世界能以同样的劳动投入多产出

25%的产品。为了利用规模经济,每个国家必须集中生产有限类别的产品,如美国生产1、3、5等类产品,而英国生产2、4、6等类产品。如果每个国家都只生产几类产品,那么每种产品的生产规模均能以比以往各国什么都生产时要大得多,世界也因而生产出更加丰富多样的产品。国际贸易使各国既能利用规模经济来生产有限类别的产品,同时又不牺牲消费的多样性。

表2-6 某一假定行业的投入与产出关系

产 出	总劳动投入	平均劳动投入
5	10	2
10	15	1.5
15	20	1.333 3
20	25	1.25
25	30	1.2
30	35	1.166 67

由于工业产品的多样性,任何一国都不可能囊括一个行业的全部产品,从而使工业制造品生产上的国际分工和贸易成为必然。但具体哪一国集中生产哪一种产品,则没有固定的模式,既可以自然产生,也可以协议分工。但这种发达国家之间工业产品"双向贸易"(行业内贸易)的基础是规模经济,而不是技术不同或资源配置不同所产生的比较优势。

二、重叠需求理论

(一)需求决定的贸易模式

(1)决定需求的因素。实际需求是指地理气候等环境的差别造成的不同需求,例如,越南人不会需求皮衣、皮帽,蒙古人不需要船。

(2)喜爱偏好。由于不同的历史文化、宗教信仰和风俗习惯,各国消费者喜爱偏好的差异会造成对同一商品需求的不同。随着各国经济文化的交流,喜爱偏好也会互相影响。现实中,美国人喜欢吃中餐的越来越多,中国人穿西装的越来越普遍,日本、中国台湾的欧美化倾向则更加浓厚。随着喜爱偏好的转移,对商品的需求也会发生变动。

(3)收入水平。各国对同一商品的需求不同,很大程度上是因为收入水平不同。对耐用消费品、医疗保健、旅游度假、高档住宅等商品的需求,发达国家都远远高于发展中国家,而对粮食尤其是基本谷物的需求,发展中国家则相对比较高。

(二)假设条件

1961年,瑞典经济学家林德(Staffan B. Linder)在《论贸易和转换》一书中提出了重叠需求论。他从需求方面研究国际贸易的起因,认为两国之间贸易关系的密切程度是由两国的需求结构与收入水平决定的。

(1)假设在一国之内,不同收入阶层的消费者偏好不同,收入越高的消费者越偏好奢侈品,收入越低的消费者越偏好必需品。

(2)假设世界不同地方的消费者如果收入水平相同,则其偏好也相同。

(三)重叠需求论的主要观点

(1)对外贸易实际是内贸的延伸,只有国内具有消费且生产的产品才是出口的产品,所谓出口,实是占领的范围被扩大而已。进行创新是为国内服务,首先满足国内消费者、国内需求,才是创新的动力。当国内市场满足了,就可进入国际市场。如果纯粹是为了满足外国生产的,则大多数都是外方或需求方来投资生产。

(2) 人均收入的高低决定一国的需求结构,人均收入高的国家间需求结构类似,而人均收入低的国家与人均收入低的国家间需求结构有差距。需求结构通常被细分为两类:消费的需求结构和投资的需求结构。消费的需求结构是在更大程度上取决于收入分配的结构,穷国的收入分配越均等,其需求结构与富国差距越大;穷国的收入分配越不均等,其需求结构与富国越类似。但对投资的需求结构,穷国不论怎么改变,也不会与富国相似,因为富国资本存量高,人均收入高,投资率高,是良性循环。因此,收入水平相似的国家,需求结构相似,易发生贸易,发达国家间的市场隔离较小,也易发生贸易。

林德认为,要素禀赋论只强调了供给方面的因素,它只适用于以工业品交换初级产品的贸易,而不适用于工业品之间的贸易,工业制成品贸易的起因和格局应从需求方面来解释。他认为,收入相近的国家,消费产品档次相似,彼此间贸易容易发生,因此,工业制成品贸易主要在发达国家间发生,而不是在发展中国家与发达国家间发生。

(四) 用图形说明重叠需求论

图 2-1 中横轴代表不同的人均收入水平,纵轴代表不同的产品加工深度或消费者需要的商品品质等级,越富有的人享有的产品的加工深度越高。假设有 A、B 两国,从图 2-1 中可看出,在 A 国穷人享有的产品加工深度为 a^-,富人享有的产品加工深度为 a^+;在 B 国穷人享有的产品加工深度为 b^-,富人享有的产品加工深度为 b^+。在 b^- 与 a^+ 间,需求偏好相似,具有了贸易的基础,此贸易重叠区越大,发生贸易的可能性就越大。

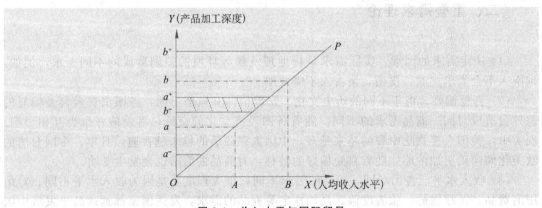

图 2-1 收入水平与国际贸易

该理论从需求角度论述了贸易发生的原因,对比较优势的决定因素做了进一步分析,是对其他贸易理论的补充,它适用于解释发生在发达国家之间的产业内贸易,使人们对于国际贸易的发生考虑得更加全面了。

三、技术差距论与产品生命周期理论

在技术差距论、产品生命周期理论出现以前,国际贸易理论只是从静态的角度分析贸易行为,解释贸易产生的原因及利益分配问题,但它对某些经济现象难以做出合理的解释,例如:进出口主体随时间变化而变动,美国曾既是汽车出口大国又是汽车进口大国等。

(一) 技术差距论

1961年，美国经济学家波斯纳提出了技术差距论，建立了技术差距模型，强调一国的比较优势来源于产品的创新，而不是较低的成本。于是，技术和人力资本、自然资源一样也成为一个独立的生产要素。

(1) 创新国在一国技术创新尚未完全被国外掌握时，与模仿国存在技术差距，在技术密集型产品的生产上存在比较优势。贸易后，贸易利益的大小取决于模仿国的消费者和模仿者对利用这种创新所生产的产品的反应。波斯纳把这些反应称为"滞后"。

(2) 需求滞后。从创新国开始创新到模仿国的消费者对它产生需求为止。

(3) 反应滞后。从模仿国开始创新到模仿国以创新方式开始生产产品为止，含需求滞后期。

(4) 掌握滞后。从模仿国开始生产到模仿国停止进口为止。掌握滞后期结束后，创新国在技术密集型产品上的比较优势消失，模仿国由于劳动力富裕等要素优势反过来成为该商品的比较优势生产者。

技术差距论认为，两国之间贸易是因为技术存在差距，新产品总是选在发达国家诞生，而其他国模仿其生产存在时间差，而此时间差为贸易的发生创造了基础。我们通过图2-2进行说明。

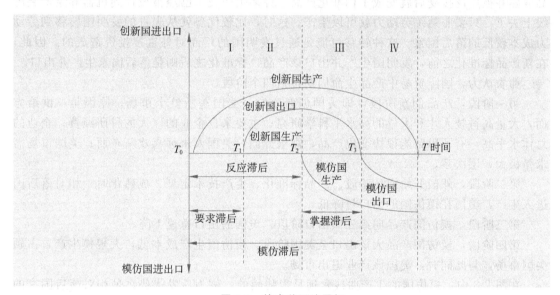

图 2-2 技术差距论图解

图2-2中，T_0T_1为需求滞后，T_0T_2为反应滞后，T_2T_3为掌握滞后，T_0T_3为模仿滞后，T_1T_3为由于技术差距而导致的贸易期间。

需求滞后取决于以下因素。

(1) 收入差距越小，需求滞后时间越短。

(2) 市场距离(或结构)越大，能消费该产品的可能性越小，市场距离(即隔离程度，也会造成信息传递困难)越小，能消费该产品的可能性越大。

(3) 收入分配(主要对相对落后国家有更多作用)越公平，需求滞后越长，收入分配越不公平，需求滞后越短(富裕人越容易先消费)。

反应滞后主要取决于模仿国厂商的企业家精神或企业家觉醒意识，T_2点是已进入规模生产该商品。即模仿国的厂商是否认识到该种产品可以带来利润,以及规模经济、价格、市场、关税等。

掌握滞后取决于以下因素。

(1) 模仿国取得技术的渠道是否畅通,若畅通,则 T_3 易出现,即掌握滞后越短。

(2) 模仿国消化技术能力是否强。

过了 T_3 后是以低成本(主要指劳动工资成本低)为基础进行的模仿国出口。

技术差距论从技术生产要素的比较角度说明了国与国之间发生贸易的原因,证明即使在禀赋和偏好都相近的国家之间技术领先也会形成比较优势,但并没有解释贸易流向的转移以及技术差距产生和消失的原因。

(二) 产品生命周期论

1966年,美国经济学家弗农在《国际投资和产品生命周期中的国际贸易》一文中,提出了产品生命周期理论。他认为,产品和生物一样是有生命周期的。产品的生命周期指产品要经历创新、成长、成熟和衰退阶段的全过程。伴随着技术传播,还有一个比较优势在国际间转移的过程。

产品生命周期理论认为,新产品刚引进生产时要求高度熟练的劳动力来生产,当该产品成熟并被广泛接受后就变成了标准化产品,许多生产技术已经被设计到机器和生产装配线上去了,只要非熟练劳动力就可以生产。这时,比较优势就从先进的发明国转移到劳动力成本较低的落后国家。这种转移可能是通过发明国的厂商对外直接投资造成的。因此,在新产品标准化之前,发明国生产并出口该产品,标准化之后则是落后国家生产并出口。

弗农认为,国际贸易中产品生命周期包括四个阶段。

第一阶段,产品创新阶段,即美国创新阶段,美国垄断整个市场。原因是:供给方面,大量高科技人才和大量的高水平科学研究;主要来自企业的巨大的科研经费;企业的总体水平高,有了思路能很快变成产品。需求方面,美国人永远喜欢新东西;美国市场需求量极大,层次多。

第二阶段,外国开始模仿阶段。产品标准化、生产技术定型、成熟化时,相对落后国进入生产,美国在模仿国的出口量降低。

第三阶段,模仿国产品向第三国出口阶段。美国的出口急速下降。

第四阶段,模仿国产品大量出口至美国阶段。模仿国生产成本低,大规模生产,占领美国市场,与此同时,美国该产业退出市场。

在图 2-3 中,模仿国的生产曲线永远是很陡峭的,称为后发优势,是相对落后国家的特点。通过分析可知,生产产品的比较优势是技术转移或传播,由技术创新国向密集使用廉价要素的国家转移的。贸易的流向与比较优势的流向是相反的,即技术越是传播和扩散,该产品越是流向技术创新国及具有类似技术条件的国家。

(三) 基本评价

(1) 该理论解释了技术差距产生和消失的原因,指出了技术的动态变化导致比较优势本身的变化,是国际贸易理论分析的进步。

(2) 该理论隐含着一种产品在产品生命周期的不同阶段,其含有的要素密集度也在发生变化,由技术要素密集产品转变为资本要素密集产品,进而转变为劳动密集产品。

(3) 该理论要求相对落后国家要从动态角度适应本国的比较优势的变化,进而加入国际分工。

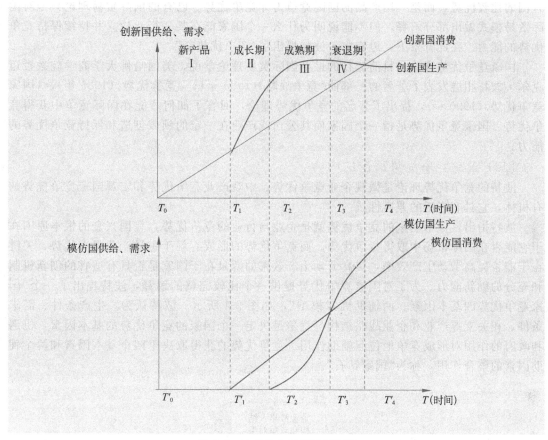

图 2-3　产品生命周期模型图解

四、国家竞争优势理论

(一) 历史背景

在第二次世界大战后的 20 年里，美国经济实力强盛，遥遥领先于世界。但此后，由于其他西方国家经济的快速增长，美国各项经济指标在世界经济中的比重不断下降。20 世纪 70 年代以来，欧洲共同市场的形成和势力壮大，日本的崛起，都对美国在国际经贸中的地位构成严峻挑战。美国在国际市场上的竞争优势严重削弱，就连新兴工业化国家 (如亚洲"四小龙") 都在夺取美国在世界市场上的份额。到了 80 年代，世界经济贸易领域的竞争进一步加剧，美国的对外贸易逆差和国际收支赤字有不断增大之势，导致美国不断乞求于贸易保护主义。在这种情况下，怎样才能保持昔日的竞争优势，必然成为美国朝野都关注的问题。

美国的企业界与学术界在 20 世纪 70 年代末与 80 年代初就展开了对国家的竞争地位的争论，1983 年里根政府成立的"总统竞争力委员会"就是这一争论的产物。1982 年 10 月里根向国会提出"国家生产力与技术革命法案"。1986 年，里根又成立"提高竞争能力工作小组"，把增强竞争力列为国内最优先考虑的议题，旨在确保美国一直到 21 世纪都是具有竞争优势的国家。而波特的理论也正是适应这一客观要求应运而生的。

20 世纪 80 年代各国在激烈的竞争中，逐渐发现在国际市场上真正起作用的往往不是各国的比较优势,而是一国产品的国际竞争力即竞争优势。已有的国际贸易理论只能对国际贸易模式做出部分解释,但不能说明为什么一个国家能在某一行业建立并持续保持竞争优势的能力。在此背景下,迈克尔·波特提出了"竞争优势论"。

国家竞争优势理论是目前流行的最新国际贸易理论学说。美国哈佛大学商学院教授迈克尔·波特相继发表了著名的三部曲《竞争战略》(1980年)、《竞争优势》(1985年)、《国家竞争优势》(1990年),提出了著名的竞争优势理论,回答了如何才能在国际竞争中获得竞争优势。国家竞争优势是指一个国家使其公司或产业在一定的领域创造和保持竞争优势的能力。

(二)国家竞争优势理论的内容

波特的竞争优势理论是微观企业竞争优势、中观产业竞争优势和宏观国家竞争优势的有机体,它具有广泛的兼容性。

波特指出,一个国家的竞争优势就是企业与行业的竞争优势,一国兴衰的根本原因在于它能否在国际市场中取得竞争优势。而竞争优势的形成有赖于主导产业具有优势,关键在于能否提高劳动生产效率,提高劳动生产效率的源泉在于国家是否具有适宜的创新机制和充分的创新能力。为了对国家竞争优势提供一个比较完整的解释,波特提出了一个"国家竞争优势四基本因素、两辅助因素模型",如图2-4所示。波特认为,生产条件、需求条件、相关支撑产业和企业战略结构与竞争是决定一个国家的竞争优势的基本因素,机遇和政府的作用对形成竞争地位起辅助作用。竞争优势的获得取决于四个基本因素和两个辅助因素的整合作用,称为"国家钻石"。

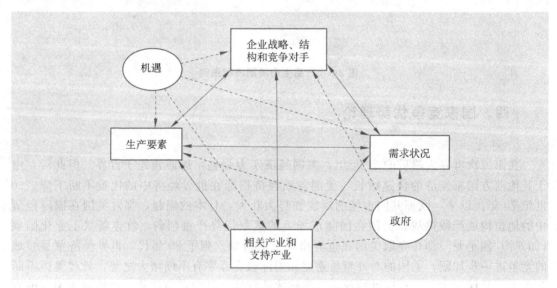

图2-4 竞争优势决定因素关系框图

四个基本因素影响一国国家竞争优势,并且两两相互作用,构成了互相增强的系统,即"钻石理论"或"波特菱形"。

▶1. 国家竞争优势的决定因素

(1)生产要素。基础要素可以提供初始竞争优势,并能够通过对高级要素的投资得以进一步扩大。但现在,随着世界贸易结构越来越转向以制成品为主,以及基本要素在世界范围内的普遍可提供性,基本要素对竞争优势形成的重要性正日趋减弱,取而代之的则是高级要素。当然，高级要素的创造需要长期的、大量的人力资本投资，而且要有适宜其生长的社会经济、政治法律环境。但是，毋庸置疑，高级要素的优势已成为企业国际竞争力在未来持续而可靠发挥的源泉。

（2）需求状况。需求状况是指本国市场对该项产业提供产品或服务的需求情况。波特特别强调需求在提高竞争优势方面所发挥的作用，他认为，国内需求状况的不同会导致各国竞争优势的差异。国内需求对竞争优势最重要的影响是通过国内买方的结构和买方的性质体现的。不同的国内需求使厂商对买方需求产生不同的看法和理解，并做出不同的反应。某国的国内需求给当地厂商及早地提供需求信号或给当地厂商施加压力要他们比国外竞争者更快创新，提供更先进的产品，该国最有可能在该产业获得竞争优势。例如，荷兰人对鲜花特别喜爱，并由此而产生了庞大的花卉产业，阿姆斯特丹西南郊拥有世界上最大的花卉市场阿尔斯梅尔，正是由于国内对鲜花的强烈需求，才使荷兰成为世界上最大的鲜花出口国，贸易额占世界花卉贸易总额的60%以上。

（3）相关产业和支持产业。相关产业和支持产业的发展是指相关产业和上游产业是否具有国际竞争力。一个国家的产业要想获得持久的竞争优势，就必须在国内具有在国际上有竞争力的支持产业（供应商）和相关产业。例如，德国纺织服装业优势的形成，就是因为德国拥有包括高质量的棉花业、合成纤维业、纺织机针制造业和其他纺织机械制造业在内的一系列支持产业而形成的。一个国家如果有许多相互联系的有竞争力的产业，该国便很容易产生新的有竞争力的产业。因此，有竞争力的几种相关产业往往同时在一国产生。例如，美国的电子检测设备和病人监测器，韩国的录像机和录像带等就是如此。

（4）企业战略、结构和竞争对手。企业战略、结构和竞争对手是指在一个国家内企业的基础组织和管理形式，以及国内市场竞争的表现，包括公司建立、组织和管理的环境以及国内竞争的性质。各个国家由于环境不同，其公司在目标、战略和组织方式上也都大不相同，采用的管理体系也不同。例如德国企业有等级森严的组织和管理惯例，高级经理通常都有技术背景，而具有产业技术和工程背景是企业获得成功的基本特征。意大利的中心企业注重战略，在细分得很小的目标市场针对目标顾客经营自己的特色产品，避免标准化产品的冲击。美国企业持有大量风险资本，并进行广泛的交易，而德国和瑞士的银行持有大量期望升值的长期股票，但很少进行交易。

可见，国家优势来自对各种不同因素的选择和搭配，适合一国环境的模式就能提高该国的国家竞争优势。不仅如此，国家竞争优势的获得还取决于国内的竞争程度，激烈的国内竞争是创造和保持竞争优势最有力的刺激因素。因为国内竞争会迫使企业不断创新产品、提高生产效率，以取得持久、独特的优势地位；会迫使竞争者相互推动去降低价格、改进产品质量与服务。而且，激烈的国内竞争还会迫使企业走出国门到国际市场上参与竞争并最终增强其竞争力，使其在全球竞争中走向成功。因此，国内竞争越激烈，企业越会更加成熟，越容易在国际竞争中取胜。

波特强调上述四个关键要素间的相互作用，这是竞争优势论的一大特点，也是比较优势理论体系所欠缺的地方。波特认为："如果企业只依靠一项关键要素竞争，除非能由此扩张出其他关键要素，否则连保持经营都会有困难。"国家竞争优势菱形中的每个关键要素的效果都建立在其他要素的配合之上，各要素是相互依赖的，每个要素都会强化或改变其他要素的表现。四个关键要素不是相互独立的，而是相互制约、相互强化的一个系统，从而使国家竞争优势理论成为一个融合的整体。

（5）政府。政府在增强国家竞争优势中起着个别企业起不到的作用，它可以为企业创造有利的生存与发展环境。政府对国家竞争优势的作用主要表现在对四种决定因素的影响，如政府可以通过补贴、对资本市场加以干预或制定教育政策等影响各类要素条件，通过确定地方产品标准、制定规则等影响买方(包括政府在内)的需求。政府也能以各种方式决定相关产业和支持产业的环境，影响企业的竞争战略、结构和竞争状况等，可见，政府的作用十分重要。政府在发挥其作用时不应限制市场直接配置资源的作用，而是应鼓励企业间竞争，为形成有利于生产力发展、经济增长和企业创新的市场竞争环境而创造条件。

(6) 机遇。机遇包括重要的新发明、重大技术变化、投入成本的剧变(如石油危机时)、外汇汇率的重要变化、突然出现的世界或地区需求、外国政府的政治决定和战争等。机遇对于竞争优势也是非常重要的，其重要性在于它可能打断事物的发展变化的进程和规律，改变一个国家在一个产业中的国际竞争地位，使原来处于领先地位的企业的竞争优势无效，使落后国家的企业若能顺应局势的变化，抓住机遇即可获得竞争优势。但是，机遇对竞争优势的影响不是决定性的，同样的机遇给不同企业带来的可能是不同的影响，能否利用以及如何利用机遇最终取决于该国的四种基本要素的状况。因为偶然事件会造成产业结构的调整与竞争优势的变化，只有拥有最有利"钻石"的国家才可能把偶然事件转变成竞争力优势。

▶ 2. 国家竞争优势的发展阶段

波特根据竞争中不同的钻石因素所起的不同作用，提出了国家竞争优势发展阶段理论。

(1) 要素驱动阶段。产业竞争主要依赖于国内自然资源和大量廉价劳动力资源的拥有状况，具有竞争优势的产业一般是那些资源密集型产业。

(2) 投资驱动阶段。产业竞争依赖于国家和企业的发展愿望和投资能力，具有竞争优势的产业一般是资本密集型产业。

(3) 创新推动阶段。产业竞争依赖于国家和企业的技术创新愿望和技术创新能力，具有竞争优势的产业一般是技术密集型产业。创新是一个民族的灵魂，是一个国家兴旺发达的不竭动力。

(4) 财富推动阶段。企业创新、竞争意识明显下降，更注重保持地位而不是进一步增强国际竞争力，实业投资下降，有实力的企业试图通过影响政府政策来保护自己。竞争优势主要依靠一个国家或地区在过去所积累的财富。英国最早抵达该阶段。

波特分析了国家竞争优势的发展阶段之后，通过德国、美国、意大利和日本等国经济发展状况从实证角度对其理论予以说明。他认为，日本经济在20世纪70年代和80年代正处于创新阶段，经济发展后劲较强；而美国经济20世纪80年代则处于财富推动的阶段，美国许多工业正在衰退，竞争处于垄断状况，经济缺乏推动力。

▶ 3. 政策建议

波特认为，政府在保持产业竞争优势方面的作用是辅助性的。政府的首要任务是尽力创造一个良好的外部环境以支持产业生产率的提高，而在贸易壁垒、定价等方面应该是尽量不干预。政府通过钻石理论的四种决定因素对国家竞争优势产生的机制体现如下。

(1) 对要素条件的影响。政府可以通过补贴和教育投资等政策影响高级生产要素。

(2) 对需求条件的影响。一方面，政府制定本地产品规格标准，影响客户的需求；另一方面，通过政府采购影响国内市场的需求状况。

(3) 对相关和支撑产业的影响。政府可以通过规范产品的销售方式等手段产生影响。

(4) 对企业战略结构和竞争的影响。政府可以通过一系列政策工具，如金融市场制度规范、反垄断法、反不正当竞争法等产生影响。

（三）国家竞争优势理论的评价

▶ 1. 弥补了其他国际贸易理论的不足

国家竞争优势理论超越了传统理论对国家优势形成的片面认识，首次明确阐述了国家竞争优势的确切内涵。在关于国家竞争优势的来源中，比较优势理论认为一国丰富的自然资源和廉价劳动力起重要作用，20世纪六七十年代兴起的需求偏好理论只是强调了需求因素的作用、新贸易理论则认为规模经济是形成优势的原因之一、战略贸易理论强调了政府对于产业的选择与扶持。波特认为国家竞争优势形成的根本点在于竞争，而竞争优势是上述四个基本要素和两个辅助要素共同作用的结果。正是在这个意义上，波特摆脱了传统理论的片面性、孤立性，从多角度和高层次对国家优势和国际贸易进行了探讨，建立了国家竞争优势的概念体系和理论框架。

▶ 2. 发展了传统贸易理论

波特提出国家竞争优势的形成是由四个基本因素和两个辅助因素协同作用的结果，该理论深化了对要素竞争优势的认识。如在要素基础上形成的竞争优势是动态变化的，要素上的劣势也能够产生国家竞争优势，要素创造比要素禀赋对于一国的竞争优势来说更重要。在此基础上，波特强调国家在决定国际竞争力方面的重要作用，强调要加强国家对竞争优势的扶持和培育，这对于发展中国家竞争优势的发展无疑具有积极的指导意义。波特认为，一国在生产要素方面的比较优势有利它建立国际竞争优势，而一国国际竞争优势的建立才能使其获得持久的比较利益。这种国际竞争优势才应该是国际贸易理论的核心。此外，波特的国家竞争优势四个阶段的划分，从全新的角度阐明了"各国比较优势是一个动态变化的过程"观点，也为传统理论所不及。

▶ 3. 充分反映了竞争的丰富内涵

波特的竞争优势由两大因素决定：成本优势（Cost Advantage）和歧异性优势（Difference Advantage），其包括细分市场、差异化产品、技术差异和规模经济、质量、特色、新产品创新和成本优势等，而大多数贸易只注意到成本，对质量和差异化产品等方面未引起足够重视。

▶ 4. 使国际贸易理论的研究有了微观基础

传统的理论主要是从国家的层次来研究国家竞争优势，并不注重微观层次上国际贸易主体的研究。波特认为，国家这个层次太抽象，对其研究是不可取的，只有抓住产业这个经济运行的主体进行分析，才能正确理解国家竞争优势的形成。这就把我们引向了传统理论很少涉及，但却更具现实意义的方面，如对细分市场、差别化产品、技术优势、规模经济的研究。波特的理论使我们认识到，国家竞争优势的形成的关键是优势产业的建立。

▶ 5. 强调国内因素对于形成竞争优势的重要性

传统的贸易理论在很大程度上忽视了国内需求状况、相关与支持产业及国内竞争等因素对于企业竞争优势形成的影响，而波特非常肯定地认为，国内因素与竞争优势之间存在因果关系。国内需求的增长、国内需求的结构、相关与支持产业的发展情况和国内竞争强度等都对一国竞争优势有着决定性影响。国内因素对于竞争优势的作用往往是国外的同类因素取代不了的。

总之，国家竞争优势理论提出了一套丰富而又清晰的竞争方法，该理论不仅对当今世界经济和贸易格局进行了理论上的归纳总结，而且对国家未来贸易地位的变化也提供了具有一定前瞻性的预测。

（四）竞争优势与比较优势的比较

▶ 1. 主要区别

（1）比较优势是一种静态的竞争力，因为一国的要素禀赋是静态的、难以改变的；而竞争优势是一种动态的竞争力，它的构成要素中的知识、技术、管理制度等高级软要素是动态的、可变的。所以，拥有比较优势并不等于拥有现实竞争力；而拥有竞争优势才称得上真正拥有现实的竞争力。比较优势更多地强调各国产业发展的潜在的可能性，是一种潜在的竞争力；而竞争优势则更多地强调各国产业发展的现实态势，是一种现实的竞争力。

（2）比较优势是由土地、劳动力、资本、自然资源等基本生产要素决定的，它是一种低层次的竞争力；而竞争优势不仅与土地、劳动力、资本、自然资源等低级要素有关，而且与机制、政府的质量、管理水平、人力资本、产品的品牌、技术创新等高级软要素相关。高级软要素在更高层次上决定了竞争力。

（3）比较优势与一国的资源禀赋有关，是一种天然的竞争力，它的有效发挥还依赖于其他因素的配合，如一定的规模、资本运营、技术开发等；而竞争优势虽然与一国资源禀赋有关，但更与一国的后天积累形成的知识、技术、商誉等创造要素以及规模经济、资本运作、管理水平、营销策略等企业行为有关，它是先天禀赋加后天要素加企业行为形成的竞争力。

（4）比较优势涉及的主要是各地区间不同产业、产品之间的区际交换关系，体现各个地区间不同产业之间劳动生产率的比较和相对优势，主要强调地区间产业、分工与产业互补的合理性；而竞争优势涉及的是各地区间同一产业内的市场交换关系，体现的是各地区相同产业生产率的绝对优势，主要强调了地区产业竞争和产业替代的因果关系。两者的本质都是生产力水平的相互比较。先天有利资源禀赋条件都是决定交易的共同基础。在实践中，发挥比较优势意味着强调各地区的产业发展应该"扬长避短"，而增强竞争优势则意味着更加强调各地区产业发展的现实道路是"优胜劣汰"。正确处理发挥比较优势与增强竞争优势关系的实质，就是要更好地将"扬长避短"策略与"优胜劣汰"策略结合起来。

▶ 2. 相互联系

（1）在一国的产业发展中，一旦发生对外经济关系，比较优势与竞争优势就会同时发生作用。任何国家，即使是经济最发达的国家也不可能在一切产业中都具有国际竞争优势。这也表明，竞争优势不能完全消除或替代比较优势。

（2）一国具有比较优势的产业往往易于形成较强的国际竞争优势。换句话说，比较优势可以成为竞争优势的内在因素，促进特定产业国际竞争力的提高。也可以说，比较优势与竞争优势是可以相互转化的。

（3）一国产业的比较优势要通过竞争优势才能体现，即使是具有比较优势的产业，如果缺乏国际竞争力，也无法实现其比较优势；反之，非常缺乏比较优势的产业，往往较难形成和保持国际竞争优势，一些国家原先具有国际竞争优势的产业由于国际比较利益关系的变化而失去国际竞争优势的案例，以及一些产业在国际间转移的实况，证明了这一点。换句话说，在各国产业发展中，比较优势和竞争优势常常是相互依存的。

（4）比较优势和竞争优势的本质都是生产力的国际比较，所不同的是，比较优势强调的是各国不同产业之间的生产率的比较，而竞争优势强调的则是各国相同产业之间生产率的比较。比较优势体现的是一国特定产业与本国其他产业的生产率差异与他国各产业的生产率差异比较所具有的相对优势，而竞争优势的实质则是各国各产业的生产率的绝对优势。也可以说，比较优势和竞争优势是各国产业间生产力优势的不同表现。

正因为比较优势与竞争优势存在着上述既相互联系又相互区别的密切关系，所以作为发展中国家在培育自身竞争能力的过程中更应正确理解与把握竞争优势理论。发展中国家形成竞争优势的关键是要充分利用其现有的比较优势，如果完全套用比较优势理论可能会陷入比较优势陷阱，而一味追求竞争优势又有可能陷入赶超战略的困境。

本章小结

本章系统地介绍了从古典到现代的主要国际贸易理论。针对传统国际贸易理论，可以通过解读该理论提出的历史背景和假设前提，认真领会绝对优势理论、比较优势理论和要素禀赋论的内涵，从而把握国际贸易理论递进式发展的规律；针对现代国际贸易理论，可以结合国际贸易发展的新特征，以及传统国际贸易理论的局限性，深入领会产业内贸易理论、重叠需求理论和技术差距论的内涵，以及国家竞争优势理论的前瞻性，系统把握国际贸易理论的核心思想发展与联系。

复习思考题

1. 试述绝对优势理论的核心思想与局限性。
2. 试述比较优势理论的主要内容与基本评价。
3. 试述列昂惕夫之谜的含义并进行阐释。
4. 试述当代国际贸易发展的新特征与主要理论观点。

第三章 国际贸易政策

学习目标

通过本章的学习，了解国际贸易政策的种类，熟悉关税与非关税政策实施的意义与效果，掌握有效关税保护率的计算和主要非关税政策的内容，为后续内容的学习奠定基础。

引导案例

非关税壁垒对我国农产品出口的影响

2004年，我国农产品进出口贸易开始呈贸易逆差并且直至2013年保持着10年贸易逆差的状态。据商务部调查，中国近90%的农业出口企业受技术性贸易壁垒影响，每年损失百亿美元左右。我国的农产品出口正向一个高数量化、低规模化、低质量化、低竞争力化的"一高三低"趋势发展。2011年，贸易逆差为341.2亿美元，同比扩大47.4%。2012年，贸易逆差为491.9亿美元，同比扩大44.2%。2013年，贸易逆差为510.4亿美元，同比扩大3.7%。长期发展的农产品贸易逆差则表明中国在这段时期内对外贸易处于不利地位，从而影响了国民经济的运行。中国农产品生产出口企业普遍规模较小，缺乏具有国际竞争力的龙头企业。

由于科技研发与质量检疫发展不够完善，中国企业往发达国家出口的农产品往往被拒于非关税壁垒的围墙外。2014年2月21日，美国环保署制定并发布包括甘蔗、甘蔗汁等农产品除草剂苯嘧磺草胺的残留限量要求。由于我国企业及检测机构对于农药残留量的检测技术以及标准尚未达到发达国家的检测水平且农药问题危害人类与环境健康，农药残留问题成为农产品出口遭受技术性壁垒与绿色壁垒的主要表现。短期内，我国企业需在农产品检测技术以及标准上加大投入，这必将导致出口成本增加，从而使产品价格上升。在我国，农业科技还很欠缺，农产品仍属于劳动密集型产品，价格上升必然会导致其在国际市场缺乏竞争力。

资料来源：于正尉，杨兰．非关税壁垒下我国农产品出口对策研究[J]．科教文汇，2014，08：217-218．

第一节 进口关税政策

关税是进出口商品在经过一个国家的关境时，由海关代表国家向进出口商征收的一种税赋。关境小于国境，如国境内设有自由港、自由贸易区和出口加工区等经济特区；关境大于国境，如参加关税同盟的国家。

关税壁垒是指高额进口关税，通过征收各种高额进口税，形成对国外商品进入本国市场的阻碍，起到保护国内生产和国内市场的作用。

一、关税的主要种类

（一）按征收的目的划分

财政关税，又称为收入关税，是指以增加国家财政收入为目的而征收的关税，它不能太高也不能太低。保护关税是指以保护本国工业或农业发展为主要目的而征收的关税，一般较高。

（二）按征收的商品流向划分

1. 出口关税

出口关税是指一国海关在出口商品运出关境时，向出口商征收的关税。大多数国家对出口产品极少征收出口关税，征收出口税的目的主要是：增加财政收入、保护生产资源和稀有物品。

2. 进口关税

进口关税是指外国商品进入本国关境时海关向进口商征收的一种关税。一般而言，发达国家采取对工业制成品征收税率最高，半成品次之，而初级产品税率较低，甚至免税，以保证其原料来源和提高关税保护程度；发展中国家对奢侈品和国内能生产的商品设置较高的关税，对于国内不能生产的机器设备、生活必需品实行较低的关税或免税。

3. 过境税

过境税是指一国海关对通过其关境的外国货物所征收的关税。目前，大多数国家在外国商品通过其领土时，只征收少量的准许费、印花费、登记费和统计费等。

（三）按差别待遇和特定实施情况划分

1. 进口附加税

一国海关对进口货物除了征收正常的关税外，还往往出于某种目的再加征一定数额的关税，这种额外征收的关税称为进口附加税。进口附加税往往是一种特定的、临时性和一次性的措施，常见有反补贴税和反倾销税。反补贴税是对直接或间接接受任何奖金或补贴的外国商品的进口所征收的一种进口附加税。征收反补贴税的目的是为了抵消进口商品由于补贴造成的价格优势，保护国内的产品生产和市场销售。反倾销税是对进行低价倾销的商品所征收的一种进口附加税。

2. 差价税

差价税是指本国政府为削弱外国产品进入本国市场后仍存在的价格竞争优势，按国内外同种产品的价格差额征收的关税。

3. 特惠税

特惠税是对从某个国家或地区进口的全部或部分商品给予特别优惠的低关税或免税待

遇，其目的在于增进与受惠国之间的友好贸易往来。

（四）关税的计征方法

(1) 从价税。以进口商品的价格为计征依据的关税。

(2) 从量税。以货物的重量、数量、长度、面积和体积或容积等为计征依据的关税。

(3) 选择税。是对于一种进口商品同时订有从价税和从量税两种税率，但征收时选择其税额较高的一种征收。

(4) 复合税。是对某种进口商品，采用从量税和从价税同时征收的一种关税。一种是以从量税为主加征从价税，另一种是以从价税为主加征从量税。

二、关税的特点

（一）强制性

关税的计征是依据《海关法》强制执行的，它不是一种自愿贡献。凡法律上要求缴纳税收的个人或法人，都要按照法律规定无条件地履行自己的义务，否则必将受到国家法律的制裁。关税制度一般是稳定的，若要变动通常需要经过立法等形式。商品的关税税率表是公开文件，国内外的进出口商都可以查到，关税政策具有透明性、非歧视性和稳定性。

（二）市场调节性

从供求关系看，进口的主要目的是弥补国内产品供需的缺口，征收关税使国内商品缺口缩小，也就是产品的进口数量减少。但是如果因价格以外的因素造成国内市场需求增大，那么进口产品的数量也会随之增大。也就是，征收关税是通过抬高国内市场价格影响供需缺口，而对除价格以外的其他因素造成的供需缺口是没有影响的。总之，关税是与国内外价格保持自动联系，反映市场需求的变化，从而对企业进出口有指导功能。

（三）保证国家利益

征收关税，对国内的生产和消费都有影响，国家财政收入也因此而增加。基于关税的公开性和强制性，征收关税带来的利益就无法以隐蔽的形式被某个团体或个人占有或瓜分，而必然以税收的公开形式归入国家，从而保证了国家的利益。

三、征收进口关税的经济效果

不同国家征收进口关税的经济效果是有差异的。为了说明问题，我们将某种产品进口量占世界市场比例很小的国家称为小国；而将进口量占世界市场的比例很大的国家称为大国。

关税好比在国内价格与国际价格之间嵌入了一片楔子，它抬高国内市场价格，但增幅又小于关税率。小国政府征收一定进口税后，使国内市场上外国商品的价格提高，由于小国对世界价格不能产生任何重要影响，因此小国的关税几乎全部反映到国内价格的提高上，使小国的进口量减少，同时贸易条件恶化。小国征收关税后，进口量的减少和贸易条件恶化造成的是国家财富的必然减少，即小国征收关税有弊无利。

大国政府征收一定的进口税之后，直接的结果是使国内市场上外国商品的价格提高，导致国内需求减少，世界市场价格下降。由于大国进出口量的变动会影响到世界市场同类商品价格的变化，大国征收关税后，减少了同世界的贸易量，但是贸易条件却得到了改善。进口量的减少使大国财富减少，但贸易条件的改善却使国家财富增加，国家财富的增减实际上取决于这两种相反作用的净效应。大国可达到最佳关税状态，即通过征收关税，可使贸易条件改善的利益，超过贸易量减少造成的损失，并使净福利最大化，此时的关税率为最佳关税。

四、关税的有效保护率

（一）关税有效保护率的定义

名义保护率是指由于实行保护而引起的国内市场价格超过国际市场价格的部分占国际市场价格的百分比。公式为

$$进口商品的名义保护率 = \frac{进口货物的市场价格 - 国际市场价格}{国际市场价格} \times 100\%$$

在理论上，该保护率实际就是一国的保护关税的税率，虽然由于货币汇率变化、供求关系变化等因素的影响，使实际中的名义保护率与法定税率常常存在一些差别，但大体上还是一致的，一般就把一国法定关税税率看成名义保护率。

有效保护率又称实际保护率，它是与名义保护率相对的一个概念，是指关税使保护对象的单位产出增加值在征税后提高的百分比。它是按产品的国内增加值或发生在国内的生产加工值来计算的保护程度。最终产品的名义关税率越高，在其他条件不变时，有效保护率也越高，进口原料的名义关税率越高，在其他条件不变时，最终有效保护越低。

（二）关税有效保护率的计算

关税有效保护率不是单纯对商品本身给予的保护，而是指对产品附加价值给予的保护程度。计算公式为

$$EPR = (V' - V) \div V \times 100\%$$

式中，V'为附加价值（新增加值），等于最终产品价值减去中间产品价值（在进口中，指带有进口税的附加价值）；V为劳动新加入的价值，即新增加值。公式的含义是税率变动对某行业单位产品附加价值增加率的影响。

【例3-1】假定某一型号的汽车在国际市场的售价为8 000美元，而该汽车所有的零部件在国际市场的总价值为6 000美元。

（1）为了鼓励国内的汽车工业，第一个国家对进口汽车征收25%的关税，对零部件免征关税，则25%的名义关税率提供给国内汽车组装厂商的有效保护率为｛[8 000×（1+25%）-6 000]-2 000｝÷2 000×100%＝100%。说明：在征收关税以前，只有当组装成本不超过2 000美元时，国内的汽车组装业方可生存；而现在即使组装成本为4 000美元，国内汽车组装业也能存在。

（2）假定为了鼓励本国的零部件生产，该国对进口的零部件征收10%的关税，而对汽车整车的关税不计。可见，对零部件征收关税，虽然给零部件制造商提供了正保护率，但却给汽车组装业带来了｛[8 000-6 000×（1+10%）]-2 000｝÷2 000×100%＝-30%的负有效保护率。说明：征收关税以前，只有组装成本低于（8 000-6 600）=1 400（美元）方才可行。

（三）关税有效保护的政策含义与评价

（1）在对最终产品征收进口关税的名义税率不变时，对进口原料和中间产品征收的关税税率越低，该名义关税税率的保护（有效保护）作用越大。

（2）一国如果用进口原料进行加工出口，对原料征税，其结果将降低产品出口竞争力。

第二节 限制性非关税政策

在国际贸易政策中，除关税外的其他限制进口的措施称为非关税壁垒。20世纪50年代到70年代中期，世界经济迅速增长，资本主义世界进入经济发展的黄金时期，在关贸总协定的框架下，关税大幅度下调，许多非关税壁垒被废除。70年代中期以来，特别是在1974—1975年和1980—1982年两次世界性的经济危机冲击下，贸易保护主义重新抬头，各国间的贸易战愈演愈烈，各种非关税措施纷纷出笼。据统计，非关税壁垒种类从60年代末的850项增加到70年代末的900多项，在90年代末达到2 700项。

一、非关税壁垒的特点

(一) 更直接有效

大多数国家实行从价税，当汇率变化引起本国进口商品价格下跌时，实际关税税率降低，关税的保护作用削弱，而非关税措施一般不受汇率变化的影响。

高关税容易遭到报复并受国际组织和相关条约的监督，而非关税措施手段多种多样，灵活多变，至今尚未完全处于国际协议监督之下，比关税措施行之有效。

(二) 非关税措施更灵活，具有针对性

关税税率的调整范围受一国相关法律协议的限制，可调整的空间有限。非关税措施的制定和实施通常采用行政程序，制定手续比较迅速简便，能随时针对某国的某种商品采取或更换相应的非关税措施，在较短时间内达到预期的目的。例如，1998年5—6月，巴基斯坦、印度进行核试验后，美国自动禁止两国商品进入美国市场。

(三) 更具隐蔽性和歧视性

非关税措施往往不公开或极为烦琐、苛刻且经常变化，使进出口商难以对付，同时一国可根据特定的商品制定严格的特殊的标准，以排斥特定商品的进出口。

二、非关税壁垒的种类

在国际贸易政策中，除关税外非关税壁垒也是重要的贸易保护手段，主要有限制性非关税措施和鼓励性非关税措施，限制性非关税措施可以分为直接限制性措施和间接限制性措施。本节主要介绍限制性非关税措施。

(一) 直接限制性非关税措施

▶ 1. 配额

配额是指对进出口商品的数量或金额加以限制的措施，分为进口配额和出口配额。进口配额是指一国政府在一定时期内，对某些商品的进口数量或金额加以直接的限制，在规定的配额内，商品可以进口，超过的则不准进口，或征收较高的关税，甚至罚款，它分为绝对配额和关税配额。

绝对配额是指一国政府在一定时期内对某些商品的进口数量或金额规定一个最高数额，达到这个数额后，即不准再进口。关税配额是指对商品进口的绝对数额不加以限制，而对在一定时期内规定的关税配额内的进口商品给予低税、减税或免税待遇，对超过配额的进口商品则征收较高的关税或附加税。

▶ 2. 自愿出口限制

自愿出口限制是指出口国家或地区在进口国的要求或压力下，"自愿"规定某一时期

(一般为3~5年)某些商品对该国的出口限制,在限定的配额内自动控制出口,超过配额即禁止出口的措施。例如,1981—1985年日本向美国出口汽车所实行的"自愿"限制。1979年,OPEC石油限产,油价暴涨,汽油短缺,日本小型汽车出口剧增。为保护双方利益,避免贸易战,美政府要求日本限制出口。1981年,双方达成第1个协议,限额为168万辆,至1984年总数增加到185万辆。

▶ 3. 进口许可证制

进口许可证制是指进口国规定某些商品进口必须事先领取许可证,否则一律不准进口。根据进口许可证许可额度的不同,进口许可证可分两种:一种是有配额的进口许可证,即国家有关当局事先公布有关商品的进口配额,然后在配额的限度内,根据进口商的申请对每一笔进口货物发给进口商一定金额或数量的许可证,配额用完后立即停止发放许可证;另一种是无定额的进口许可证,它没有固定的数额,完全由进口国贸易管理部门根据商品进口情况、在个别考虑的基础上进行发放的,因而带有很浓厚的歧视性和保护性。

从进口商品有无限制上看,进口许可证又可以分为两种:自动进口许可证和非自动进口许可证。自动进口许可证,是对进口国别或地区没有限制,凡列明属于自动进口许可的商品,进口商只需填写一张自动进口许可证即获准进口;非自动进口许可证,是进口商在进口前必须向政府主管当局提出进口申请,经主管当局审查批准后才能进口。

▶ 4. 进口最低限价制

进口最低限价制是指为削弱进口商品的竞争力,保持进口商品与本国商品价格相对水平,进口国政府对进口商规定最低进口价格,并对低于规定最低价进口的商品征收进口附加税的措施。欧盟共同农业政策(CAP)对农产品进口实施的就是进口最低限价制。该政策规定欧盟农产品进口价格不能低于进口最低价,否则将被征收差价税。门槛价格由欧盟委员会每年估算一次。

▶ 5. 进出口国家专营

进出口国家专营是指在一国对外贸易中,国家规定某些商品的进出口必须国家专营机构直接经营或由其指定、授权的公司企业经营的措施。国家专营商品主要集中在三类商品上,第一类是烟和酒,国家可以从烟和酒的专营中收取巨额税收和垄断利润;第二类是农产品,如美国的农产品信贷公司就是美国政府指定的专门从事农产品贸易的垄断企业,它负责收购国内过剩农产品并以低价或援助方式大量出口;第三类是武器,世界上绝大多数的武器贸易都是由政府垄断的。

(二)间接限制性非关税措施

▶ 1. 技术壁垒

技术壁垒是指通过设置复杂苛刻的技术标准、商品包装和标签规定、产品的检验和检疫措施等,对外国商品的进口进行限制的一种措施。技术性贸易措施侧重于依据产品的自然属性限制进口,它通过对产品的物理性质、化学性质、生态属性提出或制定过高过严的标准、规范来实现限制出口的目的。如化妆品要出口到日本必须合乎日本的化妆品成分标准、添加剂标准、药理标准,而且所有进口化妆品都必须有日本通产省管理认证,只要其中有一项指标不合格,日方就可以质量不达标为由拒之门外。

技术贸易措施涉及面广,并且具有一定的合理合法性、隐蔽性和蒙蔽性,世界各国在贸易方面难以协调,容易引起争议。技术贸易措施更具歧视性,发展中国家损失较大。少数发达国家提出的过高过严的技术规范,使技术落后的发展中国家失去出口的机会而蒙受巨大的损失。

2. 绿色壁垒

各国政府和国际社会为保护人类、动植物及生态环境的健康和安全，制定直接或间接限制甚至禁止某些进出口贸易的法律、法规和政策措施，构成"绿色壁垒"。据统计，2015年上半年中国共遭遇14个国家发起的贸易救济调查案37起，涉案金额35亿美元，其中因绿色壁垒而起的摩擦案件占到17%。绿色壁垒产生的原因主要有两方面：一方面，随着全球环境的日益恶化，环境保护问题越来越引起人们的重视，各国政府对包括贸易在内的各个领域的环境保护措施不断加强；另一方面，传统的贸易保护手段越来越受到限制，各国为了保护本国市场，纷纷采取"灰色区域措施"，绿色壁垒则成了最佳的选择。

3. 政府采购政策和国产化程度要求

政府采购政策是指国家制定法令，规定购买本国生产制造的商品，是一种优先采购本国产品的非关税壁垒措施。国产化程度要求指要求在最终产品中必须有一个明确规定的比例是本国生产的措施。根据美国国产化程度要求，51%的原材料必须是美国产的才能算是美国产品。精明的匈牙利同时在两国投资，利用美国先进的制造技术和匈牙利低廉的劳动力使国产化刚好达到51%，并顺利地绕过非关税壁垒。1995年，一批匈牙利生产的公共客车开始在佛罗里达州迈阿密的街道投入运营。

4. 外汇管制

外汇管制是指一国政府通过法令对国际结算和外汇买卖实行限制，以平衡国际收支和维持本国货币汇价的一种制度。政府一般规定，出口商必须把出口所得的外汇收入按官方汇率卖给外汇管理机构；进口商进口所需外汇必须向外汇管理机构按官方制订汇价申请购买，同时严格限制携本国货币出入国境。政府通过确定官方汇率、集中外汇收入和控制外汇供给达到限制商品进口量、品种和国别的目的。

5. 进口押金制度

进口押金制度即进口商进口某种产品时应根据有关规定向指定的银行或海关，事先按货款金额的一定百分比在规定的期限内无息地存放一笔押金。这部分存款可在商品进口后退还或进口商品最后支付完成时退回。退还越晚，存款时间越长，给进口商造成的负担越大，起到的限制作用就越显著。

三、进口配额与关税政策的比较

（一）配额与关税政策的影响比较

关税是通过提高进口商品价格从而减少进口，而配额则是通过数量限制直接减少进口，结果也抬高了商品价格。两者在保护本国生产者和影响国内产品市场价格上的最终效果是一样的。但当国内或国际市场发生变化时，实行配额和实行关税政策的影响则是不同的，参见表3-1。

表3-1 配额与关税政策的影响比较

影响	国内市场需求增加		国际市场供给增加	
	配额	关税	配额	关税
进口量	不变	上升	不变	上升
国内价格	上升	不变	不变	下降

续表

影响	国内市场需求增加		国际市场供给增加	
	配额	关税	配额	关税
国内生产	增加	不变	不变	下降
国内消费	增加	增加	不变	增加
政府收益或配额租	增加	增加	增加	增加
相对自由贸易的福利损失	增加	不变	增加	不变

与征税相比，实行配额常常会引起进口产品质量的上升，主要有两方面原因：一方面，由于存在数量限制，在同样利润率的情况下，外国厂商愿意销售价格高的产品来获得较大的利润总额，而价格高一般意味着产品的质量高；另一方面，在同样的单位产品运输成本下，厂商更愿意运价值高的产品而使单位价值的成本比重下降。因此，在以上两种情况下，厂商更愿意运价值高的产品而使单位价值的成本比重下降。

（二）进口配额与等额关税的政策含义比较

（1）配额的结果是价格调整，而关税的结果是对进口量调整。从干预角度来讲，配额是对市场力量的取代。

（2）在实行配额制度下，许可证可采取拍卖或垄断性无偿分配的办法，但进口利润发生变化时，垄断性无偿分配并不因利润变化而变化。配额是把等额关税的财政收入由政府进行再分配，配额分配会导致寻租行为。

（3）进口配额的数量是明确的，而进口关税则因供给曲线、需求曲线形态不同而不同。外国出口商可通过提高劳动生产率，或降低利润来规避关税对其限制，保持市场份额，而配额因数量明确，外国厂商是没有办法的。所以，国内厂商愿意采用配额而不是关税，配额对贸易的危害更大。

第三节 鼓励性非关税政策

鼓励性非关税措施是除关税以外的鼓励进出口贸易的措施，主要用以鼓励出口，包括出口补贴、生产补贴、价格支持、经济特区和商品倾销等。

一、出口补贴

出口补贴，既可以是直接的现金支付，也可以是间接地降低出口商品的成本。

（一）直接补贴

（1）价格补贴政府按照商品出口的数量或价值给予补贴。政府设立保证价格，保证支付出口产品国际市场和国内市场的差价，如美国和欧盟的农产品补贴。

（2）收入补贴。包括对企业的出口亏损进行补偿等，例如，我国在改革前对外贸企业的亏损给予补贴。

（二）间接补贴

间接补贴，是指通过一些措施间接地降低出口商品的成本，包括低息贷款、外销退

知识链接
出口货物退税政策

税，免费或低费为本国出口产品提供服务等措施。政府通过银行系统给予用于出口商品生产和销售的贷款以优惠利率。在外汇管制的国家里，允许出口企业保留一定比例的外汇以作鼓励，或通过使用不同的汇率，降低用外币衡量的出口商品的成本。一些政府还承担为出口企业推销商品的直接开支，包括免费或低费提供有关出口市场前景的信息，或组织各种推销商品的博览会等。这些政策措施的共同结果是降低出口商品的成本，提高出口商品的实际收益。

（三）出口补贴的影响

出口补贴对出口国生产、消费、价格和贸易量的影响因其在国际市场上的份额大小而不同。出口量不大，在国际市场影响甚微的小国，只是价格的接受者，出口补贴不会影响国际市场价格，则出口补贴的结果是：国内价格上涨，出口工业生产增加，国内消费减少，出口量增加。因为出口补贴使出口比在国内销售更加有利可图，而且政府没有限制出口数量。在这种情况下，企业当然要尽量出口，除非在国内市场获得同样的收入，除了提价别无他法。在涨价之后，消费自然减少。从另一个角度说，国内消费者也必须付出与生产者出口所能得到的一样的价格，才能确保一部分商品留在国内市场而不是全部出口。

如果出口国是大国，出口补贴对其国内价格、生产、消费及社会利益的影响是同质的。但是，除了补贴造成的生产扭曲和消费扭曲之外，由于大国的出口量大，大国的出口补贴还会造成出口产品的国际市场价格下降、贸易条件恶化。整个社会的净损失比小国进行出口补贴时要大。因此，在出口已占世界市场很大份额时再使用补贴来刺激出口在经济上未必是明智有效的政策。出口补贴导致与关税类似的效率损失，但由于它还引起贸易条件的恶化从而使损失更加严重。

二、生产补贴

WTO规定：除出口补贴以外的补贴都是生产补贴。生产补贴对所有生产的产品进行补贴，不管该产品是在国内市场销售还是向外国出口。补贴包括政府对商业企业的资助、税收减免、低利贷款等直接的方式，也包括对某些出口工业生产集中的地方给予区域性支持（以优惠价提供土地、电力支持、基础设施建设等）、自主研究与开发项目等间接的做法。降低这些企业的生产成本，提高出口竞争能力，起到鼓励促进出口的作用。

与出口补贴不同，生产补贴没有影响国内市场价格，从而也没有在增加出口的同时牺牲本国消费者的利益。其主要原因是产业政策按产量而不是按在哪个市场销售进行补贴。

由于生产补贴的形式多种多样，不像出口补贴那么明显，所以在出口补贴受到限制的情况下，不少政府则通过生产补贴等产业政策来支持本国的出口行业。

例如，20世纪七八十年代，日本政府就投入大量资金支持计算机和半导体行业的发展。1976—1980年，日本通产省就为富士、日立、三菱、NEC和东芝等企业的计算机集成技术开发补贴了300亿日元，占整个研究开发费用的43%。欧洲空中客车的生产也得到法国政府和德国政府的大量补贴，这些补贴高达飞机价格的20%。

三、价格支持

价格支持是政府通过稳定价格来支持生产者的一种手段。为了稳定生产和保证生产者的收入，政府设立一个不由市场供求变动决定的支持价格或保证价格。如果市场价格高于保证价格，生产者可以根据市场需求卖出高价，自然不用政府操心。如果市场均衡价格下跌到低于这一保证价格时，生产者则从政府手中得到两种价格的差额，产品产量和生产者的收入都不会因价格的下跌而受到多大影响。价格支持本身不是一种贸易政策，但如果政府将此政策用于出口行业，就起到限制或刺激贸易的作用。

知识链接
世界各国农产品补贴情况

价格支持政策看上去与出口补贴相似，但实际上是不一样的。在出口补贴中，国内的价格是波动的，但政府对每单位出口量的补贴是固定的。在价格支持下，国内价格是固定的，政府的补贴则是波动的，每单位产品的补贴会随着世界市场价格的跌涨而增减。世界市场价格下降，政府开支增加，反之减少；生产者与消费者的收益也会随着世界市场价格的波动而变化。

四、经济特区

自20世纪90年代初以来，随着越来越多的国家日益重视作为工业化发动机的经济特区，经济特区的数量也出现了戏剧性的增长。根据国际劳工组织的数据显示，1995年，经济特区的数量为73个国家的500个，而到2006年，数量增长到130个国家的3500个。随着数量的爆炸性增长，特区形式和功能也经历着重大的变化。各种新开发地区经过演化，已经归入经济特区的范畴。几乎所有的发展中国家现在都有一种以上的经济特区，并用不同的术语区分它们。

1979—1982年，我国先后在深圳、珠海、汕头和厦门创办了四个经济特区。亚洲"四小龙"在其处于起飞阶段的20世纪六七十年代，其年均增长率都在8%~10%。我国最先建立的四个经济特区，原来基数低，发展潜力大。因而在80年代的发展中创造出远高于"四小龙"起飞时期速度的奇迹。1980—1991年，厦门特区国内生产总值年递增速度达17.3%。1980—1991年，深圳国内生产总值的年递增速度高达45.4%。十几年来，深圳发展速度比亚洲"四小龙"的中国香港、中国台湾、新加坡、韩国年平均增长最快的70年代都要高，深圳用10年时间走过了"四小龙"在腾飞时期用20年所走过的路程，创造了中外闻名的"深圳速度"。

经济性特区，是指在一个主权国家或地区内划出的特定区域，在对外经济活动中，采取比一般地区更加开放的特殊政策，用减免税收等优惠措施，吸收外资和引进外国技术，以达到一定的经济目的。这类地区统称为"经济性特区"。世界各国各地区经济性特区的形式众多，名称不一，有的叫自由港、自由贸易区、对外贸易区；有的称出口加工区、自由工业区、边境工业区和科学工业园等，按其职能可分为贸易型、工业型、科技型、综合型四大类。

（一）贸易型经济特区

贸易型的经济特区即自由贸易区或自由港，这是较为常见的一种形式。自由港（free port）也称自由口岸；自由贸易区（free trade zone）也称自由区、对外贸易区、免税贸易区、工商业自由贸易区等，两者是指划在一国关境以外的港口或地区。在自由港或自由贸易区内，对进出口商品免征关税，并准许其在港内或区内自由改装、加工、储存、展览和销售等，以此来促进贸易和经济的发展。

(二）工业型经济特区

工业型的经济特区一般称作出口加工区（export processing zone），又称出口工业加工区或加工出口区。它是指一国专门为加工、制造和装配出口产品而开辟的特定区域，实际上是自由贸易区转口贸易功能弱化、出口加工功能强化的产物。出口加工区是在20世纪60年代后期才在发展中国家广泛兴起的，其目的是吸引外资，引进先进技术和设备，扩大出口加工业，增加外汇收入，带动本地区经济发展。

（三）综合型的经济特区

综合型的经济特区兼有贸易型经济特区和工业型经济特区两种特点和职能。它既像自由贸易区那样为转口、出口贸易提供许多优惠待遇，又提供了发展工业生产所必需的各种基础设施，是两者的有机结合体。在该类型的经济特区中，还可以发展商业、金融、旅游、服务等行业。如新加坡的裕廊工业区既是一个工业区，区内有932家工厂企业；又是一个重要的转口贸易自由港，港口有10个大型泊位，可以容纳10艘巨轮停泊；同时还是一个旅游区，拥有著名的飞禽公园、仿日本风格的星和园、仿中国园林建筑的裕华园及面积达80公顷的裕廊湖。我国自1979年起设立的深圳、厦门、珠海、汕头等四个经济特区，也都具有综合型经济特区的特征。

（四）科技型经济特区

科技型的经济特区是指科学工业园区，也可称为工业科学园、科研工业区、高技术园区、科学城等。它是指以加速高新技术研制及应用，服务于本国或本地区的工业现代化，创立技术密集与知识密集的新兴产业，开拓国际市场为目的，通过各种优惠措施和方便条件将智力、资金高度集中，专门从事高新技术研究、开发和生产的新兴产业开发区域。

科学工业园区是在出口加工区的基础上形成和发展起来的，实际上是一种高级形式的出口加工区。它一般以政府科研机构、高等院校和工业区为依托，区内有充足的科技和教育设施，企业设备先进，资金雄厚，技术密集程度高。园区地址一般选在信息渠道通畅、交通网络发达的大城市附近。如美国的"硅谷"、日本的"筑波研究学园都市"、法国的"索菲亚·安蒂波利斯科学城"、中国台湾的"新竹科学工业园区"、新加坡的"肯特岗科学工业园区"、英国的"剑桥科学公园"以及俄罗斯的"新西伯利亚科学城"等，都属于这类科技型的经济特区。

（五）保税区

保税区（bonded area）是指海关设置的，或者经海关批准注册的，受海关监督的特定区域。保税区的功能有些类似于自由贸易区。各国一般都规定，除某些特殊商品外，一般商品可自由进出保税区，存入保税区的商品可以暂时不缴进口税，如果再出口也不必缴纳出口税，但若运入海关管辖区内销售，则需在离开保税区时缴纳进口税。运入保税区的商品也可以进行储存、改装、分类、展览和加工等。

五、商品倾销

倾销是与政府对出口的奖励制度相联系的。倾销使海外的货物（商品）以低于同样货物（商品）的销售价格在同一时候在国内市场类似条件下出售。

（一）倾销的认定

法律上所指的倾销有以下三个构成条件。

（1）产品以低于正常价值或公平价值的价格销售。正常价值或公平价值是指出口国或原产地国的国内市场销售价格，在特定情况下也可以是该国向第三国出口的市场销售价格或结构价格等。

(2) 低价销售的行为对进口国的产业造成了损害。

(3) 损害与低价之间存在因果关系。

在现实的反倾销调查实践中，进口国在确定来自非市场经济体产品的正常价值时通常采取替代国作法，即用一个相似的第三国取代非市场经济国家的价格或成本来计算正常价值。例如，美国一般用中国企业在生产时所投入各生产要素的数量乘以一发展水平类似的市场经济体该要素的价格；欧盟通常选用发展水平与中国相似的市场经济体的该产品的国内售价。例如，在欧盟对中国彩电反倾销调查过程中，曾先后选取新加坡、土耳其、韩国为替代国，以这些国家彩电的国内价格作为中国彩电的正常价值。2009年，印度对来自中国的香豆素进行反倾销调查时，选取法国为替代国。2009年，欧盟对原产于中国的钼丝展开反倾销调查时，选取美国作为替代国。2010年，欧盟对来自中国的铜版纸实施反倾销调查时，再次选取美国作为替代国。

知识链接
市场经济地位

（二）倾销的分类

按照倾销的目的和时间的不同，商品倾销可分为以下三类。

▶ 1. 偶发性倾销

偶发性倾销（sporadic dumping）通常是因为销售旺季已过，或因公司改营其他业务，在国内市场上不能售出"剩余货物"，而以倾销方式在国外市场抛售，这种倾销对进口国的同类生产当然造成不利的影响，但由于时间短暂，进口国家通常较少采用反倾销措施。

▶ 2. 间歇性倾销

间歇性倾销（intermittent dumping）是以低于国内价格甚至低于成本的价格，在某一国外市场上倾销商品，在打垮了或摧毁了所有或大部分竞争对手，垄断了这个市场之后，再提高价格。这种倾销的目的是占领、垄断和掠夺国外市场，获取高额利润。这种倾销严重地损害着进口国家的利益，因而，许多国家都采取反倾销税等措施进行抵制。

▶ 3. 长期性倾销

长期性倾销（long-run dumping）是长期以低于国内的价格，在国外市场出售商品。这种倾销具有长期性，其出口价格至少应高于边际成本，否则货物出口将长期亏损。倾销者往往采用"规模经济"，扩大生产以降低成本，有的出口厂商还可通过获取本国政府的出口补贴来进行这种倾销。要使没有政府补贴的长期性倾销成为可能，则必须满足以下条件：出口商的企业具有一定的垄断能力；出口商品的企业在国内面临的需求弹性比在国外面临的需求弹性小；出口国对国外商品设置足够高的贸易壁垒。

（三）倾销的危害

倾销对出口国的影响表现为：挤占出口国内其他企业的海外市场份额，倾销相对于出口国的其他非倾销企业而言，也是一种不公平竞争的行为；损害出口国消费者的利益；扰乱出口国市场秩序，引发过度竞争，降低资源使用效率，扰乱国内市场的价格形成机制和公平竞争秩序。比如，过去有些企业，出口到欧美市场的袜子，在美国可以卖到四美元一打，在日本可以卖到六美元一打，但是由于我们生产袜子的工厂企业太多了，所以相互杀价，恶性竞争，最后把全球袜子的价格降到99美分。

倾销对进口国的影响表现为：阻碍进口国相应产业的发展；扭曲进口国市场秩序；威胁和抑制进口国产业结构调整和新兴产业的建立。

倾销对第三国的影响表现为：在进口国市场上存在第三国出口产品的市场需求下降，倾销导致进口国对第三国产品的市场需求下降，使第三国在进口国的市场份额和利润减少。

（四）反倾销措施

倾销对进口国的同类产业带来危害，为维护公平和正常的竞争秩序，世界贸易组织允许成员方在进口产品倾销给其国内产业造成损害的情况下，可以使用反倾销措施手段，保护国内产业不受损害。

反倾销措施属于贸易救济措施，是指进口国针对价格歧视这种不公平的贸易行为而采取征收反倾销税等措施来抵消不利影响的行为。反倾销措施有以下两类。

▶ **1. 临时性反倾销措施**

进口方主管机构经过调查，初步认定被指控产品存在倾销，并对国内同类产业造成损害，据此可以在全部调查结束之前，采取临时性反倾销措施，以防止在调查期间国内产业继续受到损害。

临时反倾销措施有两种形式：一是征收反倾销税；二是要求进口商自裁决之日起，提供与临时反倾销税数额相等的现金保证金或保函。

进口方主管机构自反倾销案件正式立案调查之日起60天之后，才能采取临时反倾销措施。这种措施的实施时间应尽可能短，一般情况下不得超过4个月，特定情况下可以延长到6～9个月。

价格承诺是指被控倾销产品的生产商和出口商与进口方主管机构达成协议，出口商提高价格以消除产业损害，进口方相应地中止或终止案件调查。

《反倾销协议》规定，如任何出口商就修改出口价格，或停止以倾销价格向所涉地区出口，向进口主管机构做出令人满意的自愿承诺，并使主管机构确信倾销的损害性影响已经消除，则主管机构可以中止或终止调查程序，而不采取临时反倾销措施或征收反倾销税。价格承诺协议对承诺者的出口价格进行限制，并通过定期核查等手段对其进行监督。

▶ **2. 最终反倾销措施**

在全部调查结束后，如果有充分的证据证明被调查的产品存在倾销，国内生产同类产品的产业受到损害，且倾销与损害之间有因果关系，则进口方主管机构可以采取最终反倾销措施。最终反倾销措施采取征收反倾销税的形式。

知识链接
我国出口墨西哥的瓷砖——价格承诺

光伏产业是我国"十二五"时期作为战略性新兴产业重点支持发展的产业。2012年5月，美国裁定对我国光伏产品征收31.14%～249.96%的惩罚性高额反倾销税，随即欧盟也对我国光伏电池发起反倾销调查，涉案金额高达204亿美元，成为迄今为止欧盟对我国最大规模的贸易诉讼。此次诉讼对我国光伏产业的发展造成致命打击，整个光伏产业出现不景气和大幅亏损，遭遇前所未有的发展困境。根据我国光伏产业联盟的数据显示，2011年我国拥有光伏企业262家，2012年骤降至112家，约半数企业退出光伏产业。

反倾销税是指在正常海关关税之外，进口方主管机构对倾销产品征收的一种附加税。

反倾销税的税额不得超过所裁定的倾销幅度。反倾销税的纳税义务人是倾销产品的进口商,出口商不得直接或间接替进口商承担反倾销税。除非进口方主管机构以复审方式决定继续维持反倾销税,反倾销税的征收应自决定征收之日起不超过五年。

（五）中国对外贸易与反倾销

据商务部统计,中国出口额从1978年的97.45亿美元增长到2015年的22 749.49亿美元,年平均增长率为5.41%。2009年,中国的出口额首次超过美国,排名世界第一,至今,中国连续七年出口位列全球第一,已经成为一个世界贸易大国。随着中国产品在全球所占市场份额的不断扩大,中国与贸易伙伴国之间的贸易摩擦越来越多,其中最为突出的就是中国产品频繁遭遇贸易伙伴国的反倾销调查。根据WTO反倾销调查报告,从1995年WTO成立至2015年,全球一共发起了4 757起反倾销立案调查,其中针对中国出口产品的反倾销立案调查1 052起,占反倾销案件总数的22.11%,中国已经连续20年成为全球遭遇反倾销最多的国家,远远超过第二名韩国的349起。贸易伙伴国高频率的反倾销调查,成为中国出口增长的最大障碍。

▶ 1. 我国产品遭受倾销指控的现状

无论是从被采取反倾销措施的绝对数量还是占全球比重来看,中国都是全球反倾销最大的受害国。其中对中国采取反倾销措施次数排名前三的经济体依次为印度132次、美国99次、欧盟85次,在对中国采取反倾销措施最多的前10个经济体中,有7个经济体没有承认中国的市场经济地位。在WTO框架内有资格利用中国入世15年内非市场地位条款的14个经济体中,仅仅新加坡未对中国实施反倾销措施,其余13个经济体皆对中国实施了反倾销措施。

外国对华反倾销的情况表现如下特点：对华反倾销案件的数量和指控的国家和地区数量急剧增加；涉案产品范围广泛,80年代主要涉案产品是劳动密集型产品,90年代,除这些产品外,具有一定科技含量的商品,如彩电、电脑、微波炉等遭指控；案件总数中采取最终反倾销措施的比例明显高于世界平均水平；涉及的商品种类和金额越来越多,涉案企业受损严重。2001年美国对原产于中国、泰国、越南和部分南美国家在内的16个国家的进口对虾提起反倾销立案调查,经过10多年的漫长诉讼,虽然在2012年世贸组织最终裁定美对华暖水虾的反倾销措施违规,中方获全面胜诉,但是中国40多家对虾出口企业却在十多年的不公裁决中永远失去了美国市场,遭受了难以挽回的惨重损失。

▶ 2. 我国产品遭受如此之多的倾销指控的原因

(1) 中国出口贸易规模迅速扩大,贸易顺差持续增加。自WTO成立以来,中国的出口额由2001年的2 661.55亿美元急剧扩大到2016年的20 974.44亿美元,在世界各国和地区的排名为第一大出口国。相应地,中国的贸易顺差也由2001年的225.41亿美元上升到2016年的5 099.63亿美元,15年间增长了近23倍。中国出口贸易和贸易顺差的迅速扩大,客观上对相关进口国的国内产业及市场造成了一定的压力,从而引起了这些进口国尤其是逆差国通过反倾销手段以实现贸易保护。

(2) 中国出口产品结构不合理且低价。长期以来,中国凭借丰富且又廉价的劳动力资源,形成了以低价格为特征的劳动密集型产品为主的出口产品结构,而中国出口厂商在国际市场上过于注重价格竞争甚至恶性价格竞争的行为,又进一步压低了中国出口产品的价格。

(3) 国内企业对倾销指控应诉不力。根据WTO反倾销规则和各国反倾销政策的规定,遭受反倾销调查不一定导致遭受反倾销措施。然而,中国企业或者由于缺乏对WTO反倾销规则和反倾销发起国反倾销政策的了解，或者出于本企业应诉反倾销成本与收益的权衡，对于国外的反倾销指控，往往消极应诉甚至拒绝应诉，这无疑等于默认了反倾销发起国的反倾销指控成立，从而中国受控企业往往在遭受反倾销调查之后进而遭受反倾销措施。不仅如此，一旦某一反倾销发起国对中国成功实施反倾销，又会因多米诺效应而引起其他国家纷纷效仿跟进，从而引发对中国的继发性反倾销，结果导致全球对中国较高的反倾销成功率。例如，1993年7月美国对中国的碳化硅进行反倾销调查时，我国有几十家出口碳化硅的公司受到指控，但全国仅有两家公司应诉。

（4）非市场经济地位。迄今为止，在世界贸易组织164个成员国和地区中，作为中国主要贸易伙伴和对华反倾销主要发起国的美国和欧盟等发达国家（地区）以及印度和墨西哥等发展中国家，至今仍把中国视作非市场经济国家或转型经济国家。因此，在针对中国的反倾销实践中，这些尚未承认中国完全市场经济地位的国家或地区往往不是根据中国出口产品本身的成本和价格，而是采用歧视性的所谓替代国价格或第三国价格，来衡量中国出口产品的正常价值，这就使这些国家的反倾销管理机构在判定中国出口产品是否存在倾销以及计算倾销幅度时充满了随意性和武断性，从而也提高了中国企业败诉的可能性，而这又进一步助长了这些国家的企业更频繁地提起对中国的反倾销诉讼。

▶ 3. 我国针对国外反倾销应采取的对策

（1）调整和优化出口产品结构。长期以来，依赖相对低廉的劳动力和资源要素，中国对外贸易粗放增长，在国际上中国制造是"价格低廉""海量生产"的代名词，也成为反倾销的重灾国。为了应对要素禀赋的变迁、缓解国外对中国产品的贸易保护行为，我国应该摒弃粗放的外贸增长方式，加大供给侧改革力度，提高出口产品的技术复杂度，推进品牌建设，提高出口产品售价，改善中国对外贸易条件，塑造中国制造以"质量、技术、品牌和服务"为核心竞争力的国际形象。

（2）重视并积极应对反倾销。中国企业需熟练掌握WTO反倾销规则和各国反倾销政策法规，牢固树立反倾销应诉意识，并在相关行业协会或商会的统一协调和组织下，积极应诉国外的反倾销调查。鉴于中国的非市场经济地位是WTO成立以来中国频遭国外反倾销的重要原因之一。在争取世界各国早日承认中国的完全市场经济地位的同时，顺应短期内无法改变少数国家视中国整体为非市场经济国家的实情，中国企业在面临这些国家的反倾销调查时，也应根据反倾销规则，积极争取单个企业或行业的市场经济地位，以便免遭反倾销措施，或在最终反倾销税中获得低于一般税率的单独税率或分别税率，从而减轻反倾销所造成的损失。对于反倾销发起国在反倾销程序中违背WTO反倾销规则的行为，若无法通过双方协商解决，最终还可以通过诉诸WTO争端解决机构，以争取公平合理的裁决结果，维护中国企业的正当合法权益，最大限度地避免或减少遭受反倾销措施，从而降低全球对中国的反倾销成功率和中国所遭受的反倾销损失。

（3）深化市场经济体制改革，进一步扩大开放。1978改革开放以来尤其是"入世"以来，我国在市场化方面取得了巨大的进步，但与其他国家相比，我国在市场化方面尚有巨大的进步空间。坚持市场化改革方向，不仅仅有利于争取美欧给予我国市场经济地位，而且有助于我国经济保持持续增长。在推动市场化改革的进程中，我国应该加强和完善各种经济立法。以美国、欧盟为代表的发达国家（地区）普遍拥有完善的经济立法，或利用先行者优势将其国内立法推广到国际立法，或在相关国际立法空缺时采用国内立法，这使其在对外经济交往中占据有利地位。

（4）适度强化中国对外的反倾销。根据WTO反倾销规则，借鉴世界各国反倾销政策法规及其管理体制的经验,建立和健全中国的反倾销法律体系,使目前尚处于条例层面的《中华人民共和国反倾销条例》升格为正式的反倾销法,从而使中国的对外反倾销实践能够有法可依。中国作为全球外资吸收大国,在积极改善投资环境吸引外资的同时,也要防范国外企业为了规避中国的反倾销转而在中国国内进行投资和销售从而垄断中国市场的规避行为。对于国外企业特别是跨国公司这种规避反倾销的行为,中国应当利用反倾销政策法规中的规避和反规避规则,适时有效地实施反规避措施,并征收相应的反倾销税,以保护中国国内产业特别是幼稚产业。鉴于一国对外反倾销所具有的威慑效应,对于那些对华反倾销的主要发起国或实施国,尤其是针对那些对中国具有较高出口依存度的国家,中国可以通过适度强化对这些国家的反倾销,以遏制这些国家对中国滥用反倾销的倾向。

本章小结

国际贸易政策主要分为关税政策和非关税政策。针对关税政策,在理解相关概念的基础上,结合供给与需求模型,从大国和小国两个层面,全面认识征收进口关税对一国的生产、消费与财政等方面的影响;利用有效关税保护率的计算,深入领会一国政府对原材料或制成品征收进口关税后对本国该产品的保护程度或范围,理解发展中国家制定有效关税保护率的两难处境。针对非关税政策,通过对比的方法,认识它与关税政策的不同,从限制性和鼓励性两方面理解主要非关税措施的含义与目的,并结合实际理解非关税措施实施中造成的不同效果与危害。

复习思考题

1. 试述征收进口关税政策对大国或小国的影响。
2. 假设某国在进口汽车的同时,国内也在制造汽车,实行自由贸易时,国内每辆汽车的价格为10万元,如果不进口汽车,国内需要进口钢材等原材料来制造汽车,每辆需投入8万元,则国内生产的增加值为2万元,现对进口汽车征收10%的关税,而对钢材等原材料的进口免税,则国内市场上汽车的价格为每辆11万元,投入成本保持不变,这时的有效保护率应为多少?
3. 试述配额政策常见的种类与危害。
4. 试述中国遭遇反倾销的情况与对策。

第四章 国际经济一体化理论与实践

学习目标

通过本章的学习，掌握经济一体化的含义与形式；熟悉经济一体化的主要理论；了解世界上主要的经济一体化实践。

引导案例

上合组织自由贸易区之展望

2001年6月14日，中国、俄罗斯、哈萨克斯坦、吉尔吉斯斯坦和塔吉克斯坦等"上海五国"的元首在上海举行了第六次会晤，乌兹别克斯坦以完全平等的身份加入"上海五国"。6月15日，六国元首举行了首次会晤，签署了《上海合作组织成立宣言》，宣告上海合作组织（以下简称"上合组织"）正式成立。上合组织成立十几年来，逐渐形成了政治安全、经贸合作和人文交流三大支柱，成为全球经济增长较快的区域之一，区域经济合作成果已惠及各国的百姓，人民的生活水平普遍提高。据世界贸易组织等多家国际机构统计，2003—2012年间，各成员国的GDP和对外贸易均增长了36倍，超过同期全球经济平均1.9倍和全球对外贸易平均2.4倍的增幅。区域整体吸引外资规模增长了3倍，也高于全球同期吸引外资平均2.4倍的水平。

2013年9月，习近平主席提出构建丝绸之路经济带，打造全新的区域经济一体化格局的战略构想，上合组织是丝绸之路经济带的重要区域，推动上合组织区域经济一体化将为丝绸之路经济带的构建奠定基础。早在2003年，温家宝同志就提出将上合组织建成自由贸易区的观点；2012年6月，胡锦涛同志在阿斯塔纳峰会上提出，推动实现区域经济一体化，促进地区各国共同发展；2012年，上合组织秘书长伊马纳利耶夫指出，加强经贸合作将为推动上合组织持续全面发展奠定坚实的物质基础。在首届欧亚经济论坛上，我国学者提出在2020年前建立上合组织自由贸易区。但就目前来看，上合组织并没有在建立自由贸易区的问题上开展实质性的谈判，要想在2020年实现建立自由贸易区的目标还需要积极组织开展实质性的工作，特别是在持续加大贸易便利化和相关组织机构的建立以及制度安排上需要持续推进。

资料来源：李子先，孙文娟，何伦志. 推动"上合组织"区域经济一体化，夯实"丝绸之路经济带"基础[J]. 开发研究，2014，01：59-62.

第一节 国际经济一体化的含义与形式

一、经济一体化的含义

经济一体化(economic integration)的含义有广义和狭义之分。广义的经济一体化,即世界经济一体化,或称国际经济一体化,它是指各国国民经济之间彼此相互开放,形成一个相互联系、相互依赖的有机整体。狭义的经济一体化,即区域经济一体化,它是指区域内两个或两个以上的国家或地区,组成并具有超国家性质的共同机构,通过制定统一的对内、对外经济贸易政策、财政与金融政策等,消除区域内的各成员国之间阻碍经济贸易发展的障碍,实现区域内互利互惠、协调发展和资源优化配置,最终形成一个政治经济高度协调统一的有机体。其表现形式是各种区域性的经贸集团。

二、区域经济一体化的主要形式

(一) 按实现经济一体化的范围划分

▶ 1. 部门一体化

部门一体化(sectoral integration)是指区域内成员国间的一个或几个部门(或商品)加以一体化,如欧洲煤钢联营、欧洲原子能联营便属于此类。

▶ 2. 全盘一体化

全盘一体化(overall integration)是指区域内成员国间的所有经济部门加以一体化的形态,如欧共体。

(二) 按参加国的经济发展水平划分

▶ 1. 水平一体化

水平一体化(horizontal integration)是指经济发展水平大致相同或接近的国家共同形成的经济一体化组织。

▶ 2. 垂直一体化

垂直一体化(vertical integration)是指经济发展水平不同的国家所形成的一体化。

(三) 按照区域经济合作的表现形式划分

▶ 1. 功能性合作

功能性合作是指区域内各国为实现某个具体目的而进行的合作。最普通的区域经济合作通常以市场为导向,以贸易和投资为主要形式,以互相谋求经济利益为目的,是社会生产力高度发展从而推动区域内社会生产关系(即国与国之间的经济关系)所发生的变化,这种合作的主要推动力量来自民间和地方政府,在必要时政府介入,但不起主导作用。

▶ 2. 制度性合作

制度性合作是建立在一个共同的区域协定基础上的,这种合作有长远的目标,是在社会生产力和社会生产关系变化发展的基础上,作为协调经济关系,在相应的规则、制度、秩序等上层建筑上所做的必然变化和调整,主要是由各参与国政府来推动,合作范围不仅仅局限在某个项目或局部的功能合作上,并延伸到更广泛的多个领域。

(四) 按照贸易壁垒取消的程度划分

1. 优惠贸易安排

优惠贸易安排(preferential trade arrangements)是一种最低级和松散的区域经济一体化形式,在实行优惠贸易安排的成员间,主要是通过协定或其他形式,减少成员国之间的进口关税,即对全部货物或部分货物规定特别的关税优惠或非关税方面的优惠。如1932年英国与其以前的殖民地建立的英联邦特惠制,1975年欧盟与非洲、加勒比及太平洋地区的发展中国家缔结的《洛美协定》等。

2. 自由贸易区

自由贸易区(free trade area)通常是指签订有自由贸易协定的国家所组成的经济贸易集团,在成员国的货物贸易或服务贸易之间彼此取消工业品贸易限制,减免关税和非关税的贸易限制,但对非成员仍维持各自的贸易政策。例如,1960年成立的欧洲自由贸易联盟(European Free Trade Association,EFTA)属此种形式的区域经济一体化组成立时的成员有奥地利、英国、丹麦、芬兰、瑞典、挪威、冰岛和瑞士。英国、丹麦、奥地利、芬兰和瑞典先后加入了欧盟,现还有三个成员,即挪威、冰岛和瑞士。该联盟强调的是工业品的自由贸易,而不涉及农产品,所以每一个成员可以决定自己的农业补贴水平。成员也可以自由决定对来自欧洲自由贸易联盟以外的产品的关税及贸易政策。另外,还有北美自由贸易区等。

3. 关税同盟

关税同盟(customs union)是指由两个或两个以上的国家所组成的区域经济一体化组织,完全取消关税,并对非同盟国家实行统一的关税税率而结成的同盟。其目的在于使参加国的商品在统一关境内的市场上处于有利的竞争地位,排除非同盟国家商品的竞争。如第二次世界大战后的比荷卢经济联盟、欧洲经济共同体的关税同盟等。关税同盟是比自由贸易区层次更高的经济一体化组织,其特点是在自由贸易区的基础上,建立起对非同盟成员国统一的关税税率。

4. 共同市场

共同市场(common market)是指两个或两个以上的国家完全取消关税与数量限制,建立对非成员国的统一关税,同时也允许成员国之间资金、劳动力等生产要素的自由移动。即,在成员国之间,对于人员的流入和流出以及资本的跨国界移动没有任何限制。

5. 经济联盟

经济联盟(economic uuion)是指实行经济联盟的国家不仅实现商品、生产要素的自由流动,建立共同对外的关税,并且制定和执行统一对外的某些共同的经济政策和社会政策,逐步废除政策方面的差异,使一体化的程度从商品交换扩展到生产、分配乃至整个国民经济,形成一个有机的经济实体。与共同市场不同的是,经济联盟还要求有共同的货币和财政政策。目前的欧盟就是此种类型的经济一体化组织。

6. 完全经济一体化

完全经济一体化(perfectly economic integration)是区域经济一体化的最高阶段。在此阶段,各成员国在经济、金融、财政等政策方面均完全统一,成员国之间完全取消商品、资本、劳动力、服务等自由流动的人为障碍,并建立起共同体一级的中央机构和执行机构以对所有事务进行控制。事实上,完全经济一体化几乎等同于一个扩大的国家,欧盟的目标就是向这种一体化方向迈进。

上面的分析表明,经济一体化的一个重要特征是实行差别贸易政策,即在集团内国家之间部分或全部消除贸易壁垒，而对非成员国则继续保持贸易壁垒，只不过一体化的类型、程度不同，所采取的贸易政策存在一些差异罢了。随着世界各国之间经济合作的加深，还会出现新的地区经济一体化的组织形式。

三、区域经济一体化出现与发展的原因

（一）寻求经济贸易利益

无论是哪种形式的区域贸易协议，也无论其成员的构成如何，追求共同的经贸利益始终是贸易伙伴间启动谈判并缔结区域贸易协议的首要原因。这是由于参加经济一体化可以为其成员带来许多好处。首先，适应经贸竞争和追求规模经济利益的需要。区域合作为国内生产效率的提高及竞争优势的形成创造了条件。狭小的国内市场通常生产成本较高很难使企业具有较强的竞争能力，规模的扩大可以降低生产成本，区域贸易协议有利于形成良好的竞争秩序和实现规模利益。另外，依靠一国本身的自然资源、要素禀赋和狭小的国内市场是很难足以支付企业巨额的成本和保障经济的可持续发展的，而区域合作为克服这一障碍提供了重要途径。其次，有利于进口商降低进口价格。市场的扩大、竞争的加剧不仅使区域贸易协议内的公司要削价以应对竞争的压力，而且区域外的公司也要采取降价出口策略以应对竞争，这样可以有利于进口商从国外低价进口商品。最后，在区域贸易协议内部形成良好的投资态势。一方面，有利于区域内成员从区域外吸引外资，区域贸易一体化形成后，由于域外国家因不能与域内国家一样可以享受优惠待遇，而迫使其只能通过扩大向域内的投资来获得市场；另一方面，有利于增加区域内部成员对域内的投资，因为区域贸易协议的签署，意味着区域贸易协议成员国产业发展环境的改善，内部成员公司间交易障碍的取消或减少，必然使其交易成本降低增加对区域内部投资的信心，这样不仅有利于增加投资，更有利于增强本区域企业的竞争力。

（二）维护国家安全的需要

第二次世界大战后，美国与苏联在欧洲形成了对峙，出现了冷战局面。为了维护国家主权，增强同美、苏两大国的抗衡能力，恢复和提高西欧国家在国际舞台上的地位，西欧国家领导人深感需要加强联合，走一体化的道路。1951年，在建立欧洲煤钢共同体的序言中曾指出"考虑到，面对威胁各国安宁的危险，……决心以融合各国根本利益来代替彼此间的世代争斗；决心通过建立经济共同体来结束互相流血残杀而造成人民长期对立的局面，并在人民中间建立起一个更广泛更牢固的共同体基础；决心为建成一个同舟共济、休戚相关的制度而奠定基础。"所以，在当时背景下，对和平与安全的渴望是欧共体建立的重要基础。

（三）增强谈判力量

（1）随着欧共体的建立，内部经贸政策的协调和共同利益的一致，使其与美国或其他贸易伙伴在双边贸易谈判中地位明显发生变化。随着欧共体的进一步扩大，成员数量的增多，经济贸易规模的扩大，报复能力的增强，使其越发处于有力的谈判地位。通过20世纪50—90年代不同阶段美欧间贸易摩擦及解决，可以看出欧洲经济一体化使欧盟（其前身为欧共体）具备了唯一与美国抗衡的经济实力。又如，东盟的一体化和内部整合程度的提高使其在与日本、韩国、中国进行的双边谈判中能较好地维护自身的经贸利益。

（2）区域贸易协议可以提高各成员在多边贸易谈判中的地位关贸总协定、世界贸易组织多边贸易体制的演变和发展的历程表明，有着共同利益的谈判集团或区域贸易集团更有利于维护各成员的利益。例如，在东京回合谈判期间，石油输出国组织作为以产品为基础组织起来的联盟出现；在乌拉圭回合期间，正是来自凯恩斯集团的压力，才使美国能抵挡

欧盟的压力，与凯恩斯集团一起推动农产品贸易自由化，最终达成农业协议。又如，加勒比共同体和共同市场，这些由加勒比海岛组成的小国，本身的利益不在于区域内的一体化，而是在于采取共同的行动。因为每一个小岛国家在谈判中均受有限资源的限制，所以其支付的谈判成本高而谈判实力小，正是基于这种认识，它们与非洲、加勒比海和太平洋国家组成了一个集团，与欧盟国家谈判，签订了《洛美协定》，使其获得欧盟国家在经贸政策方面的诸多优惠。

四、区域经济一体化对国际贸易的影响

（一）促进了经济一体化组织内部贸易的增长

尽管区域经济一体化的层次不同，但贸易自由化都是其寻求的基本目标。通过削减关税或免除关税，取消贸易的数量限制，削减非关税壁垒形成区域性的统一市场，加上国际分工的纵深发展，致使成员国间的贸易环境比第三国市场好得多。从而促进了区域内成员国间的贸易迅速增长，集团内部贸易在成员国对外贸易总额中的比重明显提高。2004年北美自由贸易区内部贸易比重达55.7%，欧盟内部贸易比重达到67%。另据估计，在世界贸易中有50%左右的贸易是在各个区域经济集团内部进行的。中国与APEC成员的贸易额占中国贸易总额的2/3。双边贸易增长迅速。2002年，中国与东盟贸易额为547.67亿美元。2011年双边贸易额达到创纪录的3 628.5亿美元，比2002年增长了5.6倍。2011年，中国连续第三年成为东盟的第一大贸易伙伴，东盟超过日本成为中国第三大贸易伙伴，同时保持为中国第四大出口市场和第三大进口来源地。中智自由贸易协定自2006年10月实施以来，中智双边贸易迅速增长。2007年我国对智利出口增幅为42%，2008年出口同比增幅为39.3%，实施两年来，我国对智利出口增速两倍于我国同期总体出口增速。中国-智利自贸协定实施头两年我国电器及电子产品出口额分别同比增长57%和53%；计算机与通信技术出口额分别同比增长72%和34%；机械和设备出口额分别同比增长50%和40%；小轿车在实现零突破的基础上，出口量分别为1 950辆和12 025辆。2011年8月1日，中国与哥斯达黎加自由贸易协定正式生效。这一自贸协定覆盖领域全面、开放水平高，极大地促进了两国经贸合作的发展。据统计，2012年中哥贸易额达61.72亿美元，其中哥方出口52.7亿美元，中方出口9.01亿美元，分别比建交前2006年增长了2.8倍、3倍和2.2倍。

（二）促进集团内部的国际分工和互利合作

经济一体化的建立有助于分工和互利合作，促进区域内的科技一体化，互利合作不断深化。东盟国家是中国重要的海外承包工程和劳务合作市场。双方在基础设施、农业、制造业等领域正在商谈或建设一批大型合作项目，中方金融机构也为此提供了多种形式的融资便利。2009年4月，中方宣布今后3～5年内将向东盟国家提供150亿美元的信贷，并决定设立总规模100亿美元的"中国-东盟投资合作基金"，2011年11月，又宣布追加100亿美元信贷支持。目前，上述信贷落实进展顺利，为东盟国家建设大型基础设施项目、发展工业等方面提供了有力支持。1996年，中国香港和内地贸易额仅为407.3亿美元，而15年后的2011年，两地贸易额已增至2 835.2亿美元，增长了596.1%。

（三）促进了经济贸易集团内部的投资自由化

区域经济一体化的实现过程是贸易自由化不断向前推进的过程，也是各国间取消投资限制的过程。它促进了经贸集团内部投资的发展，相互投资不断扩大。截至2012年上半年，中国与东盟双向投资累计已接近930亿美元。中国对东盟的投资保持快速增长，东盟已成为中国企业海外投资的重要目的地。近年来，中方还通过设立中国-东盟

投资合作基金、优惠信贷等多种形式，向东盟提供资金支持。中国对东盟投资领域已扩大到建筑、运输等行业，投资形式从直接投资发展到技术投资、BOT等多种形式。与此同时，东盟对中国的投资规模不断扩大。2002年，东盟对华实际投资32.6亿美元；2011年，这一数字为70亿美元，增长一倍多。15年来，香港和内地相互间直接投资的规模也在不断扩大。其中，在香港赴内地直接投资方面，截至2012年5月底，内地累计批准港资项目34.06万个，比1996年增加了17.8万个，实际利用港资也比1996年增加了4 544.72亿美元，达到5 537.67亿美元；在内地赴香港直接投资方面，截至2010年，内地在港设立直接投资企业4 200多家，累计净投资额1 990.6亿美元，占内地对外投资总额的62.8%。

（四）提高了贸易集团在世界贸易中的地位

由于区域性贸易集团的不断扩大，各贸易集团的成员日益增加和各贸易集团经济一体化的程度不断提高，贸易集团在世界贸易中的地位显著提高。其中，欧盟、北美自由贸易区和亚太经济合作组织在世界经济一体化中正形成三大区域性贸易圈。欧盟和北美自由贸易区成员的货物贸易在世界货物贸易中的比重已占一半以上，且呈上升趋势。这两个经贸集团货物出口贸易占世界货物出口贸易的比重从1980年的52.9%提高到2006年的60%以上。北美自由贸易区建立后，墨西哥出口大幅增长，从1996年世界第21位上升至2005年的第13位，取代日本成为对美第二大出口国，取代中国成为对美纺织品第一大出口国。

（五）经济贸易集团具有不同程度的保护性与排他性

经济贸易集团内部实行贸易自由化，生产要素流动障碍的逐步消除客观上形成了保护性与排他性，出现了以下几种趋势：第一，贸易集团内部贸易发展速度超过对非集团国家的贸易发展速度。1950—1995年欧盟出口贸易的年均增长速度为11.5%，而世界贸易年均增长速度仅为11.1%。如北美自由贸易协定生效后的最初三年，墨西哥男衬衣对美出口增长122.9%，中国对美男衬衣出口减少38.1%；墨西哥对美出口运动服增长769.7%，中国对美出口减少了33.8%。第二，对集团外国家的类似产品出口不利影响较大。北美自由贸易协定有利于美、加、墨之间的经济贸易自由化的加强，但其表现出来的排他性和保护主义色彩也是很强烈的。例如，该协定规定享受免征关税待遇的汽车，必须有65%的零部件是在北美制造的；纺织品必须在北美完成纺纱、织布和裁制等三个过程才能免除关税；电脑产品中必须使用北美地区生产的主机板才能享受免税待遇。这些利用原产地规定确保北美制造商利益的做法，都比现行的美国关税优惠的规定苛刻。这些规定生效后，包括中国在内的其他地区的类似产品的出口受到很大影响。第三，加强和扩大区域贸易安排，势必削弱多边贸易谈判的注意力，不利于多边贸易体系的改善，影响世界贸易的宏观环境。

第二节 国际经济一体化的经济效应分析

一、关税同盟理论

美国经济学家范纳（J. Viner）和李普西（K. G. Lipsey）系统地提出了关税同盟理论。

（一）关税同盟的静态效果

关税同盟建立后，关税体制成为对内取消关税、对外设置差别待遇的共同关税，将会产生以下静态效果。

▶ 1. 贸易创造效果

贸易创造效果(trade creating effect)由生产利得和消费利得构成。关税同盟成立后，在比较优势的基础上实行专业化分工。这样，关税同盟某成员国的一些国内生产品便被其他生产成本更低的产品的进口所替代，从而使资源的使用效率提高，扩大了生产所带来的利益；同时，通过专业化分工，使本国该项产品的消费支出减少，而把资本用于其他产品的消费，扩大了社会需求，结果使贸易量增加。贸易创造的结果是关税同盟国的社会福利水平提高。

▶ 2. 贸易转移效果

假定缔结关税同盟前关税同盟国不生产某种商品而采取自由贸易的立场，免税（或关税很低）地从世界上生产效率最高、成本最低的国家进口产品；关税同盟成立后，同盟成员国该产品转由同盟内生产效率最高的国家进口。如果同盟内生产效率最高的国家不是世界上生产效率最高的国家，则进口成本较同盟成立前增加，消费支出扩大，使同盟国的社会福利水平下降，这就是贸易转移效果(trade diversing effect)。

▶ 3. 贸易扩大效果

贸易创造效果和贸易转移效果是从生产方面进行考察关税同盟的贸易影响的，而贸易扩大效果(trade expansion effect)则是从需求方面进行分析的。关税同盟无论是在贸易创造还是在贸易转移情况下，由于都存在使需求扩大的效应，从而都能产生扩大贸易的结果。因而，从这个意义上讲，关税同盟可以促进贸易的扩大，增加经济福利，这就是贸易扩大效果。

拓展案例

假设在甲、乙、丙三国中，钢铁单位生产成本分别为 \$250、\$150 和 \$110。

(1) 贸易创造效果。若成立关税同盟前，甲国对钢铁征收 20% 的进口税（从价税）。甲、乙两国成立关税同盟，对外统一关税仍为 20%，结果：钢铁乃自成本较高的甲国移至成本较低的乙国，创造出新的国际分工（专业化），这就是贸易创造效果。

(2) 贸易转移效果。若成立关税同盟前，甲国对钢铁课征 100% 的进口税，甲国从丙国进口钢铁。甲、乙两国成立关税同盟，对外共同关税仍为 100%，则甲国改向乙国进口钢铁。结果：钢铁生产就从成本较低的丙国转移至成本较高的乙国。这就是所谓贸易转移效果。

(3) 贸易扩大效果。成立关税同盟后的甲国国内钢铁价格均比成立前要低，如果甲国的钢铁需求弹性大于 1，则甲国对钢铁的需要就会增加。这种需要的增加当然能使甲国的钢铁进口数量增加，这就是贸易扩大的效果。

▶ 4. 减少行政支出

关税同盟建立后，由于成员国间的货物自由移动，取消或减少关卡，使政府及企业均减少支出，节省开支。

▶ 5. 减少走私

由于内部取消关税，对外实行统一的较低的关税率，使高关税诱发的走私活动能较好地得到抑制。

▶ 6. 增强同盟国对外谈判的实力

关税同盟的建立，使同盟国作为一个整体与其他国家或地区进行经贸谈判，这必然使其谈判力量大大增强，讨价还价能力提高，较好地维护成员国的经贸利益。

（二）关税同盟的动态效果

▶ 1. 资源合理配置

关税同盟的建立使成员国的市场竞争加剧，专业化分工向广度和深度拓展，使生产要素和资源配置更加优化。一般认为，高关税会导致垄断，当国内市场比较狭小时，这种作用就更加明显。组成关税同盟，在成员国之间降低或取消关税、扩大市场会导致同盟内部竞争加强，专业化分工程度加深，从而提高生产效率和经济福利。

知识链接
美洲自由贸易区成立可能对我国出口贸易产生的影响

▶ 2. 获取规模经济利益

关税同盟成立后，成员国国内市场向统一的大市场转移，自由市场扩大，从而使成员国获取专业与规模经济利益。组成关税同盟以后，成员国的内部市场就扩大了。对于规模报酬递增的产业来说，随着规模的扩大，平均成本就下降，效率就提高。但是规模也并不是越大越好，规模经济效益只是在适当的生产规模时才能实现，一旦超过可获取规模经济效益的生产规模，效率反而会下降。

▶ 3. 刺激投资

关税同盟建立以后，随着市场的扩大，风险与不稳定性降低，会吸引成员国厂商增加投资。在同盟内部，商品的自由流通，会使竞争程度加剧。为了提高竞争能力，成员国的厂商就会增加投资以改进产品品质，降低生产成本。另外，关税同盟成立后，成员国之间免除关税，对外统一关税，其结果会吸引关税同盟外的国家到同盟内设立避税工厂，以求获得豁免关税的利益。

▶ 4. 加速经济发展

关税同盟建立后，由于生产要素可在成员国间自由移动，市场趋于统一，竞争加剧，投资规模扩大，促进了研究与开发的扩大和技术的进步，加速了各成员国经济的发展。

（三）关税同盟的政策含义

关税同盟的成员国通过同盟是否利益更大，取决于若干条件：关税同盟成员国与外部世界国家生产成本相差小则结成关税同盟利益大；结成关税同盟前，成员间关税高，则结成关税同盟后税收减免，利益大；同盟成员与非成员之间的贸易壁垒低，成员国仍然有机会从外部进口，则贸易创造多；关税同盟成员数目多，则低成本成员国存在的可能性大，结成关税同盟后产生贸易创造的机会多；关税同盟成员间竞争性大于互补性，便会有成本更低者，则结成关税同盟的利益大；地理位置近、运输方便则结成同盟后利益大；结成关税同盟前贸易量大、关系密切，则结成同盟后贸易创造大等。

二、大市场理论

共同市场与关税同盟相比较，其一体化范围又更进了一步。共同市场的目标是消除保护主义的障碍，把被保护主义分割的每一个国家的国内市场统一成为一个大市场，通过大市场内的激烈竞争，实现专业化、批量化生产等方面的利益。共同市场的理论基础是超越静态的关税同盟理论的动态的大市场理论。其代表人物是西托夫斯基（T. Scitovsky）和德纽（J. F. Deniau）。

大市场理论的提出者认为，以前各国之间推行狭隘的只顾本国利益的贸易保护政策，把市场分割得狭小而又缺乏适度的弹性，这样只能为本国生产厂商提供狭窄的市场，无法实现规模经济和大批量生产的利益。大市场理论的核心是：通过国内市场向统一的大市场延伸，扩大市场范围，获取规模经济利益，从而实现技术利益；通过市场扩大，创造激烈的竞争环境，进而达到实现规模经济和技术利益的目的。

三、协议性国际分工原理

日本经济学家小岛清在考察经济共同体内部分工的理论基础以后，提出了国际分工的新的理论依据。他认为，以前的国际经济学所讲的只是在成本递增下通过竞争原理达成国际分工和平衡，而对成本递减或成本不变的情况却没有论及。然而，这种成本递减的情况是一种普遍现象。这是因为，经济一体化的目的就是要通过大市场化来实现规模经济，这实际上也就是成本长期递减的问题。

实行协议性分工的条件如下。

第一，必须是两个（或多数）国家的资本，劳动禀赋比率没有多大差别，工业化水平和经济发展阶段大致相等，协议性分工对象的商品在哪个国家都能进行生产。在这种状态之下，在互相竞争的各国之间扩大分工和贸易，既是关税同盟理论所说的贸易创造效果的目标，也是协议性国际分工理论的目标。而在要素禀赋比率和发展阶段差距较大的国家之间，由于某个国家可能陷入单方面的完全专业化或比较成本差距很大，还是听任价格竞争原理（比较优势原理）为宜，并不需要建立协议性的国际分工。

第二，作为协议分工对象的商品，必须是能够获得规模经济的商品。因此产生出如下的差别，即规模经济的获得，在重工业中最大，在轻工业中较小，而在第一产业几乎难以得到。

四、综合发展战略理论

一些经济学家认为，根据发展中国家国内与国外的经济与政治环境，不能把发达国家经济一体化的理论搬到发展中国家，从而提出了与发展理论紧密相连的综合发展理论。其著名的代表人物是发展中国家合作研究中心高级研究员和主任鲍里斯·塞泽尔基。他在《南南合作的挑战》一书中比较完整全面地阐述了这种理论。其主要内容如下。

▶ 1. 发展中国家经济一体化的原则

（1）一体化是发展中国家的一种发展战略，它不限制市场的统一，也不必在一切情况下都追求尽可能高级的一体化。

（2）两极分化是伴随一体化的一种特征，只能用有利于发挥较不发达国家的系统的政策来避免它，而这就要求强有力的共同机构和政治意志。

（3）拒绝已有的一体化理论中所阐述的一体化成功条件，虽然其中个别部分在某些具体情况下仍然适用。其主要条件是把一般模式和具体理论有效地应用于特定集团和现存环境中去。

（4）在许多情况下，私营部门在发展中国家一体化进程中占了统治地位，是一体化失败的重要原因之一。有效的政府干预对经济一体化的成功是重要的。

（5）鉴于世界被敌对性地划分成了发达国家和发展中国家，因而将发展中国家的一体化，看作集体自力更生的手段和按照新秩序逐渐变革世界经济的要素。

（6）在制定经济一体化政策时，要进行综合考虑，一方面考虑经济因素；另一方面注意政治和机构因素，密切结合本国和本地区的实际。鲍里斯认为，以自由贸易和保护贸易理论来研究发展中国家的经济一体化过于狭窄，他强调应用与发展理论紧密联系的跨学科的研究方法，把经济一体化看作发展中国家的一种发展战略，不限于市场的统一。他主张经济的相互依存发展必须以生产领域为基础，强调政府的有效干预。

▶ 2. 影响发展中国家区域一体化的主要因素

（1）经济因素。区域经济发展的总体水平和各成员国之间经济发展水平的差异；各成员国之间现存的经济及其他方面的相互依存状况；一体化组织内的最佳利用状况，特别是有关资源和生产要素的互补性及其整体发展的潜力；同第三国经济关系的性质，外国经济实体尤其是跨国公司在一体化组织各成员国经济中的地位；根据实际条件选择的一体化政策模式和类型的实用性。

（2）政治和机构因素。各成员国的社会政治制度的差异；在所有成员国中，有利于实现一体化的"政治意识"状况及其稳定性；该集团对外政治关系模式，尤其是同超级大国和前宗主国关系的模式；共同机构的效率，它们进行有利于集团共同利益的创造性活动的可能性。

第三节 国际经济一体化实践

一、欧洲联盟

欧洲联盟（简称欧盟）是当今世界一体化程度最高的区域政治、经济集团，其前身是欧洲经济共同体。1957年3月25日，法国、德国、意大利、荷兰、比利时和卢森堡六国在意大利首都罗马签订了"欧洲经济共同体条约"，即"罗马条约"。1958年1月1日，欧洲经济共同体（简称欧共体）正式成立。1973年接纳英国、丹麦和爱尔兰，1981年接纳希腊，1986年接纳西班牙和葡萄牙为正式成员国。1995年又接纳瑞典、芬兰、奥地利为正式成员，成员国达到15个。2004年5月1日，波兰、匈牙利、斯洛伐克、立陶宛、拉脱维亚、爱沙尼亚、捷克、斯洛文尼亚、塞浦路斯和马耳他也正式加入，成员国共计25个。2007年年初，保加利亚和罗马尼亚加入，成员国增至27个。2013年7月1日，克罗地亚正式成为欧盟第28个成员国。20世纪80年代中期以来，欧盟经济一体化进程大大加快。

（一）基本建成内部大市场

欧共体提出和实施"内部统一大市场"计划。1985年12月欧共体首脑会议通过"欧洲一体化文件"（也称"单一文件"），决定于1992年12月31日以前建成一个没有国界的"内部统一大市场"，实现商品、劳务、人员和资金的自由流通。1993年年初，统一大市场已开始运行。

（二）签署并实施《马斯特里赫特条约》

欧共体成员国于1992年2月7日签署了《马斯特里赫特条约》（又称《欧洲联盟条约》）。这一条约大幅度修订了《欧洲经济共同体条约》等三项条约的内容，规定了欧洲经济与货币联盟的具体目标和实施步骤，将欧共体原有的"政治合作"升格为共同外交和安全政策，并建立起在内政和司法方面的合作机制，从而使欧共体的活动范围突破了经济活动的界限，而经济活动又以关税同盟共同市场为中心的格局，将欧共体的经济一体化推进到政治联盟的阶段，欧洲联盟宣告诞生，标志着欧共体从经济实体向政治实体过渡。《马斯特里赫特条约》于1993年11月1日开始正式生效，并自该日起欧洲共同体改称欧洲联盟。

（三）建设"欧洲经济区"

欧共体还与"欧洲自由贸易联盟"于1991年10月22日在卢森堡达成了建设"欧洲经济

区"的协定。按照该协定,欧洲19个发达国家将建成一个能保证货物、服务、资本和人员自由流动的贸易集团,1994年1月1日,"欧洲经济区"正式启动。

(四)欧盟与中东欧四国签订、实施《欧洲协定》

早在1991年12月16日,欧共体即与波兰、匈牙利、捷克和斯洛伐克签订了使后者成为欧共体联系国的协定。1995年2月1日,欧盟与捷克、斯洛伐克、罗马尼亚、保加利亚四国签订的《欧洲协定》又正式生效。根据协定规定,双方将在协定生效后5~10年内,逐步相互取消关税及其他贸易壁垒,同时在一定限度内实现人员和资本的自由流动。该协定将使东欧国家完全融入欧洲一体化进程,为其日后加入欧洲联盟创造了条件。

(五)欧盟实现第四次扩大

1995年1月1日,奥地利、瑞典、芬兰正式加入欧盟,使欧盟成员国扩大为15个,它从地理上将地中海国家和斯堪的纳维亚国家连为一体,使欧洲主要工业国家纳入欧盟的一体化轨道,成为一个具有近330万平方公里土地、近3.8亿人口和近9万亿美元国内生产总值的经济集团。

(六)欧洲货币联盟的启动及欧盟的进一步扩大

从1999年1月1日开始,欧盟11个国家开始在其国内经济贸易活动中使用欧元,并计划于2003年实现欧元的全面使用。为此,11国强调其财政政策与货币政策的协调,力图在2003年时,使欧盟15国都能实现货币联盟所确定的所有国家货币政策的统一。另外,从1998年10月起,欧盟加快了与中东欧、波罗的海有关国家申请加入欧盟的谈判步伐,内容涉及政治、经济、司法、文化和社会等领域。2002年10月9日,欧盟委员会发表了关于欧盟扩大的战略文件和对13个候选国的评估报告,确定其中的波兰、匈牙利、斯洛伐克、立陶宛、拉脱维亚、爱沙尼亚、捷克、斯洛文尼亚、塞浦路斯和马耳他10个候选国于2002年年底前结束入盟谈判,并于2004年加入欧盟。由此,欧盟一体化对世界政治、经济的影响将更为广泛、深入。

2002年12月,欧盟首脑哥本哈根会议就欧盟扩大问题与10个候选国达成了全面协议。波兰、匈牙利、斯洛伐克、立陶宛、拉脱维亚、爱沙尼亚、捷克、斯洛文尼亚、塞浦路斯和马耳他已于2004年5月1日成为欧盟正式成员国。2007年1月1日,保加利亚和罗马尼亚加入欧盟,使欧盟成员国进一步扩大,由25国扩大为27国。2013年7月1日,克罗地亚正式成为欧盟的第28个成员国。1998年5月初,欧盟15国国家元首和政府首脑在比利时首都布鲁塞尔举行特别会议,确认比利时、德国、西班牙、法国、爱尔兰、意大利、卢森堡、荷兰、奥地利、葡萄牙和芬兰11国为首批加入欧洲单一货币体系的欧元创始国。2001年,希腊成为第12个欧元国。2007年,斯洛文尼亚加入欧元区。2008年,塞浦路斯和马耳他正式加入欧元区。2009年,斯洛伐克成为第16个使用欧元的欧盟成员。

二、北美自由贸易区

美国和加拿大于1986年5月开始谈判,1987年10月达成"美加自由贸易协定",1988年1月2日经两国领导人签署,并于1989年1月1日正式开始生效执行。根据协定,两国将最终建成美加自由贸易区,实现双边自由贸易,同时该协定还对双边服务贸易自由化、双边投资以及贸易争端的解决作出许多具体规定。墨西哥总统萨里纳斯1988年12月上任之后,便积极寻求与美国的自由贸易协定的谈判,后来加拿大主动加入谈判。三国于1991年6月12日在多伦多召开第一次部长级会议,经过14个月的谈判,1992年8月12日宣布三国就北美自由贸易协定达成协议。美国前总统克林顿上任后积极推动北美自由贸易协定有关劳工与环保的附属条款的谈判，并于1993年8月13日美、加、墨三国达成附属条款的协议，以保障美国劳工权与墨西哥的生态环境。

北美自由贸易协定的主要内容是：对三国间流通的上万种商品免征关税，其中近1/2商品可以立即免税，近15%的商品在5年内逐步可以免税；设置障碍以防止亚洲和欧洲公司的产品通过墨西哥免税进入美国市场；墨西哥对美国和加拿大开放自己的银行、保险和证券业，允许美加两国到这些行业进行投资和营业；成立一个三边委员会，以解决包括环境污染在内的三国之间的一切商业纠纷。

北美自由贸易区比美加自由贸易区除地域更为广阔，经济实力更强以外，在其他方面还有更深远的意义。首先，这是世界上第一个由发达国家和发展中国家组成的经济贸易集团。其次，北美自由贸易区的内容既涉及商品贸易，又涉及服务贸易，并保证三国间的平等流动。北美自由贸易区从1994年1月1日起正式建立，其人口为3.67亿，国民生产总值为8万多亿美元。这一市场的实力足以与欧洲联盟对抗。北美自由贸易区将在15年内实现货物的自由移动。

三、亚太经合组织

（一）成立过程

亚太经济合作组织（以下简称亚太经合组织）的雏形可追溯到1980年9月成立的太平洋经济合作会议，此会议是由来自中国、日本、韩国、东盟六国、中国台湾、美国、加拿大、新西兰和澳大利亚等国家和地区的产业界、学术界和政府官员以个人身份参加的民间探讨和协调经贸合作的一个重要论坛。这一非官方组织虽然起着在亚太各国和地区间交流资料、沟通信息、协调看法及通过民间渠道反映政府观点的作用，但因为只是一个民间论坛，作用极为有限。

1989年1月，澳大利亚建议召开亚太地区部长级会议，讨论加强区内经济合作问题，该会议于1989年11月在澳大利亚举行，亚太经济合作组织宣告成立。澳大利亚、美国、加拿大、日本、韩国、新西兰和东盟6国共12个国家的外交、经济部长参加了这次会议。1991年11月中国以主权国家身份、中国台北和香港（1997年7月1日起改为"中国香港"）以地区经济体名义正式加入了亚太经济合作组织。从1993年起，亚太经合组织开始举行领导人非正式会议。亚太经合组织目前共有21个成员，分别是澳大利亚、文莱、加拿大、智利、秘鲁、墨西哥、美国、俄罗斯、新西兰、韩国、日本、中国、中国台北、中国香港、马来西亚、新加坡、菲律宾、印度尼西亚、泰国、巴布亚新几内亚和越南。太平洋经济合作理事会和太平洋岛国论坛为该组织的观察员，可参加部长级及其以下各层次的会议或活动。1997年，温哥华领导人非正式会议宣布亚太经合组织进入十年巩固期，暂不接纳新成员。

（二）亚太经合组织的作用

亚太经合组织自诞生以来，在推动区域贸易和投资自由化、加强成员间经济技术合作等方面发挥了不可替代的重要作用。作为亚太地区重要的经济合作论坛，这一组织也为推动全球贸易发展和促进世界和平做出了积极贡献。近年来，亚太经合组织在促进经济发展和共同繁荣等方面继续扮演重要角色，其作用越来越大，越来越为各方所肯定和重视。

（1）促进全球经贸发展。亚太经合组织成员中多数是世界贸易组织成员，其中美国和日本是"重量级"发达国家，中国是最大的发展中国家，在全球多边贸易谈判中具有较大的影响力。当多边谈判进程遇到阻力时，亚太经合组织领导人会议通常会发挥推动作用。亚太经合组织在推动世贸组织多哈回合谈判达成框架协议方面做出了积极贡献。

（2）解决实质经贸问题。在贸易投资自由化和便利化以及经济技术合作等领域，许多实质问题是通过亚太经合组织会议与成员间的合作得到解决和落实的。2004年，在东道主智利的主持下，亚太经合组织成员围绕"一个大家庭：我们的未来"的主题，继续在贸易投资自由化和便利化及经济技术合作两大领域开展合作，取得了积极成果。尽管亚太经合组织的宣言和协议不具有约束力，但许多"软性规定"实际上已成为经贸界人士在实践中参考的规则。

（3）推动多边和双边外交。领导人定期会晤有助于成员就国际和地区问题进行交流和磋商。2001年美国发生"9·11"事件，随后的上海会议为成员提供了加强政治和安全合作的平台，各方就反恐合作问题交换了看法，达成了共识。另外，领导人在年会期间的双边会晤也是成员增进理解，深化共识，加强双边关系，促进交往的重要机会。

（4）促进政府与企业间沟通。亚太经合组织是政府间论坛，但每年有关经济和贸易的部长级会议以及工商领导人会议已成为政府与企业间沟通的桥梁，有关的合作项目也推动了公共与民营部门间的合作。

（三）亚太经合组织的前景

"亚太经合组织方式"是独具一格的跨太平洋经济一体化模式。亚太经合组织诞生于全球"冷战"结束的年代。1989年11月，亚太经合组织首届部长级会议在澳大利亚首都堪培拉举行，标志着这一区域经济合作组织的正式成立。东西方结束对抗为亚太经合组织的诞生提供了前所未有的机遇，使太平洋两岸的不同经济体走到了一起。亚太地区地域宽广，亚太经合组织成员经济发展不平衡，政治体制和社会发展模式多种多样，成员中既有发达国家，又有发展中国家，有主权国家，也有地区成员。因此，亚太经合组织形成了独特的合作方式，即"亚太经合组织方式"，其特点是承认多样化，强调灵活性、渐进性和开放性，遵循相互尊重、平等互利、协商一致、自主自愿的原则。亚太经合组织的原则与合作方式照顾了成员间不同的经济发展水平和承受能力，使各方权益得到了较好平衡，取得了良好效果。

在全球化加速发展的今天，亚太经合组织各成员的贸易、投资联系日益密切，相互依存度不断提高。然而，全球化是一柄"双刃剑"，亚太地区经济融入这一进程并非一帆风顺。1997年发生在亚洲的金融危机表明，在全球化进程中存在潜在风险，缺乏防范意识，会危及经济安全乃至社会稳定。因此，亚太经合组织在合作中加强了居安思危的意识，根据新形势不断调整合作范围，使亚太经济沿着健康的轨道向纵深发展。

四、东南亚国家联盟

1967年8月8日，印度尼西亚、新加坡、泰国、菲律宾4国外长和马来西亚副总理在泰国首都曼谷举行会议，发表了《东南亚国家联盟成立宣言》，即《曼谷宣言》，正式宣布了东南亚国家联盟（简称东盟）的成立。东盟除印度尼西亚、马来西亚、菲律宾、新加坡和泰国5个创始成员国外，文莱在1984年独立后即加入东盟，越南于1995年加入东盟，1997年缅甸和老挝加入东盟，1999年4月，柬埔寨成为东南亚地区最后一个加入东盟的国家。

东盟的宗旨是在平等和协作的基础上共同促进本地区的经济增长、社会进步和文化发展，同国际和地区组织进行紧密和互利的合作。

1992年1月在新加坡举行了由印度尼西亚、马来西亚、菲律宾、新加坡、泰国、文莱东盟六国参加的东盟部长会议，会议签署了建立"东盟自由贸易区"的协议。其主要目的在于增强东盟地区作为单一生产单位的竞争优势；通过减少成员国之间的关税和非关税壁垒，期待创造出更大的经济效益、生产率和竞争力；加强东盟区域一体化和促进区域内贸易与投资。本次会议随即签署了代表发展东盟自由贸易区重要标志的纲领性文件《东盟自由贸易区共同有效优惠关税协议》，会议确定在未来15年内，即在2008年前成立东盟自由贸易区，1995年召开的东盟首脑会议决定加速东盟自由贸易区成立的时间表，即将原定的15年时间计划缩短为10年，即在2003年前成立东盟自由贸易区。

为了早日实现东盟内部的经济一体化，东盟自由贸易区自2002年1月1日正式启动，目标是实现区域内贸易的零关税。东盟10国正逐步实现一体化，成员国之间的贸易关税已从1993年的12.7%下降到了2004年的2.4%～3.5%。到2010年，东盟6个成员国（文莱、印度尼西亚、马来西亚、菲律宾、新加坡和泰国）将率先实现互免关税，而到2015年，东盟所有成员国都将实现贸易自由化。

在经济全球化浪潮的推动下，东盟国家逐步认识到启动新的合作层次、构筑全方位合作关系的重要性，并决定开展"外向型"经济合作。2001年11月，在文莱举行的第5次东盟与中国领导人会议上，双方领导人达成共识，一致同意在10年内建立中国-东盟自由贸易区，并授权经济部长和高官尽早启动自由贸易协定谈判。

五、我国参加的区域经济一体化组织

中国正在积极、广泛地参加各种形式的区域经济一体化组织。早在1991年，中国就参加了亚太经合组织，这是中国参加的第一个区域经济论坛，也是中国参与区域经济一体化的开端。中国在2001年加入了《曼谷协定》，2005年11月2日正式更名为《亚太贸易协定》，这是中国参与的第一个区域性优惠贸易安排。

自2002年中国与东盟签署自由贸易协定（FTA）以来，我国自由贸易区建设稳步推进，并取得积极进展。

（一）中国-东盟自由贸易区

2002年11月4日，中国国家领导人与东盟10国领导人共同签署了《中国东盟全面经济合作框架协议》，中国-东盟自由贸易区将包括货物贸易、服务贸易、投资和经济合作等内容，其中货物贸易是自由贸易区的核心内容。《中国东盟全面经济合作框架协议》规定中国和东盟双方从2005年开始正常产品的降税，2010年中国与东盟老成员，即印度尼西亚、新加坡、泰国、菲律宾、马来西亚和文莱将建成自由贸易区，2015年与东盟新成员，即越南、老挝、柬埔寨和缅甸建成自由贸易区，届时中国与东盟的绝大多数产品将实行零关税，取消非关税措施，实现双方贸易自由化。2004年11月29日在老挝万象召开的第8次中国-东盟领导人会议期间，中国商务部部长与东盟10国经贸部长分别代表各自政府签署了中国-东盟自由贸易区（CAFTA）《货物贸易协议》和《争端解决机制协议》。《货物贸易协议》规定双方的产品分为正常产品和敏感产品两大类，从2005年7月1日起，双方将按照商定的时间表全面启动降税进程。协议规定，中国和东盟中的6个老成员将在2010年把绝大多数正常产品的关税降为零，东盟4个新成员则可在2015年将绝大多数正常产品的关税降为零。双方对少数敏感产品的关税水平也作了约束和削减。协议还指出，各缔约方不应保留任何与WTO不符的进口数量限制。2007年1月签署并于7月实施的《服务贸易协议》，是规范中国与东盟各国服务贸易市场开放和处理与服务贸易相关问题的法律文件。

（二）内地与香港关于建立更紧密经贸关系的安排

2003年上半年，中国香港经济在接连遭遇亚洲金融危机、"9·11"恐怖事件的冲击和"非典"疫情后陷入低谷。为促进内地与香港经济共同繁荣与发展，中央采取了一系列支持香港经济发展的政策措施。2003年6月29日，《内地与香港关于建立更紧密经贸关系的安排》(CEPA 协议)在香港正式签署。

CEPA 协议的内容主要涵盖货物贸易、服务贸易和贸易便利化三个方面。随后 8 年，CEPA 补充协议以每年一个的速度陆续"出炉"，不断扩大和深化着内地与香港间的市场开放领域。CEPA 协议是在"一国两制"方针下和世界贸易组织框架内作出的特殊安排，减少了内地与香港在经贸交流中的体制性障碍，加速了相互间资本、货物、人员等要素的便利流动。CEPA 协议实施 9 年多年，为两地带来强大的经济动力，不仅为香港提供了庞大的市场和商机，促进香港制造业和服务业多元化发展，同时也推动了内地的经济建设和改革开放。数据显示，在 2004 年至 2011 年的 8 年间，香港地区生产总值年均增长 5%，是同期其他发达经济体平均值的近两倍。CEPA 协议及其经过完善的 8 个补充协议已经形成了内地对香港较为系统的开放体系，按照世界贸易组织的标准，内地与香港在货物贸易领域已经全面实现了自由化。目前，香港已成为内地最大的境外投资来源地和最大的境外投资目的地，同时也是内地最重要的贸易伙伴和最重要的承包工程与劳务合作市场。

(三) 中国-智利自由贸易协定

中智自由贸易区谈判是由胡锦涛主席与智利前总统拉戈斯于 2004 年 11 月 18 日共同宣布启动的。谈判历时整整一年，2005 年 11 月 18 日，双方正式签署了《中国-智利自由贸易协定》，这是继中国-东盟自由贸易协定以来中国与外国签订的第二个自由贸易协定。中智自由贸易协定在货物贸易开放方面设定了较高标准，是一个高质量的协定。占我国税目总数 97.2% 的 7 336 个产品和占智利税目总数 98.1% 的 7 750 个产品，将在 10 年内分阶段取消关税。中智自由贸易区于 2006 年 10 月 1 日开始实施。

我国对原产于智利的 4 753 种产品的关税已于 2007 年 1 月 1 日降为零；智利对我国 5 891 种产品的关税已于协定生效后立即降为零。除货物贸易自由化内容外，协定还规定，双方将在经济合作、中小企业、文化、教育、科技、环保、劳动和社会保障、知识产权、投资促进、矿产业和工业等领域加强合作。2006 年 10 月，在自由贸易区协定（货物贸易部分）开始实施的同时，中智启动了自由贸易区服务贸易谈判。2008 年 4 月 13 日，在胡锦涛同志和智利总统巴切莱特的共同见证下，中智两国在海南三亚签署了《中国-智利自由贸易协定关于服务贸易的补充协定》(即《中智自贸区服务贸易协定》)，并拟于 2009 年初开始实施。根据该协定，中国的计算机、管理咨询、房地产、采矿、环境、体育、空运等 23 个部门和分部门，以及智利的法律、建筑设计、工程、计算机、研发、房地产、广告、管理咨询、采矿、制造业、租赁、分销、教育、环境、旅游、体育、空运等 37 个部门和分部门将在各自世界贸易组织承诺基础上向对方进一步开放。协定还专门设立了关于商务人员临时入境的附件，并在自由贸易区框架下成立商务人员临时入境工作组。今后，双方将就商务人员签证便利化和签证程序简化等问题进行定期磋商。

(四) 中国-巴基斯坦自由贸易协定

2006 年 11 月中国商务部长和巴基斯坦商务部长分别代表两国政府在伊斯兰堡签署了《中华人民共和国政府和巴基斯坦伊斯兰共和国政府自由贸易协定》。该协定是继《中国-东盟自由贸易区货物贸易协议》和《中国-智利自由贸易协定》之后，我国对外签署的第 3 个自由贸易协定，也是 2005 年签署的《中巴自由贸易区早期收获协议》的"扩大版"。

根据该协定，中巴两国将分两个阶段对全部货物产品实施关税减让。第一阶段在协定生效后 5 年内，双方对占各自税目总数 85% 的产品按照不同的降税幅度实施降税，其中，36% 的产品关税将在 3 年内降至零。中方降税产品主要包括畜产品、水产品、蔬菜、矿产品、纺织品等，巴方降税产品主要包括牛羊肉、化工产品、机电产品等。第二阶段从协定生效第 6 年开始，双方将在对以往情况进行审评的基础上，对各自产品进一步实施降税，目标是在不太长的时间内，使零关税产品占各自税目数和贸易量的比例均达到 90%。此外，协定就投资促进与保护、投资待遇、征税、损害补偿以及投资争端解决等事项作出了规定。该协定已从 2006 年 7 月 1 日起启动，我国对巴基斯坦实施第一阶段首次降税。2008 年 10 月，两国政府代表再次签署《中巴自由贸易协定补充定志》。2009 年 2 月 2 日，两国政府代表签署了《中国-巴基斯坦自由贸易区服务贸易协定》。从而使两国在 2007 年 7 月实施的《中巴自由贸易协定》基础上建成一个涵盖货物贸易、服务贸易和投资等内容的自由贸易区。

（五）中国-新西兰自由贸易协定

2006 年 4 月，温家宝同志访新西兰，与克拉克总理共同确定了 1 至 2 年内达成全面、高质量、平衡和为双方所接受的自由贸易协定的目标。2007 年，胡锦涛同志和温家宝同志又与海伦·克拉克总理多次会晤，不断为谈判注入动力。经过 15 轮谈判，2007 年 12 月，双方最终就《协定》涉及的所有问题达成一致。2008 年 4 月 7 日，在温家宝同志和新西兰海伦·克拉克总理的见证下，陈德铭同志与新西兰贸易部长菲尔·戈夫代表各自政府在北京人民大会堂签署了《中华人民共和国政府和新西兰政府自由贸易协定》。2008 年 7 月下旬，新西兰议会以 104 票赞成、17 票反对的绝对优势通过了该协定。这个协定已于 2008 年 10 月 1 日正式生效。《中华人民共和国政府和新西兰政府自由贸易协定》是在世界贸易组织的基础上，规范我国与新西兰进一步相互开放市场、深化合作的法律文件。这是我国与发达国家签署的第一个自由贸易协定，也是我国与其他国家签署的第一个涵盖货物贸易、服务贸易、投资等诸多领域的自由贸易协定。该协定共 214 条，分为 18 章，即初始条款、总定义、货物贸易、原产地规则及操作程序、海关程序与合作、贸易救济、卫生与植物卫生措施、技术性贸易壁垒、服务贸易、自然人移动、投资、知识产权、透明度、合作、管理与机制条款、争端解决、例外、最后条款。此外，该协定还包含 14 个附件、5 项换文。

（六）中国-新加坡自由贸易协定

2008 年 10 月 23 日，在温家宝同志和新加坡李显龙总理见证下，陈德铭同志与新加坡贸工部长林勋强代表各自政府在北京人民大会堂签署了《中华人民共和国政府和新加坡共和国政府自由贸易协定》。同时，双方还签署了《中华人民共和国政府和新加坡共和国政府关于双边劳务合作的谅解备忘录》。中国-新加坡自由贸易区谈判启动于 2006 年 8 月，经过 8 轮艰苦而坦诚的磋商，双方于 2008 年 9 月圆满结束谈判。该协定涵盖了货物贸易、服务贸易、人员流动、海关程序等诸多领域，是一份内容全面的自由贸易协定。双方在中国-东盟自由贸易区的基础上，进一步加快了贸易自由化进程，拓展了双边自由贸易关系与经贸合作的深度与广度。

《中华人民共和国政府和新加坡政府自由贸易协定》是在世界贸易组织相关规则规范下，并在中国-东盟自由贸易区的基础上，双方进一步相互开放市场、深化合作的法律文件。该协定是一项全面的自由贸易协定，共 115 条，分为 14 章，即初始条款、总定义、货物贸易、原产地规则、海关程序、贸易救济、技术性贸易壁垒及卫生与植物卫生措施、服务贸易、自然人移动、投资、经济合作、争端解决、例外、总条款和最后条款。此外，该协定还包含 7 个附件、2 项换文。

（七）中国-秘鲁自由贸易协定

胡锦涛同志和秘鲁共和国总统加西亚于 2008 年 11 月 19 日在秘鲁首都利马共同宣布中华人民共和国和秘鲁共和国自由贸易协定谈判成功结束。2009 年 4 月 16 日，中国和秘鲁在北京签署《中秘自由贸易协定》。这是中秘战略伙伴关系的重要内容之一，为促进中秘两国经济贸易的长远发展奠定了坚实基础。

2007年3月，中秘自由贸易区联合可行性研究启动。当年9月7日，中秘自由贸易区谈判正式启动。此后，中秘双方共举行了一次工作组会议和七轮正式谈判，就货物贸易、服务贸易、投资、原产地规则、海关程序、技术性贸易壁垒、卫生和植物卫生措施、争端解决、贸易救济、知识产权、地理标识、合作等议题进行了深入、友好、务实、坦诚的磋商并最终达成一致。在货物贸易方面，中秘双方将对各自90%以上的产品分阶段实施零关税。中方轻工、电子、家电、机械、汽车、化工、蔬菜、水果等产品和秘方鱼粉、矿产品、水果、鱼类等产品将从中获益。在服务贸易方面，秘鲁将在采矿、研发、中文教育、中医、武术等90个部门进一步对中方开放，中方则在采矿、咨询、翻译、体育、旅游等16个部门对秘方进一步开放。此外，中秘双方还在投资、知识产权、原产地规则、海关程序及贸易便利化、技术性贸易壁垒、卫生与植物卫生措施等方面达成广泛共识。中秘自由贸易协定覆盖领域广，开放水平高，是中国与拉美国家发展平等互利，共同发展的全面合作伙伴关系的重要体现。

（八）中国-哥斯达黎加自由贸易协定

2010年4月8日，陈德铭同志与哥斯达黎加外贸部长鲁伊斯在北京共同签署了《中国-哥斯达黎加自由贸易协定》。该协定涵盖领域广，开放水平高，是我国与中美洲国家签署的第一个一揽子自贸协定。该协定的主要内容如下：

（1）在货物贸易方面，中哥双方将对各自90%以上的产品分阶段实施零关税。

（2）在服务贸易方面，在各自对世界贸易组织承诺的基础上，哥方在电信服务、商业服务、建筑、房地产、分销、教育、环境、计算机和旅游服务等45个部门进一步对中方开放，中方则在计算机服务、房地产、市场调研、翻译和口译、体育等7个部门对哥方进一步开放。

（3）原产地规则和海关程序在原产地规则方面，以税则归类改变标准作为原产地判定的基本标准，将区域价值成分标准和加工工序标准作为辅助标准。技术性贸易壁垒、卫生和植物卫生措施。

（4）在贸易救济方面，该协定规定，双方将保留在世界贸易组织反倾销、反补贴、全球保障措施相关协定下的权利和义务。

（5）该协定双方同意在各自法律法规框架内，开展与知识产权有关的交流与合作，采取适当措施保护遗传资源、传统知识和民间传统。

（6）该协定规定，双方应就出口促进、吸引投资、科技、中小企业、农业、文化、体育、减灾、竞争政策等领域开展合作。此外，双方还将加强在教育、卫生、传统医学、基础设施等领域的合作。

（九）中国-冰岛签署自由贸易协定

2013年4月15日，在中国国务院总理李克强和冰岛总理西于尔扎多蒂的共同见证下，高虎城同志与冰岛外交外贸部长奥叙尔·斯卡费丁松代表各自政府在北京人民大会堂签署了《中华人民共和国政府和冰岛政府自由贸易协定》。该协定是我国与欧洲国家签署的第一个自由贸易协定，涵盖货物贸易、服务贸易、投资等诸多领域。

根据自贸协定规定，冰岛自协定生效之日起，对从中国进口的所有工业品和水产品实施零关税，这些产品占中国向冰岛出口总额的99.77%；与此同时，中国对从冰岛进口的7 830个税号产品实施零关税，这些产品占中方自冰进口总额的81.56%，其中包括冰岛盛产的水产品。中冰自贸区建成后，双方最终实现零关税的产品，按税目数衡量均接近96%，按贸易量衡量均接近100%。此外，双方还就服务贸易作出了高于世界贸易组织的承诺,并对投资、自然人移动、卫生与植物卫生措施、技术性贸易壁垒、原产地规则、海关程序、竞争政策、知识产权等问题作出了具体规定。

(十)中国-瑞士自由贸易协定

2013年7月6日,经过9轮谈判才最终达成的协定——《中华人民共和国和瑞士联邦自由贸易协定》(FTA)正式签署。这也是中国与欧洲大陆国家缔结的第一个自贸协定。此后,中瑞FTA协定将进入各自国内审批程序。据瑞士联邦委员兼经济部长施耐德-阿曼透露,瑞士方面将于2014年下半年完成国内程序,届时,只要中国方面也能完成,中瑞FTA协定将正式生效。高虎城同志表示,中瑞两国在经济技术结构上具有极强的互补性,中国虽是制造业大国,却不是强国,很多产业仍处于全球产业链中低端;而瑞士则是世界高精尖制造技术聚集的强国,在医药、精密仪器、机械、化工,甚至金融服务领域,极有优势,值得中国学习。瑞士联邦委员兼经济部长施耐德-阿曼也称,中瑞FTA协定签署后,瑞士可以更好地把握中国这个正在崛起的大市场与中国合作,将给瑞士医药、银行业、钟表等各个产业带来益处。

截至2015年年底,中国已签署14个自贸协定,其中已实施12个自贸协定,涉及22个国家和地区,自贸伙伴遍及亚洲、拉美、大洋洲、欧洲等地区。此外,我国也正在推进多个自贸区谈判,包括《区域全面经济伙伴关系协定》(RCEP)、中国-海湾合作委员会自贸区、中国-挪威自贸区、中日韩自贸区、中国-斯里兰卡自贸区和中国-马尔代夫自贸区等。此外,我们还在推进中国-新加坡自贸区升级谈判、中国-巴基斯坦自贸区第二阶段谈判和《海峡两岸经济合作框架协议》的后续谈判。

本章小结

本章围绕着经济一体化的理论和实践而展开。通过比较经济一体化形式的涵盖范围不同,理解由优惠贸易安排发展至完全经济一体化的递进过程,把握每一种经济一体化形式涵盖的领域;而针对经济一体化的理论,可以运用经济学的供求模型分析关税同盟带来的贸易创造和贸易转移效应,并借助实际案例深入领会每个理论的真正内涵;对于主要的国际经济一体化组织,可以在了解它们成立背景与意义的同时,借助媒体报道认识其未来发展的前景,需要特别关注与中国相关的自由贸易区的发展。

复习思考题

1. 简述经济一体化的含义与形式。
2. 经济一体化对国际贸易有哪些影响?
3. 简述关税同盟的静态经济效应和动态经济效应。
4. 假设美国以每双20美元的价格从韩国进口1 000双旅游鞋。征收50%的关税后,韩国鞋在美国市场上的价格上升到30美元。再假设墨西哥旅游鞋的国内均衡市场价格是20美元。北美自由贸易协定签订之后,美国以每双25美元的价格从墨西哥进口1 200双旅游鞋而不再从韩国进口。请用数字说明美国、墨西哥的福利变化。
5. 谈谈你了解的中国参与的经济一体化组织。

第五章 世界贸易组织

学习目标

通过本章的学习，了解关贸总协定产生与发展的历程；熟悉世界贸易组织的宗旨与原则；熟悉中国加入世界贸易组织的谈判历程与意义。

引导案例

世界贸易组织规则不容践踏

美国政府近日发布《2017年贸易政策议程》报告，声称美国将"抵制其他国家或世界贸易组织这样的国际机构以各种贸易协议来削弱美国作为协议方的权益、增加其义务的努力"。报告表示，美国只受制于美国的法律，而非世界贸易组织的裁决。即便世界贸易组织争端解决机构或上诉机构裁定美国败诉，也不会自动改变美国国内的法律制度和商业惯例。此举再次为全球自由贸易敲响了警钟，如果美国继续我行我素，必将严重损害以世界贸易组织为核心的多边贸易体制稳定性和规则的严肃性，甚至会导致全球进入经济保护主义时代。

成立于1995年的世贸组织是处理各国及单独关税区之间贸易规则的唯一国际组织，世贸组织协议为全球贸易提供了透明的、可预见的法律法规。实践证明，世贸组织争端解决机制的建立和运作是成功的，并已逐渐成为各方维护自身经贸权益、解决争端的主要手段，为避免贸易争端升级为毁灭性的贸易战而发挥了不可替代的重要作用。

美国新政府的做法将明显加大美国与其贸易伙伴爆发贸易战的风险。保护主义政策如饮鸩止渴，看似短期内能缓解一国内部压力，但从长期看将给自身和全球经济造成难以弥补的伤害。在当今"一荣俱荣、一损俱损"的经济全球化时代，保护主义产生的多米诺骨牌效应，更会引发各国之间的一系列报复性措施，损害每一个国家的经济利益。打贸易战、搞对抗没有赢家，只能是两败俱伤，殃及各方。

历史上任何一次全球性经济危机的爆发都会使保护主义沉渣泛起。但历史也一再证明，保护主义最终不会保护任何人。正如世贸组织总干事罗伯托·阿泽维多所说，贸易保护主义无法令美国"再次伟大"，带来的只会是灾难性的贸易战。

资料来源：陈建.经济日报，2017-03-14，第13版.

第一节 关贸总协定的产生与发展

一、关贸总协定产生的背景

第二次世界大战前，一些国家常常对国外生产的产品和服务的销售设置各种贸易壁垒，如对进口产品征收歧视性关税，采取数量限制、地域限制阻碍外国产品的进入等，通过增加国外产品和服务生产者的成本的方式来达到限制其扩大的目的。20世纪三四十年代，是国际贸易壁垒最为盛行的时期，各国普遍采用"以邻为壑"的贸易保护主义政策，严重地阻碍了世界经济的发展。

到20世纪40年代末，"冷战"的爆发促使市场经济国家对国际经济管理达成共识：必须创建并维持一个相对自由的经济体系，并从金融、投资、贸易三个方面重建国际经济秩序。1944年7月，美、英等44个国家在美国新罕布什尔州的布雷顿森林召开会议，在这次会议上开始酝酿设立一个处理国际贸易与关税问题的国际组织，与国际货币基金组织和世界银行一起，形成调节世界经济贸易关系的体系。

1946年2月，由美国发起召开国际贸易与就业会议，邀请包括当时的中国政府在内的19个国家共同组建成立国际贸易组织筹备委员会，起草《国际贸易组织宪章》，并拟举行世界范围的关税减让谈判。该宪章在古巴哈瓦那起草完成并签署通过，故又称《哈瓦那宪章》。1947年4—10月，23个国家在双边谈判的基础上，签订了100多项双边关税减让协议，这些协议与联合国经社理事会通过的《国际贸易组织宪章草案》中有关商业政策的部分加以合并，被称为"关税与贸易总协定"（General Agreement on Tariff and Trade，GATT），也就是关贸总协定。1948年1月1日，《关税与贸易总协定临时适用议定书》在美、英、法等8国开始生效实施。至此，关贸总协定正式登上了历史舞台。

签署《哈瓦那宪章》的有23个国家，由于各国都准备在《宪章》由本国通过后即取代已签订的关税协议，关贸总协定只作为"临时适用协议书"，但因美国国会认为这个宪章与其国内法存在差异，美国国务院于1950年12月8日正式声明不再将其提交国会，其他多数与会国国会也未批准通过该宪章，结果，《哈瓦那宪章》成为一纸空文，国际贸易组织也由此胎死腹中。

但是，关贸总协定作为临时性协定，开始部分地担当起原规划的国际贸易组织职能，并长期存在和发展。"关税与贸易总协定"是一项有关关税和贸易的多边国际协定，是一个调节缔约国之间经济贸易关系的国际组织，协定本身以及作为补充的一系列协议结合在一起，对其100多个国家和20多个地区之间的权利和义务作了具体的规定，其法律框架调节着适用关贸总协定国家和地区之间的多边贸易关系。这些国家和地区分属不同经济制度和发展水平，占世界国家总数的2/3以上，贸易量占世界贸易总量的90%，故又称"准国际贸易组织"。

从1948年1月1日临时实施一直到1995年1月1日世界贸易组织正式成立，关贸总协定共存在了47年。经过长期不懈的努力，关贸总协定促进了国际贸易发展和规模的不断扩大，将关贸总协定发展成为一套国际贸易政策体系，通过设定贸易领域的"交通规则"缓和了缔约方之间的贸易摩擦和矛盾，使发达国家的平均关税从1947年的35%下降至4%左右，发展中国家和地区的平均关税税率在同期也下降至12%左右。在关贸总协定的不懈努力下，至 1995 年，已达成关税减让的商品就达十几万种，世界贸易的总额增长了 17 倍以上。

二、国际贸易谈判与贸易自由化的进程

自 1948 年 1 月 1 日生效以来，关贸总协定共进行了八轮贸易与关税谈判，使各缔约方的关税总水平大大降低，非关税壁垒的规范也有较完整的协议框架，为改善国际贸易环境做出了重大贡献。

（一）第一轮多边贸易谈判

关贸总协定第一轮多边贸易谈判于 1947 年 4 月到 10 月在瑞士日内瓦举行。根据国际贸易组织筹委会伦敦会议所制定的关税减让谈判原则，23 个创始缔约方进行了削减关税的谈判。下调关税的承诺是该轮谈判的主要成果。第一轮谈判共达成双边减让协议 123 项，涉及应税商品 45 000 项，影响近 100 亿美元的世界贸易额，使占进口值约 54% 商品的平均关税降低 35%。这轮谈判首次尝试运用关税与贸易总协定的规则来启动多边贸易谈判便大获成功。这不仅促进了"二战"后资本主义国家经济贸易的恢复与发展，也为关贸总协定后七轮谈判的顺利进行奠定了良好的开端。

（二）第二轮多边贸易谈判

关贸总协定第二轮谈判于 1949 年 4 月到 10 月在法国的安纳西进行。参加该轮谈判的国家除 23 个原始缔约国外，瑞典、丹麦等 10 个国家也加入了谈判行列。该轮谈判最终达成了 147 项双边协议，增加关税减让 5 000 多项，使占应税进口值 5.6% 的商品平均降低关税 35%。第二轮谈判的目的是，为处于创始阶段的欧洲经济合作组织成员提供进入多边贸易体制的机会，并促使这些国家为承担各成员之间的关税减让做出实际努力。

（三）第三轮多边贸易谈判

第三轮多边贸易谈判于 1950 年 9 月到 1951 年 4 月，在英国托奎举行，共有 39 个国家参加，其中包括 4 个新成员。该轮谈判共达成双边减税协议 150 项，涉及关税减让 8 700 项，使 11.7% 的应征税商品平均降低关税 26%。由于谈判队伍的不断扩大，特别是美国与英联邦国家在关税减让问题上存在较多分歧，故此次谈判成效不大。特别需要指出的是，在该轮谈判中，中国台湾当局非法地以中国的名义退出了关贸总协定，这一"退出"成为中国以后艰难曲折的"复关"谈判的直接起因。

（四）第四轮多边贸易谈判

第四轮多边贸易谈判于 1956 年 1 月到 5 月在瑞士日内瓦举行，日本在此轮谈判中加入了关贸协定。由于美国国会对美国政府的授权有限，使谈判受到严重影响，参加国仅 28 个。第四轮谈判关税减让商品达 3 000 个项目，但仅涉及 25 亿美元的贸易额，最终使应税进口值 16% 的商品平均降低税率 15%。

（五）第五轮多边贸易谈判："狄龙回合"

第五轮多边贸易谈判于 1960 年 9 月到 1961 年 7 月在日内瓦举行，共有 45 个国家参加，欧共体首次作为一个单独的缔约方加入了此次谈判。由于建议发动本轮谈判的是美国前副国务卿道格拉斯·狄龙，故本轮谈判又被命名为"狄龙回合"。谈判最终结果达成了 4 400 多项商品的关税减让，涉及 49 亿美元贸易额，使占应税进口值 20% 的商品平均降低关税税率 20%。本轮谈判所达成的关税减让主要集中在工业品方面，但未能对如农产品和某些具有政治敏感性的商品达成协议。

（六）第六轮多边贸易谈判："肯尼迪回合"

第六轮多边贸易谈判于 1964 年 5 月到 1967 年 6 月在日内瓦举行，共有 54 个缔约方参加，实际缔约方在该轮谈判结束时达到 74 个。本轮谈判因系当时美国前总统肯尼迪提议举行，故又称"肯尼迪回合"。这一轮谈判使分别列入各国税则的关税减让商品项目合计达 60 000 项之多，工业品进口关税率按减让表约束，自 1968 年 1 月 1 日起，每年降低五分之一，五年完成。

肯尼迪回合第一次涉及非关税措施的谈判，本轮谈判的重大突破主要体现在两个方面。第一是通过反倾销协议。美国、英国、日本等 21 个国家在吸收各国反倾销立法经验和教训的基础上，最终签署了《反倾销协议》并于 1968 年 7 月 1 日生效。第二是正式将给予发展中国家的优惠待遇纳入其具体条款中，列在 1965 年《关贸总协定》的"贸易与发展"条款中，以促进已占关贸总协定多数份额的发展中与最不发达国家的经济贸易的发展。

（七）第七轮多边贸易谈判："东京回合"

第七轮多边贸易谈判于 1973 年 9 月到 1979 年 4 月在日内瓦举行，因发动本轮谈判的贸易部长会议在东京举行，故称为"东京回合"。因对非成员方开放，所以此轮谈判共有 102 个国家参加，其中 29 个为非缔约方。

历时五年多的"东京回合"谈判取得了以下三项主要成果。

（1）关于关税减让。数以千计的工业品和农产品的关税得以削减，这使世界上 9 个主要工业国家市场上工业制品的加权平均关税由 7％下降到 4.7％（其中欧共体为 5％，美国为 4％，日本为 3％）。这轮谈判的最终关税减让和约束涉及 3 000 多亿美元的贸易额，其中发展中国家也承诺减让和约束 39 亿美元的商品关税。

（2）关于《东京回合守则》。此轮谈判的另一重大成果是，产生了仅仅对于签字方生效的一系列非关税措施协议，即通常所说的"东京回合"守则。它们包括：补贴与反补贴措施，技术性贸易壁垒（产品标准），进口许可程序，政府采购，海关估价，修订肯尼迪回合反倾销守则。另外，还达成牛肉协议、奶制品协议、民用航空器贸易协议等。

（3）关于发展中国家的待遇。该轮谈判的成果还集中体现在，通过授权条款，给予发展中国家的和发展中国家之间的优惠关税和非关税措施合法化的待遇。

（八）第八轮多边贸易谈判："乌拉圭回合"

关贸总协定第八轮多边贸易谈判，从 1986 年 9 月开始启动，直到 1994 年 4 月签署最终协议，一共历时 7 年半。这轮谈判也是关贸总协定所主持的最后一轮谈判，其最终结果就是创设了世界贸易组织。因发动这轮谈判的贸易部长会议在乌拉圭的埃斯特角城举行，故称"乌拉圭回合"。参加乌拉圭回合谈判的国家和地区从最初的 103 个，增加到 1993 年年底的 117 个和 1995 年年初的 128 个。"乌拉圭回合"谈判，是在 20 世纪 80 年代国际经济贸易环境和国际贸易制度发生重大变化的背景下启动的。遏制以政府补贴、双边贸易数量限制、市场瓜分等非关税壁垒为特征的贸易保护主义的重新抬头，避免全球贸易战的发生，成为本轮谈判的最初动因。

"乌拉圭回合"的谈判，无论从时间跨度、所涉及的议题、内容，还是从最终所取得的成果等各个方面看，都较关贸总协定以往主持的 7 个回合谈判有根本性的突破。讨论议题的突破"乌拉圭回合"的谈判内容不仅包括了传统议题，如关税、非关税措施、热带产品、自然资源产品、纺织品服装、农产品、保障条款、补贴和反补贴措施、争端解决等，还包括了三大新议题，即服务贸易、与贸易有关的投资措施、与贸易有关的知识产权等。此轮谈判议题达到了历史最高值的 15 个，最终达成了大大小小近 30 项协议，形成了一份厚达

550 页的"乌拉圭回合"最后文件。

"乌拉圭回合"是关税及贸易总协定历史上"最全面、最复杂的多边谈判",也是最富成效的多边贸易谈判,主要成果如下。

(1) 进一步削减了关税,谈判的结果使发达国家和发展中国家平均降税 1/3,发达国家工业制成品平均关税水平降为 3.8% 左右。

(2) 降低非关税壁垒,限制不公平竞争和在进一步促进货物贸易发展方面达成了一系列协议。

(3) 使农产品和纺织品重新回到关贸总协定贸易自由化的轨道。

(4) 首次签订了《服务贸易总协议》,强调了服务贸易中非歧视性、透明度、市场准入等原则。

(5) 首次将知识产权的保护纳入多边贸易谈判并达成了共识,签署了《与贸易有关的知识产权协议》。

(6) 通过了《建立世界贸易组织马拉喀什协议》,正式决定成立世界贸易组织。

八轮多边谈判之后,世界范围内的平均关税水平大幅下降,世界贸易总额迅速增长,贸易占各国 GDP 的比重也逐年增多。

三、对八轮多边贸易谈判的简要评述

由关贸总协定所主持的八轮多边贸易谈判经历了一个变化发展的过程,参见表 5-1。从货物关税的减让到货物非关税的调整,再扩展到非货物领域的协调,如服务贸易、知识产权之类,可以分为三个阶段。

表 5-1 关贸总协定历次谈判回合简表

谈判回合	谈判时间	谈判地点	谈判议题	参加方(个)
第一轮	1947 年 4 月到 1947 年 10 月	瑞士日内瓦	关税减让	23
第二轮	1949 年 4 月到 1949 年 10 月	法国的安纳西	关税减让	33
第三轮	1950 年 9 月到 1951 年 4 月	英国托奎	关税减让	39
第四轮	1956 年 1 月到 1956 年 5 月	瑞士日内瓦	关税减让	28
第五轮	1960 年 9 月到 1961 年 7 月	瑞士日内瓦	关税减让	45
第六轮	1964 年 5 月到 1967 年 6 月	瑞士日内瓦	关税及反倾销措施	54
第七轮	1973 年 9 月到 1979 年 4 月	瑞士日内瓦	关税、非关税措施及各项框架性协议,如进口许可证程序、海关估价、技术性贸易壁垒、牛肉及国际乳品协议等	102
第八轮	1986 年 9 月到 1994 年 4 月	乌拉圭埃斯特角城	关税、非关税措施、服务贸易、知识产权、争端解决、纺织品、农产品、设立 WTO 等	128

第一阶段为关贸总协定的成立与起步实施阶段,主要是指第一轮至第五轮多边贸易谈判。在这一阶段中,关税减让始终是谈判的中心问题。

第二阶段为关贸总协定的原则框架突破阶段,也是世界多边贸易体制向自由贸易目标整体迈进的一个阶段。"肯尼迪回合"与"东京回合"的两轮谈判为下一阶段世界贸易组织的酝酿成立,从议题突破、规则制定等方面奠定了扎实的基础。

第三阶段为世界多边贸易体制正式形成的阶段,即世界贸易组织孕育诞生的阶段。这一阶段主要经由"乌拉圭回合"的谈判予以完成实现。通过表5-1,我们可以对八轮多边谈判形成更为感性的认识。

第二节 世界贸易组织

一、世界贸易组织的建立

乌拉圭回合多边贸易谈判在1994年4月15日达成《建立世界贸易组织协议》,成立世界贸易组织,以取代成立于1947年的关贸总协定。1995年1月1日世界贸易组织正式开始运作,1996年1月1日,在与关贸总协定共存一年后,正式取代关贸总协定临时机构。

世界贸易组织是一个独立于联合国的永久性国际组织。世界贸易组织继承了关贸总协定所有谈判达成的协议与协定,保留了行之有效的运行机制和原则。但世界贸易组织又不同于关贸总协定,事实上,世界贸易组织是对关贸总协定的"扬弃",既有其合理的历史继承性,更具有明显的实质性区别。

(一)世界贸易组织与关贸总协定的继承性

(1)内在的历史继承性。世界贸易组织继承了关贸总协定的合理内核,包括其宗旨、职能、基本原则及规则等,而且还将这些原则和规则推广到服务贸易、知识产权保护、与贸易有关的投资措施等领域。

(2)组织机构的保留性。世界贸易组织保留了关贸总协定的秘书处,负责世界贸易组织的日常工作;关贸总协定最后一任总干事继续担任世界贸易组织总干事;世界贸易组织的部长级会议也是从关贸总协定的部长级缔约方全体大会发展而来的。

(3)对1947年关贸总协定及其附件的保留。世界贸易组织将1947年关贸总协定及其附件作为1994年关贸总协定的重要组成部分予以保留,仍然是管辖各成员间货物贸易关系的核心规范和准则,并指导其他相关协定、协议的制定。此外,世界贸易组织还保留了1947年关贸总协定达成的几个诸边贸易协议,如《政府采购协议》《民用航空器协议》等。

(4)争端解决机制的继承性。在运行机制上,世界贸易组织继承了1947年关贸总协定的争端解决机制,并继续主张通过多边方式解决成员之间的贸易争端和纠纷。

(二)世界贸易组织与关贸总协定的区别

(1)法律地位不同。世界贸易组织是具有国际法人资格的永久性组织。世界贸易组织是根据《维也纳条约法公约》正式批准生效成立的国际组织,具有独立的国际法人资格,是一个常设性、永久性存在的国际组织。而关贸总协定则仅是"临时适用"的协定,不是一个正式的国际组织。

(2)管辖范围不同。世界贸易组织管辖范围广泛,而关贸总协定仅管辖货物贸易。世界贸易组织不仅补充、完善和强化了对货物贸易管辖的各个方面,而且发展到将服务贸易、与贸易有关的投资措施、与贸易有关的知识产权保护等领域纳入多边贸易体制的管辖范围；世界贸易组织还努力通过加强贸易与环境保护的政策对话，强化各成员对经济发展中的环境保护和资源的合理利用。因此，世界贸易组织将货物、投资、服务、知识产权融为一体，置于其管辖范围之内。

(3) 成员承担的义务不同。世界贸易组织成员承担的义务是统一的。世界贸易组织成员不分大小，对其所管辖的多边协议一律必须遵守，以"一揽子"方式接受世界贸易组织的协定、协议，不能选择性地参加某一个或某几个协议，不能对其管辖的协定、协议提出保留。但是，关贸总协定的许多协议则是以守则式的方式加以实施的，缔约方可以接受，也可以不接受。

(4) 争端解决机制不同。世界贸易组织争端解决机制以法律形式确立了权威性。与关贸总协定相比，世界贸易组织的争端解决机制在法律形式上更具权威性。由于一国参加世界贸易组织是由其国内的立法部门批准的，所以世界贸易组织的协定、协议与其国内法应处于平等的地位。世界贸易组织成员需遵守世界贸易组织各协定、协议的规定，执行其争端解决机构作出的裁决。并且，争端解决仲裁机构作出决策是按"除非世界贸易组织成员完全协商一致反对通过裁决报告"，否则视为"完全协商一致"通过裁决，这就增强了争端解决机构解决争端的效力，加之对争端解决程序规定了明确的时间表，使其效率大大提高，权威性得以确立。与过去关贸总协定争端解决机制中的"完全协商一致"的含义完全不同，在关贸总协定体制下，只要有一个缔约方（最可能的就是"被申诉人"或"被告"）提出反对通过争端解决机构的裁决报告，就认为没有"完全协商一致"，则关贸总协定不能做出裁决。

(5) 世界贸易组织成员更具有广泛性。关贸总协定从1947年成立到1995年，有成员128个。世界贸易组织成立至2015年7月27日，在瑞士日内瓦举行哈萨克斯坦"入世"签字仪式，哈萨克斯坦成为世界贸易组织第162个成员。2015年12月第十次部长级会议批准阿富汗和利比里亚加入世界贸易组织，另外，还有许多国家和地区正在积极申请加入世界贸易组织。

二、世界贸易组织的宗旨与原则

(一) 世界贸易组织的宗旨

《建立世界贸易组织协定》的序言部分，规定了世界贸易组织的宗旨如下。

(1) 提高生活水平，保证充分就业，大幅度稳步地提高实际收入和有效需求。

(2) 扩大货物、服务的生产和贸易。

(3) 坚持走可持续发展之路，各成员应促进对世界资源的最优利用、保护和维护环境，并以符合不同经济发展水平下各成员需要的方式，加强采取各种相应的措施。

(4) 积极努力以确保发展中国家，尤其是最不发达国家，在国际贸易增长中获得与其经济发展水平相应的份额和利益。

(二) 世界贸易组织的原则

世界贸易组织的基本原则是在继承关贸总协定基本原则的基础上，进行必要的补充和修改而成的。世界贸易组织的基本原则贯穿于世界贸易组织的各个协定和协议中，其构成了多边贸易体制的基础。其中最主要的几项原则如下。

(1) 最惠国待遇原则。最惠国待遇是指缔约一方现在和将来给予任何第三方的优惠，也给予所有缔约方。在国际贸易中，最惠国待遇是指签订双边或多边贸易协议的一方在贸易、关税、航运、公民法律地位等方面，给予任何第三方的减让、特权、优惠或豁免时，缔约另一方或其他缔约方也可以得到相同的待遇。作为世界贸易组织的一项最基本、最重要的原则，最惠国待遇原则对规范成员方之间的贸易、推动国际贸易的扩大和发展起了重要的作用。最惠国待遇原则具有自动性、同一性、相互性、平等性、普遍性的特点。最惠国待遇原则的范围：关税税率；海关手续费等进出口费用；征收关税和其他费用的方式；有关进出口的规则和程序；国内税和其他国内费用、产品销售、运输、分销和使用的政府规章和要求。

（2）国民待遇原则。国民待遇是指在贸易条约或协议中，缔约方之间相互保证给予对方的自然人（公民）、法人（企业）和商船在本国境内享有与本国自然人、法人和商船同等的待遇，就是把外国的商品当作本国商品对待，把外国企业当作本国企业对待。其目的是为了公平竞争，防止歧视性保护，实现贸易自由化。

（3）公平竞争原则。公平竞争原则是指成员国应避免采取扭曲市场竞争的措施，纠正不公平贸易行为，在货物贸易、服务贸易和与贸易有关的知识产权领域，创造和维护公开、公平、公正的市场环境。要求用市场供求价格参与国际竞争，如出现人为降低价格，则允许成员国采取反倾销和反补贴等措施进行保护。受损害的进口国征收反倾销税和反补贴税的条件必须是有倾销或补贴的事实存在，并且倾销或补贴造成了进口国国内工业的实质性损害或实质性损害威胁，且进口与损害之间存在因果关系，才能征收不超过倾销差额或补贴数额的反倾销税或反补贴税。同时世界贸易组织也反对各国滥用反倾销和反补贴，以达到保护贸易的目的。

（4）互惠原则。世界贸易组织管理的协议是以权利与义务的综合平衡为原则的，这种平衡是通过互惠互利的开放市场的承诺而获得的。互惠互利是多边贸易谈判、也是建立世界贸易组织共同的行为规范、准则过程中的基本要求。

世界贸易组织的互惠原则体现形式如下。

① 通过举行多边贸易谈判进行关税或非关税措施的削减，对等地向其他成员开放本国市场，以获得本国产品或服务进入其他成员市场的机会。

② 当一国或地区申请加入世界贸易组织时，要求新成员必须按照世界贸易组织现行协定、协议的规定开放申请方商品或服务市场。

③ 互惠贸易是多边贸易谈判及一成员贸易自由化过程中与其他成员实现经贸合作的主要工具。

（5）自由贸易原则。贸易自由化原则，本质上是限制和取消一切妨碍和阻止国际贸易开展的所有障碍，包括法律、法规和措施等。在世界贸易组织框架下，自由贸易原则是指通过多边贸易谈判，实质性削减关税和减少其他贸易壁垒，扩大成员方之间的货物和服务贸易。世界贸易组织成员之间的自由贸易必须以市场经济为基础，任何一个参加世界贸易组织的国家或地区，首先必须搞市场经济。

（6）透明度原则。贸易自由化和稳定性是世界贸易组织的主要宗旨，而实现这一宗旨，有赖于增强贸易规章和政策措施的透明度。因此，世界贸易组织为各缔约方的贸易法律、规章、政策、决策和裁决规定了必须公开的透明度原则。其目的在于防止缔约方之间进行不公平的贸易。透明度原则已经成为各缔约方在货物贸易、技术贸易和服务贸易中应遵守的一项基本原则，它涉及贸易的所有领域。透明度原则的目的在于防止成员方之间进行不公开的交易而造成对其他成员方歧视性的存在，使经济贸易活动在稳定的、可预见的条件下进行。透明度原则是世界贸易组织的重要原则，它体现在世界贸易组织的主要协定、协议中，与公平竞争原则相辅相成。

三、世界贸易组织的组织结构

根据世界贸易组织协定,世界贸易组织建立了相应的组织架构。以部长会议、总理事会、秘书处、各专门委员会、争端解决机构等为主框架的世界贸易组织的组织机构,为世界贸易组织成为一个具有决策力、议事力、执行力的永久性国际经贸组织奠定了法律架构基础,参见图5-1。

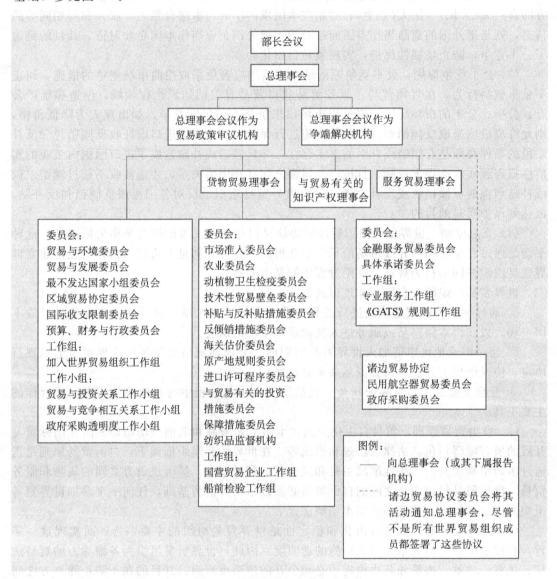

图 5-1 世界贸易组织的组织架构

(一) 部长会议

部长会议,又称部长级会议,是世界贸易组织的最高权力机构。它由所有成员主管外经贸的部长、副部长级官员或其全权代表组成,通常每两年举行1次。部长会议具有广泛的权力,主要有立法权、准司法权、豁免某个成员在特定情况下的义务、批准非世界贸易组织成员国所提出的取得世界贸易组织观察员资格申请的请示。

世界贸易组织第十届部长级会议于2015年12月15日至19日在肯尼亚的首都内罗毕举行。据悉，由于各方在有关核心议题上的分歧，原定于18日中午闭幕的会议一直延续到了19日晚。尽管谈判艰难，会议还是取得了历史性成果。来自162个成员国超过3 000名代表出席会议。会议通过了《内罗毕部长宣言》及9项部长决定，承诺继续推动多哈议题。162个成员国首次承诺全面取消农产品出口补贴。

（二）总理事会

总理事会由世界贸易组织全体成员的代表组成，具体负责世界贸易组织的日常事务，监督和指导下设机构的各项工作，并处理一些重要的紧急事务。总理事会可视情况需要随时召开会议，自行拟订议事规则及议程，并以此履行其解决贸易争端和审议各成员贸易政策的职责。其职权具有双重性，即世界贸易组织的最高执行机关与世界贸易组织的权力机关（当部长会议休会时，其职能由总理事会行使）。事实上，总理事会是一个由总理事会、贸易政策审查机构与争端解决机构组成的三位一体的机构，它只是在执行不同职权时使用不同的名称而已。

（三）争端解决机构与贸易政策审议机构

争端解决机构是对贸易总协定争端解决机制的完善与加强，使贸易争端的解决更公平，更有效。作为争端解决机构，具有独断处事的权利，它通过设立专家小组来履行协调、处理贸易争端的职责权能。争端解决机制的机构事实上就是指"专家组"。专家组由三名（或者是五名）来自不同国家的专家组成，由其负责审查证据并决定谁是谁非。专家组报告应提交给争端解决机构，该机构在协商一致的情况下才能否决这一报告。每一个案件的专家组成员可以从一份常备的符合资格的候选人名单中选择，或从其他地方选择。他们以个人身份任职，不能接受任何政府的指示。

贸易政策审议机制在于保障成员贸易政策的透明度和可预见性，并监督各成员的贸易政策法规是否与世界贸易组织相关协议、条款规定的权利义务相一致，以及各成员实施世界贸易组织有关协议的状况。

（四）向总理事会报告的理事会和委员会

总理事会下设机构有三个分理事会：货物贸易理事会、服务贸易理事会、知识产权理事会，这些理事会可视情况自行拟定议事规则，经总理事会批准后执行。每一理事会每年至少举行八次会议，所有成员均可参加各理事会。

部长会议下设立专门委员会，以处理特定的贸易及其他有关事宜，如环境、发展、成员资格申请和区域贸易协定等。已设立的专门委员会有贸易与发展委员会；国际收支限制委员会；预算、财务与行政委员会；贸易与环境委员会等多个专门委员会。

另外，根据《民用航空器协议》和《政府采购协议》的规定，世界贸易组织还代管了民用航空器贸易委员会和政府采购委员会，负责监督实施相应的诸边贸易协议。这两个只对签字方开放的委员会，虽然定期要向总理事会通报其活动，但它们并不是总理事会的附属机构。

（五）其他机构

除上述常设机构外，世界贸易组织还根据需要设立了一些临时性机构，通常被称为工作组、谈判组或"谈判委员会"。例如，加入世界贸易组织工作组、货物贸易理事会下的国营贸易企业工作组和装运前检验工作组、服务贸易理事会下的专业服务工作组与《服务贸易总协定》规则工作组等。总体而言，工作组的任务是研究和报告有关专门事项，组织有关谈判工作，并最终提交分理事会或总理事会做出决定。

（六）秘书处与总干事

秘书处为世界贸易组织的日常办事机构，它由部长会议任命的总干事领导，设在瑞士日内瓦，大约有500人。其主要职责是：向世界贸易组织各理事会、委员会等下属机构提供技术和专业服务，向发展中成员提供技术援助，监测和分析世界贸易发展状况，向公众和媒体发布信息，组织部长级会议。在争端解决过程中，秘书处提供一定的法律服务。对于申请加入的经济体政府，秘书处还向它们提供必要的技术援助与建议。

总干事由部长会议选定，并明确其权力、职责、服务条件及任期规则。总干事主要有以下职责：他可以最大限度地向各成员施加影响，要求它们遵守世界贸易组织规则；考虑和预见世界贸易组织的最佳发展方针；帮助各成员解决它们之间所发生的争议；负责秘书处的工作，管理预算和所有成员有关的行政事务；主持协商和非正式谈判，避免争议。总干事有权指派其所属工作人员。在履行职务时，总干事和秘书处工作人员均不得寻求和接受任何政府或世界贸易组织以外组织的指示。各成员方应尊重他们职责的国际性，不能对其施加有碍履行其职责的影响。

日内瓦时间2017年2月28日上午，世界贸易组织召开全体成员参加的总理事会会议，正式通过了现任总干事阿泽维多连任的决定。阿泽维多的新任期将从2017年9月1日算起，任期四年。

从以上已建立起来的世界贸易组织的组织架构，我们可以看出，较之关贸总协定原有的机构设置（即缔约国大会、代表理事会、专门委员会、贸易发展委员会和秘书处），世界贸易组织则拥有更稳定、更具法律效能的组织机构，世界贸易组织也因此更能充分发挥出其应有的各项职能及作用。

四、世界贸易组织的职能与作用

世界贸易组织促进世界贸易自由化，尤其是在农业、纺织品贸易、安全保障措施、反倾销与反补贴、投资、服务贸易、知识产权以及运作机制等方面都作出有利于贸易发展的规定，这些协定和协议都将改善世贸自由化和全球经济一体化，使世界性的分工进入更广泛和深入的领域发展，为国际贸易的发展奠定稳定的基础，使对外贸易在各国经济发展中的作用更为重要。具体而言，根据《世界贸易组织协定》第3条的规定，世界贸易组织的主要职能基本体现在以下几个方面。

（1）负责世界贸易组织多边协议的实施、管理和运作。世界贸易组织的主要职能是负责协定和多边贸易协议的实施、管理和运作，并促进其目标的实现，同时为诸边贸易协议的实施、管理和运作提供框架。多边贸易协议是所有成员都需要承诺的，而诸边贸易协议虽然在世界贸易组织的框架内，但各成员方可有选择地参加。

（2）为谈判提供场所。世界贸易组织为其成员就多边贸易关系进行的谈判和部长会议提供场所，同时提供使谈判结果生效的框架。

（3）争端解决。当世界贸易组织成员发生纠纷时，通过该组织的贸易争端解决机制来解决成员间可能产生的贸易争端，也是世界贸易组织最重要的职能之一。

（4）贸易政策审议。世界贸易组织依靠贸易政策审议机制，审议各成员的贸易政策。主要是对各个成员的全部贸易政策和做法及其对多边贸易体制运行的影响进行定期共同评价和评审。其目的在于促进所有成员遵守根据多边贸易协议及诸边贸易协议建立的规则、纪律和承诺，增加透明度。

（5）处理与其他国际经济组织的关系。世界贸易组织与负责货币和金融事务的国际组织如国际货币基金组织和世界银行及其附属机构进行合作，以增强全球经济决策的一致性，保证国际经济政策作为一个整体和谐地发挥作用。世界贸易组织分别于1996年12月和1997年4月与国际货币基金组织和世界银行签署了合作协议。

（6）对发展中国家和最不发达国家提供技术援助和培训。给予发展中国家的特殊和差别待遇，包含在乌拉圭回合达成的大多数单独协议和安排中，这些规定中的一项内容是向发展中国家提供技术援助，以使他们能够履行协议所规定的义务。

五、多哈回合回顾与展望

多哈回合是指世界贸易组织成员之间的新一轮多边贸易谈判。2001年11月，在卡塔尔首都多哈举行的世界贸易组织第四次部长级会议启动了新一轮多边贸易谈判，又称"多哈发展议程"，或简称"多哈回合"。多哈回合的主要目标是：抑制全球经济增长减缓背景下出现的贸易保护主义，加大贸易在促进经济发展和帮助贫困方面的作用，处理最不发达国家出现的边缘化问题，理顺与区域贸易协议之间的关系，把多边贸易体制的目标与可持续发展有机地结合起来，改善世界贸易组织的外部形象，实现《马拉喀什建立世界贸易组织协定》（世界贸易组织协定）中的原则和目标。谈判包括农业、非农产品市场准入、服务贸易、规则谈判、争端解决、知识产权、贸易与发展、贸易与环境8个主要议题。多哈回合虽是多边谈判，但真正的谈判主角是美国、欧盟和由巴西、印度、中国等发展中国家组成的"20国协调组"。

（一）多哈回合回顾

（1）新一轮全球多边贸易谈判启动。2001年11月发起的多哈回合谈判最初计划在2004年年底达成协议，并确定了8个谈判领域，分别是：农业、非农产品市场准入、服务、知识产权、规则、争端解决、贸易与环境、贸易和发展问题，是到目前为止目标最宏伟、参与方最多的一轮多边贸易谈判。

（2）世界贸易组织第五次部长级会议。2003年9月，在墨西哥坎昆举行的世界贸易组织第五次部长级会议上，由于各成员无法达成共识，多哈回合谈判陷入僵局，不能按最初计划在2005年1月1日前结束。其中，农业问题成为分歧的核心。

（3）达成《多哈回合框架协议》。2004年8月，世界贸易组织总理事会议上达成《多哈回合框架协议》，同意将结束时间推迟到2006年年底。协议明确规定美国及欧盟逐步取消农产品出口补贴及降低进口关税，为全面达成协议跨出了重要一步。

（4）世界贸易组织第六次部长级会议。会议于2005年12月13日至18日在中国香港举行。这次为期六天的会议，是标志着多哈发展议程多边贸易谈判的一个重要里程碑。各成员终于在农业出口补贴、棉花出口补助、最不发达国家支持政策三个议题上达成共识，同意在2013年底前取消所有农产品出口补贴并规范出口政策；2006年发达国家将取消各种形式的棉花出口补助，并大幅修订国内支持政策；2008年前，发达国家将为最不发达国家的所有出口产品提供免关税、免配额的政策。后因成员方在农产品关税削减和出口补贴等方面的分歧严重难以弥合，谈判多次中止。

（5）世界贸易组织第七次部长级会议。2009年11月30日举行了世界贸易组织第七次部长级会议。此次会议正值金融危机、经济衰退阴影下，全球贸易和投资保护主义抬头、多边贸易体制受到冲击，被发展中成员寄予厚望的多哈回合在深陷僵局的背景下召开，多边贸易体制的未来方向以及多哈回合的命运成为与会者关注的两大焦点。但历时三天的会议未能为推动多哈回合谈判取得明显进展。

(6) 世界贸易组织第八次部长级会议。2011年12月15日开幕的为期三天的世界贸易组织第八次部长级会议17日晚在日内瓦闭幕。虽然成员普遍认同应加强世界贸易组织作用，呼吁抵制贸易保护主义，但在多哈回合谈判等事关多边贸易机制未来的方向性问题上存在明显分歧。本次部长级会议最大的成果是俄罗斯正式获准加入世界贸易组织。

(7) 世界贸易组织第九次部长级会议。会议于2013年12月7日在印度巴厘岛闭幕，取得历史性突破，会议发表了《巴厘部长宣言》，达成"巴厘一揽子协议"。这是世界贸易组织成立18年以来的首份全球贸易协定，也被称为多哈回合谈判的"早期收获"。这一会议成果打破了多哈回合全球贸易谈判12年的僵局，不过，这项协议仅限于贸易便利化、农业、发展等少数议题，对于共有八大议题的多哈回合谈判来说，这项协议仅是奠定了推进未来谈判的基础。

(8) 世界贸易组织第十届部长级会议。会议于2015年12月15日至19日在肯尼亚内罗毕举行，最终通过了《内罗毕部长宣言》及涉及农业、棉花和最不发达国家议题等领域的九项部长级会议决定。会议还达成了20年来规模最大的关税减让协议——《信息技术协定》扩围协议，涉及1.3万亿美元的国际贸易。尽管各成员愿意继续推动农业、非农、服务、规则、知识产权等多哈谈判议题，但对推动谈判的方式、方法存在明显的不同意见。另外会议正式批准阿富汗和利比里亚加入世界贸易组织，进一步扩大了多边贸易体制的代表性。

多哈回合谈判启动以来，步履维艰、进展缓慢，多哈谈判失败的消息引起全球性的关注。多哈回合谈判出现了如此艰难的历程，表面上看与世界贸易组织的决策机制有关。世界贸易组织的决策机制是正式过程和非正式过程，正式过程采取协商一致的方式，每个成员都有同等的投票权，这一点和国际货币基金组织以及世界银行的份额或股权制度不同。世界贸易组织正式决策机制上体现出的是各成员一律平等。必须协商一致。协商一致从程序上赋予了每个成员以否决权，只要一个成员坚定地反对某项决定，它就可以阻止决定的通过，并且这种否决权不是依赖于成员的大小或强弱，从而使世界贸易组织的决策机制看起来摆脱了国家权力的影响。美国等发达成员与印度等发展中成员在如何具体实施农产品特殊保障机制方面存在难以弥合的分歧。所谓农产品特殊保障机制，是指发展中成员可在农产品进口激增的情况下，采取提高关税等特殊保障措施以保护本国农业免受冲击。在农产品补贴问题上，长期以来，美国和欧盟通过实施巨额农业补贴和高关税壁垒保护着自身的农业利益，不仅严重扭曲了国际农产品贸易，而且损害了发展中国家，尤其是一些最不发达国家的农业发展。因此，发展中国家一直要求欧美削减农业补贴和降低关税，但欧美却不肯让步，致使多哈回合谈判久拖未决。

但是本质上与世界贸易组织体制性失衡有密切关系。世界贸易组织发展到今天，在利益集团的较量中，实力与利益成为决定性因素。美国和欧盟对整个世界贸易组织的发展方向起着重要的影响，加上日本、加拿大，便构成了世界贸易组织主导力量核心。世界贸易组织体制性失衡从一开始就决定了发达国家成员和发展中国家成员力量对比上的悬殊差距。尽管发展中国家成员联合起来争取自身的利益，部分地缩小了与发达国家成员权利和义务的差距，但是并没有从根本上改变世界贸易组织体制性失衡的状况。从更深层次看，全球经济发展不均衡、利益格局日趋复杂化、贸易保护主义进一步抬头，是实现贸易自由化的根本阻力。

(二) 多哈回合展望

多哈回合谈判失败沉重打击了各国对多边贸易体制的信心，目前国际贸易和投资低迷，贸易保护主义愈演愈烈，贸易摩擦加剧，国际贸易环境恶化，阻碍了世界经济复苏。而世界贸易组织对全球贸易投资自由化和世界经济增长发挥了不可替代的作用，世界贸易组织成员不会轻易放弃使全球经济受益的多边贸易体制，而且世界贸易组织的贸易政策监督和争端解决的机制还发挥着重要作用。中国会继续反对贸易保护主义，加强国际合作，在世界贸易组织框架下，共同维护多边贸易体制，发挥世界贸易组织在全球经济治理中的基础作用，发挥世界贸易组织框架下争端解决机制对维护多边贸易体制稳定性和可预期性的重要作用，积极寻求推动多边贸易规则升级的途径，推动世界贸易组织诸边协定谈判，支持世界贸易组织多哈回合谈判早日完成，真正实现所有成员共同制定的发展目标。

第三节　中国与世界贸易组织

一、中国与世界贸易组织的历史渊源

中国是关贸总协定23个创始缔约国之一，1948年4月21日，中国政府签署了《临时适用议定书》。1950年3月在未得到中国唯一合法政府——中华人民共和国授权的情况下，中国台湾当局退出关贸总协定。虽然中国指出这一退出决定是无效的，但由于受当时国内外政治、经济环境的制约，中国未能及时提出恢复关贸总协定缔约国地位的申请。1986年7月，中国正式要求恢复在关贸总协定中的缔约国地位。1987年3月，关贸总协定中国问题工作组正式成立。1995年1月，世界贸易组织正式成立，中国因"复关"受阻未能成为其创始成员。1995年12月，关贸缔约国大会宣告关贸总协定结束历史使命；关贸总协定中国工作组更名为中国加入世界贸易组织工作组。后经过多年努力，终于在2001年12月11日正式加入世界贸易组织。

中国"复关"和"入世"谈判历时15年，这在世界贸易组织的发展历史上是绝无仅有的。用我国世界贸易组织首席谈判代表龙永图的话来说，中国"入世"谈判是"世界贸易组织历史上最复杂、技术上最困难"的一次谈判。同时15年的谈判使我们学到了许多国际通行的规则和关于现代市场经济的知识，对于中国借鉴国外建立市场经济的经验和教训，加快中国市场经济建设的步伐起了很好的促进作用。

二、中国的"复关"谈判和"入世"谈判

随着中国经济体制改革的推进和对外开放的进行，中国的对外贸易迅速增长。恢复关贸总协定席位，成为我国必然的选择。复关可以使中国受益于多边贸易体制，获得公正、公平与稳定的对外贸易环境，获得参与制定贸易政策和贸易规则的权利，有利于抑制其他国家的贸易保护主义，更好地促进企业参与国际竞争。

（一）中国"复关"的历史经过

自1986年7月11日中国正式提出恢复我缔约方地位后，1987年3月4日，关贸总协定理事会设立了关于恢复中国缔约方地位的中国工作组，邀请所有缔约方就中国外贸体制提出质询。申请"复关"的谈判，首先必须接受关贸总协定对中国经贸体制的审查，由缔约方判断中国的经贸体制是否符合市场经济的基本要求。因为，是否实行市场经济体制，这是关贸总协定能否接受中国的前提条件。在当时的情况下，中国要回答的核心问题就是中

知识链接
"一波三折"的中美谈判

国究竟是实行市场经济,还是实行计划经济。虽然中国经济体制改革始终是朝着市场化方向发展的,但在理论上和市场经济概念上在国内还有比较大的争议。1992年9月,中国共产党第十四次全国代表大会接纳了邓小平视察南方讲话的思想,正式确立了建立"社会主义市场经济"体制的总体目标,从而使这一阶段的谈判迈出了关键性的步伐。1992年10月召开的关贸总协定第11次中国工作组会议,正式结束了对中国经贸体制长达6年的审议,开始进入了有关中国议定书内容的实质性谈判阶段。

(二)中国申请"入世"的进程

世界贸易组织成立后,1995年11月,中国政府照会世界贸易组织总干事鲁杰罗,把中国复关工作组更名为中国"入世"工作组。中方根据要求,与世界贸易组织的37个成员继续进行拉锯式的双边谈判。1997年5月,中国与匈牙利最先达成协议。1999年11月15日,中美双方就中国加入世界贸易组织达成协议。这意味着中国与美国就此正式结束双边谈判,这是中国最艰难的也是最重要的谈判,共进行了25轮。造成这一矛盾的历史原因与现实情况十分复杂,历次重大回合的谈判、交锋,其间都折射出两国之间在政治、经济、历史等各个方面的对抗与竞争对话的特殊关系。中美双方达成协议也为结束长达15年的"复关"/"入世"谈判铺平了道路。中欧谈判是中国复关/入世谈判过程中遭遇的又一场硬仗。2000年5月15日开始的中欧贸易第15轮谈判最终取得实质性结果,5月19日中欧双方谈判代表正式签署协议。这标志着中国"入世"谈判又攻克了一个重要堡垒,中国加入世界贸易组织已指日可待。2001年9月13日,中国与最后一个谈判对手墨西哥达成协议,从而完成了"入世"的双边谈判。

2001年9月17日世界贸易组织中国工作组第18次会议在世界贸易组织总部举行正式会议,通过了中国加入世界贸易组织的所有法律文件。包括:中国工作组报告书、中国入世议定书、货物贸易减让表和服务贸易减让表。中国长达15年的"入世"谈判宣告完成。2001年11月10日,世界贸易组织第四届部长级会议在卡塔尔首都多哈以全体协商一致的方式,审议并通过了中国加入世界贸易组织的决定。2001年11月11日中国政府代表签署中国加入世界贸易组织协定书,并向世界贸易组织秘书处递交中国加入世界贸易组织批准书,30天后,即2001年12月11日,中国正式成为世界贸易组织第143个成员。

三、中国加入世界贸易组织的积极意义

中国加入世界贸易组织是中国和世界的双赢,符合中国的根本利益和长远利益,可以使中国在更广阔的领域和更高的层次上参与国际经济,维护中国在世界贸易中的地位和合法权益,实现国际经济技术合作,拓展国际市场。"入世"后我国可以利用世界贸易组织的争端解决机制,公平、客观、合理解决与其他国家的贸易摩擦,有利于改善中国经济发展的外部环境,有利于改善投资环境,扩大对外投资。中国加入世界贸易组织,将有力地推进中国社会主义市场经济体制改革,调整和完善社会主义市场经济的行为规范和法律体系,不断提高国民经济结构的优化升级。加入世界贸易组织以来,我国充分行使成员权利,认真履行各项义务和承诺,全面融入世界经济体系,经济社会发展取得了巨大成就。

▶1. 全方位、多层次、宽领域开放的格局已经形成

中国经济对外开放获得了全面发展,开放意识不断提升。切实履行入世承诺,开放水

平显著提高。"入世"以来，中国加入世界贸易组织的所有承诺已全部履行，建立起了符合规则要求的经济贸易体制，成为全球最开放市场中的一员。"入世"15年后，中国已经是世界第一大贸易国，第一大吸引外资国，第二大对外投资国。2014年首次成为资本净输出国。

加快建立中国开放型经济的步伐，于2013年提出"丝绸之路经济带"和"海上丝绸之路"重要倡议，串联起亚太、欧洲、非洲等多个经济圈。截至目前，已同30余个国家签署"一带一路"合作协议，其整合辐射作用对全球经济的影响日益深远。同时，中国致力于高水平的自贸区建设。截至2015年年底，共签署并实施了14个自贸协定，涉及22个国家和地区，自贸伙伴遍及亚洲、拉美、大洋洲、欧洲等地区。这些自贸协定分别是我国与东盟、新加坡、巴基斯坦、新西兰、智利、秘鲁、哥斯达黎加、冰岛、瑞士、韩国和澳大利亚的自贸协定，内地与香港、澳门的《更紧密经贸关系安排》（CEPA），以及中国大陆与中国台湾的《海峡两岸经济合作框架协议》（ECFA）。2016年10月，中国与格鲁吉亚自贸协定谈成。2016年11月，中方与新西兰启动中新自贸协定升级谈判，2017年1月中方与瑞士双方宣布启动中瑞自贸协定升级联合研究。另外，中国与加拿大、斯里兰卡、马尔代夫都在积极开展自贸协定谈判。

▶ **2. 综合国力大幅度提高**

（1）经济规模稳步提升，成为全球第二大经济体。开放型经济的跨越式发展有效拉动了国民经济持续快速增长，2002—2015年，中国实际GDP实现年均增速9.74%。2001年，中国GDP为1.33万亿美元，占全球GDP比重仅为4.02%。到2015年，中国GDP达到10.87万亿美元，占全球比重达到14.78%，居全球第二位，较"入世"前提高10.76个百分点。

中国对世界经济增长的贡献率和拉动度不断提高，如果以中国"入世"前后两个时点来看，可以发现，"入世"前的2001年，中国实际GDP对全球贡献率仅为0.53%，对全球实际GDP增长率的拉动度为0.03个百分点。但到了2015年，中国实际GDP对全球贡献率为24.8%，对全球实际GDP增长率的拉动度达到0.6个百分点。

（2）贸易规模快速提升。从贸易数据来看，2002—2015年，中国进出口实现年均增速15.31%。2001年，我国进出口总额0.51万亿美元，仅占全球进出口额的4.02%。15年后的2015年，我国进出口总额3.96万亿美元，约为"入世"前（2001年）进出口总额的8倍，占全球进出口额的11.89%，较"入世"前提高了7.87个百分点。从进口看，中国货物贸易进口额由0.24万亿美元升至2015年的1.68万亿美元，增长了6倍。中国商品进口占世界的比重从3.8%上升至10.1%。

贸易规模和发展速度的背后，更是产业结构的优化升级。商务部数据显示，从2001年到2014年，我国初级产品的出口份额由10%下降到5%，而工业制成品中机械与运输设备的出口份额由36%上升为46%，出口增加值不断提升。

▶ **3. 全面参与多边贸易体制，积极务实推进多哈回合谈判**

加入世界贸易组织后，通过全面参与世界贸易组织各项活动，中国在多边贸易体制和全球经济治理中的地位及作用发生了重大变化，从一个学习规则、熟悉规则的新成员，成长为逐步掌握规则、运用规则并参与制定规则的"成熟的成员"。中国全面参与多边贸易体制建设，在世界贸易组织多项谈判中的地位和作用不断提升。中国推动世界贸易组织《贸易便利化协定》和《信息技术协定》（ITA）拓围谈判的达成，并为早日实施作出贡献。目前，中国正积极参与世界贸易组织框架下的多个诸边谈判，包括作为发起方参与《环境产品协定》谈判，向世界贸易组织提交6份中国加入《政府采购协定》出价清单，提出申请加入《服务贸易协定》谈判。

"入世"之后，中国成为多边贸易体制积极参与者、维护者和贡献者，主张以世界贸易组织代表的多边贸易体制作为全球贸易规则的主渠道。15年以来，中国以实际行动维护多边贸易体制，全面参与多边贸易体制建设，在世界贸易组织多项谈判中的地位和作用不断提升。中国致力于多哈回合取得进展，积极参与世界贸易组织框架内所有规则制定与市场开放谈判；严格执行世界贸易组织裁决，利用贸易争端解决机制反对贸易保护主义，共向世界贸易组织提起13起诉讼；顺利通过6次世界贸易组织贸易政策审议；支持最不发达国家和发展中国家，从2015年12月10日起，对33个建交且已完成换文手续的最不发达国家97%的税目产品实施零关税；作为2014年亚太经合组织会议主办国和2016年二十国集团(G20)主席国，同各方一起发出积极信号，支持多边贸易体制，坚决反对保护主义。

本章小结

本章详细介绍了关税与贸易总协定、世界贸易组织以及我国加入世界贸易组织的历程与意义。可以结合国际经济发展形势的变化，梳理关贸总协定八轮多边贸易谈判的要点，了解关贸总协定发挥的作用与局限性，结合相关历史资料理解世界贸易组织产生的意义与使命；通过回顾中国"入世"的多边谈判历程，感受中国"入世"之路的艰辛，领会中国"入世"的深远意义，为更好地从事国际经贸工作奠定宏观认识基础。

复习思考题

1. 简要评述关贸总协定开展的八轮多边贸易谈判。
2. 试述世界贸易组织与关贸总协定的区别。
3. 试述中国加入世界贸易组织的意义。

第六章 国际贸易实务基础

学习目标

通过本章的学习，了解国际贸易实务的基本流程与主要内容，熟悉国际上两大法系的特点和《联合国国际货物买卖合同公约》，掌握外汇与汇率的含义、汇率的标价方法等。

引导案例

2017年人民币汇率走势展望

展望2017年人民币汇率，一方面，人民币兑美元汇率内在的贬值压力犹存；另一方面，2015年至今人民币汇率贬值的过程，实际上是反映中国经济潜在增长率下滑、出口竞争力下降和人民币汇率高估后的自我修正的结果。

从中国经济潜在增长率来看，2005年人民币"汇改"之后，人民币汇率和中国经济潜在增长率呈现明显的正相关性。2003—2008年，中国经济具备相对优势，城镇化和工业化使得中国经济在需求端大幅扩张。而从供应端来看，人口红利配合城镇化实现人力资源优化配置，从生产低效率的部门（农业）向高效率部门（工业）转移；资本积累、资本深化以及资本存量调整使得储蓄转化为投资能力增强而带来的资本红利；全要素生产率增长较快而带来的技术红利，这都意味着中国经济潜在增长率是不断上升的。

从影响汇率的直接因素——进出口贸易来看，中国出口竞争力下降，这导致人民币贬值压力增加。目前，制造业面临的问题核心是税负相对过重。地价和房价的上涨，在两端同时挤压了制造业的生存空间。租金这一端，制造业的庞大规模和厂房，意味着租金价格相比之前是成倍的增长；劳动力成本这一端，是年轻人买房背负着巨大的房贷压力，对更高收入的诉求也摆在眼前，这相当于变相提升了劳动力成本。

从政策方面来看，2017年中国货币政策很大可能回归中性，甚至偏紧，虽然短期看不到持续加息的可能性，但是"紧信用"通过几个方面可以看出：央行加强审慎监管，2017年将表外理财纳入MPA考核；房地产调控，抑制资产价格泡沫。从改革方面来看，破除目前潜在增长率下行的有效方式就是提高资源分配效率，实现全要素生产率不再持续下降。

资料来源：程小勇.2017年人民币汇率走势展望及投资策略.期货日报，2017-01-05.

第一节 国际贸易实务概述

国际贸易实务是一门专门研究国际间商品交换的具体过程的学科,是一门具有涉外活动特点的实践性很强的综合性应用科学;国际贸易具有不同于国内贸易的特点,其交易过程、交易条件、贸易做法及所涉及的问题,都远比国内贸易复杂。

一、国际贸易的特点

(一)国际贸易是一项涉外经济活动

在国际贸易中,由于交易双方处在不同国家和地区,在洽商交易和履约的过程中,涉及各自不同的制度、政策措施、法律、惯例和习惯做法。根据双方当事人的意愿,所使用的法律可以是某一方当事人所在国的法律,也可以是其他国家的法律,还包括国际贸易条约、国际贸易惯例。在对外交往中,不仅要考虑经济利益,还要主要配合外交活动,认真贯彻我国的对外政策,在履约中要重合同、守信用,注意对外保持良好的形象。

(二)国际贸易比国内贸易复杂

▶ 1. 国际货物贸易的业务环节多

国际货物贸易涉及面广,需要办理的手续较多。货物从起运地到目的地,中间会经过多个环节。比如很多商品出口前必须强制检验,由国家进出口商品检验检疫局操作;要向管理进出口的买卖双方海关申报;要通过船务公司运输;要通过银行收取货款;要向税务机关纳税等。

▶ 2. 国际贸易的交易周期较长

一批货物从中国运到欧洲,通常采用最合算的方式,即装在集装箱里由远洋货轮从中国港口运到欧洲主要港口(假如某一方不是海港的话,还得加上部分铁路或公路运程),这一过程目前单是海路就需要 25 天左右,加上备货、卸货和内陆运输的时间,往往在一个月以上。因此,国际贸易磋商的往往是一个月甚至更长时间以后买家才能收到的货物。相应,卖方收回货款的时间也需要大致时间甚至更长时间。事实上,对于一些季节性强的产品或针对性强的节日消费类产品通常会提前几个月甚至一年的时间磋商,订立长期的合同。

▶ 3. 国际贸易中文化差异的影响大

国际贸易比单一文化环境下的国内贸易更具有挑战性,也更为复杂。中国人普遍认为在贸易面对面的语言交谈中直视对方是表达自己诚意的一种方式,但在西方文化中却不尽如此,外国人更多地认为在语言交流中对方过多的直接眼神交流会使他们感到不舒服,会使他们觉得局促不安。正是因为这种语言交流的文化差异,在谈判中外国人不正视对方的眼睛,中国的谈判者可能会认为谈判出现了某些问题,那么在这种文化差异下,就会导致国际谈判中容易出现误解。

知识链接

风俗差异在国际贸易中的体现

此外,国际贸易还要制作各种单据,解决度量衡制度不同,以及适应不同的商业惯例等。

（三）国际贸易面临的风险大

与国内贸易一样，国际贸易要面临市场风险、信用风险、价格风险和合同风险外，还要承担汇率风险和复杂的运输风险。

▶ 1. 汇率风险

指由于币值不稳定，从订立合同到成交期间的汇率变动给交易者带来的损失。在国际贸易中，由于各国货币制度不同，买卖双方必定有一方要用外国货币进行计价、结算和支付，这就发生了两种货币按照怎样的比率进行兑换的问题。汇率风险，不仅直接关系到贸易当事人的盈亏得失，而且会给有关国家的进出口贸易、国际收支、国际储备、物价等带来有利或不利的影响。因此，在磋商交易时，用什么货币计价、结算、支付是交易者必须认真考虑的问题。

▶ 2. 运输风险

指货物在运输途中遇到突发性事件的风险，如暴风雨袭击、战争、运输工具故障等而导致的货物损失或延期到达造成的损失。当然，在国内贸易中也存在运输风险，但国际贸易中的运输里程一般比国内遥远得多，并且情况也复杂得多，所以其运输风险也大得多。为规避运输风险，国际贸易中一般都要求投保货物运输险，但是即使投保了货物运输险，有的风险则可能仍然要由交易者自己承担。

（四）国际贸易受国际局势变化的影响

在国际市场竞争和贸易摩擦愈演愈烈以及国际市场汇率经常浮动和货价瞬息万变的情况下，国际贸易的不稳定性更为明显，从事国际贸易的风险也就更大。贸易对象国发生动乱或革命，政府更替、政策改变以及两国关系突然恶化等政治原因，都会给交易者造成损失。

（五）国际贸易对从业人员要求高

从事国际贸易经营者需要具备的条件：要有全球眼光和迅速准确的信息；雄厚的资金和良好信誉；完备的贸易组织机构；要具备一系列专门知识，如市场营销知识、外语、外贸业务相关知识、企业知识、产品知识、客户知识、法律知识、制度背景知识等。

从事国际贸易的业务人员，除掌握国际贸易的基本原理、基本知识和基本技能与方法，还需要具备的基本素质：诚实，对于国际上的贸易从业人员来说，诚实是最可靠的工具；礼貌宽容；吃苦耐劳；强烈的事业心；坚定的意志；敏锐的观察力；良好的交际能力；还应具备开拓创新的能力，驾驭市场的能力和善于应战的能力。

二、国际贸易惯例

（一）国际贸易惯例的定义

国际贸易惯例是指在长期国际贸易实践中逐渐形成的一些习惯做法和先例，并由具有权威性的国际组织或商业团体加以解释或归纳成文，各国法院或仲裁机构也大多根据这些惯例来解决贸易纠纷。国际贸易惯例虽然不是国际条约，不直接具有法律上的强制力和约束力，但在国际贸易领域已演变为成熟的公则，在某种程度上，其效力相当于法律。

（二）国际贸易惯例的性质与作用

国际贸易惯例是国际组织或权威机构为了减少贸易争端，规范贸易行为，在长期大量的贸易实践的基础上制定出来的。由此可见，贸易惯例与习惯做法是有区别的，国际贸易惯例的适用是以当事人的意思自治为基础的，因为，惯例本身不是法律，它对贸易双方不具有强制性约束力,买卖双方有权在合同中做出与某项惯例不符的规定。只要合同有效成立,双方均要履行合同规定的义务,一旦发生争议,法院和仲裁机构也要维护合同的有效性。但是,国际贸易惯例对贸易实践仍具有重要的指导作用。这体现在,如果双方都同意采用某种惯例来约束该项交易,并在合同中做出了明确规定,那么这项约定的惯例就具有了强制性。

国际贸易惯例在解决贸易纠纷时起到一定的作用,应注意以下几个问题。

(1)国际贸易惯例不是各国的共同立法,也不是某一个国家的法律,本身并无强制性,买卖双方有权在合同中做出与惯例不一致的规定,只要这些约定是合法的。

(2)如果买卖双方在合同中明确表示采用某项惯例时,则这项惯例对双方将有约束力,有关双方当事人的责任划分,应按照该项惯例办理。

(3)如果合同中明确采用某种惯例,但又在合同中规定与所采用的惯例相抵触的条款,只要这些条款与本国法律不矛盾,就将受到有关国家法律的承认和保护,即以合同条款为准。

(4)如在合同中对某些具体问题未作规定适用某惯例,但事后双方又认为在这个问题上发生争议而提交诉讼或仲裁,各国法庭或仲裁厅往往会引用某些公认的或影响较大的惯例作为判决或裁决案件的依据。

进出口业务中,我们了解和掌握一些国际贸易惯例,对交易洽商、签订合同、履行合同和解决争议等是完全必要的。当发生争议时,我们可以援引适当的惯例据理力争;对对方提出的合理论据,我们可避免强词争辩,影响争议的顺利解决或造成不良影响。特别要注意的是,在进出口业务中,我们引用惯例时一定要有根有据,以免造成被动局面。

三、国际货物一般贸易流程

从国际贸易整个流程来看,无论是出口还是进口,都可以划分为三个阶段。

第一阶段,交易前准备,包括进出口商开展市场调查、选择目标市场和交易对象等内容。

第二阶段,交易磋商与合同的签订,包括询盘、发盘、还盘和接受等环节,签订进出口合同。

第三阶段,合同的履行,包括出口商备货、装运、投保、交单议付、退税核销和进口商的开证、接货、付款、商检、缴税、拨交货物等内容。

具体出口贸易流程,以 CIF 合同为例,参见图 6-1;进口贸易流程,以 FOB 合同为例,参见图 6-2。

四、国际贸易实务的主要内容

(一)合同的商订与履行

买卖双方经过询盘、发盘、还盘与接受四环节,就各项交易条件取得一致后,合同关系即告成立。订立合同后,买卖双方各自承担约定的义务和享受合同规定的权利。合同的履行,是实现货物和资金按约定方式转移的过程。外经贸人员不仅要了解合同成立的法律步骤和履行合同的基本程序,还应了解如何处理履约当中产生的争议,并掌握违约的救济方法,以保障合同当事人的合法权益。

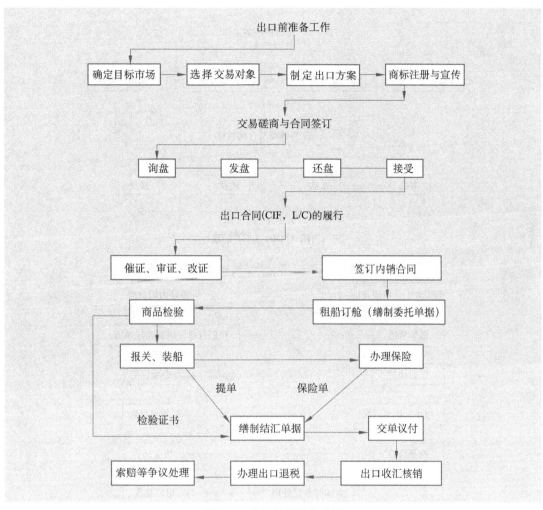

图 6-1　出口贸易流程简图

（二）国际贸易术语

在国际贸易中，人们经过反复实践，逐渐形成了一套习惯做法，把这种习惯做法用某种专门的商业用语来表示，便出现了国际贸易术语。每种贸易术语都有其特定的含义，不同的贸易术语，不仅表示买卖双方各自承担不同的风险、责任和费用，而且也影响成交商品的价格。为了合理地选用对自身有利的贸易术语成交，正确履行合同与处理履约当中的争议，外经贸人员对国际上通行的各种贸易术语的含义及有关贸易术语的国际惯例，必须深入了解。

（三）国际贸易合同条款

合同条款是交易双方当事人在交接货物、收付货款和解决争议等方面的权利与义务的具体体现，也是交易双方履行合同的依据和调整双方经济关系的法律文件。在国际货物买卖合同中，除确定采用何种贸易术语成交外，应就成交商品的名称、品质、数量、包装、价格、运输、保险、支付、检验、索赔、不可抗力和仲裁等交易条件做出明确具体的规定。因此，了解合同条款的基本内容及其规定方法，具有一定的法律和实践意义。

（四）国际贸易方式

随着科技的进步和全球经济一体化的发展，国际贸易方式、渠道日益多样化和综合

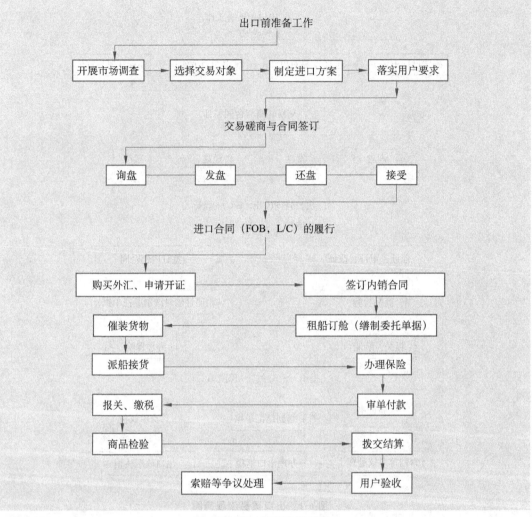

图 6-2 进口贸易流程简图

化。在国际贸易方式中，除单边进口和单边出口外，还包括包销、代理、寄售、展卖、商品期货交易、招标投标、拍卖和加工贸易，以及基于互联网的国际电子商务 B2B 模式等，对外贸易从业人员有必要了解这些贸易方式的特点、做法及适用场合等。

第二节 外汇与汇率

一、外汇概述

（一）外汇的概念

外汇（foreign exchange）是国际汇兑的简称。外汇的概念有动态和静态之分。动态的外汇，是指把一国货币兑换为另一国货币以清偿国际间债务的金融活动。从这个意义上说，外汇等同于国际结算。静态的外汇，又有广义与狭义之分。各国外汇管制法中所称的外汇就是广义的外汇。根据 2008 年 8 月新修订的《中华人民共和国外汇管理条例》第三条的规定，外汇是指下列以外币表示的可以用作国际清偿的支付手段和资产：外币现钞，包括纸币、铸币；外币支付凭证或者支付

工具，包括票据、银行存款凭证、银行卡等；外币有价证券，包括债券、股票等；特别提款权；其他外汇资产。狭义的外汇即通常所说的外汇，是指以外币所表示的用于国际结算的支付手段。只有各国普遍接受的支付手段，才能用于国际结算。

(二) 外汇应具备的要素

作为外汇的外币支付凭证必须具备如下三个要素。

(1) 具有真实的债权债务基础没有真实的债权债务关系的凭证，不能算作外汇。

(2) 票面所标示的货币一定是可自由兑换货币。

可自由兑换货币主要指该货币的发行国对该国的经常项目下的支付和资本项下的收支不进行管制或限制。《国际货币基金协定》第 30 条 F 款认为自由兑换货币指：该货币在国际支付领域中被广泛使用；该货币在国际外汇市场上是主要的买卖对象；英镑、美元、日元、欧元是主要的自由兑换货币。非自由兑换货币主要指该货币发行国对该国经常项下的支付和资本项下的收支进行管制或限制。像以越南元、缅甸元所表示的支付凭证对一国不能算作外汇，因为这些货币的发行国对该国经常项下的支付和资本项下的收支进行严格管制。

(3) 是一国外汇资产，能用以偿还国际债务。

这表明以外币所标示的支付凭证，是一国的外汇资产，可用以偿付外国的债务。据此，以外币表示的有价证券和黄金不能视作外汇，因为它们不能用于国际结算，而只有把它们变为国外银行存款，才能用于国际结算。至于外币现钞，严格说来也不能算作外汇。虽然，外币在其发行国是法定货币，然而，它一旦流入他国，便立即失去其法定货币的身份与作用，外币持有者须将这些外币向本国银行兑成本国货币才能使用。即使是银行，也须将这些外币运回其发行国或境外的外币市场(如中国香港)，变为在国外银行的存款，以及索取这些存款的外币票据与外币凭证，如汇票、本票、支票和电汇凭证等，才是外汇。必须指出，在美国以美元所标示的支付凭证，不属于外汇，只有美元以外可兑换货币所标示的支付凭证，在美国才算外汇。在其他国家也是这样，尽管该国货币为可兑换货币，但那是本国货币，只有本币以外的其他可兑换货币所标示的支付凭证，才是外汇。

(二) 外汇的作用

由于外汇应具备一些要素，所以外汇具有以下重要作用。

(1) 作为国际购买手段进行国际间的货物、服务等产出的买卖。

(2) 作为国际支付手段进行国际商品、国际金融、国际劳务、国际资金等方面债权债务的清偿。

(3) 作为国际储备手段，支付一国必须偿还的债务；维持本币汇率的稳定，促进经济发展与增长。

(4) 作为国际财富的象征，实际是国外债权的持有，并能转化为其他资产自由外汇，即不需要外汇管理当局批准，就可以自由兑换成其他货币或是可以向第三国办理支付的外国货币及其支付手段。例如，美元、英镑、欧元、澳大利亚元、日元等货币；记账外汇(或称双边外汇、协定外汇)，即不经货币发行国批准，不能兑换成其他货币或对第三者进

行支付的外汇。是自由外汇的对称，又称为不可自由兑换外汇。

二、汇率

汇率，就是两国不同货币间的比价，也可以说是一国货币用另一国货币表示的价格。汇率也称汇价、外汇行市、兑换率、外汇牌价，外汇牌价一般是指官方发布的外汇兑换率。

（一）汇率的两种标价法

▶ 1. 直接标价法

这种标价法是以一定单位的外国货币为标准，折合若干单位的本国货币。在直接标价法下，外国货币的表示不变（1个单位或100个单位等），折合本国货币的数量，随着外国货币同本国货币值对比的变动而增加或减少。如果某一固定数额的外国货币兑得的本国货币比原来增加，则称外汇汇率上升，说明外国货对本国货币的币值上升，本国货币币值下跌。如果某一固定数额的外国货币兑得的本国货币比原来减少，则称外汇汇率下跌，说明外国货币对本国货币的币值下降，本国货币对外国货币的币值上升。

▶ 2. 间接标价法

这种标价法是以一定单位的本国货币为标准，折合若干单位的外国货币（也称本国货币汇率）。英国一直采用间接标价法，美国从1978年9月1日起除对英镑外，均改用间接标价法。在间接标价法下，本国货币的数额保持不变，外汇汇率的下跌或上涨都以相对的本国货币兑换外国货币的多或少来表示。如果一定单位的本国货币兑换外国货币的数额比原来多，说明本国货币对外国货币的币值上升，外国货币对本国货币的币值下跌，即外汇汇率下跌。反之，如果一定单位的本国货币兑换外国货币的数额比原来少，说明本国货币对外国货币的币值下降，外国货币对本国货币的币值上升，即外汇汇率上升。

（二）汇率的种类

▶ 1. 按各个国家的汇率制度区分

据国际货币基金组织的规定，凡是一个国家的货币汇率由政府制定和颁布，且这种汇率只能在一定幅度内进行波动，当汇率跌至规定的最低限或涨至规定的最高限时，该国中央银行有义务加以干预，使汇率稳定在这一限度内，这种汇率称为固定汇率；一国货币的对外币值依据外汇市场供求情况，任其自由涨落，对汇率的波动幅度不予固定，中央银行原则上没有义务进行干预，这种汇率叫浮动汇率。

▶ 2. 按外汇买卖是否随时交割区分

即期汇率，即买卖双方在成交后，当时或于两个营业日内实行交割的汇率。一般电汇汇率、信汇汇率、即期票汇汇率都属即期汇率。远期汇率，即指外汇买卖成交后，双方签订合同，在约定的日期办理交割的汇率。远期汇率与即期汇率的差额称为远期差价，外汇市场表示这一差价用"升水""贴水""平价"三个术语。"升水"表示远期汇率比即期汇率高；"贴水"表示远期汇率比即期汇率低；"平价"表示二者相等。

▶ 3. 从银行买卖外汇的角度来区分

买入汇率，是指银行等机构买进外币时所依据的汇率；卖出汇率，是指银行等机构卖出外币时所依据的汇率叫卖出汇率。

▶ 4. 按外汇交易支付工具的付款时间来区分

电汇汇率，即以电讯方式买卖外汇时所用的汇率。由于这种外汇交易付款速度极快，外汇售出后银行不可能中途利用这笔汇款资金，所以电汇汇率比下面将要提到的信汇汇率高。目前，国际支付多用电讯传递，因而电汇汇率是基础汇率，其他汇率都是以电汇汇为基础计算定出的，西方外汇市场上所显示的汇率，多为银行的电汇汇率。

信汇汇率，即指用信函方式通知付款的汇率。由于邮程需要的时间比电汇长得多，因此需要扣除邮程期间的利息，故信汇汇率较电汇汇率低。

票汇汇率，对外汇的汇票，支票和其他票据的兑换价，统称为票汇汇率。票汇汇率可分为即期票汇汇率、远期票汇汇率和现钞价。

▶ 5. 按对汇率管制的松紧程度区分

官方汇率又称法定汇率，是指由一个国家的货币当局所规定的并加以维持的汇率；市场汇率，是指在自由外汇市场上买卖外汇的实际汇率，在外汇管制较松的国家，官方汇率往往有行无市、有形无实，实际外汇交易均按市场汇率进行。

（三）影响汇率变动的因素

1973年春，主要发达国家先后放弃了固定汇率制，实行了浮动汇率制，不再公布本国货币的金平价。与此同时，以美国为首的一些国家极力推行黄金非货币化政策，主张各国货币无需与黄金挂钩，无须以一定量的黄金来表示本国货币单位。1978年4月1日生效的《国际货币基金协定》第二次修改条文也规定，会员国货币平价不得与黄金联系，黄金不再作为货币定值的标准。

国际货币基金组织推行黄金非货币化政策以后，尽管两国不再公布本国货币单位的金平价，从形式上看，好像缺乏两国货币单位的可比性，但是，两国纸币之间原有的价值比例依然存在，并在下列因素作用下不断变动。

▶ 1. 国际收支状况

国际收支状况直接影响货币汇率，因为一国的国际收支状况反映该国的外汇供求状况；逆差反映外汇供小于求，因而外币汇率上升和本币汇率下跌；顺差反映外汇供大于求，因而本币汇率上升，外币汇率下跌。

▶ 2. 相对的通货膨胀率

国家之间存在着通货膨胀程度的差异。通货膨胀有利于进口，而不利于出口，因而它会形成贸易收支逆差和国际收支逆差；通货膨胀会促使本币资金的持有者进行货币替换，以求货币保值，这会增大外汇的需求。所以，通货膨胀较严重的国家的货币汇率会下跌，而通货膨胀较缓和的国家的货币汇率会上升。但这个机制发生作用是个长期的过程，因而货币汇率相对于通货膨胀存在着滞后性。

▶ 3. 相对的利率水平

国家之间利率水平存在差异，会促使资本从利率较低国家流向利率较高国家。这既会直接影响有关国家的外汇供求，也会通过影响资本金融账户收支而影响国际收支，从而影响货币汇率。中央银行的贴现率直接影响着金融市场的利息率。所以，一国央行改变贴现率就会影响其货币汇率。

▶ 4. 相对的经济增长率

国家之间在经济增长率上存在着差异，它对货币汇率的影响是多方面的。

（1）经济增长率的升降意味着国民收入的增减，国民收入的增减又意味着商品需求的增减，从而影响其国际收支：国民收入增加，贸易支出与非贸易支出都会增加；国民收入减少，则贸易与非贸易支出都会减少。

（2）经济增长意味着劳动生产率的提高，而劳动生产率又关系着产品的成本和出口商品的竞争能力，从而关系着贸易收支。

（3）经济增长意味着投资势头较好。投资势头较好又意味着对资金的需求增加。对资金的需求直接影响着利率水平,而利率水平对资本金融账户收支是有重要影响的。

上述三个方面说明,同是经济增长得快或慢,但推动汇率的走向是不同的。但一般说来,从短期效果来看,经济增长对本国货币汇率会发生不利影响,而使其疲软;从长期效果来看,经济增长会支持本国货币汇率上升,而促使其坚挺。

▶ 5. 汇率政策

汇率政策决定着中央银行是否进行汇率干预和进行怎样的汇率干预。汇率干预是央行在本国外汇市场上卖出或买进外汇的同时,相应收进或投放本币的活动。一国央行如认为本币汇率的变动和走势不符合本国经济利益所要求的汇率政策,就会进行汇率干预,来制止汇率的变动或改变汇率的走势。比如,当一国实行以促进出口来带动经济发展的出口导向的汇率政策时,央行会通过买进外汇和投放本币的汇率干预方法,使本币对外贬值或处于汇率低估状态。汇率低估,亦称本币低估,是货币当局通过人为办法使本币汇率处在低于其价值的水平上。相反,一国如实行促进进口的进口替代政策,央行则通过卖出外汇和收进本币的汇率干预方法,来使本币升值或使其处于汇率高估状态。汇率高估,亦称本币高估,是货币当局通过人为的办法使本币汇率处在高于其价值水平上。从20世纪80年代中期以来,西方国家央行也多次共同行动来进行联合干预。

▶ 6. 重大政治经济事件

重大政治经济事件和重大政策改变,会影响国际经济交易和资本流动,从而引起汇率变化。资本首先具有追求安全的特性,因重大政治与突发事件对汇率的影响是直接而迅速的。政治突发因素包括政局的稳定、政策的连续性、政府的外交政策、国际上的军事行动、经济制裁、自然灾害等。如1991年的海湾战争、2003年3月21日美英联军发动的对伊拉克的战争,均对美元汇率产生了重大影响。1991年8月19日在苏联发生的对当时总统戈尔巴乔夫的非常事件,曾使美元兑当时马克的汇率在两天内剧升1 500点,成为第二次世界大战后造成汇率波动最大的一次国际政治事件。此外,西方国家大选、一国首脑人物的政治丑闻、错误言论以及主管金融外汇官员的调离任免都会对短期汇率走势产生不同影响。政治与突发事件因其突发性和临时性,市场难以预测,故易对市场构成冲击。

▶ 7. 市场预期

按照西方经济学的解释,所谓预期,是指参与经济活动的人,对与其经济决策有关的经济变量在未来某个时期的数值所做出的估计和预测。外汇市场的参加者经常对上述六个因素的未来情况进行预测和估计,从而预测某种货币汇率的升跌,进而做出在外汇市场买进或卖出某种货币的决策。无疑,这会对外汇市场的供求关系产生冲击作用。因此,市场预期往往成为短期内影响汇率变动的重要因素。

上述七个因素对汇率的作用错综复杂:在一个时期内,它们有主次之分;在下个时期,主要因素与次要因素可能会易位;在一个时期内,各因素相互助力,共同推动某种货币汇率上升或跌落;在一个时期内,各因素对汇率的作用又会互相抵消。一般说来,影响汇率短期变动的最重要因素是国际收支状况和相对的利率水平,而相对的通货膨胀率则是影响汇率变动的一个重要的长期根本性因素。所以,分析影响汇率变动的因素时,既要进行具体的分析,也要进行综合分析。

(四)人民币汇率制度的变化

新中国成立以来,中国逐步完成了从计划经济到市场经济的转型,人民币汇率制度也进行了多次调整。人民币汇率变动经历了三个大的发展阶段。

▶ 1. 第一阶段:1949—1979年计划经济时期

该时期人民币汇率制度实行的是固定汇率制度。其中,1949—1952年是人民币汇率变动较大的阶段。这一阶段人民币汇率的特点是：人民币对外币变化与国内物价变化紧密结合。在这一时期，人民币被高估且不可浮动，变动比较频繁。在这一阶段，我国开始全面进入社会主义建设时期，并建立了高度集中的计划经济体制。1973—1979 年是人民币汇率逐渐上调的时期。由于 1973 年石油危机爆发，资本主义国家发生严重的经济衰退，布雷顿森林体系崩溃，为了避免西方国家向我国转嫁经济衰退的影响，我国在原则上采取了钉住货币篮子的汇率制度，根据货币篮子平均汇率的变动情况来确定汇率。

▶ 2. 第二阶段：1980—1993 年我国经济转轨时期

从 1981 年开始试行人民币汇率官方牌价与贸易内部结算价并存的双重汇率制度，到 1985 年 1 月 1 日起又恢复以贸易汇价为基础的单一汇率，同时大幅度调整了官方汇率。1985—1993 年，人民币汇率大幅度贬值阶段，1985 年重新实行单一汇率制度后，我国理论界和实际部门认为人民币汇率定价偏高，不利于扩大出口和解决外贸亏损问题，要求必须贬值。人民币几次大幅度贬值对扩大出口有一定的刺激作用，但最终效果并不明显。人民币汇率几次大幅度的贬值都不同程度地提高了以人民币计价的进口商品价格。

▶ 3. 第三阶段，1994 年至今

1994—1997 年，我国人民币汇率制度实行的是单一的、有管理的浮动汇率制度。从 1998 年开始，中国政府开始采取积极的财政政策，实行的人民币汇率制度是盯住美元汇率制度，人民币汇率波动范围狭窄，人民币兑美元的名义汇率基本保持在 8.27～8.28 的波动区间，保持着相对稳定的状态。2005 年至今，我国实行的是把市场供求作为基本，对照一篮子货币开始调整并进行管理的浮动汇率制。

2005—2016 年这十几年的区间中，央行逐步完善了人民币汇率制度，做出了很大的贡献。2005 年 7 月 21 日，权威部门发布——"取消钉住单一美元的方式，启动进行通过把市场供求作为基础、参照一揽子货币来调节"的浮动汇率制度；2015 年 8 月 11 日，央行决心优化人民币兑美元的中间价格，美元对人民币的中间价格被人为调整为 6.229 8 元。

第三节 关于国际货物买卖的国际公约

一、世界上主要的两大法系

法系是法学中经常使用的一个概念，主要是指具有某种历史共性或共同历史传统的法律的总称。即根据法在结构上、形式上、历史传统等外部特征以及法律实践的特点、法律意识和法在社会生活中的地位等因素对法进行划分，具有某种共性或传统的法律构成一个法系。目前，在世界范围内对各国法律影响最大的法系是大陆法系和英美法系。

（一）大陆法系

大陆法系，主要因最初在欧洲大陆各国实行而得名，又称罗马法系、民法法系、罗马-德意志法系。大陆法系 13 世纪形成于西欧，是在罗马法的原则和形式的基础上形成和发展起来的法律体系。在大陆法系内部，各个国家和地区的法律制度有所不同，大体上有两个分支——以《法国民法典》为代表的法国法（又称拉丁法系）和以《德国民法典》为代表的德国法（又称日耳曼法系）。

目前，除欧洲外，整个拉丁美洲，非洲的一部分国家，如刚果、卢旺达、布隆迪等国,近东的某些国家,以及日本、土耳其等一些亚洲国家均属于大陆法系。北非各国的法律,如阿尔及利亚、摩洛哥、突尼斯等国的法律,也受大陆法系的强烈影响。此外,在属于英美法系的国家中,某些国家和地区,如美国的路易斯安那州、加拿大的魁北克省、联合王国的苏格兰,也为大陆法系。

▶ **1. 大陆法系的特点**

在法律渊源上,大陆法很大程度上受罗马法影响,强调成文法的作用,在结构上强调系统化、条理化、法典化和逻辑性。大陆法各国都把全部法律分为公法和私法两大部分,公法是与国家状况有关的法律,私法是与个人利益有关的法律;法官没有立法权,要遵从法律明文规定办案;在审判方式上,一般采用"纠问式"诉讼方式;在法律的推理形式和方法上,采取演绎法。

▶ **2. 大陆法系国家的法院组织**

一般来说,各国的法院分为三级,即一审法院、上诉法院和最高法院。一些国家根据诉讼的性质和标的数量来设立不同的一审法院。上诉法院主要受理对第一审法院判决不服的上诉案件,但对可以提出上诉的条件,各国有不同的规定。最高法院有的国家是上诉审法院或再上诉审法院,有的国家则规定其只能维持或撤销原判决,不能进行实体审理。

(二) 英美法系

英美法系,又称普通法系,形成于英国,是以英国中世纪的普通法为基础而发展起来的法律制度体系,是西方国家中与大陆法系并列的一种历史悠久和影响较大的法系。普通法系虽然以英国的普通法为基础,但并不仅指普通法,它是指在英国的三种法律,即普通法、衡平法和制定法的总称。由于其中的普通法对整个法律制度的影响最大,所以英美法系又称为普通法系。

美国法律作为一个整体也属于普通法系,但从1776年独立以来,开始有了自己的法律,到了19世纪后期开始独立发展,并已经对世界的法律产生了很大的影响。因此,英美法分为英国法和美国法两个支系。

英美法系形成于英国,随着英国殖民扩张而逐步扩展到美国以及其他过去曾受英国殖民统治的国家和地区,主要包括加拿大、澳大利亚、新西兰、爱尔兰、印度、巴基斯坦、马来西亚、新加坡。我国的香港地区也采用英美法。由于历史的原因,有一些国家属大陆法与英美法的混合物,如南非,原属大陆法系,后被英国吞并,受英美法影响,是大陆法与英美法的混合物;菲律宾原是西班牙殖民地,属大陆法系,后来随着美国势力渗入,又引进英美法的因素;斯里兰卡的情况也是如此。

▶ **1. 英美法系的特点**

在法律的渊源上,判例法在英美法系中占有重要地位;在法律的分类方面,英美法系法律分类以实用为主,英美法系更重视程序法,在英美法系国家,当事人先有程序权利,然后才有实体权利,这种原则至今在英美法系仍占有很重要的地位;法官地位很高,对法律和社会发展的影响很大;在法律的推理形式和方法上,采取归纳法。

▶ **2. 英美法系的法院组织**

(1) 英国的法院组织。英国的法院首先把法院分为高级法院与低级法院两种。高级法院称为高等法院,高等法院分为三个部分,即高级法院、王冠法院和上诉法院。英国的低级法院主要有郡法院和治安法院。高级法院、上诉法院和上议院的判决共同构成先例,具有法律的约束力,其他法院或准司法机构的判决有说服力而无约束力。

(2) 美国的法院组织。由于美国是联邦制国家,美国法律包括联邦法和州法,美国的法院组织也反映出联邦制的特点，设有联邦法院和州法院。美国50个州各有一个法律系统，再加上联邦的法律系统，全美国共有51个法律系统。

（三）两大法系法律渊源的发展趋势

英美法系国家，成文法日益增多，判例法有所减少，有些判例所反映的法律原则通过立法变成了成文法；大陆法系虽没有"遵守先例"的原则，但是在旧法文已经不适用的情况下，特别是在法典没有明文规定的情况下，判例往往成为法官判案的参考和依据。此外，由于存在上诉制度，大陆法系国家的下级法院在审判时很可能要考虑到上级法院的态度，否则，自己的判决很可能被上级法院推翻，而斟酌上级法院态度的最合法途径就是查阅上级法院以前的有关判例(这些国家强调法院独立审判，因此不允许下级法院就有关案件非法地请示上级法院)。这样，判例在这些国家的很多场合中便扮演着准法律的角色。上述事实说明，两大法系的法律渊源正在逐步靠近，但并未统一，汇合成统一的西方法系任重而道远。

二、关于国际货物买卖的国际公约

目前，国际上有三项关于国际货物买卖的国际公约：《国际货物买卖统一法公约》《国际货物买卖合同成立统一法公约》和《联合国国际货物买卖合同公约》。

▶ 1.《国际货物买卖统一法公约》和《国际货物买卖合同成立统一法公约》

20世纪初，世界各国在国际货物买卖方面存在许多分歧，在国际经济交往中不可避免地引起许多法律冲突，影响国际贸易的发展。为此，早在1930年，罗马国际私法统一所就决定拟订一项有关国际货物买卖的统一法，以便协调和统一各国关于国际货物买卖的实体法。历时三十多年，终于在1964年的海牙会议上正式通过了《国际货物买卖统一法公约》和《国际货物买卖合同成立统一法公约》。但是，由于这两项公约受大陆法影响较多，内容烦琐，概念也较晦涩难解。因此，在国际上并未被广泛接受和采用。至今为止，仅七八个国家参加了这两项公约，未能达到预期的统一国际货物买卖法的目的。

▶ 2.《联合国国际货物买卖合同公约》

从1969年开始，联合国国际贸易法委员会在1964年两项公约的基础上，经过大约十年的酝酿准备，于1978年完成起草了一项新的公约，名为《联合国国际货物买卖合同公约》(以下简称《公约》)。它于1980年3月在维也纳召开的外交会议上获得通过，并于1988年1月1日起生效。截至2010年8月，共76个国家核准、参加或继承了该公约。

我国政府派代表团出席了1980年的维也纳外交会议，参与了《公约》草案的讨论。并于1986年12月11日向联合国秘书处交存了关于该《公约》的核准书，从而成为《公约》的最早缔约国之一。但是，我国在核准《公约》时，曾根据《公约》第95条和第96条的规定，对《公约》提出了两项保留。

《公约》不仅总结了近半个世纪以来的国际贸易实践，具有可行性，而且还体现了大陆法、英美法和社会主义法律体系之间的平衡，考虑到了发达国家与发展中国家的不同利益和要求，因此具有广泛的代表性。所以，《公约》被通过以后，受到了各国政府的重视和好评，核准加入的国家不断增多，成为迄今为止关于国际货物买卖的一个最重要的公约。

三、联合国国际货物买卖合同公约

《联合国国际货物销售合同公约》共分四部分101条。

第一部分是公约的适用范围和准则。关于适用范围，《联合国国际货物销售合同公约》详细规定了适用本公约和不适用本公约的有关事项。关于总则，主要有解释和适用《联合国国际货物销售合同公约》的原则、解释当事人意旨的原则、惯例的适用和效力、当事人营业地的确定、关于合同形式的要求、书面的含义等。

第二部分是合同的成立。这部分主要是对要约和承诺的规则做了详细的规定。关于要约的规则，主要有要约的定义、要约的生效与撤回、要约的撤销、要约效力的终止等；关于承诺的规则，主要有承诺的定义、承诺的期限、逾期承诺的效果、承诺的撤回等。

第三部分是货物买卖。如果第二部分是合同法部分，那么这部分实际上是买卖法部分，其主要内容是买卖双方各项权利和义务、违约及其补救措施等规定。

第四部分是最后条款。这部分的主要内容是一些程序性和技术性的规定，如《联合国国际货物销售合同公约》的签字、加入、批准、生效、退出、允许保留的事项、联邦条款、本公约与其他国际条约的关系，以及《联合国国际货物销售合同公约》。

（一）《联合国国际货物销售合同公约》适用范围

根据《联合国国际货物销售合同公约》规定，适用本公约的合同，其主体必须具备以下条件：①双方当事人的营业地必须处在不同的国家；②双方当事人的营业地所在国必须是缔约国，或者虽然不是缔约国，但如果根据国际私法规则导致适用某一缔约国的法律，也可以适用本公约。《联合国国际货物销售合同公约》在第1条第3款中指出，在确定本公约的适用时，当事人的国籍和当事人或合同的民事或商业性质，应不予考虑。

我国对该公约的态度是：基本上赞同公约的内容，但在公约允许的范围内，根据我国的具体情况，提出了两项保留：①关于国际货物买卖合同必须采用书面形式的保留；②关于《联合国国际货物销售合同公约》使用范围的保留。根据这项保留，在我国，该公约的适用范围仅限于营业地点分处于不同的缔约国的当事人之间订立的货物买卖合同。

（二）《联合国国际货物销售合同公约》不适用的货物销售形式

《联合国国际货物销售合同公约》规定不适用以下销售：供私人和家庭使用的货物买卖；以拍卖方式进行的买卖；根据法律执行令状或其他令状进行的买卖；公债、股票、投资证券、流通票据或货币的买卖；船舶、船只、气垫船和飞机的买卖；电力的买卖。

此外，《联合国国际货物销售合同公约》第3条还规定，由买方供应所购货物所需的大部分材料的合同，以及供货一方大部分义务是提供劳务或服务的合同，也不适用于《联合国国际货物销售合同公约》。

（三）《联合国国际货物销售合同公约》不涉及的问题

▶ 1. 合同的效力，或其任何条款的效力，或任何惯例的效力

所谓国际货物买卖合同的有效性，是指该合同是否具备四个有效要件，即当事人具有行为能力、当事人意思表示真实、合同的内容合法及合同的形式合法。

关于国际货物买卖合同成立的形式要件，《联合国国际货物销售合同公约》明确规定国际货物买卖合同无须以书面订立或书面证明，在形式方面也不受任何其他条件的限制。显然，关于国际货物买卖合同的有效性，《联合国国际货物销售合同公约》并没有涉及除形式要件以外的另外三个要件。关于当事人的行为能力、意思表示真实以及合同内容合法等因素对合同有效性的影响，各国都有具体的法律规定，但由于各国经济制度、价值观念以及法律传统等方面的差异，这方面的法律规定分歧较大，因此《联合国国际货物销售合同公约》无法对此做出统一规定。另外，关于惯例的有效性问题，《联合国国际货物销售合同公约》规定当事人应受他们已同意的任何惯例和他们之间已建立起来的习惯做法的约束。据此，可以这样认为，当合同双方当事人选定的惯例与《联合国国际货物销售合同公约》的规定不一致时，应当优先适用惯例，但这一规定是指，国际货物买卖合同的当事人可以选择

惯例作为合同的准据法。至于惯例本身的有效性、惯例的内容以及惯例的解释等问题，《联合国国际货物销售合同公约》并没有做出规定，而应适用有关专门解释。

▶ 2. 合同对所售货物所有权可能产生的影响

所有权可能产生的影响十分广泛，而且是一个涉及当事人双方的实质利益的重要问题。其广泛包括所有权取得与丧失（转移的时间）、第三人对货物可能提出的各种权利要求，或对第三人可能产生的影响；其重要性表现为所有权的转移关系到当事人双方切身利益。

例如，A 国甲向 B 国乙购买一批货物，贸易术语为 FOB，8 月 1 日按期装运开船，A 国甲尚未付款赎单之前，B 国乙破产，全部财产被法院查封，在这种情况下，该批货物的归属如何，就是所有权应回答的问题。但是，所有这些问题（包括所有权转移和涉及第三人的问题），各国法律规定不同，无法做统一规定，因此，《联合国国际货物销售合同公约》对涉及所有权的问题采取了不涉及的原则，一概由各该国内法解决。这一原则也适用于公约其他有关条款。

▶ 3. 卖方对于货物对任何人所造成的死亡或伤害的责任

根据《联合国国际货物销售合同公约》的规定，卖方对所交付的货物负有品质担保义务。如果卖方交付的货物不符合合同或《联合国国际货物销售合同公约》的规定，买方向卖方提出索赔或要求采取其他补救措施，但《联合国国际货物销售合同公约》对因卖方所售的货物有缺陷而给买方的消费者造成人身伤亡或经济损失所引起的责任问题没有做出规定。因为，这已不是单纯的品质问题而是所谓的产品责任问题。产品责任是指因产品有缺陷而给买方或消费者造成人身伤亡或经济损失的责任；品质责任是指卖方因所交货物与合同规定品质要求不符而应承担的责任。由于各国产品责任法在制定目的、赔偿原则等方面规定各异，无法统一，因此，《联合国国际货物销售合同公约》规定不涉及该问题，而转由有关国家国内法调整。

本章小结

国际金融和国际商法的内容是每一个国际贸易从业人员必备的相关基础知识。对于外汇与汇率的相关概念，可以借助经济学的供求模型与均衡思想剖析与理解，通过关注相关媒体的财经报道时时跟踪学习，增强自身的金融素养。对于《联合国国际货物销售合同公约》和两大法系，可以在理解其由来与特点的基础上，结合本书其他章节的相关叙述加深认识。另外，认真学习国际贸易实务的概述部分，全面认识国际贸易实务的流程与内容，为后续章节的学习奠定基础。

复习思考题

1. 试述国际贸易与国内贸易的差异？
2. 请分别阐述出口贸易和进口贸易的基本流程。
3. 外汇的含义与作用。
4. 汇率的定义与标价方法。
5. 简述汇率的影响因素有哪些？
6. 试述大陆法系与英美法系的特点与发展趋势？

第七章
国际贸易的磋商与合同签订

学习目标

通过本章的学习，了解国际贸易的交易前准备工作与重要性；熟悉交易磋商中询盘和还盘的特点，熟悉合同的内容与构架；掌握交易磋商中发盘和接受的条件与要求，为实际业务的磋商奠定良好的理论基础。

引导案例

国外老客户诈骗

2013年7月，小张在阿里巴巴网站RFQ(request for quotation)中找到一个英国客户，因公司产品完全符合对方的要求，于是马上报价，后期也一直有邮件来往，虽然后来客户还是采购了其他供应商的产品，但小张并没有气馁，仍然与客户保持联系。10月，客户突然给小张发了一个邮件，询问×系列家具能做不？他们需要测试，测试通过的话立马采购。看到这封邮件，小张感觉这么久的坚持终于有回报了，特别高兴。样品发过去后，客户很满意，在接下来的几个月中，大大小小的订单接连不断。但是，没过多久就出意外了。

2014年2月底，客户采购一批新的货物。3月初支付了定金，公司安排生产，但由于之前的订单还没有做完，这个客户的订单一直排期到4月中旬才完成。期间客户也催了很多次，在货物快完成前几天，小张带着歉意跟客户说明并表示尾款可以打过来了。客户很爽快，第二天就发了水单过来，并且表示希望尽快发货，因为4月21日有一个展会需要产品参展。小张跟老板说明了这个情况，同时告知钱还没有查到，老板说都是老客户了，这点信任应该有，于是4月17日先把货发到深圳货代处。19日，货到深圳了，钱还没有到账，客户说也许是因为过复活节，银行需要更长时间转账吧，让他们先安排发货。20日，货物到了英国，物流显示货物被签收。小张立马联系客户，对方回复说等他下周一回去再说。23日，自客户发来水单也有将近10天了，在财务的催促下，小张也联系客户询问原因，却没有收到客户的回复，用skype联系客户，却发现客户居然在skype上把小张删除了！接下来的几天里都在不停地联系客户，结果可想而知。

资料来源：一个老客户诈骗的案例. 百度贴吧.

第一节　国际贸易的交易前准备

在国际贸易磋商过程中，由于双方分属不同的国家或地区，彼此有不同的社会制度、政治制度、法律体系、经济体制和贸易习惯，有着不同的文化背景、价值观念、信仰和民族习惯，而且还有语言和文字沟通方面的困难，其复杂性和困难都超过国内贸易。由于贸易双方的立场及追求的具体目标各不相同，所以在磋商过程中，往往充满尖锐复杂的利害冲突和反复讨价还价的斗争。参加磋商交易人员的任务是，根据购销意图，针对交易对手的具体情况，施展各种行之有效的策略，正确处理和解决彼此间的冲突和矛盾，谋求一致，达成一项双方都能接受的公平合理的协议。

由于交易双方达成的协议不仅直接关系双方当事人的利害得失，而且具有法律上约束力，不得轻易改变，所以是否拍板成交和达成协议，彼此都应持谨慎态度。

一、出口交易前的准备工作

企业在进行出口交易前应做好以下几方面的工作。

（一）选择目标市场

在对外洽商交易之前，企业应对国外市场做深入、细致、准确、多方面的调查研究，以便从中择优选定出适当的目标市场，并合理地确定出口市场布局。

▶ 1. 对国外市场进行调研的主要内容

对国外市场进行调研的主要内容包括社会文化环境，政治法律环境，经济环境，市场竞争环境，科技、自然、地理环境等，以及对国外市场需求情况。具体包括市场需求量、销售潜量，供求结构、特点及变化趋势等，国外市场的商品及价格，分销渠道及促销活动等方面。

上述所列调研内容很多，企业可根据自身的经营目标和实际情况有所侧重。

▶ 2. 对国外市场调研信息的收集途径

对国外市场分析、调研所需信息可通过本企业信息系统、调研者案卷、图书馆、在线数据库、政府机构、国际组织、行业协会、咨询公司、银行、商行、消费者组织，以及出版社提供的书籍、文献、报纸杂志等收集。

▶ 3. 进行国际市场细分

国际市场细分包括两个层次：宏观细分与微观细分。宏观细分是决定在世界市场上应选择哪个国家或地区作为拟进入的市场。微观细分类似国内市场细分，即当企业决定进入某海外市场后，会发现当地市场顾客的需求仍存在差异，需进一步细分成若干市场，以选择其中之一或几个子市场为目标市场。

▶ 4. 进行国际市场选择

国际市场的选择也包括两层含义：一是通过宏观细分，在众多国家中选择某一个或某几个作为目标市场；二是通过微观细分，在一国众多的子市场中选择某个或某些作为目标市场。企业在国际贸易中，面对竞争激烈、购买者需求多样化的市场，需要从中选择有利的目标市场进行开拓和销售。

一般而言，选择目标市场时要注重考虑以下因素：企业现有产品、未来发展的产品在该市场是否适销对路；企业应选择自己有地区优势或技术优势的市场作为目标市场；对其他市场有重大影响的市场，若企业对该重要市场经过努力可达到销售目标，即可选作目标市场;对容量大的市场,若经过分析,企业经努力渗透有望实现销售目标,也可选作目标市场;若企业产品在某一国际市场中有可能达到较大的市场占有率,企业也可将该市场选作自己的目标市场;企业如在某一国际市场中信誉高,可将该市场选作自己的目标市场。

(二)选择交易对象

企业的交易对象很多,包括进口商、经销商、代理商、批发商、零售商以及最终用户。广泛地同客户建立贸易关系,建点铺面,组织推销网,这是扩大出口的重要措施之一。

在进行交易磋商之前,出口商要通过各种途径调研交易对象的政治文化背景、资信、经营范围和经营能力等方面的情况,其中对客户资信情况的调查最为重要。

拓展案例

某出口公司与香港AC公司签订一笔总值25万美元销售猪肉的合同,价格条件FOB青岛,目的港是韩国釜山(因香港公司将货转手卖给韩国商人),付款方式为D/A远期120天办理托收。该出口公司按规定的装运期装运货物后,通过中国银行办理托收手续。中国银行委托香港南洋商业银行为代收行向香港AC公司收款。单据到香港后,香港AC公司即承兑赎单,又以原提单向韩国收货人收取了货款。香港南洋商业银行在汇票到期时向AC公司催促付款,但此时该公司已经宣布破产。经查核,香港AC公司在当地注册资本仅15万港元,其财产远远不够抵偿该公司的欠款,而且AC公司又是有限责任公司,因此,该出口公司遭受严重经济损失。

思考: 该出口公司遭受严重经济损失的原因是什么?

做好客户资信情况的调查工作有利于合同顺利执行,反之就可能会使企业遭受损失。资信调查的方法有多种,应用最广泛的方式是发函给对方银行或与其有业务关系的商行,通过这些银行或商行获得的有关潜在交易对象的信息是最可靠的。但一般来说,对方银行不愿直接向素不相识的商人提供信息,除非咨询来自它们的同行。因此,我方公司如要获得对方银行提供的信息,必须通过自己银行代为写信去调查。

咨询信函的格式大致是固定的。有些大公司、大商行用专门印好的,其中包括要求答复的各种问题的信函进行咨询。咨询信函通常在信头和信封上标有"机密"或"机密并亲启"的字样。

▶ 1. 第一种情况,向银行了解新客户资信情况的信函

机密并亲启

敬启者:

最近收到贵地ABC公司来信,表示愿与我方建立贸易关系,并称与贵银行有财务往来,建议如我公司要了解他们的商业资信,可写信向贵行咨询,因此特函烦请贵行详细告之该公司的性质、业务能力、财务状况。

对贵行所提供的资料,我们当保守秘密。并保证随时回报贵行的好意。

×××

▶ 2. 第二种情况,向有关商行了解新客户资信情况的信函

机密并亲启

敬启者:

我们突然接到美国××贸易有限责任公司的来函,希望同我们建立业务关系。该公司称多年来一直与你公司有业务往来,并把你公司作为证明人告知我公司。在我们与他们交

易之前,我们希望了解他们的资信情况,烦请贵公司告之与该公司往来的感受,并将附表填好后放在所附去的信封内退回我们。我们将对贵公司所提供的任何资料予以保密,有关费用在接到贵公司账单后由我公司支付。

×××

附:你公司与该公司业务往来已有多久?你公司给该公司的信用额多大?该公司偿付债务的能力如何?还账是否及时?目前该公司欠账多少?等等。

一般来说,通过资信调查工作,要了解被调查企业的注册信息、经营状况、财务信息、付款记录、银行信息、公共信息以及专业资信评估人员的综合分析等内容。

知识链接
了解外商资信状况的六个途径

(三)选配素质高能力强的经贸谈判人员

为了保证进出口交易的顺利进行,事先应选配素质高能力强的洽谈人员,选配方式应根据具体的谈判形式而定。一对一谈判是通常采用的谈判形式,即由买卖双方各派出自己的业务人员就经常性项目进行磋商,目前我国大多数公司都是由企业的主管(即法人代表)授权外销员代表公司与客商谈判与签约。但对那些内容复杂的交易或大宗的出口或进口交易,因事关重大,就要组织一个强大的谈判班子,这个谈判班子中一般包括:商务谈判代表,是商务谈判中的主谈人员;技术代表,主要负责有关产品或项目的品质、技术性能与标准的磋商;法律代表,就各种法律文件、合同条款及涉及法律适用有效性等问题进行谈判。有关谈判人员要掌握一定的谈判技巧,善于应战和应变,谋求对外一致实施有效的谈判策略,以确保谈判成功。

(四)制定出口经营方案

进出口商品经营方案,是指进出口公司根据国家的有关政策与规定,对其所经营的进出口商品所做的一种业务计划安排。对不同的进出口商品所制定的经营方案,其内容及其繁简程度是不同的,现将出口商品经营方案中所列内容介绍如下。

(1)商品及货源情况,包括商品的特点、品质、规格、包装等,国内生产能力及可供出口的数量,当前库存状况以及需要解决的问题。

(2)国外市场情况,包括对国外商品生产、消费、贸易等基本情况的分析以及今后发展趋势的预测。此外,还应对国外主要经营该商品的销售渠道的基本做法加以说明。

(3)出口经营情况。根据对在前一个时期出口推销中存在问题的分析,提出经营的具体意见和安排。

(4)出口计划安排。按国别和地区、品种、数量、金额列明出口具体进度。

(5)出口措施,包括如何做好客户工作,采取的贸易方式,收汇方式的运用,对价格、佣金和折扣的掌握,以及出口销售中应掌握的原则和策略等。

对于重点推销的商品或大宗商品通常是逐个制定出口经营方案,对其他一般商品可以按商品大类制定经营方案;对中小商品,则仅制定内容较为简单的价格方案即可。值得一提的是,由于国际市场情况复杂多变,有时所制定的出口商品经营方案不可能完全符合市场实际情况,这就要求外贸企业结合市场变化及时修订经营方案,使之符合市场实际并能有效地指导企业的经营活动。

在制定出口商品经营方案的同时,应按不同商品的具体情况,及时根据经营方案,与生产供货部门落实货源的收购、调运,或制定出口商品生产和营销计划。

(五) 出口商品的商标注册和广告宣传

▶ 1. 商标注册

商标作为一种工业产权，在国际贸易中有其特殊的作用，特别是名牌商品的商标更是企业的无形资产。

拓展案例

我国企业在国外进行商标注册的喜与忧

改革开放近 40 年来，伴随着社会主义市场经济的蓬勃发展和对外开放的日益扩大，许多国内企业纷纷向海外发展，以提升其品牌国际影响力。但我国企业在国外进行商标注册申请的过程中，有时会遇到障碍，对进入该国家或地区市场造成很大阻力。这些障碍有的是存在在先权利，有的是商标本身存在缺陷，有的是遭到了恶意抢注。

1989 年在江苏昆山创立的好孩子儿童用品有限公司（以下简称"好孩子公司"），2010 年在韩国申请"gb"商标，2011 年韩国主管机关以其商标缺乏显著性为由，予以驳回。后经向韩国专利法院提起上诉，最终也未能获得法院认可而未能在韩国获得注册。目前该企业在欧、美市场发展势头良好，且已占据重要地位，但至今未能打开韩国童车市场。

伴随着商标质押等制度的发展，在未来相当长的一段时间内，商标作为企业的无形资产，其价值仍呈激增趋势。在这种情况下，保护企业商标权显得尤为重要。当前，国内知识产权的大环境为企业商标品牌海外发展和维权提供了良好的平台。2008 年，国务院发布了《国家知识产权战略纲要》，鼓励企业进行国际商标注册，维护商标权益，参与国际竞争。特别是 2015 年《国务院关于新形势下加快知识产权强国建设的若干意见》的发布，推动构建更加公平合理的国际知识产权规则，加强知识产权对外合作机制建设，加强海外知识产权维权援助等成为相关职能部门的重要任务。在相关部门的支持下，我国已有不少知名企业商标海外维权的案例，如"HiSense"在德国被抢注、"HUAWEI"在非洲被抢注、"孔子学院"在哥斯达黎加被抢注、"恒顺"在秘鲁被抢注等，都得到了圆满解决。

2013 年，江苏恒顺醋业股份有限公司（以下简称"恒顺公司"）"恒顺"商标在秘鲁被恶意抢注。得知相关情况后，国家工商总局商标局迅速协助恒顺公司研究分析相关国际条约和秘鲁商标法律规定，指导企业及时提起商标异议，同时致函秘鲁知识产权局局长，表达对该案件的关注。经过积极努力，秘鲁知识产权局于 2014 年 4 月裁定恒顺公司异议成立，被异议人未在法定期限内提起复审。"恒顺"商标在秘鲁被抢注案圆满解决。

资料来源：缪丹，周凝婧. 加强商标领域国际合作支持企业海外注册维权[J]. 中华商标，2017(01)：70-71.

▶ 2. 广告宣传

在交易前，为了扩大产品知名度，增加销量，对外广告宣传的重点应放在介绍出口商品的特点和用途方面。广告宣传的内容要生动、传神、说服力强，要使消费者相信所宣传的商品正是他们所需要的。

要想取得满意的广告效果，需要注意以下几个问题：

（1）进行广告宣传的商品必须慎重选择，一般来说应是质量稳定、货源充足，能保证持续供应，并且在国际市场上有销路和发展前途的商品。因为国际市场上广告宣传费很高，并且必须经过一段时间的持续不断的宣传才能奏效。如果所宣传的商品质量时好时坏，货源时断时续，那就会使宣传效果大打折扣。

（2）针对不同的市场、不同的商品，采用不同的宣传媒介和方式，通过各种途径来达到促进销售的目的。

(3) 合理使用代理商或广告商。一般来说，出口商不可能在所有的外销市场都做广告，另外，根据商品的销售情况，有的市场有独家经销或包销，而有的市场没有，因此，广告宣传的做法也应有所区别。没有独立经销、包销户的市场，可以通过广告商进行广告宣传，而有独立经销、包销户的市场，最好由他们来做。因买卖双方的利益是一致的，这些独立经销、包销户为了扩大产品销售，都会积极地去进行广告宣传。关于宣传费和宣传方式的问题，可由双方研究决定。宣传费用的负担可采用三种办法：独立经销、包销户自己负担；双方各负担一半，全部由出口商负担。宣传费一般可按成交合同总金额的百分之几直接支出或另付均可。但是，不论采取哪种办法，出口商都应注意，一方面要验查客户是否把宣传费真正用在对出口商品的宣传上；另一方面要随时了解宣传效果，以便不断改进广告宣传工作。

二、进口交易前的准备工作

（一）开展市场调查

进行进口交易前，进口商首先应对进口商的先进性、技术性、适用性、可靠性及商品品质、外观形态、包装、价格、货源等情况进行调查研究，然后再对调查的情况进行分析比较，要做到货比三家，并结合我国的需求情况，尽量进口价廉物美且适用的商品。

（二）选择客户

进口交易前，进口商还要对客户的资信情况、经营作风、业务能力、经营范围、以往的履约情况等进行调查了解，选择各方面情况良好的客户进行成交，否则可能会出现对进口商不利的情况。对出口方的调研渠道与出口时对进口方的调研渠道相同。

拓展案例

我国某外贸企业向国外一新客户订购一大批初级产品，按 CFR 中国天津新港、即期信用证付款条件达成交易，合同规定由卖方以程租船方式将货物运交我方。我方开证银行凭国外议付行提交的符合信用证规定的单据付了款，但装运船只一直未到目的港，后经多方查询，发现承运人原来是一家小公司，而且在船舶启航后不久已宣告倒闭，承运船舶是一条旧船，船、货均告失踪。此系卖方与船方互相勾结进行诈骗，导致我方蒙受重大损失。

思考：我方公司应从中吸取什么样的教训？

（三）制定进口经营方案

进口经营方案是进口交易磋商安排进口业务和采购商品的依据，对少量商品的进口，可以不订立书面的经营方案或制定一个简单的方案即可，对于大宗进口商品，进口商应拟订一个进口商品的经营方案，其内容概括如下。

(1) 订货数量和时间安排。根据国内用户需要的轻重缓急和国外市场情况，适当安排订货数量和进度，在保证满足的情况下，争取在有利的时机成交。

(2) 国别的选择。在进口交易前，应了解国外市场行情，并进行分析比较，尽量安排向产品对路、货源充足、价格较低的地区采购。

(3) 选择交易对象。在选择交易对象时，要对其资信、经营能力、政治态度等方面进行调查，择优选用，并尽可能地减少中间流通环节以降低进口成本。

(4) 价格的掌握。根据国际市场近期价格，并结合采购意图，拟订出采购价格掌握幅度。在价格的掌握上，既要避免出价过低而达不成交易，又要避免出价过高而增加外汇支出的现象。

(5) 贸易方式和交易条件运用的掌握。在决定采用何种贸易方式进口时，应根据所采购的商品数量、品种和贸易习惯做法等酌情选择。在经营方案中，对贸易方式的选择问题，一般只定出原则性意见，以便安排进口；对交易条件应根据商品的特点、品种、进口地区、成交对象和经营意图，在平等互利的基础上酌情确定和灵活掌握。

（四）落实用户要求

进口商应与货物的最终使用方，就进口货物的性能、品牌、供货方、来源地、用货时间等问题进行充分交流，以便后续工作顺利开展。

三、建立业务关系

（一）建立业务关系的信函内容

▶ 1. 开头部分

开头部分主要说明取得对方有关信息资料的渠道以及去函目的。

首次主动与对方进行交往，说明信息来源及去函目的非常必要。获得进出口贸易信息的渠道很多，例如，通过银行、中外商会、贸易行名录、第三家公司介绍、中国驻外商务处获得；通过书刊、广告、互联网获得；在商品交易会上获得等。在写这种信函时，首先要告诉对方是如何获得他们的有关信息的，然后再表示愿与之建立业务关系、进行交易，以及希望得到对方的合作。

▶ 2. 介绍和说明部分

为了使对方对本公司的基本情况和产品情况有所了解，以引起对方的兴趣，一般可向对方介绍以下情况。

（1）公司基本情况。本公司的性质、基本业务情况、经营商品的范围和宗旨，以及本公司的优势和特点、分支机构等情况，必要时也可向对方提供资信证明人，以便对方了解本公司的资信情况。

（2）希望推销或购买的商品。例如，本公司希望推销产品时，可分两种情况进行介绍，一种情况是明确对方需求，针对对方感兴趣的某类特定产品进行推荐；另一种情况是在不明确对方需求时，可将本公司经营产品的整体情况做笼统介绍，一般包括产品质量、价格水平、销路等，同时为了使对方更详细地了解本公司产品，有时还会附上产品目录、价目单或向对方邮寄样品等。

▶ 3. 结尾部分

结尾部分一般包括盼对方尽快回音、下订单或告之意见并表示敬意等语句。值得一提的是，假如本公司收到类似的国外来信，就应该有礼貌、迅速地按对方的要求完整地答复，即使本公司不能满足对方的要求，也应该及时答复、委婉说明原因，为以后可能的交易留有余地，切忌置之不理。

总之，要求建立业务关系的信函一般包括上述内容，不过企业也可根据实际情况和需要对所撰写的信函内容加以灵活掌握。

（二）建立业务关系函件的实例

▶ 1. 出口商自我介绍

【函件一】

敬启者：

我们从埃及使馆商务处得悉贵公司的行名和地址，与你们联系希望建立业务关系。

我公司是中国主要电器用品出口商之一，经营各类电器用品，随函附寄我公司经营出口的产品目录一份,相信其中有些产品会引起贵公司的兴趣。

我们欢迎贵公司来函询购各种类型的电器用品。我们将根据贵公司的询价单,寄送报价单,所报价格是以美元计算,为中国口岸船上交货价,包括包装费用。支付条件另议。

期待贵公司的回信。

中国某进出口公司
2016 年 5 月 20 日

【函件二】

敬启者:

冒昧地向贵公司做一介绍,我公司为出口商行。

我公司专门经营欧洲大陆商品销往东方市场的出口业务,迄今已有 50 多年历史,故非常精通远东贸易。我公司极愿为贵方服务,提供贵方感兴趣的欧洲大陆商品,如机械、化工类产品。我公司可在德国以合适的价格购进上述商品。

有关我公司的资信情况,请向法兰克福银行了解。贵公司复函中如能介绍一些情况供我参考,将万分感激。

德国某公司
2016 年 3 月 12 日

【函件三】

敬启者:

我们和×××交往多年,承他向我们推荐了贵公司。

得知贵公司是一家经营纺织品的公司,我方冒昧致函,希望能与贵公司建立贸易关系。我们公司从事出口纺织品业务已有 20 余年,一直向贵国大量供货,但未有幸与贵公司在此方面进行合作,我公司由衷希望获得这种机会。我公司拥有经验丰富、精通业务、了解贵国市场口味的业务人员。除此之外,我们与许多一流厂商关系密切,因而能使我公司顾客感到满意。如贵公司有意接受我方建议,请速告知确切的询盘,我公司将立即寄去我方最低价格并且保证迅速交货。

中国某公司
2016 年 3 月 20 日

▶ 2. 进口商自我介绍

【函件一】

中国化工进出口总公司

北京·中国

敬启者:

我公司进口化工品、塑料制品和化肥,在爱尔兰国内销售。

由于爱尔兰几乎没有什么基础化学工业,因此每年需要进口大量的化工原料。近五年来,由于整个工业增长速度迅速,使化工原料的进口增长了一倍多,英国和其他西欧国家在传统上一直支配着爱尔兰市场,但是这里的制造商现在正寻求其他有价格竞争力的市场。我们对与中国的业务往来前景看好。

如贵公司有意供货,我们极乐意与你们建立业务关系。

爱尔兰××公司
经理×××
2016 年 5 月 10 日

【函件二】

中国进出口公司
广州·中国
敬启者：

  我们从互联网上获悉贵公司名称和地址，与你方联系并希望建立业务关系。我公司地处法兰克福市，成立已有60多年，主要经营糖果、面包等食品业务。在当地与许多城镇的食品商店有广泛的业务联系。我们做糖果、糕饼，需要正常的果脯供应，至今我们一直向提佣行购买，他们总是定期给我们报价。但最近价格频繁波动，而且供应得不到保证，为改变这一状况，我们谋求同贵公司建立直接的业务关系，因为我们喜欢中国的果脯，特别是由于它质优味香。

  我们冒昧写信给你们，是希望与你方建立业务关系。现请你们提供50吨果脯，10月装运，并希望提出你方的贸易条款。我们对大量购买中国其他食品也有兴趣，日后将向你们具体询价。至于我方的财务状况，你方可向法兰克福市Water100街86号Jardine Matheson银行咨询。我们相信，他们会乐意向你们提供所需的资料。如果你们需要更多有关我们业务状况的信息，我们将十分高兴随时给予答复。

Willington and Sons 公司

经理 ×××

2016年5月15日

▶ 3. 进口商对出口商希望建立贸易关系来函之答复

中国×省××进出口公司
湖北·中国
敬启者：

  接贵公司3月1日函，得悉贵公司出口中国棉布业务，并乐意与我公司建立直接业务联系，这正好与我公司的愿望相一致。

  目前，我公司对印花细棉布有兴趣，请贵公司航邮寄来商品目录和样本，并提供有关印花细布的一切必要资料，以便我公司熟悉贵公司产品的质地和工艺，同时，请报包括2%佣金的成本加保险费、运费到伊朗的最低价格，并说明最早交货期。

  如贵公司所报价格具有竞争力，交货期也合适，我公司将大量订货。如蒙早日答复，不胜感谢。

伊朗×××公司

经理×××

2016年3月8日

第二节 国际贸易的磋商

一、交易磋商的重要性

  交易磋商是指交易双方就交易条件进行洽商，以求达成一致协议的具体过程。它是国际货物买卖过程中必须具有的一个重要环节，也是签订买卖合同的必经阶段。

交易磋商的内容包括各项交易条件，它关系到买卖双方的经济利益，因为交易磋商的结果决定着合同条款的具体内容，从而确定了合同双方当事人的权利和义务。

交易磋商的内容，不仅包括商务和技术方面的问题，也包括法律和政策问题。这是一项政策性、策略性、技术性和专业性很强的工作，要求参加此项工作的人员必须具有较高的政策水平、丰富的商品知识以及有关商务、法律和金融等方面的专业知识，尤其要切实掌握有关合同法方面的基本知识。可见，参加交易磋商的人员，不仅要具有多方面的基础知识，而且还要善于把原则性和灵活性结合起来，采取灵活机智的策略和洽谈技巧，使交易磋商达到预期的最佳效果。

二、交易磋商的基本形式和内容

（一）交易磋商的基本形式

交易磋商的基本形式如下。

（1）口头磋商。

（2）书面磋商。

（3）行为表示，如在拍卖行、交易所等场合所进行的货物买卖形式等。

（4）电子商务，又称无纸贸易，即通过电子数据交换，也就是按照协议，通过具有一定结构的标准信息，在计算机网络中进行交易。

根据《公约》，（1）～（3）三种磋商形式具有同等效力。

（二）交易磋商的内容

在磋商的过程中，买卖双方洽谈的内容主要围绕将要签订的合同进行，包括主要交易条件和一般交易条件。

三、交易磋商的程序

交易磋商可通过来往函电进行，也可以通过双方面谈。一般有四个环节：询盘、发盘、还盘、接受。其中，发盘和接受是达成交易、合同成立的不可缺少的两个基本环节和必经的法律步骤。

（一）询盘

询盘是准备购买或出售商品的人向潜在的供货人或买主探询该商品的成交条件或交易的可能性的业务行为，它不具有法律上的约束力。

询盘的内容可以涉及某种商品的品质、规格、数量、包装、价格和装运等成交条件，也可以索取样品，其中多数是询问成交价格，因此，在实际业务中，也有人把询盘称作询价。如果发出询盘的一方，只是想探询价格，并希望对方开出估价单，则对方根据询价要求所开出的估价单，只是参考价格，它并不是正式的报价，因此也不具备发盘的条件。

在国际贸易业务中，发出询盘的目的，除了探询价格或有关交易条件外，有时还表达了与对方进行交易的愿望，希望对方接到询盘后及时做出发盘，以便考虑接受与否。这种询盘实际上属于邀请发盘。邀请发盘是当事人订立合同的准备行为，其目的在于使对方发盘，询盘本身并不构成发盘。

（二）发盘

发盘又称发价或报价，在法律上称为要约。根据《联合国国际货物销售合同公约》第14条第1款的规定："凡向一个或一个以上的特定的人提出的订立合同的建议，如果其内容十分确定并且表明发盘人有在其发盘一旦得到接受就受其约束的意思,即构成发盘。"发盘既可由卖方提出,也可由买方提出,因此,有卖方发盘和买方发盘之分,后者习惯上称为递盘。

发盘应向一个或一个以上特定的人提出,向特定的人提出,即是向具体的公司或个人提出。提出此项要求的目的在于,把发盘同普通商业广告及向广大公众散发的商品价目单等行为区别开来。对广大公众发出的商业广告是否构成发盘的问题,各国法律规定不一。大陆法规定,发盘需向一个或一个以上特定的人提出,凡向公众发出的商业广告,不得视为发盘。英美法的规定则与此相反,如英国有的判例认为,向公众做出的商业广告,只要内容确定,在某些场合下也可视为发盘。《联合国国际货物销售合同公约》对此问题持折中态度,该公约第 14 条第 2 款规定:"非向一个或一个以上特定的人提出的建议,仅应视为邀请发盘,除非提出建议的人明确地表示相反的意向。"根据此项规定,商业广告本身并不是一项发盘,通常只能视为邀请对方提出发盘。但是,如商业广告的内容符合发盘的条件,而且登此广告的人明确表示它是作为一项发盘提出来的,如在广告中注明"本广告构成发盘"或"广告项下的商品将售给最先支付货款或最先开来信用证的人"等,则此类广告也可作为一项发盘。

▶ 1. 构成发盘的要件

(1) 发盘内容必须十分确定。根据《联合国国际货物销售合同公约》第 14 条第 1 款的规定,发盘的内容必须十分确定。所谓十分确定,是指在提出的订约建议中,至少应包括下列三个基本要素:①标明货物的名称;②明示或默示地规定货物的数量或规定确定数量的方法;③明示或默示地规定货物的价格或规定确定价格的方法。凡包含上述三项基本因素的订约建议,即可构成一项发盘。如该发盘被对方接受,买卖合同即告成立。订约建议中关于交货时间、地点及付款时间、地点等其他内容虽然没有提到,并不妨碍它作为一项发盘,因此也不妨碍合同的成立。因为发盘中没有提到的其他条件,在合同成立后,可以双方当事人建立的习惯做法及采用的惯例予以补充,或者按《联合国国际货物销售合同公约》中关于货物销售部分的有关规定予以补充。

(2) 表明经受盘人接受,发盘人即受约束的意思。发盘是订立合同的建议,这个意思应当体现在发盘之中,如发盘人只是就某些交易条件建议同对方进行磋商,而根本没有受其建议约束的意思,则此项建议不能被认为是一项发盘。例如,发盘人在其提出的订约建议中加注诸如"仅供参考""须以发盘人的最后确认为准"或其他保留条件,这样的订约建议就不是发盘,而只是邀请对方发盘。

我国《合同法》对发盘及构成要件的规定同上述《联合国国际货物销售合同公约》的规定与解释基本上是一致的。我国《合同法》第 14 条规定:"要约是希望和他人订立合同的意思表示,该意思表示应当符合下列规定:内容具体确定;表明经受要约人承诺,要约人即受该意思表示约束。"

思考:加拿大某公司接到来电:货号 805 方巾 10 000 打,每打 CIF 温哥华 10 美元,每 10 打一纸箱,9/10 月装船,限 6 月 10 日复到有效。请问:这是不是一项有效的发盘?

▶ 2. 发盘的有效期

在通常情况下,发盘都具体规定一个有效期,作为对方表示接受的时间限制,超过发盘规定的时限,发盘人即不受约束,当发盘未具体列明有效期时,受盘人应在合理时间内接受才能有效。何谓"合理时间",需根据具体情况而定。根据《联合国国际货物销售合同公约》的规定,采用口头发盘时,除发盘人发盘时另有声明外,受盘人只能当场表示接受,方为有效；采用函电成交时，发盘人一般都明确规定发盘的有效期，其规定方法有以下几种。

（1）规定最迟接受的期限。例如，限×月×日复，或限×月×日复到此地。但在国际贸易中，由于交易双方所在地的时间大多存在差异，所以发盘人往往采取以接受通知送达发盘人为准的规定方法。

（2）规定一段接受的期限。例如，发盘有效期为7天，或发盘限7天内复。采取此类规定方法，其期限的计算，按《联合国国际货物销售合同公约》规定，这个期限应从电报交发时刻或信上载明的发信日期起算。如信上未载明发信日期，则从信封所载日期起算。采用电话、电传发盘时，则从发盘送达受盘人时起算。

如果由于时限的最后一天在发盘人营业地是正式假日或非营业日，则应顺延至下一个营业日。此外，当发盘规定有效期时，还应考虑交易双方营业地点不同而产生的时差问题。

▶ 3. 发盘生效的时间

发盘生效的时间有各种不同的情况：以口头方式做出的发盘，其法律效力自对方了解发盘内容时生效；以书面形式做出的发盘，关于其生效时间，主要有两种不同的观点与做法。一种是发信主义，即认为发盘人将发盘发出的同时，发盘就生效；另一种是受信主义，又称到达主义，即认为发盘必须到达受盘人时才生效。根据《联合国国际货物销售合同公约》规定，发盘送达受盘人时生效。我国合同法关于发盘生效时间的规定同上述《联合国国际货物销售合同公约》的规定是一致的，即也采取到达主义。

此外，我国《合同法》第16条还同时对采用数据电文方式的到达时间如何确定做出了具体规定：采用数据电文形式订立合同，收件人指定特定系统接收数据电文的，该数据电文进入特定系统的时间，视为到达时间；未指定特定系统的，该数据电文进入收件人的任何系统的首次时间，视为到达时间。

▶ 4. 发盘的撤回与撤销

（1）发盘的撤回。发盘发出后，发盘人是否可以撤回发盘或变更其内容，在这个问题上，英美法与大陆法两大法系之间存在尖锐的矛盾。英美法认为，发盘原则上对发盘人没有约束力。发盘人在受盘人对发盘表示接受之前的任何时候，都可撤回发盘或变更其内容。而大陆法则认为，发盘对发盘人有约束力。如《德国民法典》规定，除非发盘人在发盘中表明发盘人不受发盘的约束，否则发盘人就要受到发盘的约束。根据《联合国国际货物销售合同公约》的规定，一项发盘（包括注明不可撤销的发盘），只要在其尚未生效以前，都是可以修改或撤回的，因此，如果发盘人发盘内容有误或因其他原因想改变主意，可以用更迅速的通信方法，将发盘的撤回或更改通知赶在受盘人收到该发盘之前或同时送达受盘人，则发盘即可撤回或修改。

（2）发盘的撤销。关于发盘能否撤销的问题，英美法与大陆法存在严重的分歧。英美法认为，在受盘人表示接受之前，即使发盘中规定了有效期，发盘人也可以随时予以撤销，大陆法系国家对此问题的看法相反，认为发盘人原则上应受发盘的约束，不得随意将其发盘撤销。例如，德国法律规定，发盘在有效期内，或没有规定有效期，则依通常情况在可望得到答复之前不得将其撤销。

法国的法律虽规定发盘在受盘人接受之前可以撤销，但若撤销不当，发盘人应承担损害赔偿的责任。为了调和上述两大法系在发盘可否撤销问题上的分歧，《联合国国际货物销售合同公约》采取了折中的办法，该公约第16条规定，在发盘已送达受盘人，即发盘已经生效，但受盘人尚未表示接受之前这一段时间内，只要发盘人及时将撤销通知送达受盘人，仍可将其发盘撤销。如一旦受盘人发出接受通知，则发盘人无权撤销该发盘。此外，《联合国国际货物销售合同公约》还规定，并不是所有的发盘都可撤销，下列两种情况下的发盘，一旦生效，则不得撤销：在发盘中规定了有效期，或以其他方式表示该发盘是不可能撤销的；受盘人有理由信赖该发盘是不可撤销的，并本着对该发盘的信赖采取了行动。

▶ 5. 发盘效力的终止

任何一项发盘，其效力均可在一定条件下终止。发盘效力终止的原因一般有以下几个方面。

（1）在发盘规定的有效期内未被接受，或虽未规定有效期，但在合理时间内未被接受，则发盘的效力即告终止。

（2）发盘人依法撤销。

（3）被受盘人拒绝或还盘之后，即拒绝或还盘通知送达发盘人时，发盘的效力即告终止。

（4）发盘人发盘之后，发生了不可抗力事件，如所在国政府对发盘中的商品或所需外汇发布禁令等。在这种情况下，按出现不可抗力可免除责任的一般原则，发盘的效力即告终止。

（5）发盘人或受盘人在发盘被接受前丧失行为能力，则该发盘的效力也可终止。

▶ 6. 实盘与虚盘

实盘是指在一定时期内对发盘人具有约束力的发盘。实盘一经受盘人在有效期内无条件地接受，即构成双方均有约束力的合同。实盘必须同时具备以下几个条件：①实盘的内容必须是完整和明确的。所谓完整，是指主要交易条件是完备的。所谓明确，是指实盘的内容清楚确切。②实盘的内容必须是肯定的，即发盘人愿意按照提出的各项交易条件同受盘人订立合同。③实盘必须规定有效期限，在国际贸易中，实盘都有有效期，区别只在于有效期有明确规定和没有明确规定之分。不明确规定有效期的发盘，按惯例在合理时间内有效。

在我国对外贸易业务中，使用实盘应注意以下几个问题。按照国际贸易习惯，对外发出实盘时应注明"实盘"字样。在实际工作中，判断一个发盘内容是否完整，不能只从一函一电来看。在主要交易条件方面，常常从表面上看是不完整的，但实际上是完整的。这是因为，一是有的条件已包括在早被双方确认的"一般交易条件"之中了；二是发盘中援引了以往的来往函电或合同，故省略了有些条款，若老客户之间对一些交易条件已形成习惯做法，发盘中虽未说明，但已包括在其中。

虚盘是发盘人有保留地愿意按一定条件达成交易的一种表示。虚盘对发盘人没有约束力，发盘人可以随时撤回或修改其内容，受盘人即使无条件接受，也不能达成交易，只有经发盘人最后确认后，才能构成对双方有约束力的合同。虚盘的主要特点是在发盘中附有保留条件，如注明"以我方最后确认为准""以未售出为准""仅供参考"等；没有规定有效期。因此，虚盘在法律上常称为"邀请要约"。其实它不是真正的发盘，而是一种询盘，其目的是吸引对方递盘，或用以试探行情或对方的诚意。

拓展案例

发盘一，A向B发盘，其内容是："供应100台拖拉机，100匹马力，每台CIF香港

4 500美元，订立合同后2个月装船，不可撤销信用证付款，以未售出为准，请电复。"

发盘二，A向B发盘，其内容是"供应100台拖拉机，100匹马力，每台CIF香港4 500美元，订立合同后2个月装船，不可撤销信用证付款，请电复。"

思考： 这两份发盘哪一份是虚盘，哪一份是实盘？

（三）还盘

还盘又称还价，在法律上称为反要约。还盘是指受盘人不同意或不完全同意发盘提出的各项条件，并提出了修改意见，建议原发盘人考虑，即还盘是对发盘条件进行添加、限制或其他更改的答复。受盘人的答复如果在实质上变更了发盘条件，就构成对发盘的拒绝，其法律后果是否定了原发盘，原发盘即告失效，原发盘人就不再受其约束。

思考： 若你公司对外发盘，国外客户在发盘的有效期内回电接受，但在同一电文中要求将检验和仲裁地点改在进口国。请问：这种接受是否有效？为什么？

（四）接受

接受在法律上称为承诺，它是指受盘人在发盘规定的时限内，以声明或行为表示同意发盘提出的各项条件。可见，接受的实质是对发盘表示同意。这种同意，通常应以某种方式向发盘人表示出来。根据《联合国国际货物销售合同公约》的规定，受盘人对发盘表示接受，既可以通过口头或书面向发盘人发表声明的方式接受，也可以通过其他实际行动来表示接受。沉默或不作为本身，并不等于接受，如果受盘人收到发盘后，不采取任何行动对发盘做出反应，而只是保持缄默，则不能认为是对发盘表示接受。

▶ 1. 构成接受（承诺）的要件

构成一项有效的接受，必须具备下列各项要件。

（1）接受必须由受盘人做出。发盘是向特定的人提出的，因此，只有特定的人才能对发盘做出接受。由第三者做出的接受，不能视为有效的接受，只能作为一项新的发盘。

（2）接受必须是同意发盘所提出的交易条件。根据《联合国国际货物销售合同公约》的规定，一项有效的接受必须是同意发盘所提出的交易条件，只接受发盘中的部分内容，或对发盘条件提出实质性的修改，或提出有条件的接受，均不能构成接受，而只能视作还盘。受盘人对货物的价格、付款、品质、数量、交货时间与地点、一方当事人对另一方当事人的赔偿责任范围或解决争端的办法等条件提出添加或更改，均视为实质性变更发盘条件。但是，若受盘人在表示接受时，对发盘内容提出某些非实质性的添加、限制和更改（如要求增加重量单、装箱单、原产地证明或某些单据的份数等），除非发盘人在不过分迟延的时间内表示反对其中的差异外，仍可构成有效的接受，从而使合同得以成立。在此情况下，合同的条件就以该项发盘的条件以及接受中所提出的某些更改为准。

（3）接受必须在发盘规定的时效内做出。当发盘规定了接受的时限时，受盘人必须在发盘规定的时限内做出接受，方为有效。如发盘没有规定接受的时限，则受盘人应在合理时间内表示接受。对于"合理时间"往往有不同的理解，为了避免争议，最好在发盘中明确规定接受的具体时限。

（4）接受通知的传递方式应符合发盘的要求。发盘人发盘时，有的具体规定接受通知的传递方式，也有未做规定的。如发盘没有规定传递方式，则受盘人可按发盘所采用的，或采用比其更快的传递方式将接受通知送达发盘人。

各国法律通常都对接受到达发盘人的期限做出了规定。我国《合同法》第23条也对此做了明确规定，即承诺应当在要约确定的期限内到达要约人。要约没有确定承诺期限的，承诺应依照下列规定到达：①要约以对话方式做出的，应当及时做出承诺，但当事人另有约定的除外；②要约以非对话方式做出的，承诺应在合理期限内到达。

拓展案例

外商甲公司8月1日向乙发盘，"1 000公吨当年玉米，F·A·Q·每公吨173 320日元FOB横滨。其余条件同SC961012。"三天后，乙回电："你1日电接受，用新麻袋装。"并通过银行向甲开立了信用证。几天后，国际市场上玉米价格上扬，甲来电："你4日电，不接受。"并退回信用证。乙即回电指出："你1日的发盘已被我接受，合同已经成立，请立即履行合同。"甲回电称："我1日电，你4日已作还盘，故合同不成立。"试析合同是否成立？为什么？

▶ 2. 接受生效的时间

接受是一种法律行为，这种行为何时生效，各国法律有不同的规定。在接受生效的时间问题上，英美法与大陆法存在严重分歧。英美法采用"投邮生效"的原则，即接受通知一经投邮或交电报局发出，则立即生效；大陆法系采用"到达生效"的原则，即接受通知必须送达发盘人时才能生效。《联合国国际货物销售合同公约》第18条第2款明确规定，接受送达发盘人时生效。如接受通知未在发盘规定的时限内送达发盘人，或者发盘没有规定时限，且在合理时间内未曾送达发盘人，则该项接受称作逾期接受。按各国法律规定，逾期接受不是有效的接受。由此可见，接受时间对双方当事人都很重要。

此外，接受还可以在受盘人采取某种行为时生效。《联合国国际货物销售合同公约》第8条第3款规定，如根据发盘或依照当事人已确定的习惯做法或惯例，受盘人可以做出某种行为来表示接受，并须向发盘人发出接受通知。例如，发盘人在发盘中要求"立即装运"，受盘人可做出立即发运货物的行为对发盘表示同意，而且这种以行为表示的接受，在装运货物时立即生效，合同即告成立，发盘人就应受其约束。逾期接受又称迟到的接受。虽然各国法律一般认为逾期接受无效，它只能视作一个新的发盘，但《联合国国际货物销售合同公约》对这个问题做了灵活的处理，在第21条第1款中规定，只要发盘人毫不迟延地用口头或书面通知受盘人，认为该项逾期的接受可以有效，愿意承受逾期接受的约束，合同仍可于接受通知送达发盘人时订立。如果发盘人对逾期的接受表示拒绝或不立即向受盘人发出上述通知，则该项逾期的接受无效，合同不能成立。《联合国国际货物销售合同公约》第21条第2款规定，如果载有逾期接受的信件或其他书面文件显示，依照当时寄发情况，只要传递正常，它本来是能够及时送达发盘人的，则此项逾期的接受应当有效，合同于接受通知送达发盘人时订立。除非发盘人毫不迟延地用口头或书面通知受盘人，认为其发盘因逾期接受而失效。以上表明，逾期接受是否有效，关键要看发盘人如何表态。

拓展案例

A向B发盘，发盘中说："供应50台拖拉机，100匹马力，每台CIF香港3 500美元，订立合同后2个月装船，不可撤销信用证付款，请电复。"B收到发盘后，立即电复说："我接受你的发盘，在订立合同后立即装船。"但A未做任何答复。

思考：双方的合同是否成立？为什么？

第三节 国际贸易合同的签订

一、合同成立的时间

根据《公约》的规定，接受送达发盘人时生效。在实际业务中，有时双方当事人在洽商交易时约定，合同成立的时间以订约时合同上所写明的日期为准，或以收到对方确认合同的日期为准。

此外，根据我国法律和行政法规规定，应当由国家批准的合同，在获得批准时方才成立。

二、合同成立的有效条件

买卖双方就各项交易条件达成协议后，并不意味着此项合同定有效，还需具备下列条件。

（1）当事人必须具有签订合同的行为能力。自然人是指精神正常的成年人才能订立合同。法人必须通过其代理人，在法人的经营范围内签订合同。

（2）合同必须有对价或约因。英美法认为，对价是指当事人为了取得合同利益所付出的代价；法国法认为，约因是指当事人签订合同所追求的直接目的。这些法律规定，合同只有在有对价或约因时，才是法律上有效的合同，否则得不到法律保障。

（3）合同的内容必须合法。合法包括不得违反法律、不得违反公共秩序或公共政策，以及不得违反善良风俗或道德三个方面。

（4）合同必须符合法律规定的形式。

（5）合同当事人的意思表示必须真实。

三、合同的形式与内容

（一）合同的形式

在国际贸易中，订立合同的形式有三种：书面形式、口头形式、以行为表示。当前国际货物买卖合同一般都是通过现代化的通信方法达成的，在此情况下，很难要求一定要用书面形式订立合同，因此，现有许多国家对于国际货物买卖合同一般不做形式上的要求，即使要求书面形式，也只是起证据作用。

根据国际贸易的习惯做法，交易双方通过口头或来往函电磋商达成协议后，还必须签订一定格式的正式书面合同，它具有以下三方面的意义。

（1）合同成立的证据。合同是否成立，必须要有证明，而书面合同即可作为合同成立的证明。

（2）合同生效的条件。交易双方在发盘或接受时，如声明以签订一定格式的正式书面合同为准，则在正式签订书面合同时，合同方为成立。

（3）合同履行的依据。交易双方通过口头谈判或函电磋商达成交易后，把彼此磋商一致的内容，集中订入一定格式的书面合同中，双方当事人可以此书面合同为准，作为合同履行的依据。

对书面合同的名称，并无统一规定，其格式的繁简也不一致。在我国对外贸易中，书面合同的形式包括合同、确认书和协议书等。

(二) 合同的内容

在我国，不论采取哪种形式的买卖合同，都是调整交易双方经济关系和规定彼此权利与义务的法律文件，其内容包括约首、基本条款和约尾三部分。

(1) 约首。一般包括合同名称、合同编号、缔约双方名称和地址、电报挂号、电传号码等项内容。

(2) 基本条款。这是合同的主体，包括品名、品质规格、数量（或重量）、包装、价格、交货条件、运输、保险、支付、检验、索赔、不可抗力和仲裁等项内容。

(3) 约尾。一般包括订约日期、订约地点和双方当事人签字等项内容。

为了提高履约率，在规定合同内容时应考虑周全，力求使合同中的条款明确、具体、严密和相互衔接，且与磋商的内容要一致，以利于合同的履行。

四、国际贸易合同

(一) 国际贸易合同的主要内容

出口合同是进口商和出口商依照法律，通过协商就各自在贸易上的权利和义务所达成的具有法律约束力的协议。出口商的出口合同是为销售产品而订立的合同，因此它也被称为销售确认书或销售合同。

出口合同一般包括货物的详尽描述、数量、价格、总值、交货日期和运输方式，对于其他条款比如不可抗力、手工制作与样板有出入也予以列明。

合同一般主要包括：合同号与合同日期；出口商和进口商的名址；货物描述、数量、单位、单价、总值；价格条款；交货期；运输条款；运费和保费负担；原产地条款；对信用证开证的要求；对议付文件的名称、数量、抬头的要求；不可抗力条款；仲裁条款；出口商与进口商签章栏等，参见图 7-1。

(二) 国际贸易合同缮制的说明

(1) 买卖双方名称必须真实、完整，地址、联系方式应详尽齐备，必须包含国籍，因为国籍为确定诉讼管辖、适用法律的标准之一。

(2) 货物描述时，商品名称必须合法，名称要用全称，注明牌号或商标；商品的规格有详细的说明，并对货物的外观、特性有综合性的描述；商品的计量单位必须符合国际单位制；单价要写完整，即币种＋金额＋计量单位＋贸易术语；总金额必须严格等于"数量×单价"。

(3) 货物的包装材料、方式、规格要详细注明，并说明包装费用由哪方承担；唛头是运输装卸和识别货物的特殊标志，必须确认运输标志合法、有效、不会引发知识产权纠纷。

(4) 装运港和目的港必须准确使用标准名称，注明是否可转运、分批等交货方式信息。

(5) 合同中的保险条款是指具体规定由哪方当事人负担货物运输的保险责任，及应投保的险别等内容的条款，其目的在于把保险责任具体化。

(6) 检验条款的作用是提供一个确定卖方所交货物是否符合合同的依据，关系合同的履行、索赔、诉讼等许多法律问题。

出口销售合同
SALES CONTRACT

编号：
NO.

卖方：　　　　　　　　　　　　　　　　日期：
Sellers:　　　　　　　　　　　　　　　Date:
地址：　　　　　　　　　　　　　　　　签约地：
Address:　　　　　　　　　　　　　　Signed at
买方：　　　　　　　　　　　　　　　　电子邮件
Buyer:　　　　　　　　　　　　　　　E-mail
地址：　　　　　　　　　　　　　　　　传真：
Address:　　　　　　　　　　　　　　Fax No.

兹经买卖双方同意成交下列商品订立条款如下：The undersigned seller and buyer have agreed to close the following transactions according to terms and condition stipulated below:

1. 货号 Art. No	2. 商品规格 Commodity and Specifications	3. 数量 Quantity	4. 单价 Unit Price	5. 金额 Amount

6. 包装 Packing:	7. 装船标记 Shipping Marks

8. 装运条款在期间从中国口岸经由海运运至分批和转运由卖方/卖方选择
Shipment: To be made during from china port by ocean steamer to at the seller's option with partial shipment andtranshipment to be allowed.

9. 保险由卖方按发票金额110％依照中国人民保险公司海运货物保险及战争险条款投保险及战争险，保至为止；买方如要求增加保额或保险范围应于装船前经卖方同意因此而增加的保险费由买方负责。
Insurance To be effected by the seller for 100％ of invoice value to covering Risks and War Risk only up to as per the Ocean Marine Cargo Clauses and War Risk Clauses of the People's Insurance co. of China. If additional insurance amount or coverage is required, the buyer must have the consent of the seller before shipment and the additional premium is to be borne by the buyer.
To be effected by the buyer.

10. 付款条件凭保兑的，不可撤销的，无可追索权的信用证，议付有效期延至装运期后15天在中国到期，信用证须于装运期开始月以前天到达卖方，信用证直接开到银行河南省分行。
Payment By Confirmed and Irrevocable L/C, without recourse available by draft at validfor negotiation in China until the15 days aftershipment, the L/Cmust reach the seller days before the commencement of the shipping period. stipulated in this confirmation. Please send the relative L/C to the Bank of Henan Branch directly.

11. 买方须于上述规定的时间内开出本批交易的信用证，信用证内容须严格符合本售货确认书的规定，否则修改信用证的费用由买方负担，卖方不负担因修改信用证而延误装运的责任，并保留因此而发生的一切损失的索赔权。
The buyer shall establish the covering L/C before the above stipulated time and the contentsof the L/C shall be in strict accordance with the stipulations of S/C, in case of any variation there of necessitating amendment of the L/C, the buyer shall bear the expenses for effecting the amendment. The seller shall not be held responsible for possible delay of shipment resulting from awaiting the amendment of the L/C, and reserve the right to claim from the Buyer Compensation for the losses resulting therefrom.

12. 凭样成交，所交货品与样品允许有合理差异。
Conclusion by samples the goods delivered areallowed to have a reasonable tolerance with the samples.

13. 如买方提出索赔，凡属品质或数量异议须于货到目的地之日起30日内提出，但均须提供公证机构出具的检验报告，凡异议属于保险公司，轮船公司其他运输机构或邮电机构负责的，卖方不承担任何责任。
In case of quality or quantity discrepancy, claim should be filed by the buyer within 30 days after the arrival of the goods at port of destination under any case, claims must be accompanied by survey Reports of Recognized Public Surveyors agreed to by the seller, It is mutually understood, that the seller will not assure any responsibility for any discrepancy(ies). of the goods shipped owing to causes for which the insurance company, shipping company, other transportation organization or post office are to be liable.

14. 如因人力不可抗拒原因，以致不能全部或部分履行本确认书时，卖方不负责任。
The seller shall not be held responsibility for failure or delay in delivery of the entire lot or a portion of the goods under this Confirmation in consequence of any Force Majeure incidents.

15. 凡因执行本确认书所发生的或与本确认书有关的一切争议，双方应通过友好协商解决，如果协商仍不能解决时，应提交北京中国国际经济贸易仲裁委员会，根据该会的《仲裁规则》进行仲裁，仲裁是终局的，对双方都有约束力。
All disputes arising from the execution of or in connection with this Confirmation, the parties shall be settled amicably through negotiation. In case no settlement can be reached through negotiation, the case shall then submitted to China International Foreign Economic &Trade Arbitration Commission, Beijing, for arbitration in accordance with its arbitral rules. The arbitrator's decision is final and binding upon both parties.

卖方 SELLER　　　　　　　　　　　　　　买方 BUYER

图 7-1　出口销售合同样本

本章小结

本章介绍了进出口交易前的准备工作、交易磋商的四个环节以及合同的签订,涵盖了正式签订国际贸易合同前要完成的日常工作内容,是每一个进出口业务员必须掌握的知识并能熟练运用的基本技能。针对交易前的准备工作,在了解基本流程的基础上,熟悉各类信函的撰写要求,进行交往信函的仿写与实训,以具备撰写进出口交易信函的基本技能;针对进出口交易磋商的四个环节,可查阅相关案例资料,通过拓展案例领会询盘、发盘、还盘与接受的本质含义,把握区分实盘与虚盘、有效发盘与有效接受的关键点;针对国际贸易合同,在了解合同基本构架的基础上,结合仿真实训加深对合同各板块的认识。

复习思考题

1. 进口交易的前期准备工作包括哪些方面?
2. 2016年12月,我国某进出口公司收到孟加拉某公司来函,表明对其在网上发布的柳编商品感兴趣。该客户名称、地址如下:

Chico Marketing Company

KHILGAON CHOWDHURY PARA,DHAKA-1219,BANGLADESH

请根据相关背景及资料,以该进出口公司业务员身份,完成以下工作。

(1) 对客户进行资信调查。

(2) 写封与客户建立业务关系的信函。函件须反映向客户寄送经常出口的产品目录、空白合同(带有一般交易条件),并欢迎来函、来电询购等内容。

3. 试述发盘的含义与有效条件。
4. 试述接受的含义与有效条件。
5. 我某外贸企业向国外市场询购某商品,不久接到外商3月20日的发盘,有效期至3月26日。我方于3月22日电复:"如能把单价降低5美元,可以接受。"对方没有反应。后因用货部门要货心切,又鉴于该商品行市看涨,我方随即于3月25日又去电表示同意对方3月20日发盘所提的各项条件。

思考: 此项交易是否达成?理由是什么?

第八章 国际贸易术语

学习目标

通过本章的学习，了解国际贸易术语的含义、作用与有关惯例；熟悉 Incoterms® 2010 中 EXW、FAS、DAP、DAT 和 DDP 等五种贸易术语的含义与注意事项；掌握 Incoterms® 2010 中 FCA、FOB、CFR、CIF、CPT、CIP 等六种贸易术语的含义、注意事项与异同。

引导案例

合理选择贸易术语的重要性

2009 年 5 月，我国某进出口公司与日本某商社磋商一笔出口矿产品金属硅的出口业务。在贸易谈判过程中，日方公司提出采用 FCA 贸易术语，货物交给日方公司驻广州办事处的代表（收货人）。但是，中方公司的业务员由于不熟悉 FCA 贸易术语，坚持采用 FOB 价格条件成交。结果双方签订合同时采用的价格条件是 FOB 湛江，总价值 12 万美元。该货物在办理短途运输过程中，被大雨淋湿，到湛江港时，由于货物淋湿不敢装船，只好晒干后再装船，结果错过装运期。该公司只好与日方公司协商延长信用证的有效期和装运期，日方公司则要求降价，否则不但不延长信用证的有效期，而且还要进行索赔。中方公司不得不同意日方公司的要求而降价，结果造成了一些损失。在本项业务中，采用哪一种贸易术语对卖方更有利？

分析：采用 FCA 贸易术语对卖方更有利。

（1）在 FCA 条件下，风险可以尽早转移。在 FCA 条件下，买卖双方的风险以货物交与承运人监管时起转移，而 FOB 则将风险转移时间从货物交与承运人接管延伸到货物在装运港装船，货物装上船为止。

（2）在 FCA 条件下，承运人可以尽早出单。在 FCA 条件下，当承运人接管货物后，就可出单，而在 FOB 条件下，要求卖方提交"已装船"提单。货物交给承运人接管到将货物装上船期间一般需经过一段相当的时间，少则两三天，多则十来天，这就直接影响到卖方向银行交单收汇的时间，从而影响了卖方的资金周转，增加了利息负担。

（3）FCA 条件适应的运输方式更广。FCA 不仅与 FOB 一样适合水上运输，还适合其他运输方式。

总体来看，采用 FCA 条件对卖方更有利。本项业务中，如果采用了 FCA 贸易条件，应该不会出现案例中的违约事项了。

资料来源：韩晶玉. 国际贸易实务[M]. 北京：对外经济贸易大学出版社，2014.

第一节　国际贸易术语相关惯例

国际贸易中买卖双方相距遥远，在卖方交货和买方接货过程中，涉及许多问题。例如，由何方办理租用运输工具、装卸货物；办理货运保险、申领进出口许可证和报关纳税等进出口手续，由何方支付运费、装卸费、保险费、仓储费以及各种捐税和杂项费用，由何方负担货物在运输途中可能发生的损坏和灭失的风险；商品自卖方所在地运交买方这一过程中，货物所有权从何时何处起由卖方转移给买方；等等。这些都是需要明确的问题。如果每笔交易都要求买卖双方对这些问题逐项反复洽商，将耗费大量的时间和费用，并将影响交易的达成。为此，在国际贸易的长期实践中，逐渐形成了各种不同的贸易术语。在一笔出口或进口贸易中，通过使用贸易术语，能方便地明确买卖双方在手续、费用、风险和所有权转移方面的责任划分，从而更有利于交易的达成。

一、贸易术语的含义和作用

（一）贸易术语的含义

贸易术语是在国际贸易长期实践中形成的，用来表示商品的价格构成，说明买卖双方货物交接过程中有关手续、费用和风险的责任划分等问题的专门用语，又称价格条件、贸易条件。贸易术语具有两重性，一方面它用来确定交货条件，即说明买卖双方在交接货物时各自承担的风险、责任和费用；另一方面它又用来表示该商品的价格构成因素，特别是货价中所包含的从属费用。不同的贸易术语，表明买卖双方各自承担不同的责任、费用和风险，而责任、费用和风险的大小，又影响成交商品的价格。一般地说，凡使用出口国国内交货的各种贸易术语，卖方承担的责任、费用和风险都比较小，所以商品的售价就低；反之，凡使用进口国国内交货的各种贸易术语，卖方承担的责任、费用和风险则比较大，相应地商品的售价就较高。

（二）贸易术语的作用

（1）国际贸易术语能够明确和简化买卖双方交易洽商的内容，从而缩短时间、节约费用、加速交易进程。

（2）国际贸易术语可以决定买卖合同的性质，有利于减少纠纷和妥善解决争端。

（3）国际贸易术语作为价格构成的重要因素，有利于买卖双方进行比价和成本核算。

综上可知，贸易术语不但可以表示货物的价格构成，更重要的是规定买卖双方各自应履行的义务、承担的费用及风险转移的界限和关键点。

二、有关贸易术语的国际贸易惯例

国际贸易惯例有关于术语方面，有关于支付、运输等方面的，目前对国际贸易影响较大的有关贸易术语的国际贸易惯例主要有三种。

（一）《1932年华沙-牛津规则》(Warsaw-Oxford Rules 1932)

该惯例于1928年由国际法协会专门为解释CIF贸易条件在华沙制定，1930—1932年在牛津做了修订后使用至今，故称《1932年华沙-牛津规则》。该规则共有21条，专门对CIF合同的性质、买卖双方所承担的风险、责任和费用的划分以及所有权转移的方式等问题做了比较详细的解释。合同双方可自愿选择是否采用。

（二）《1941年美国对外贸易定义修订本》《Revised American Foreign Trade Definitions 1941》

该惯例于1919—1941年由美国商会、进口商协会、外贸协会修订并采用现名（原称为《美国出口报价及其缩写条例》），它在美洲国家有较大影响，合同双方可以自愿采用。该惯例中所解释的贸易术语共包括六种，这六个贸易术语，除"原产地交货"(ex point of origin)和"码头交货"(Ex Dock)分别与incoterm中的Ex Works和Ex Quay大体相近外，其他4种与incoterm相应的贸易术语的解释有很大不同。具体解释如下。

(1) 原产地交货(ex point of origin)。如"制造厂交货""矿山交货""农场交货""仓库交货"等，其后分别注明原产地。按此术语，卖方必须在规定的日期或期限内，将符合合同的货物交到原产地双方约定的地点，将货物置于买方处置之下，就算完成交货义务。

(2) FOB(free on board)在运输工具上交货。《1941年美国对外贸易定义修正本》对此术语有以下六种解释：①"在内陆指定发货地点的指定内陆运输工具上交货"。②"在内陆指定发货地点的指定内陆运输工具上交货，运费预付到指定的出口地点"。③"在内陆指定发货地点的指定内陆运输工具上交货，减除至指定地点的运费"。④"在指定出口地点的指定内陆运输工具上交货"。⑤"船上交货（指定装运港）"。⑥"在进口国指定内陆地点交货"。

(3) FAS(free alongside)。FAS Vessel(named port of shipment)"船边交货（指定装运港）"，按此术语，卖方必须在规定的日期或期限内，将货物交至买方指定的海洋轮船船边、船上装货吊钩可及之处，或交至由买方或为买方所指定或提供的码头，负担货物交至上述地点为止的一切费用。

(4) CFR(cost and freight)。CFR(named point of destination)"成本加运费（指定目的地）"，按此术语，卖方必须负责安排将货物运至指定目的地的运输事宜，并支付其费用；办理货物出口手续并支付相关费用，负担货物装上船为止的任何灭失及/或损坏的责任。

(5) CIF(cost insurance and freight)。CIF(named point of destination)"成本加保险费、运费（指定目的地）"，按此术语，卖方除了必须承担CFR术语下所有的责任外，还须办理海运保险，支付其费用，并提供保险单或可转让的保险凭证。

(6) Ex Dock(named port of importation)"进口港码头交货"。按此术语，卖方必须安排货物运至指定进口港的运输事宜，办理海洋运输保险（包括战争险），并支付其费用；承担货物的任何灭失及/或损坏的责任，直至在指定的进口港码头允许货物停留的期限届满时为止；此术语还有其他不同名称，如Ex Quay、Ex Pier等。

（三）《2010年国际贸易术语解释通则》(Incoterms® 2010)

《国际贸易术语解释通则》(International Rules For The Interpretation of Trade Terms)是由国际商会(ICC)于1935年制定的，后分别于1953年、1967年、1976年、1980年、1990年、1999年和2010年进行了修改和补充，2010年修订本已于2011年1月1日生效

并开始全球实施。与 2000 年版本相比，2010 年修订本的主要变化是贸易术语的数量由原来的 13 种变为 11 种：删除了原来四个 D 组贸易术语，即 DDU(delivered duty unpaid)、DAF(delivered at frontier)、DES(delivered ex ship)、DEQ(delivered ex quay)。只保留了《Incoterms 2000》D 组中的 DDP(delivered duty paid)；新增加两种 D 组贸易术语，即 DAT(delivered at terminal)与 DAP(delivered at place)；原来的 E 组、F 组、C 组的贸易术语不变，参见表 8-1。

表 8-1　《Incoterms 2000》与《Incoterms® 2010》对照

Incoterms 2000（13 种贸易术语）				Incoterms® 2010（11 种贸易术语）		
E 组	EXW	工厂交货（……指定地点）	适用于任何单一或多个运输方式	EXW	工厂交货（……指定地点）	
F 组	FCA	货交承运人（……指定地点）		FCA	货交承运人（……指定地点）	
	FAS	船边交货（……指定装运港）（海运）		CPT	运费付至（……指定目的地）	
	FOB	船上交货（……指定装运港）（海运）		CIP	运费、保险费付至（……指定目的地）	
C 组	CPT	运费付至（……指定目的地）		DAT	运输终点交货（……指定目的地）	
	CIP	运费、保险费付至（……指定目的地）		DAP	目的地交货（……指定目的地）	
	CFR	成本加运费（……指定目的港）（海运）		DDP	完税后交货（……指定目的地）	
	CIF	成本、保险费加运费（……指定目的港）（海运）				
D 组	DAF	边境交货（……指定地点）	适用于海运及内河水运	FAS	船边交货（……指定装运港）（海运）	
	DES	目的港船上交货（……指定目的港）（海运）		FOB	船上交货（……指定装运港）（海运）	
	DEQ	目的港码头交货（……指定目的港）（海运）		CFR	成本加运费（……指定目的港）（海运）	
	DDU	未完税交货（……指定目的地）		CIF	成本、保险费加运费（……指定目的港）（海运）	
	DDP	完税交货（……指定目的地）				

三、《Incoterms® 2010》概述

（一）《Incoterms® 2010》与《Incoterms 2000》的主要区别

（1）对适用范围的调整。《Incoterms 2000》规定适用于国际货物销售合同，而《Incoterms® 2010》则考虑到了一些大的区域贸易集团内部贸易的特点，规定也适用于国内货物销售合同，并规定仅在需要时才办理进出口报关手续。

（2）《Incoterms 2000》将贸易术语分为 E、F、C、D 四组，且按照卖方责任逐步增加、买方责任逐步减少依次排列。而《Incoterms® 2010》按照所适用的运输方式划分为适用任何运输方式和仅适用于水上运输两类。

（3）新增了指导性说明。《Incoterms® 2010》对每个术语都新加了指导性说明，用以解释何时适用本术语，何种情况下适用其他术语。

（4）对贸易术语名称和数量的调整。《Incoterms® 2010》对《Incoterms 2000》中的 D 组的结构及其贸易术语的含义改动较大，删除了 DAF、DES、DEQ 和 DDU 四个术语，增加了 DAT、DAP 两个术语，但是没有对《Incoterms 2000》中的 E 组、F 组和 C 组的结构及

其贸易术语含义进行大的修改。

（5）对贸易术语义务项目上的调整。两者对于其解释的贸易术语下的买卖双方的义务都分别列出十个项目。但是《Incoterms® 2010》在卖方的每一项目中的具体义务不再对应买方在同一项目中相同的义务，而改为分别描述。

（6）对货物风险转移界限的调整。《Incoterms® 2010》取消了《Incoterms 2000》中 FOB、CFR 和 CIF 术语下货物风险在装运港船舷转移的概念，改为卖方承担货物在装运港装上船为止的一切风险。

（7）新增连续贸易。在 FAS、FOB、CFR 和 CIF 等术语下加入了货物在运输期间被多次买卖的责任义务的划分。

此外，国际商会还将 Incoterms® 注册成商标，注册商标"®"是构成部分。要求在使用任何术语时都需要将"Incoterms® 2010"或"国际贸易术语解释通则® 2010"作为后缀或者术语选择的必要构成要件在合同中说明。

（二）《Incoterms® 2010》中买卖双方的责任与费用区分

《Incoterms® 2010》对 11 种贸易术语做了更加清晰和简洁的解释，具体规定了买卖双方在交货方面的权利与义务，参见表 8-2。该贸易惯例已在国际上得到广泛的承认和采用。

表 8-2　辨别《Incoterms® 2010》中 11 种贸易术语的主要义务与费用的担当简表

贸易术语	出口清关	装货费	运输费	保险费	卸货费	进口清关
EXW	进口商	进口商	进口商	进口商	进口商	进口商
FAS	出口商	进口商	进口商	进口商	进口商	进口商
FCA	出口商	出口商/进口商	进口商	进口商	进口商	进口商
FOB	出口商	出口商	进口商	进口商	进口商	进口商
CFR	出口商	出口商	出口商	进口商	进口商	进口商
CPT	出口商	出口商	出口商	进口商	出口商	进口商
CIF	出口商	出口商	出口商	出口商	进口商	进口商
CIP	出口商	出口商	出口商	出口商	进口商	进口商
DAP	出口商	出口商	出口商	出口商	进口商	进口商
DAT	出口商	出口商	出口商	出口商	出口商	进口商
DDP	出口商	出口商	出口商	出口商	进口商	出口商

四、与交货有关的其他问题

（一）贸易术语与合同性质的关系

贸易术语是确定买卖合同性质的一个重要因素，一般来说，采用何种贸易术语成交，则买卖合同的性质也相应可以确定。贸易术语是确定买卖合同性质的重要因素，但它并不是决定合同性质唯一的因素。由此可见，确定买卖合同的性质，不能单纯看采用何种贸易术语，还应看买卖合同中的其他条件是如何规定的。

（二）风险的提前转移问题

卖方承担的风险是在双方约定的交货地点的特定界限，随着交货义务的完成而转移的。各种贸易术语下都规定，当买方没有按约定受领货物或没有给予卖方完成交货义务的必要指示，例如给予装船时间或交货地点的通知，那么，风险和费用的转移可以提前到交货之前。风险的提前转移有一个前提条件，那就是货物必须已正式划归合同项下，即清楚地划出或以其他方式确定为该合同项下的货物，这也就是通常所说的特定化问题，如果货物尚未特定化，风险就不能提前转移。

（三）包装和检验问题

商品包装方式的选择，必须考虑商品自身特点及进口地消费习惯和相关法律法规的规定。商品的包装方式需经买卖双方充分交换意见，或遵循双方长期的业务交往中的惯例做法，切不可在合同中采用笼统规定，以免对商品的运输、通关等造成不必要的麻烦。

商品的检验标准和方法也需在订立合同时明确。一般而言，商品的检验方式主要有在出口国检验、在进口国检验、出口国检验，进口国复验和装运港（地）检验重量，目的港（地）检验质量。对检验的时间和地点的不同规定也涉及具体货物交接的问题，检验条款的内容应合理可行，否则造成货物的迟交甚至不交，以致交易失败。另外，跨国交易中必须对货物的检验机构进行明确规定。

第二节 《Incoterms® 2010》中适用于海运或内陆水上运输的贸易术语

一、FAS

Free alongside ship（… named port of shipment）即船边交货（……指定装运港），是指卖方把货物运到指定的装运港船边，即履行其交货义务。买卖双方负担的风险和费用均以船边为界。

FAS 术语要求卖方办理货物出口清关。应注意，Incoterms 先前的版本都规定，在 FAS 术语下，货物出口清关需由买方负责办理。《Incoterms 2000》和《Incoterms 2010》对此做了与上述相反的规定，其原因是，在实际业务中，货物出口清关，由出口商（卖方）办理，较为方便。但是，如卖方要求由买方办理货物出口清关，则应在合同中对此用明确的词句做出规定。FAS 术语只适用于海运或内河运输。

使用 FAS 术语时，应注意以下问题。

（1）FAS 术语是指卖方在指定装运港将货物放置船边，即完成了交货。如买方所派的船只不能靠岸，卖方也要负责使用驳船将货物运送至船边交货，装船的责任和费用由买方承担。

（2）在《1941 年美国对外贸易定义修订本》中也有 FAS 术语，但其含义为"运输工具旁交货"（free along side）。因此，在同美洲国家商人采用 FAS 术语成交业务时，也须与使用 FOB 术语时一样，在 FAS 后面加上 Vessel 字样，以明确表示"船边交货"。

二、FOB

FOB 是国际贸易中常用的贸易术语之一。FOB 的全文是 free on board(…named port of shipment)，即船上交货(……指定装运港)，习惯称为装运港船上交货。

使用 FOB 术语时，应注意以下问题。

(一) 风险划分的问题

《Incoterms 2000》规定，在 FOB 合同中卖方必须在装运港将货物装上船。当货物在装运港越过船舷(across the ship's rail)时，货物遭受损失或灭失的风险就由卖方转移到了买方。这就表明 FOB 合同中货物交付的标志是"货装船上"，而风险划分界限是"货越过船舷"。但是在实际业务中，船舷并不适合实际需要。《Incoterms® 2010》对此做了修改，风险划分以"货装船上"为界限，实现了货物交付地点和风险划分界限的统一。

思考：在下列两种情况下，采用 FOB 术语的货损应由哪方来负责？为什么？

第一种情况：货物在吊装时，由于吊钩脱落，货物摔落在码头上。

第二种情况：载货船只启程后，遭遇海难，货物随船只沉入海中。

(二) 装货费用的负担

在装运港的装货费用主要是装船费以及与装货有关的理舱费、平舱费、捆扎费、加固费等。在 FOB 合同中，如买方使用班轮运输货物，由于班轮运费包括装货费用和在目的港的卸货费用，班轮运费既然由买方支付，所以装货费用实际上系由买方负担。在大宗货物需使用租船装运时，合同的买卖双方对装货费用的负担是按《Incoterms® 2010》办理，还是双方根据具体情况另行规定，必须在合同中明确表示，以免发生争议。实际业务中，即通过 FOB 变形来解决这一问题。

思考：我某公司从一美商处购进棉花一批，合同价规定为每公吨 1850 美元 FOB 旧金山。我方受载货轮驶抵旧金山港后，通知对方装货，但对方要求我方负担棉花从该城内仓库运至装运港并装上船的一切费用。请问，我方可否拒绝这一要求？

FOB 术语的几种变形如下。

(1) FOB 班轮条件(FOB liner rerms)，指装货费用如同以班轮运输那样，由支付运费的一方即买方负担。

(2) FOB 吊钩下交货(FOB under tackle)，指卖方将货物置于轮船吊钩可及之处，从货物起吊开始的装货费用由买方负担。

(3) FOB 包括理舱(FOB stowed，FOBS)，指卖方负担将货物装入船舱并支付包括理舱费在内的装货费用。

(4) FOB 包括平舱(FOB trimmed，FOBT)，指卖方负担将货物装入船舱并支付包括平舱费在内的装货费用。

(5) FOB 包括理舱、平舱(FOB stowed and trimmed，FOBST)，指卖方负担将货物装入船舱并支付包括理舱费和平舱费在内的装货费用。

(三) 船货衔接

在 FOB 合同中，买方负责租船或订舱，并将船名和装船时间及时通知卖方，而卖方必须负责在合同规定的装船期和装运港，将货物装上买方指定的船只。这样就出现了船货衔接的问题。买方在合同规定的期限内安排船只到合同指定的装运港接受装货，如果船只按时到达装运港，卖方因货未备妥而未能如期装运，则卖方应承担由此造成的空舱费或滞期费。反之，如果因买方延迟派船而致使卖方不能在合同规定的装运期内将货物装船，由此而引起的卖方仓储、保险等费用支出的增加，以及因迟收货款而造成的利息损失，均需由买方负责。

在 FOB 合同中，买卖双方对船货衔接事项，除了应在合同中做出明确规定外，在订约后，必须加强联系、密切配合，以防因船货脱节而引起不必要的纠纷。在有些情况下，卖方可根据买卖双方的协议，代买方办理各项装运手续，包括以自己的名义订舱和取得提单。买方应负责偿付卖方由于代办上述手续而产生的任何费用，诸如货运商和装船代理的装船手续费；卖方订不到舱位的风险也由买方负担。

思考： 1973 年，我方与某外商签订一笔以 FOB 术语为条件的进口合同。后因中东战争苏伊士运河封锁，我方船只只好绕道好望角，以致未能如期到达目的港接货。此时英镑贬值，于是卖方以我方未能按期接货为由，除要求降价（或少交货）之外，还要求我方赔偿其仓储费。请问，我方应如何处理？

（四）不同惯例的不同解释

《1941 年美国对外贸易定义修订本》将 FOB 术语解释为六种情况，其中只有"指定装运港船上交货"FOB Vessel(named port of shipment)与《Incoterms® 2010》所解释的 FOB 术语相近。但在实践中需要注意：《1941 修订本》规定，只有在买方提出请求，并由买方负担费用的情况下，FOB Vessel 的卖方才有义务协助买方取得由出口国签发的为货物出口或在目的地进口所需的各种证件，且出口税和其他税捐费用也需由买方负担。这与《Incoterms® 2010》FOB 术语关于卖方须负责取得出口许可证，并负担一切出口税捐及费用的规定不同。因此，我外贸企业在与美洲国家出口商按 FOB 术语洽谈进口业务时，须在合同中对惯例的适用做出明确规定，对容易产生误解和歧义的地方要在合同中用文字表述清楚，以免合同执行过程中出现争议。

思考： 我国某公司按每公吨 210 美元 FOB Vessel San Francisco 进口 100 公吨钢材。我方如期开出金额为 21 000 美元的信用证，但美商来电要求增加信用证金额至 21 500 美元，否则有关出口及签证费由我方另行电汇。请问，美方这一做法是否合理？

三、CFR

Cost and freight(...named port of destiantion)即成本加运费（……指定目的港），是指卖方负责租船订舱，在合同规定的期限内将指定的货物装上运往指定目的港的船上，支付运费，并承担货物在装运港装上船为止的一切风险和费用。但交货后货物灭失或损坏的风险，以及由于各种事件造成的任何额外费用，即由卖方转移到买方。CFR 术语要求卖方办理出口清关手续。该术语是国际贸易中常用的贸易术语之一，术语后加目的港名称。该术语仅适用于海运或内河运输。

使用 CFR 术语时，应注意以下问题。

（一）租船订舱

CFR 术语要求卖方负责自费办理租船或订舱。根据《Incoterms® 2010》，卖方只负责按照通常条件租船或订舱，使用适合装运有关货物的通常类型的轮船，经习惯行驶航线装运货物。因此，买方一般无权提出关于限制船舶的国籍、船型、船龄以及指定装载某船或某班轮公司的船只等要求。但在出口业务中，如买方提出上述要求，在能够办到又不增加额外费用的情况下，我方也可灵活掌握考虑接受，但这并不是卖方必须履行的责任和义务。

思考： 我国某公司与欧洲商人按 CFR 术语达成出口合同，我方安排了运输，但对方对我方安排的运输路线提出了异议。他们认为，由于中东地区局势紧张，我方不应该安排经过地中海的运输，应走其他航线。我方则认为，走其他航线将会大幅增加运费，如果对方愿意承担增加的运费，我方可以安排，但对方不同意。最终我方仍按原运输航线安排了运输。请问，我方的做法是否合理？

（二）装船通知

在CFR术语下，卖方负责安排在装运港将货物装上船，而买方须自行办理货物运输保险，以就货物装到船上后可能遭受灭失或损坏的风险取得保障。因此，在货物装上船前即风险转移至买方前，买方及时向保险公司办妥保险，是CFR合同中一个至关重要的问题。《Incoterms® 2010》规定卖方必须就货物装船给予买方充分的通知。所谓"充分的通知"，意指该装船通知在时间上是"毫不延迟"的，在内容上是"详尽"的，可满足买方为在目的港收取货物采取的必要措施，包括办理保险的需要。根据有关货物买卖合同的适用法律，卖方可因遗漏或不及时向买方发出装船通知，而使买方未能及时办妥货运保险所造成的后果承担违约责任。所以，在CFR合同中，卖方一旦明确了配载船名后，应立即发出装船通知，这是卖方应尽到的一项重要义务。

思考：我国某公司按CFR价格条件与一外商签约出口某商品一批，合同规定货物保险由买方自理，我方于10月1日凌晨3点装船完毕，受载货轮于当日上午启航，由于当时我方业务员劳累，又赶上是国庆节，故未及时向买方发出装船通知。10月2日下午收到买方急电，称该轮于当日上午遇难沉没，货物灭失，要求我方赔偿全部损失。请问，我方是否能以合同订明保险由买方自理，货物灭失，应由买方向保险公司索赔为由，拒绝受理？

（三）卸货费用的负担

CFR合同的卖方负担的费用在FOB的基础上多了运费一项。这里的运费指的是货物到达目的港的正常运费，不包括途中出现意外而产生的其他费用。在装运港的装船费用由卖方负担，货到目的港的卸货费用可由买卖双方协商决定。正如在FOB术语装货费用的负担中所述，班轮运费包括装运港的装货费用和在目的港的卸货费用，因此，如货物系用班轮运输，运费由CFR合同的卖方支付，在目的港的卸货费用实际上也是由卖方来支付的。如大宗货物使用租船运输，那么在目的港的卸货费用由何方负担的问题就需买卖双方在合同中订明。实际业务中，即通过CFR变形来解决这一问题。

(1) CFR班轮条件(CFR liner terms)，指卸货费按班轮条件处理，由支付运费的一方即由卖方来负担。

(2) CFR舱底交货(CFR ex ship's hold)，指买方负担将货物从舱底起吊卸到码头的费用。

(3) CFR吊钩下交货(CFR ex tackle)，指卖方负担将货物从舱底吊至船边卸离吊钩为止的费用。

(4) CFR卸到岸上(CFR landed)，指卖方负担将货物卸到目的港岸上的费用，包括驳船费和码头费。

四、CIF

Insurance and freight(... named port of destination)即成本、保险费加运费(……指定目的港)，是指卖方将货物放置于指定装运港由买方指定的船舶上，或购买已如此交付的货物即为交货，当货物放置于该船舶上时，货物灭失或损毁的风险在货物于装运港装船时转移给买方。卖方须自行订立运输合同，支付将货物装运至指定目的港所需的运费和费用。卖方须订立货物在运输途中由买方承担的货物灭失或损坏风险的保险合同。CIF 术语要求卖方办理货物出口清关手续。该术语仅适用于海运和内河运输。

使用 CIF 术语时，应注意以下问题。

(一) 卸货费用的负担

如果没有相反的约定，卖方只是负责按通常条件下习惯的航线，租用适当船舶将货物运往目的港。CIF 合同中运费指的是货物到达目的港的正常运费，不包括途中出现意外而产生的其他费用。

在装运港的装船费用由卖方负担，货到目的港的卸货费用可由买卖双方协商决定。正如在 FOB、CFR 术语装货费用的负担中所述，班轮运费包括装运港的装货费用和在目的港的卸货费用。因此，如货物系用班轮运输，运费由 CIF 合同的卖方支付，在目的港的卸货费用实际上也是由卖方来支付的。例如，大宗货物使用租船运输，那么在目的港的卸货费用由何方负担的问题就需买卖双方在合同中订明。实际业务中，即通过 CFR 变形来解决这一问题。

(1) CIF 班轮条件(CIF liner terms)，指卸货费用按班轮条件处理，即买方不负担卸货费，而由卖方或船方负担。

(2) CIF 舱底交货(CIF ex ship's hold)，指货物运达目的港后，买方负担将货物从舱底起吊卸到码头的费用。

(3) CIF 吊钩下交货(CIF ex tackle)，指卖方负担将货物从舱底吊至船边卸离吊钩为止的费用。

(4) CIF 卸到岸上(CIF landed)，指卖方负担将货物卸到目的港岸上的费用，包括驳船费和码头费。

CIF 的变形只是为了说明卸货费用的负担问题，并不改变 CIF 的交货地点和风险划分的界限。

(二) 办理保险的责任

根据《Incoterms® 2010》，在 CIF 术语下，卖方须负责办理保险，这就说明卖方其实是为了买方的利益而办理货运保险的，因为此项保险主要是为了保障货物装船后在运输途中的风险，卖方的投保具有代办性质。因此如果货物在装运后的运输途中遭遇风险和损失，卖方并不承担责任，买方可凭保险单向保险公司索赔，且其能否得到赔偿也与卖方没有关系。正是基于此，买卖双方在签订 CIF 合同时，对保险险别、保险金额和适用的保险条款需要认真协商，并在合同中订明。如果双方在合同中未就险别做出具体规定，那么按照《Incoterms® 2010》，卖方只需按协会货物保险条款或其他类似的保险条款中最低责任的保险险别投保；如买方要得到更大责任的保险险别的保障，须与卖方达成内容明确的协议，或者自行安排额外保险。最低保险金额应为合同规定的价款(CIF 的发票金额)加 10%。

(三) 象征性交货

象征性交货指卖方只要按期在约定地点完成装运，并向买方提交合同规定的，包括物权凭证在内的有关单据，就算完成了交货义务，而无须保证到货。实际交货指卖方要在规定的时间和地点将符合合同规定的货物提交给买方或其指定的人，不能以交单代替交货。

从商业观点看，CIF 合同的目的不是货物本身的买卖，而是与货物有关的单据的买卖。CIF 合同的卖方可通过向买方提交货运单据来完成其交货义务。卖方提交单据，可推定为交付货物，即所谓"象征性交货"。而买方则必须凭上述符合合同要求的货运单据支付价款。

思考：我国某出口公司与科威特一客户按 CIF 条件成交出口一批货物，我方按时交货并将各种合格单据转交给了科威特客户。但货在运输途中遭遇风雨，致使货物受损，买方以未收到合格货物为由，拒付货款。请问，买方拒付货款有无道理？为什么？

在 CIF 术语下，卖方在装运港将货物装上船，即完成了交货义务，与 FOB、CFR 术语一样，CIF 合同也属"装运合同"。卖方按合同规定在装运港将货物装上船，但他并不保证货物必然到达和在何时到达目的港，也不对货物装上船后的任何进一步的风险承担责任。因此，即使卖方在提交单据时，货物已经灭失或损坏，买方仍须凭单据付款，但他仍可凭提单向船方或凭保险单向保险公司提出索赔。反之，如果卖方提交的单据不合格，即使货物完好且如期到达了目的港，买方也有权拒付货款。可见，单据在此种交货方式下具有重要意义。因此，卖方对制单、审单等环节应予以格外的重视，以免出现因单据的差错而遭买方拒付。需要指出的是，在 CIF 术语这种具有单据买卖性质的象征性交货条件下，不能在合同中规定货物何时到达目的港的条款，因为这改变了 CIF 合同的性质，已不是真正意义上的 CIF 条件了。

思考：我国某外贸公司以 CIF 伦敦向英商出售一批商品，凭不可撤销即期信用证付款。由于该货季节性很强，到货的迟早会影响货物的价格。因此，双方在合同中规定，买方须于 9 月底前将信用证开到，卖方须于 10 月自中国港口装运，并保证载货轮船不得迟于 12 月 1 日抵达目的港，否则，买方有权取消合同，如货款已经收妥，则须退还买方。请问，该合同的订法是否妥当？如有不妥，请具体说明。

五、FOB、CFR、CIF 的比较

迄今为止，FOB、CFR 和 CIF 这三种贸易术语是使用最为广泛和频繁的。这三种贸易术语相同之处是都只适用于水上运输，交货地点均为出口国的装运港，在装运港货物交到船上时风险转移，即此前的货损风险由卖方负担，之后的货损风险由买方承担。在装运港交货的这三种术语，卖方都有义务将符合合同规定的货物在合同规定的日期或期间内交至船上，都要负责提供商业发票及符合其责任和义务的其他单据或具有同等效力的电子信息；买方都有义务接受卖方提供的有关单据，受领货物并按合同规定支付货款。

这三种贸易术语的不同之处，是 FOB 合同下的运输和保险由买方负责办理，CFR 合同下的运输由卖方负责办理、保险由买方负责办理，CIF 合同下的运输和保险由卖方负责办理，参见表 8-3。

表 8-3 FOB、CFR 和 CIF 的异同

	卖　　方	买　　方
相同点	1. 装货，通知对方	1. 接货
	2. 出口手续，提供证件	2. 进口手续，提供证件
	3. 交单	3. 受单，付款
	4. 以装运港船上为界划分费用和风险	
	5. 适用于海洋和内河运输方式	

续表

		卖　方	买　方
不同点	FOB		租船订舱，支付运费 办理保险，支付保险费
	CFR	租船订舱，支付运费	办理保险，支付保险费
	CIF	租船订舱，支付运费 办理保险，支付保险费	

资料来源：马祯，武汉生. 国际贸易实务[M]. 北京：对外经济贸易大学出版社，2014.

随着现代运输业的发展，新的运输工具和运输形式不断变化，而装运港交货的贸易术语有一定的局限性，这主要集中于两个方面：其一，它们只适合海洋、内河等水运，而不适合空运、陆运等运输形式；其二，在一些新的运输形式中，诸如集装箱运输、多式联运等，以"货装船上"来划分风险已无法在实际中应用。因此，在国际贸易中，另一组货交承运人贸易的术语FCA、CPT、CIP的使用就日渐增多。

第三节　《Incoterms® 2010》中适用单一或多种运输方式的贸易术语

一、EXW

Ex Works(... named place)即工厂交货(……指定地点)，是指卖方在其所在地或其他指定的地点(工厂、仓库等)将货物交给买方处置时即完成交货。

EXW术语适用于任何运输方式。按此贸易术语成交，卖方既不承担将货物装上买方备妥的运输工具，也不负责办理货物出口清关手续。除另有约定外，买方负担自卖方所在处所提取货物至目的地所需的一切费用和风险。卖方必须支付货物包装费用，除非是不需要包装便可进行运输的特殊货物。卖方应采取适宜运输的包装方式，除非买方在签订买卖合同前便告知卖方特定的包装要求。

因此，这个术语是卖方承担责任、费用和风险最小的一种贸易术语。按EXW术语达成的交易类似于国内贸易，因为卖方所承担的风险、责任和费用均局限于出口国内部。如买方不能直接或间接地办理出口手续，则不应使用本术语，而应使用FCA术语，所以卖方在选择该术语进行交易时应慎重。

思考： 我国某公司按EXW条件对外出口一批电缆，但在交货时，买方以电缆的包装不适合出口运输为由，拒绝提货和付款。请问，买方的行为是否合理？我方应怎么办？

二、FCA

Free Carrier (... named place)即货交承运人(……指定地点)，是指卖方只要将货物在指定的地点交给买方指定的承运人，并办理了出口清关手续，即完成交货，并及时通知买方。FCA是在以FOB原则的基础上发展起来的，适用于各种运输方式，特别是集装箱运输和多式运输的一种贸易术语。使用FCA术语时，应注意以下事项。

(一) 交货地点和风险转移

《Incoterms® 2010》将 FCA 卖方如何完成交货义务概括如下。

(1) 如合同中所规定的指定交货地为卖方所在处所，则当货物被装上由买方指定的承运人的收货运输工具上时，卖方即完成了交货义务。

(2) 在其他情况下，当货物在买方指定的交货地，在卖方的送货运输工具上（未卸下）交由买方指定的承运人处置时，卖方即完成了交货义务。

由此可见，在第一种情况下，FCA 的交货点是在卖方所在处所（工厂、工场、仓库等）由承运人提供的收货运输工具上；在第二种情况下，FCA 的交货点是在买方指定的其他交货地（铁路终点站、启运机场、货运站、集装箱码头或堆场、多用途货运终点站或类似的收货点）卖方的送货运输工具上。当卖方按合同规定，在卖方所在处所将货物装上承运人的收货运输工具，或者在其他指定交货地，在卖方的送货运输工具上，将货物置于承运人处置之下时，货物灭失或损坏的风险即转移至买方。

《Incoterms® 2010》对 FCA 术语下装货和卸货的义务做了如下明确的规定：如在卖方所在处所交货，卖方负责将货物装上由买方指定的承运人的收货运输工具；如在其他指定地交货，卖方不负责将货物从其送货运输工具上卸下。

(二) 买方安排运输

FCA 合同的买方必须自负费用订立自指定地点运输货物的合同。但是，如果买方提出请求，或如果按照商业惯例，在与承运人订立运输合同时（如在铁路或航空运输的情况下）需要卖方提供协助的话，卖方可代为安排运输，但有关费用和风险由买方负担。假如，买方有可能较卖方取得较低的运价，或按其本国政府规定必须由买方自行订立运输合同，则买方应在订立买卖合同时明确告知卖方，以免双方重复订立运输合同而引起问题和发生额外费用。反之，如卖方不愿按买方的请求或商业惯例协助买方订立运输合同，也必须及时通知买方，否则，遗漏安排运输也将引起额外费用和风险。

(三) 责任和费用的划分问题

运输合同由买方负责签订，并承担运费，如需卖方代为指定承运人并签订运输合同，相关风险和费用由买方负担。承担费用的划分以货交承运人为界。

(四) FOB 与 FCA 异同

▶ 1. 相同点

FCA 与 FOB 两种术语均属 F 组术语，按这两种术语成交的合同均属装运合同；买卖双方责任划分的基本原则是相同的。

▶ 2. 不同点

适用运输方式不同，FCA 适用于各种运输方式，FOB 仅用于海运和内河运输；交货地点不同，FCA 交货地点视不同运输方式的不同约定而定，FOB 交货地点为装运港；风险转移的地点不同，FCA 风险划分是卖方将货物交至承运人时转移，FOB 风险划分以卖方将货物置于船上为界；两者在装卸费的负担和运输单据的使用上也有所不同。

思考： 我国某出口公司拟向英国出口大米 3 000 公吨，英方公司提出按 FOB 广州成交，而我方公司提出按 FCA 成都成交。试分析两个公司提出各自成交条件的原因。

三、CPT

Carriage Paid to（…named place of destination）即运费付至（……指定目的地），是指

卖方向其指定的承运人交货，但卖方还必须支付将货物运至目的地的运费，亦即买方承担交货之后一切风险和其他费用。

承运人是指任何人在运输合同中，承诺通过铁路、公路、空运、海运、内河运输或上述运输的联合方式履行运输或由他人履行运输。如果还使用接运的承运人将货物运至约定目的地，则风险自货物交给第一承运人时转移。CPT 术语要求卖方办理出口清关手续。该术语可适用于各种运输方式，包括多式联运。使用 CPT 术语时，应注意以下问题。

（一）风险和费用的划分

CPT 字面意思是运费付至指定的目的地，虽然卖方要负责订立从起运地到指定目的地的运输合同，并支付正常运费，但卖方负担的风险并没有延伸到指定的目的地。按《Incoterms® 2010》解释，货物自交货地点到目的地的运输途中的风险由买方而不是卖方承担，当卖方将货物交付给承运人时风险就由卖方转至买方。如果货物运输到指定目的地途中涉及多个承运人，则可以推定，当卖方在某个完全由其选择，并且买方不能控制的地点将货物交付给第一承运人时，风险转移至买方。

（二）关于交货通知

《Incoterms® 2010》规定，卖方必须向买方发出已按照规定交货的通知。在 CPT 合同中，卖方负责安排运输，而买方负责货物运输保险以及进口手续、报关和接货的办理。为了避免两者脱节，造成货物装运（货交承运人接受监管）后失去对货物必要的保险保障，卖方应及时向买方发出交货通知。

（三）CPT 与 CFR 异同点

▶ 1. 相同点

卖方负责安排交货地至目的地的运输事项，并承担费用；但货物在运输途中灭失或损坏的风险及交给承运人后的任何费用，均由买方承担；都属于装运合同，卖方无须保证按时到货。

▶ 2. 不同点

CPT 适用于任何运输方式，而 CFR 仅适用于海洋和内河运输；风险划分界线不同，CPT 以货物交给第一承运人为界，CFR 则在装运港船上；交货地点不同，CPT 因运输方式不同而交货地点不同，CFR 在装运港。

四、CIP

Carriage and Insurance Paid（...named place of destination）即运费和保险费付至（……指定目的地），是指卖方向其指定的承运人交货，但卖方还必须支付将货物运至目的地的运费，亦即买方承担卖方交货之后的一切风险和额外费用。但是，按照 CIP 术语，卖方还必须办理买方货物在运输途中灭失或损坏风险的保险。因此，由卖方订立保险合同并支付保险费。买方应注意到，CIP 术语只要求卖方投保最低限度的保险险别。如买方需要更高的保险险别，则需要与卖方明确地达成协议，或者自行做出额外的保险安排。如果还使用接运的承运人将货物运至约定的目的地，则风险自货物交给第一承运人时转移。CIP 术语要求卖方办理出口清关手续。该术语可适用于各种运输方式，包括多式联运。

使用 CIP 术语时，应注意以下问题。

（一）保险问题

《Incoterms® 2010》规定，在 CIP 下由卖方负责办理货物保险、签订保险合同并支付保险费用。此时，卖方是为买方利益保险，由选择保险险别、确定保险金额、保险期限和保险权利转让等得到进一步说明。如果买方没有提及，则卖方需按照相应运输方式投保最低承保范围的险别和最低保险费率（即合同总价款的110%），买方另有要求的除外。

（二）风险转移和费用转移的地点不同

CIP与CPT术语下规定相同，即在交货地点风险由卖方转移到买方处，但卖方必须签订运输合同至目的地，并支付相应运输费用。

（三）签订运输合同

该术语适用于任何运输方式，卖方可"按照通常方式经惯常路线"订立运输合同，如惯常路线发生不可抗力受阻，卖方对订立运输合同可免责，所以即使造成延迟交货或不交货，卖方不承担相关责任。

（四）CIP与CPT、CIF术语的异同点

CIP术语下的卖方义务是在CPT术语基础上，增加了办理保险并付保险费这一项责任。其他方面如运输方式、交货地点、风险划分方面与CPT都相同。

CIP与CIF同属装运合同，它们的价格构成中也都包括了通常的运费和约定的保险费。但两者在交货地点、风险划分界限以及卖方承担的责任和费用方面又有明显的差别。

CIP与CIF所适用的运输方式不同。按《Incoterms 2000》的规定，CIP术语适用于各种运输方式，包括联运，而CIF仅适用于海运和内河航运。

涉及保险的术语只有两个，即CIF和CIP。在这两个术语下，卖方有义务为买方的利益办理保险。在其他情况下，则是由当事方自己决定是否要办理保险以及投保到什么程度。由于卖方要为买方的利益办理保险，卖方不一定知道买方的详细要求。根据由伦敦保险人协会（Institute of London Underwriters）拟定的《协会货物保险条款》（Institute Cargo Clauses），（C）规定办理"最低程度"的保险，（B）规定办理中等程度保险，（A）规定办理最高险别。在CIF术语下的农矿产品销售中，买方或许希望将在途货物卖给新的买方，而这个新的买方也许希望再将货物售出，所以，卖方不可能了解这些后继买方的保险要求。因此，在CIF术语下，传统上选择最低程度的保险，但买方可以要求卖方办理附加保险。但最低保险对制成品货物的销售可能不太适宜，因为对制成品而言存在偷盗、不当搬运或保管的风险，要求为货物投保超过《协会货物保险条款》（C）下"最低程度"的保险。由于CIP不同于CIF，一般不用于农矿产品的销售，如果在CIP下采用最高险别而不是CIF下的最低险别，将会是可行的。但若在CIF和CIP术语下对卖方办理货物保险义务的要求不同，则容易导致混乱。所以，这两个术语要求卖方只限于办理"最低程度"的货物保险。对于CIP术语下的买方来说，注意到这一点是非常重要的。如果买方要求附加的险别，他可以与卖方协议由卖方办理或自行安排办理更高的保险。在某些情况下，买方也许会要求获得比《协会货物保险条款》（A）更高的保险，如战争险、动乱险、民变险、罢工或其他劳工动乱险。若买方希望卖方安排这样的保险，买方必须指示卖方，而卖方必须在可能情况下负责安排这些保险。

思考：国外客户有时电邀我方报CIF某一内陆国家的城市价，如加德满都（尼泊尔）、乌兰巴托（蒙古）、基辅（乌克兰）、明斯克（白俄罗斯）、日内瓦（瑞士）、维也纳（奥地利）、坎帕拉（乌干达）、苏克雷（玻利维亚）等。请问，对此我方应如何答复？

(五) FCA、CIP 与 CPT 的比较

这三种贸易术语的相同之处是都适用于各种运输方式，交货地点均为出口国的内陆或港口，在装运地使货物交到承运人时风险转移，即此前的货损风险由卖方负担，之后的货损风险由买方承担。这三种术语，卖方都有义务将符合合同规定的货物在合同规定的日期或期间内交至指定地点，都要负责提供商业发票及符合其责任和义务的其他单据或具有同等效力的电子信息；买方都有义务接受卖方提供的有关单据，受领货物并按合同规定支付货款。

这三种贸易术语的不同之处，是 FCA 合同下的运输和保险由买方负责办理，CPT 合同下的运输由卖方负责办理、保险由买方负责办理，CIP 合同下的运输和保险由卖方负责办理，参见表 8-4。

表 8-4 FCA、CPT 和 CIP 的异同

		卖　方	买　方
相同点		1. 装货，通知对方	1. 接货
		2. 出口手续，提供证件	2. 进口手续，提供证件
		3. 交单	3. 受单，付款
		4. 以装运地第一承运人为界划分费用和风险	
		5. 适用于各种运输方式	
不同点	FCA		办理运输，支付运费 办理保险，支付保险费
	CPT	办理运输，支付运费	办理保险，支付保险费
	CIP	办理运输，支付运费 办理保险，支付保险费	

资料来源：马祯，武汉生. 国际贸易实务[M]. 北京：对外经济贸易大学出版社，2014.

五、FOB、CFR、CIF 术语与 FCA、CPT、CIP 术语的比较

FCA、CPT、CIP 三种术语是分别从 FOB、CFR、CIF 三种传统术语发展起来的，均属装运合同。卖方保证按时交货，并不保证按时到货。其责任划分的基本原则是相同的，但也有区别。

(一) 适用的运输方式不同

FOB、CFR、CIF 三种术语仅适用于海运和内河运输，其承运人一般只限于船公司，而 FCA、CPT、CIP 则不仅适用于海运和内河运输，而且也适用于陆运、空运等各种运输方式的单式运输，以及两种或两种以上不同运输方式相结合的多式运输，其承运人可以是船公司、铁路局、航空公司，也可以是安排多式运输的联合运输经营人。

(二) 交货和风险转移的地点不同

FOB、CFR、CIF 的交货点均为货物装到指定船上时或以取得已经在船上交付的货物的方式交货，风险均以货物装上船时从卖方转移至买方。而 FCA、CPT、CIP 的交货地点，需视不同的运输方式和不同的约定而定，它可以是在卖方所在处所由承运人提供的运输工具上，也可以是在铁路、公路、航空、内河、海洋运输承运人或多式运输承运人的运输站或其他收货点卖方的送货运输工具上。至于货物灭失或损坏的风险，则于卖方将货物交给承运人时，即自卖方转移至买方。

（三）装卸费用负担不同

按 FOB、CFR、CIF 术语，卖方承担货物在装运港船上为止的一切费用。但由于货物装船是个连续作业，各港口的习惯做法又不尽一致，所以，在使用租船运输的 FOB 合同中，应明确装货费用由何方负担。在 CFR 和 CIF 合同中，则应明确卸货费用由何方负担。

在 FCA、CPT、CIP 术语下，如涉及海洋运输，并使用租船装运，卖方将货物交给承运人时所支付的运费（CPT、CIP 术语），或由买方支付的运费（FCA 术语），已包含了承运人接管货物后在装运港的装货（装船）费用和目的港的卸货（卸船）费用。这样，在 FCA 合同中的装货（装船）费用的负担和在 CPT、CIP 合同中的卸货（卸船）费用的负担问题就不再存在。在租船运输的 FOB 合同中，应明确装货费由何方负担，在租船运输的 CFR 和 CIF 合同中，则应明确卸货费由何方负担；在 FCA 合同中若在卖方所在地交货，则装货费用由卖方负担。在 CPT 和 CIP 合同中，由于卖方支付的运费已包含装卸费，因此不存在装卸费用由谁负担的问题。

（四）运输单据不同

在 FOB、CFR、CIF 术语下，卖方一般应向买方提交已装船清洁提单。而在 FCA、CPT、CIP 术语下，卖方提交的运输单据则视不同的运输方式而定。如在海运和内河运输方式下，卖方应提供可转让的提单，有时也可提供不可转让的海运单和内河运单。如在铁路、公路、航空运输或多式运输方式下，则应分别提供铁路运单、公路运单、航空运单或多式运输单据。

（五）投保险别不同

采用 FOB、CFR、CIF 术语，买方或卖方要为货物投保海洋货运险。而在 FCA、CPT、CIP 术语下，买方或卖方要根据具体采用的运输方式而投保相应的海运、陆运、空运险别。

六、目的地交货的三个贸易术语

（一）DAP

Delivered at Place(…named place of destination)即目的地交货（……指定目的地），是指卖方在指定的交货地点，将仍处于交货的运输工具上尚未卸下的货物交给买方处置即完成交货。

卖方须承担货物运至指定目的地的一切风险。在需要办理海关手续时（在必要时/适当时），DAP 规则要求应由卖方办理货物的出口清关手续，但卖方没有义务办理货物的进口清关手续，支付任何进口税或者办理任何进口海关手续，如果当事人希望卖方办理货物的进口清关手续，支付任何进口税和办理任何进口海关手续，则应适用 DDP 规则。与在 DAT 术语下卖方需将货物从抵达的运输工具上卸下交由买方处置，DAP 术语只要求卖方做好卸货准备而无须卸货，即完成交货。

思考： 中国清远公司出口一批货物，DAP 术语成交，不可撤销信用证付款，2 月 20 日交货。1 月下旬，中国清远公司的货物装船驶向目的港。此时买方要求货装船后卖方将全套提单空邮买方，以便买方及时凭以办理进口通关手续，中国清远公司即以照办。由于海上风浪过大，船舶迟到几天才到达目的港，遭到买方降价要挟，经过争取对方才未予以追究。货物到达目的港后，对卸货费用由谁负担的问题双方发生了争议。请问，卸货费用应该由谁承担？

在 DAP 术语下，卖方在指定的目的地将货物交由买方处置即完成交货义务，卖方无需将货物从运输工具上卸下。卖方承担货物运至指定目的地的一切风险。该术语适用于任何运输方式。

按 DAP 术语订立合同时，应注意以下问题。

(1) 如果卖方订立运输合同支付的费用中包含了卸货费，除非双方另有约定，否则卖方无权向买方索偿。

(2) 由于卖方承担在指定地点交货前的风险，建议交易双方明确指定的地点。

(3) 卖方必须办理出口清关手续，但无须办理进口清关手续。若双方约定由卖方负责办理进口清关手续，则可采用 DDP 术语。

(二) DAT

Delivered at Terminal(... named terminal at port or place of destination)即运输终端交货(……指定港口或目的地的运输终端)，是指卖方在指定的目的港或目的地的指定的终点站卸货后将货物交给买方处置即完成交货。

"终点站"包括任何地方，无论约定或者不约定，包括码头、仓库、集装箱堆场或公路、铁路或空运货站。卖方应承担将货物运至指定的目的地和卸货所产生的一切风险和费用。在必要的情况下，DAT 规则要求卖方办理货物出口清关手续。但是，卖方没有义务办理货物进口清关手续并支付任何进口税或办理任何进口报关手续。本术语可适用于任何运输方式，也适用于多种运输方式。

按 DAT 术语订立合同时，应注意以下问题。

(1) 卖方应当在指定的目的地或目的港将货物从运输工具上卸下，并承担卸货费用。

(2) 由于卖方承担在指定地点交货前的风险，建议交易双方明确指定的地点。

(3) 如果约定由卖方承担货物从指定地点到另一地点的费用和风险，则可采用 DAP 或 DDP 术语。

(三) DDP

Delivered duty paid(... named place of destination)即完税后交货(……指定目的地)，是指卖方在指定目的地的约定地点，办理进口清关手续，将货物交与买方，完成交货。

在 DDP 术语下，卖方在指定的目的地将仍处于抵达的运输工具上，但已完成进口清关，且已做好卸货准备的货物交由买方处置时，即完成交货义务。卖方必须承担将货物运至目的地的一切风险和费用，包括在目的地办理进口清关手续时应缴纳的任何"税费"。该术语适用于任何运输方式。与 EXW 相反，DDP 是卖方承担义务最多的一种术语。按《Incoterms® 2010》规定，在办理进口清关手续时，卖方也可以要求买方予以协助，但费用和风险仍由卖方负担。买方应给予卖方一切协助，如取得进口所需的进口许可证或其他官方证件。如果双方当事人希望将进口时所要支付的一些费用如增值税从卖方的义务中排除，则应在合同中说明。

七、国际贸易术语的选用

相较于《Incoterms 2000》，《Incoterms® 2010》根据实际需要进行了更多符合时宜的改动，以便各方根据自身情况恰当地选择各种贸易术语。但需要注意的是，《Incoterms® 2010》的发布并不代表《Incoterms 2000》的终止，交易各方仍可按照各方需要合理恰当地选用惯例。在实际业务中，选用何种贸易术语，直接关系买卖双方的经济利益，因此在交易磋商过程中，贸易双方从自身利益考虑都非常重视这个问题。为了便于合同执行和提高经济效益，选用贸易术语时，应考虑以下几个因素。

(一) 运输条件

买卖双方采用何种贸易术语，首先应考虑采用何种运输方式。在进出口某方本身有足够运输能力或安排运输无困难,而且经济上又合理的情况下,可争取按由自身安排运输的条件成交(如按 FCA、FAS 或 FOB 进口,按 CIP、CIF 或 CFR 出口),否则,则应酌情争取按由对方安排运输的条件成交(如按 FCA、FAS 或 FOB 出口,CIP、CIF 或 CFR 进口)。

（二）运输途中的风险

在国际贸易中,交易的商品一般需要通过长途运输,货物在运输过程中可能遇到各种自然灾害、意外事故等风险,特别是在遇到战争或正常的国际贸易遭到人为障碍与破坏的时期和地区,则运输途中的风险更大。因此,买卖双方洽商交易时,必须根据不同时期、不同地区、不同运输路线和运输方式的风险情况,并结合购销意图来选用适当的贸易术语,如进口企业不愿意承担货物在运输途中的风险,则可尽量选用目的地交货的各术语。

（三）运费因素

运费是货价构成因素之一,在选用贸易术语时,应考虑货物经由路线的运费收取情况和运价变动趋势。一般来说,当运价看涨时,为了避免承担运价上涨的风险,可以选用由对方安排运输的贸易术语成交。在运价看涨的情况下,如因某种原因不得不采用按由自身安排运输的条件成交,则应将运价上涨的风险考虑到货价中去,以免遭受运价变动的损失。

（四）货源情况

国际贸易中货物品种很多,不同类别的货物具有不同的特点,它们在运输方面各有不同要求,故安排运输的难易不同,运费开支大小也有差异,这是选用贸易术语应考虑的因素。此外,成交量的大小也直接涉及安排运输是否有困难和经济上是否合算的问题。当成交量太小,又无班轮通航的情况下,负责安排运输的一方势必会增加运输成本,故选用贸易术语时也应予以考虑。

（五）办理进出口货物清关手续有无困难

在国际贸易中,关于进出口货物的清关手续,有些国家规定只能由清关所在国的当事人安排或代为办理,有些国家则无此项限制。因此,负责通关工作的当事人应详细了解对方国家通关的规定、手续和费用负担等事宜,当某出口国政府规定,买方不能直接或间接办理出口清关手续,则不宜按 EXW 条件成交,而应选用 FCA 条件成交；若进口国当局规定,卖方不能直接或间接办理进口清关手续,此时则不采用 DDP,而应选用目的地交货的其他术语成交。

综上所述,选用贸易术语要考虑的因素是多方面的,我们应根据不同贸易对象、不同商品、不同贸易条件全盘考虑,最终选择能维护企业和国家最大利益的贸易术语。此外,在选择贸易术语时,还应考虑其他方面的问题,如对外汇管制情况、运输路线等。

本章小结

本章系统介绍了《Incoterms® 2010》的 11 种贸易术语,其中在实际业务中常用的贸易术语有六个,它们是 FOB、CFR、CIF、FCA、CPT、CIP,应在记忆的基础上,结合一定数量的相关案例,分析理解这些贸易术语的含义与适用要求,才能在国际贸易实践中正确应用。此外,对 EXW、FAS、DAP、DAT、DDP 等贸易术语,可以从买卖双方的责任与义务分担、风险与费用转移分界线等特点去认识,并结合一些案例理解应用。全面掌握关键贸易术语,为后续章节学习奠定必要基础。

复习思考题

1. 请将《Incoterms® 2010》中各种贸易术语后应当加装运港还是目的港，指定装运地点还是指定目的地予以分类梳理。

2. 简述 FOB、CFR、CIF、FCA、CPT、CIP 术语的含义、注意事项与异同。

3. 简述 EXW、FAS、DAP、DAT、DDP 术语的含义、注意事项。

4. 我国某进出口公司向新加坡某贸易有限公司出口香料15公吨，对外报价为每公吨2 500美元FOB湛江，装运期为10月，集装箱装运。公司于10月16日收到买方的装运通知，为及时装船，公司业务员10月17日将货物存于湛江码头仓库，不料货物因当夜仓库发生火灾而全部灭失，以致货物损失由我方承担。

思考： 在该笔业务中，该公司若采用FCA术语成交，是否需要承担案中的损失，为什么？

5. 2013年6月，我国某公司从东南亚某国A公司以CIF南京进口香米，由于风平浪静，距离较近，卖方没有办理保险将货物运至南京，适逢国内香米价格下跌。

思考： 该公司是否可以以A公司没有办理保险，提交的单据不全为由拒绝收货和付款？

第九章 国际货物买卖合同的标的条款

> **学习目标**
>
> 通过本章的学习，了解国际货物买卖合同标的条款的内容，熟悉货物的名称与数量要求，掌握货物质量的表示方法与运输包装的标志种类。

引导案例

出口商品包装意义重大

在国际贸易中，由于出口商品包装不符合要求而造成经济损失的四种情况如下。

（1）包装材料不符合要求。台湾的一家公司往中东运输玻璃杯，使用木箱作为包装箱并用干草作为填充料。然而，等物品运到目的地时，大部分玻璃杯都碎了。因为中东地区的天气比较干燥，当木箱运抵中东地区时，箱内的干草由于潮气散发体积变小，使箱子内有了多余的空隙，船的颠簸使得玻璃杯互相碰撞而破碎。这就说明在一个地方的办法，在另一个地方却是无效的。因此，在某些气候条件下，包装物必须进行专门设计，以保证产品完好无损。

（2）包装方式不符合要求。某出口公司向中东市场出口一批鞋子，在包装方式上采用我方惯常的包装方式：在包装盒内，两只鞋子颠倒摆放。在出口通关的过程中，此包装不符合进口国的要求，商品无法出口，给出口商造成了不小的经济损失。经过调查，原来进口国要求鞋子应两头朝前，而并非我国的惯常包装方式。

（3）销售包装的设计不符合进口国的风俗文化。一家饮料公司的产品标签上画有六个带尖角的星星，公司的意图只是将这些星星作为包装上的装饰和点缀，然而却无意中冒犯了阿拉伯国家的许多顾客。因为阿拉伯人认为这个图案具有强烈的宗教色彩，反映了阿以冲突，这个标签最后不得不进行了修改。

（4）运输标志不符合要求。湖南某出口商生产一批胶鞋出口到比利时的安特卫普，运输唛头标识"ANTWERP"却被印刷成"AMTWERP"，引起外商向中方索赔，造成不小的经济损失。

资料来源：王瑷媛. 我国出口商品包装重要性分析[J]. 中国包装工业，2015(07)：62-65.

第一节 商品的名称与质量

在国际贸易合同中,"交易标的"也称"标的"或"标的物",是当事人双方权利和义务所共同指向的对象,即货物。对标的物的描述(合同条款中的英文表达为 name of commodity 或 description of goods),即列明商品的品名与品质,是订立合同的必要条款,对标的物描述不明确或缺乏标的物的合同是无法成立的。

一、商品的名称

(一) 商品名称的含义及其重要性

商品的名称又称货物的品名,是指能使某种商品区别于其他商品的一种称呼或概念。商品的名称在一定程度上体现了商品的自然属性、用途以及重要的性能特征。

在买卖合同中,明确商品名称的重要性表现如下。

(1) 从法律的角度看,在合同中规定标的物的条款,是买卖双方的一项基本权利和义务,是货物交收的基本依据之一。如果卖方交付的货物不符合合同规定的品名或说明,买方有权提出损害赔偿要求,直至拒收货物或撤销合同。

(2) 从实务的角度看,列明成交商品的具体名称是交易赖以进行的物质基础和前提,买卖双方在此前提下进行价格磋商并决定包装方式、运输方式,同时品名也是进行商业统计、外贸统计的依据,以及报关、报检、托运、投保、索赔、仲裁等实务中收费的依据。

(二) 商品品名条款的表示方法

在国际货物买卖合同中,品名条款即在"商品名称"或"品名"的标题下列明买卖双方要成交商品的名称,也有的只在合同的开头部分载明交易双方同意买卖某种物品的文句。

由于有些商品具有不同的品种、型号、等级、产地等,为了明确起见,在合同中将上述因素包括进去,以便做进一步的限定,如"长白山人参""特级中国绿茶"等。此外,有时还要明确商品的品牌、品质规格等,如"长虹两寸平面直角彩色电视机",这实际上是把品名条款与品质条款合并在一起。

(三) 订立品名条款时应注意的问题

▶ 1. 正确使用成交商品的名称

正确无误地使用成交商品的名称,不仅关系到合同当事人的利益,而且有利于合同的履行。因此,约定商品名称时要注意以下几点。

(1) 一般应使用国际上通用的名称。产品有时有学名、商品名、俗称等,在合同中要正确使用,买卖双方应事先就其含义达成共识,以利于合同的履行。例如,青霉素是国际上通用的品名,而盘尼西林是在国际上注册的品名,已不再使用。

(2) 在一个合同中,或同一个商号的几个合同中,同一种商品不要使用不同的名称。例如,在品名条款中所用的商品名称是"龙眼",则在合同其他条款中就不应再用"桂圆"的称呼。

(3) 对于某些商品的定名及其译名,应力求准确易懂,并符合国际上习惯的称呼。例如,"金竖琴高级皮尔斯纳"听起来绝不会想到是啤酒的名字。

(4) 凡商品名称带有外国的国名或地名(如印度绸等),应尽可能使用自定的名称,也可在自定名称后括号说明(如俗称印度绸)。对于一些涉及外国商品名称专用权或制造方法专用权的名称,一般应避免使用。凡出口商品名称带有产地名称者,其品质规格应有明确标准,如生产情况稳定,且在国外适销对路,可继续使用;否则,不宜轻易采用凭产地名称买卖。例如,"长白山人参""新疆和田玉"品质标准明确,实际较常使用。

(5) 若某些商品有几个不同的称呼,约定品名时,应根据是否有利于减抵关税、方便进出口和节省运输费用诸因素来选用合适的名称。如果商品名称选用不当,可能导致该商品被禁止进出口或者征收较高的关税或运输费用,如"自行车"比"拆散自行车"税率高20%,因此买卖双方应在合同中明确其名称。

▶ 2. 品名条款的内容必须明确具体

合同中品名条款的文字表述应能确切反映标的物的特点,避免空泛、笼统的规定,以利于合同的履行。若成交商品的品种和规格繁多,可在商品名称栏内标明商品类别总称,如文具、家具、工艺品、瓷器等,但同时应将具体商品名称用附表详细列明,以便日后开立信用证和缮制单据时使用。

▶ 3. 合理描述成交的商品

对某些成交的商品,如需要在品名条款中做进一步描述时,其描述性的词句应当运用得当,既不能漏掉必要的描述,也不应列入不切实际或不必要的描述,以免给履约造成困难和引起争议。

二、货物质量的含义及其重要性

货物的质量也称货物的品质,是指货物的内在素质与外观形态的综合。货物的内在素质是商品的化学成分、物理性能、机械性能、生物特征等自然属性,一般需要通过仪器设备测试才能获得;而商品的外在形态则包括商品的大小、长短、轻重、软硬以及造型、款式、结构等,这些特征可以通过人们的感觉器官直接获得。约定进出口商品品质具有十分重要的意义。

(1) 商品品质的优劣直接影响商品的使用价值和价格,是决定商品使用效能和影响商品市场价格的重要因素。

(2) 合同中的品质条件不仅是构成商品说明的重要组成部分,也是买卖双方交接货物的主要依据。《公约》中明确规定了卖方交货必须符合约定的质量,如卖方交货不符合约定的品质条件,买方有权要求损害赔偿,也可要求修理或交付替代货物,甚至拒收货物和撤销合同。

在实际中因品质问题而产生贸易纠纷的案件和事例最多。为了减少和避免争议,在约定品质时,应对成交商品的质量要求做出全面、确切和清楚的描述,以利于合同的履行。由此可见,出口合同中约定品质条件和订好品质条款,不论从法律还是从实践的角度而言,都是十分重要的。

国际贸易中,由于交易的商品种类繁多,特点各异,表示货物质量的方法也有很多种,归纳起来,可以分为凭实物和凭说明两大类。

三、凭实物表示货物质量的方法

(一) 看货买卖

根据现有货物的实际品质进行买卖,即看货买卖。常用于寄售、展卖、拍卖当中,尤其适用于具有独特性质的商品,如珠宝、首饰、字画及特定工艺品等。

(二) 凭样品成交

样品是指从一批货物中抽取出来的，或由生产部门、使用部门加工、设计出来的，足以反映和代表整批货物质量的少量实物，包括参考样品和标准样品。凭样品成交(sale by sample)，是指买卖双方按约定的足以代表实际货物的样品，作为交货的品质依据的交易。根据提供样品方的不同，可分为以下三种。

▶ 1. 凭卖方样品买卖

凭卖方样品买卖(sale by seller's sample)，指以卖方样品作为交货品质的依据。

注意：样品要有足够的代表性，并妥善保管；要留有复样、编号、日期，作为将来组织生产、交货或处理品质纠纷时用；在订立合同时，为了留有余地，可在合同中规定"卖方交货与所提供样品的品质大致相同，或基本相同"以防买方因卖方所交货物与样品有微小差异而拒收或索赔；严格区分参考样品和标准样品。

▶ 2. 凭买方样品买卖

凭买方样品买卖(sale by buyer's sample)，指以买方提供的样品磋商交易和订立合同，并以买方样品作为交货品质的依据。

注意：卖方应注意对方的来样是否是反动的、色情的、丑陋的式样和图案；需注意原材料供应、加工生产技术和生产安排的可能性；防止侵犯第三者的工业产权。

▶ 3. 凭对等样品买卖

凭对等样品买卖(sale by counter sample)(回样、确认样)，是指卖方根据买方提供的样品，加工复制出一个类似的样品供买方确认，经确认后的样品，就是对等样品。

采用凭样品成交时，应当注意下列事项：①凡凭样品买卖，卖方交货的品质必须与样品完全一致。②以样品表示品质的方法，只能酌情采用。凡能用科学的指标表示商品质量的，就不宜采用此法。在当前国际贸易中，单纯凭样品成交的情况不多。③采用凭样品成交而对品质无绝对把握时，应在合同条款中相应做出灵活的规定。

四、凭说明表示货物质量的方法

凡以文字、图表、照片等方式来说明货物质量的，均属于此范畴。

(一) 凭规格、等级或标准买卖(sale by specification, grade or standard)

▶ 1. 规格

规格是指用来反映货物质量的一些主要指标，如成分、含量、纯度、大小、长短、粗细等。例如，东北大豆出口的规格：水分含量(最高)15%；含油量(最低)18%；含杂质(最高)1.5%；不完善粒含量(最多)8.5%。用规格表示商品品质的方法简单易行、明确具体，而且具有可根据每批货物的具体情况灵活调整的特点，所以在国际贸易中应用非常广泛。

思考：我国生产企业向马来西亚客户出口汽车配件，品名为 YZ-8303R/L，但生产企业提供了 YZ-8301R/L，两种型号的产品在外观上非常相似，但却用在不同的车型上，因此客户不能接受，要求我方调换产品或降低价格。我方考虑到退货相当麻烦，费用很高，因此只好降低15%的价格了结此案。

▶ 2. 等级

等级是指把同一类货物按其品质或规格上的差异，划分为不同的级别和档次，用数码或文字表示，从而产生品质优劣的若干等级。货物的等级通常是由制造商或出口商根据长期生产和了解该类货物的经验,在掌握其品质规律的基础上指定出来的。它有助于满足各种不同需要,也有利于根据不同需要安排生产和加工整理。买卖双方可根据合同当事人的意愿予以调整或改变,并在合同中具体订明。例如,皮蛋按重量、大小分为奎、排、特、顶、大五级,奎级每千只75千克以上,以后每差一级,减5千克。

▶ 3. 标准

标准是指将货物的规格和等级予以标准化。一般是由国家或有关部门规定并公布实施的标准化品质指标。国内一般采用国颁标准(国家标准计量局会同有关部门颁布)和部颁标准(国家各部委颁布)。国际上一般采用企业标准、团体标准、国家标准、区域标准、国际标准。出口商品一般应以我国标准为依据,如有可能和把握,可酌情采用外国标准。进口商品一般采用国际标准并结合本国实际采用。采用标准时,应注明版本年号。

对某些初级产品难以标准化,可采用FAQ(fair average quality)和GMQ(good marketing quality)等标准。

1) FAQ标准

FAQ标准即"良好平均品质",是指一定时期内某地出口货物的平均品质水平,一般是指中等货,对于某些品质变化较大而难以规定统一标准的农副产品,往往采用此标准。其具体解释和确定办法如下。

(1) 指农产品的每个生产年度的中等货。采用这种解释时,一般是生产国在农产品收获后,经过对产品进行广泛抽样,从中制定出该年度的"良好平均品质"的标准和样品,并予以公布,作为该年度的FAQ标准。

(2) 指某一季度或某一装船月份在装运地发运的同一种商品的"平均品质"。它一般是从各批出运的货物中抽样,然后综合起来,取其中者作为良好平均品质的标准。它可由买卖双方联合抽样,或共同委托检验人员抽样,送交指定的机构检验确定。

在我国出口的农副产品中,也有用"FAQ"来说明品质的。但是,我们所说的"FAQ"一般是指大路货,是和"精选货"(selected)相对而言的。而且在合同中除了标明大路货之外,还订有具体规格,如"木薯片,2005年产,大路货,水分最高16%",在交货时,则以合同规定的具体规格作为依据。

2) GMQ标准

GMQ标准是指卖方须保证其交付的货物品质良好,适合商品销售,而在成交时无须以其他方式去说明商品的具体品质。在国际贸易中,这种方法适用于木材、冷冻鱼虾等水产品的买卖。由于该标准含义笼统,很容易引起争议,因此,我国基本上不采用。在国外,如引用此标准,交货后发生品质争议,通常由同业公会聘请专家以仲裁方式解决。

(二) 凭说明书和图样买卖(sales by description of illustration)

在国际货物贸易中,有些机器、电器和仪表等技术密集型产品,因其结构复杂,对材料和设计的要求非常严格,用以说明其性能的数据较多,很难用几个简单的指标来表明其品质。而且有些产品,即使其名称相同,但由于所使用的材料、设计和制造技术的某些差别,也可能导致功能上的差异。因此,对这类商品的质量,通常是以说明书并附以图样、照片、设计、分析表及各种数据来说明其具体性能和结构特点。按此方式进行交易,称为凭说明书和图样买卖。

目前,有关定型的机电产品买卖,多是采用这种方式进行的。应当指出,凭说明书和图样买卖时,卖方所交的货物,必须符合说明书所规定的各项指标。但是,由于这类产品的技术要求比较高,品质与说明书和图样相符合的产品,有时在使用时并不一定能达到设计的要求，所以在合同中，除列入说明书的具体内容外，一般需要订立卖方品质保证条款和技术服务条款。例如，合同规定："卖方须在一定期限内保证其商品的质量符合说明书所规定的指标，如在保证期内发现品质低于规定，或部件的工艺质量不良，或因材料内部隐患而产生缺陷，买方有权提出索赔，卖方有义务消除缺陷或更换有缺陷的商品或材料，并承担由此引起的各项费用。"

（三）凭商标或品牌买卖(sale by trade mark or brand)

商标是指生产或经营者用来识别其所生产或出售的货物的标志，通常是由一个或几个具有特色的词汇、字母、数字、图形或图片组成；品牌是指工商企业给其制造或销售的产品所冠的名称，以便与其他企业的同类产品区别开来，使用时应注意其合法性和可商销性。适用于一些品质稳定的工业制成品或经过科学加工的具有特色的名优产品或国际市场上行销已久、信誉良好并为买主所熟悉的初级产品。

（四）凭产地名称买卖(sale by name of origin)

凭产地名称买卖适用于具有地方风味和特色的产品。这些产品受产区的自然条件、传统的加工工艺等因素的影响，在品质方面具有与其他产区的产品所不具有的独特风格和特色。这种方式多用于农、副、土特产品，如"四川榨菜""东北大豆""徽墨""宣纸""金华火腿"等。

以上各种表示方法可单独使用，也可酌情混合选用。

五、买卖合同的质量条款

在质量条款中，一般要写明货物的名称和具体质量，在凭样品买卖时，合同中除了要列明货物的名称外，还应订明凭以达成交易的样品的编号，必要时还要列出寄送和确定的日期。在凭文字说明买卖时，应针对不同交易的具体情况，在买卖合同中明确规定货物的名称、规格、等级、标准、牌名及商标或产地名称等内容。在以图样和说明书表示货物质量时，还应在合同中列明图样、说明书的名称、份数等内容。

在国际贸易中，卖方交货品质必须严格与买卖合同规定的品质条款相符。但由于卖方难以控制的原因，如商品特性、生产加工条件、运输条件和气候等因素的影响，致使交货品质与合同规定不符的现象时有发生，有时候甚至难以避免。对于这些产品，如果品质条款规定得过于绝对化，必然会对卖方的顺利交货带来困难。因此，订立合同时可以在品质条款中规定一些灵活条款，卖方所交商品品质只要在规定的灵活范围内，即可认为交货质量与合同相符，买方无权拒收货物。常见的规定方法如下。

（一）质量机动幅度

为了使交易得以顺利进行，对初级产品和某些工业制成品，通常规定质量机动幅度条款或品质增减价条款，即允许特定质量指标可以在一定幅度内机动。其具体规定方法有规定范围、极限和上下差异三种。

▶ 1. 规定范围

对某些产品的质量指标规定上下范围，如"色织条格布宽度 41/42 inch."(the width of yarn dyed gingham：41/42 inch.)，即布的宽度只要在 41~42 英寸的范围内，即达到合同规定的要求。

▶ 2. 规定极限

对某些产品的质量规格规定上下极限，如最大、最高、最多(maximum 或 max)和最小、最少、最低(minimum 或 min)。例如，鱼粉，蛋白质最低55%，脂肪最高9%，水分最高11%，盐分最高4%，砂分最高4%(fish meal, fish protein concentrate(min)：55%，fat(max)：9%，moisture(max)：11%，salinity(max)：4%，mine(max)：4%)。

▶ 3. 规定上下差异

即规定某一具体质量指标的同时，规定必要的上下变化幅度，如"灰鸭绒，含绒量21%，允许±1%"(grey duck down, with 21% down content, 1% more or less allowed)。

（二）品质公差

在工业品的生产过程中，对产品的质量指标产生一定的误差有时是难以避免的，如手表走时每天误差若干秒，某圆形物体的直径误差若干毫米。这种误差为某一国际同行业所公认，即成为"品质公差"。交货质量只要在此范围内，就可以认为与合同相符。因此对于大多工业制成品的交易，常规定品质公差条款，即允许交付货物的特定质量指标在公认的一定范围内的差异，交货质量只要在此范围内即可认为与合同相符。对于国际同行业有公认的"品质公差"，可以不在合同中明确规定。但如果国际同行业对特定指标并无公认的"品质公差"，或者买卖双方对品质公差的理解不一致，或者由于生产原因，需要扩大公差范围时，也可以在合同中具体规定品质公差的内容，即买卖双方共同认可的误差。卖方交货质量在质量机动幅度或品质公差允许的范围内，一般按照合同单价计价，不再按质量高低另做调整。但有些商品，也可以按照交货时的质量状况调整价格，这时就需要在合同中规定品质增减价条款。

（三）品质增减价条款

为了体现按质论价，在采用交货品质允许有一定的机动幅度的情况下，对某些货物也可根据实际交货品质调整价格，即在合同中加订品质增减价条款。一般有下列两种订法。

▶ 1. 对机动幅度内的品质差异，可按交货实品质规定予以增价或减价

例如，在我国大豆出口合同中规定："水分每增减1%，则合同价格减增1%；不完善粒每增减1%，则合同价格减增5%；含油量每增减1%，则合同价格增减5%。如增减蝠度不到1%者，可按比例计算。"

▶ 2. 只对品质低于合同规定者扣价

在品质机动幅度范围内，交货品质低于合同规定者扣价，而高于合同规定者却不增加价格。为了更有效地约束卖方按规定的品质交货，还可规定不同的扣价办法。如在机动幅度范围内，交货品质低于合同规定1%，扣价1%；低于合同规定1%以上者，则加大扣价比例。采用品质增减价条款，一般应选用对价格有重要影响而又允许有一定机动幅度的主要质量指标，对于次要的质量指标或不允许有机动幅度的重要指标，则不能使用。

六、规定品质条款应注意的事项

在订立品质条款时，应注意以下问题。

（1）根据商品特性确定表示品质的方法。原则上，可用文字说明表示品质的，就不要同时用样品表示品质，否则，一旦成交，买方必须承担交货品质既符合文字说明又符合样品的责任。

思考：某企业出口白书写纸一批，出口合同规定商品的名称为"手工制造书写纸"(handmade writing paper)。买方收到货物后，经检验发现货物部分制造工序为机械操作，因而要求我方赔偿，而我方拒赔，主要理由是：该商品的生产工序基本上是手工操作，而且关键工序完全采用手工；该交易是经买方当面先看样品成交的，并且实际品质

又与样品一致，因此应认为所交货物与样品的品质一致。请问，你认为责任在谁？应如何处理？

(2) 要准确、具体地描述品质要求，忌笼统含糊，如大约、左右；也忌绝对化，如"棉无疵点"，此表示太过绝对，买卖双方可根据货物不同等级明确约定疵点。

(3) 重视品质机动幅度和品质公差在表示品质方面的作用，凡是能采用和应该采用品质机动幅度和品质公差表示的商品，一般都要订明具体的机动幅度或公差的允许值，以免以后产生争议。

第二节 货物的数量

一、约定商品数量的意义

商品数量的多少，是制定单价和计算总金额的重要依据，不仅关系到交易规模的大小，而且是影响价格和其他交易条件的重要依据。所以，商品的数量条件是买卖合同中的一项重要条件。

根据《公约》规定：卖方所交货物数量如果多于合同规定的数量，买方可以收取也可以拒绝收取全部多交货物或部分多交货物。但如果卖方短交，可允许卖方在规定交货期届满之前补齐，但不得使买方遭受不合理的不便或承担不合理的开支，即使如此，买方也保留要求损害赔偿的权利。

依据政策的规定和经营意图，根据需要和可能，按外商资信情况和市场行情的变化，正确掌握进出口商品成交数量，以利合同的履行。

二、度量衡制度

由于各国度量衡制度不同，所使用的计量单位也各异。度量衡制度不仅关系到货物的计价基础和卖方交货数量的准确性，而且有时还涉及商业发票上的计量单位是否符合进口国海关规定问题。

▶ 1. 米制

米制(the metric system)又称公制，它以十进位制为基础，"度量"与"衡"之间有内在的联系，相互之间的换算比较方便。

▶ 2. 英制

英制(the british system)，曾经在世界上有较大影响，特别是在纺织品等交易中，但使用不方便。

▶ 3. 美制

美制(the U.S. system)，以英制为基础，多数计量单位的名称与英制的名称相同，但含义有差别，主要体现在重量单位和容量单位中。

▶ 4. 国际单位制

国际单位制(the international system of unit，SI)，是在米制基础发展起来的，它有利于计量单位的统一，标志着计量制度日趋国际化和标准化。

我国于 1985 年 9 月 6 日通过《中华人民共和国标准计量法》,于 1986 年 7 月 1 日实施国际单位制。《中华人民共和国计量法》第 3 条明确规定:"国家采用国际单位制。国际单位制计量单位和国家选定的其他计量单位为国家法定计量单位。"在外贸业务中,出口商品,除合同规定需采用公制、英制或美制计量单位者外,也应使用法定计量单位。一般不进口非法定计量单位的仪器设备。如有特殊需要,须经有关标准计量管理机构批准,才能使用非法定计量单位。

思考:大连某出口公司向日本出口一批大米,在洽谈时,谈妥出口 2 000 公吨,每公吨 USD280 FOB 大连口岸。但在签订合同时,在合同上只是笼统地写了 2 000 吨,我方当事人认为合同上的吨就是公吨,而发货时日商要求按长吨供货。请问,外商的要求是否合理,应该如何处理此项纠纷?

三、计量单位

国际贸易中所使用的计量单位很多,不同的商品可以采用不同的计量单位来计量,常见的计量单位如下。

▶ 1. 按重量计算

按重量计算是国际贸易中使用最多的一种计量方法,根据不同商品的具体情况,分别按吨、千克、克、磅、英担、美担、盎司、克拉计算,适用于大宗农、副产品、矿产品以及一些工业制成品。

▶ 2. 按数量计算

国际贸易中所使用的数量计量单位很多,常见的有件、双、套、打、罗、令、袋、桶、包、卷等,适用于日用消费品、轻工业品、机械产品以及一部分土特产品。

▶ 3. 按长度计算

按长度计算的常见单位有米、英尺、码等,多用于金属绳索、布匹、绸缎等商品的买卖。

▶ 4. 按面积计算

按面积计算的常见单位有平方米、平方英尺、平方码等,有些商品如玻璃板、地毯、皮革等习惯以面积作为计量单位。

▶ 5. 按体积计算

按体积计算的常用单位有立方米、立方英尺、立方码等,仅用于木材、天然气以及化学气体的买卖。

▶ 6. 按容积计算

按容积计算的常见单位有公升、加仑、蒲式耳等。蒲式耳常用于计量各种谷物,公升和加仑多用于液体商品,如酒类、汽油、石油等。

四、重量的计量方法

在国际贸易中,采用按重量计算的方法很多。用件数计量的商品,由于有固定的包装,比较容易计量,大宗散装货物和无包装或简单包装的货物,则采用衡器检重。在计算重量时,通常有以下几种主要方法。

(一)毛重

毛重(gross weight)是指商品本身的重量加包装物的重量。按毛重为准,也就是以毛重作为计算价格的基础。有的单位价值不高的商品，如散装的大宗低价商品，一般没有包装或有简单包装，但同货物重量相比很少，价值很低，因此，在计价时，可以将毛重当作净重计，这种方法称为"以毛作净"(gross for net)。例如，东北红小豆，100公吨，单层新麻袋装，每袋约100千克，以毛作净（North East Small Red Beans，100 metric tons packed in single new gunny bags of about 100kgs. each, gross for net.）。在实际业务中，以毛重计重通常也适用于运输计重。

思考： 我国某出口公司与日本商人按每公吨500美元CIF东京成交某农产品200公吨。合同规定，信用证付款方式，每袋包装25千克，双线新麻袋包装。该公司凭证装运出口并办妥了结汇手续。事后对方来电称该公司所交货物扣除皮重后实际到货不足200公吨，提出按净重计算价格，并要求该公司退回因短量多收的货款。该公司则以合同未规定按净重计价为由拒绝退款。请问，该公司做法是否可行？为什么？

（二）净重

凡商品本身重量，即除去其包装物后的实际重量称为净重(net weight)。这是国际贸易中最常见的计重方法。在采用净重计重时，对于如何计算包装重量，国际上有下列几种做法。

▶ 1. 按实际皮重计算

实际皮重即指包装的实际重量，是指对包装逐件衡量后所得到重量总和。

▶ 2. 按平均皮重计算

如果商品所使用的包装比较划一，重量相差不大，就可以从整批货物中抽出一定的件数，称出其皮重，然后求出其平均重量，再乘以总件数，即可求得整批货物的皮重。近年来，随着技术的发展和包装材料及规格的标准化，用平均皮重计算净重的做法已日益普遍，有人把它称为标准皮重。

▶ 3. 按习惯皮重计算

有些商品，由于其所使用的包装材料和规格已比较定型，皮重已为市场所公认，因此，在计算其皮重时，就无须对包装逐件过秤，按习惯上公认的皮重乘以总件数即可，如"每只麻袋习惯皮重为2.5磅"。

▶ 4. 按约定皮重计算

即以买卖双方事先约定的包装重量作为计算的基础。

以上表明，国际上计算皮重的方法很多，究竟采用哪一种方法来求得净重，应根据商品的性质、所使用包装的特点、合同数量的多寡以及交易习惯，由双方当事人商定并在合同中具体列明，以免履约时引起争议。

（三）公量

公量(conditioned weight)是指用科学方法抽掉商品中的水分后，再加上标准含水量所求得的商品的重量。这种计算重量的方法主要适用于一些吸湿性比较强、所含水分受客观环境影响较大、重量不稳定的商品，如棉花、羊毛、生丝等。公量是以商品的标准回潮率计算出来的。所谓标准回潮率是交易双方约定的货物中的水分与干量之比，而商品中的实际水分与干量之比称为实际回潮率。国际上公认的棉花、羊毛、生丝的标准回潮率为11%。公量的计算公式为

$$公量 = \frac{实际重量 \times (1 + 标准回潮率)}{1 + 实际回潮率}$$

思考： 某公司出口生丝，买卖双方约定标准回潮率为11%，现有生丝105公吨，经过

测定，实际回潮率为9%。请问，符合双方约定回潮率的重量应为多少公吨？

（四）理论重量

对于一些按固定形状规格和尺寸所生产和买卖的商品，只要其规格和重量一致、尺寸大小一致，则每件商品的重量大体相同的，即为理论重量（theoretical weight）。一般可以从其件数就能推算出总重量，适用于马口铁、钢板等。但是这种计重方法是建立在每件货物重量相同的基础上的，重量如有变化，其实际重量也会产生差异，因此，只能作为计重时的参考。

（五）法定重量和实物净重

法定重量（legal weight）是商品的重量加上直接接触商品的包装物料的重量。实物净重（net weight）是指除去直接接触商品的包装物料所表示出来的纯商品的重量。

五、有关数量的法律规定

数量条款是合同中的一项重要条款，是买卖双方交接货物的依据。违反数量条款会损害对方的利益，法律后果是严重的。各国法律和有关国际惯例对此都做了具体的规定，因此，合同当事人应当严格遵守。

（一）交货数量与合同相符的规定

卖方交货的数量必须与合同规定的数量完全一致，各国的法律规定是相同的。《公约》第35条第1款规定，卖方交付的货物必须与合同所规定的数量相符。《公约》的这一规定在于明确卖方必须遵守的合同义务：按合同规定的数量交货，不得超交或短交。包装货物，应按合同规定的数量单位交货。对于某些散装货，按合同或贸易惯例允许的溢短装数量交货，应当认为与合同相符。

（二）关于卖方多交或少交的规定

按照一些国家的法律规定，商品的数量是交易的重要条件，卖方所交货物的数量如果小于合同规定的数量，买方有权予以拒收；卖方所交货物的数量如果大于合同规定的数量，买方除了可以拒收多余部分外，也可以拒收全部货物。《联合国国际货物销售合同公约》第52条第2款对卖方多交货物做了如下规定：如果卖方交付的货物数量大于合同规定的数量，买方可以收取也可以拒绝收取多交部分的货物。如果买方收取多交部分货物的全部或一部分，必须按合同价格付款。《公约》的这一规定是合理的。卖方超过合同规定的数量交货，构成违反合同，买方有收取或拒绝收取超交部分的选择权。《公约》第37条对于卖方少交货物做了如下规定：如果卖方在交货日期前交付货物，可以在交货日期到达前，交付任何漏缺部分或补足所交货物的不足数量，或对所交货物中任何不符合合同规定的情形做出补救。《公约》关于卖方少交货物的规定，给予卖方对交货数量的漏缺或不足以行使补救的权利，目的是使卖方交货与合同相符，避免发生违反合同的情况。但是，这一权利的行使不得给买方带来任何不便和承担不合理的费用，买方保留要求损害赔偿的任何权利。

（三）关于按重量计量的规定

在国际贸易中，有很多商品是按重量计量的。计算重量的方法主要有毛重和净重。一些货物是按重量计算价格的，但是究竟是按净重还是毛重计算，合同应做出明确规定。如合同中仅规定按重量计算，但未明确规定是按毛重还是净重计量、计价的，根据国际惯例，通常是以净重计算为准。《公约》第56条规定，如果价格是按货物的重量规定，如有疑问,应按净重确定。按重量计算的货物,应明确重量的计算方法。不同的计算方法直接关系到货物数额的大小,也关系到交易双方的利益,应充分注意。

(四)关于数量溢短装的规定

对于一些商品,如大宗农副产品、工业原材料等,由于商品本身的特性,或受自然条件以及包装和运输工具的影响,计量不容易准确,一般都规定数量机动幅度条款,通常使用"More or Less"的宽容条款。也有时候在合同交货数量前加上"约"字,表示"大约"或"左右"的意思,如"约1 000公吨"。

拓展案例

针对溢短装的惯例与实际权利归属

国际商会《跟单信用证统一惯例(第600号出版物)》(以下简称为《UCP600》)第30条a款规定:"'约'、'大约'或类似意义的词语用于信用证金额、货物数量和单价时,应解释为对有关金额、数量、单价不超过10%的增减幅度。"在此规定下,即在信用证支付方式下,对"约"量的理解可解释为允许有10%的增减幅度。《UCP600》第30条b款规定:"在信用证未以包装单位件数或货物自身件数的方式规定货物数量时,货物数量允许有5%的增减幅度,但总支取金额不应超过信用证金额。"就数量溢短装的决定权利而言,权利主要有以下三种:

(1)卖方权利。在采用CIF术语成交的条件下,如果涉及溢短装问题,往往由卖方决定,如"500 long ton more or less at seller's option"。在实际业务中,数量机动幅度范围内的计价方法一般按合同价计算,有时也可按装运时或货到时的市场价格计算。

例如,Quantity:1 000M/T,gross for net,with 3% more or less at seller's option,such excess or deficiency to be at the contracted price($10/M/T)表示数量:1 000公吨,以毛作净,3%增减幅度,由卖方选择,增减部分按合同价格(每公吨10美元)计算。

(2)买方权利。在采用FOB术语成交的条件下,由于是买方租船订舱,所以涉及溢短装问题通常由买方决定。数量机动幅度范围内的计价方法同上。

例如,Quantity:1 000M/T,gross for net,with 3% more or less at seller's option,contracted price:$10/M/T,such excess or deficiency to be at the market price of shipment($8/M/T)表示数量:1 000公吨,以毛作净,3%增减幅度,由卖方选择,合同价格每公吨10美元,增减部分按装运时的市场价格(每公吨8美元)计算。

(3)船方权利。在采用租船运输的情况下,在签订租船合同时,船方或承运人通常会向货主或托运人要求其货物装载量的溢短装权由船方决定,如"A full and Complete cargo of 2 000 long tons ship's option"。数量机动幅度范围内的计价方法同上。

资料来源:马祯,武汉生.国际贸易实务[M].北京:对外经济贸易大学出版社,2014.

六、合同中的数量条款

(一)数量条款的内容

买卖合同中的数量条款主要包括成交商品的数量、计量单位和计量方法,数量的决定等内容,以重量计算的,还须明确计算重量的方法。例如,中国大米100公吨,卖方可溢短装3%,以毛作净(Chinese rice 100 metric tons, 3% more or less at seller's option, gross for net)。

（二）订立数量条款应该注意的问题

▶ 1. 根据具体情况正确掌握供应货物的数量

在国际市场上，商品的供应量对价格具有重大影响，供应量超过市场的需求量与容纳量，价格就会下跌；反之，价格就会上扬。在商品进入某个市场时应适应进口市场需求量与容纳量前，了解其同类产品，包括当地市场产品的地位、品质、规格、价格差别以及市场竞争情况等，再决定供应量。如果盲目供应，超过了市场容纳量，价格下跌，出口数量增加，外汇收入却不能增加甚至还会减少。同时，盲目供应不利于安排运输，导致运费增加，成本上升，无法保证收入。

▶ 2. 内容明确、具体

在数量条款中，对计量单位的规定要明确、具体。例如，以重量计量的商品，要明确是按毛重、净重计算，还是按公吨计算，同时还要明确是到岸重量还是装船重量。在规定成交商品数量时，应一并规定该商品的计量单位。对按重量计算的商品，应规定计算重量的具体方法。有些商品还需规定数量机动幅度等，都应在条款中具体订明。一般不宜采用"大约""近似""左右"等带伸缩性的字眼来说明成交数量。

第三节 货物的包装

在国际货物买卖中，包装条款是买卖合同的主要条件之一。按照《公约》的规定，卖方必须按照合同规定的方式装箱或者包装，否则造成违约。如无约定，则按照同类货物通用的方式装箱或包装，如无此种通用方式，按照足以保全和保护货物的方式装箱或包装。由此可见，按约定的条件包装，具有重要的意义。

一、商品包装的含义

商品包装是指在商品流通过程中的为保护商品、促进销售，按一定技术方法而采用的容器、材料及辅助物等的总体名称；也指为达到上述目的而采用容器、材料和辅助物的过程中施加一定技术方法等的操作活动。

在国际货物买卖中，对于不同的商品，其包装要求也不同。有些大宗商品不需要包装，或者是难以包装、不值得包装，如石油、天然气、煤炭、钢材等，称为"散装货"（cargo in bulk）；有的货物在形态上自然成件，无须包装或只需要简单的捆扎即可成件，如车辆、钢铁、橡胶等，称为"裸装货"（nuded cargo）。在国际贸易中，除了散装货物或裸装货物外，其他绝大多数的货物都需要包装。包装的目的一是为了运输方便与安全；二是为了美化、宣传商品以及方便消费者。无论是国际公约还是各国法律，都规定货物包装条款是合同的重要条款，若卖方违反包装条款，则构成根本违约。另外，国际货物运输合同或提单条款都规定，若因货物包装不良，以致运输中货物受损，承运人不承担赔偿责任。因此，货物包装十分重要，买卖双方在合同中对货物的包装问题做出明确的规定。

根据包装在流通过程中所起的作用不同，可分为运输包装和销售包装两种类型。此外，还有中性包装与定牌等。

二、运输包装

运输包装又称外包装,主要作用在于保护商品,方便运输、减少运费、方便仓储等。

(一)对运输包装的要求

国际贸易商品运输包装应体现下列要求:适应商品的特性;适应各种不同运输方式的要求;考虑有关国家的法律和客户要求;便于有关人员操作;在保证包装牢固的前提下节省费用。

(二)运输包装的种类

(1)按包装方式不同,可分为单件运输包装和集合运输包装。单件运输包装是指在运输过程中作为一个计件单位的包装,常见的有箱(case)、袋(bag)、包(bale)、篓(basket)等。集合运输包装是指将若干单件运输包装组合成一件包装,如托盘(ballet)、集装袋(flexible container)、集装箱(container)。其中,集装箱的使用更为广泛,它是一种规格化的巨型箱,材料多为金属,有的还配有空调或温度调节。

(2)按包装造型不同,可分为箱(case)、桶(drum)、袋(bag)、包(bale)、篓(basket)等不同形状的包装。

(3)按包装材料不同,可分为纸质包装,金属包装,木制包装,塑料包装,竹、柳、草制品包装和陶瓷包装等。

(4)按包装质地不同,可分为软性包装、半软性包装和硬性包装。

(5)按包装程度不同,可分为全部包装和局部包装。

在实际业务中,以上包装一般要根据商品的特点及买卖双方的约定选择使用。

(三)运输包装的标志

为了便于识别货物,以利于运输、仓储、检验、报关和交接货物的安全、顺利进行,避免错交错运,货物在交付运输之前,应买方要求或由卖方决定,在商品外包装上按合同规定刷上一定的标志,这些简单的文字、图形或数字统称为包装标志。包装标志分为运输标志(shipping mark)、指示性标志(indicative mark)、警告性标志(warning mark)等。

▶ 1. 运输标志

运输标志,俗称"唛头",由一个简单的几何图形和一些字母、数字及简单的文字组成,其作用在于使有关人员在运输过程中易于辨认货物,便于核对单证,避免错发错运。运输标志在国际贸易中还有其特殊的作用。按《公约》规定,在商品特定化以前,风险不转移给买方承担。商品特定化最常见的有效方式,就是在商品外包装上标明运输标志。此外,国际贸易主要采用的是凭单付款的方式,而主要的出口单据如发票、提单、保险单上,都必须显示出运输标志。运输标志的主要内容包括收货人代号、发货人代号、目的港(地)名称、件数、批号。此外,有的运输标志还包括原产地、合同号、许可证号和体积与重量等内容。运输标志的内容繁简不一,可由买卖双方根据商品特点和具体要求商定。

鉴于运输标志的内容差异较大,有的过于繁杂,不适应货运量增加、运输方式变革和电子计算机在运输与单据流转方面应用的需要,因此,联合国欧洲经济委员会简化国际贸易程序工作组在国际标准化组织和国际货物装卸协调协会的支持下,制定了一项运输标志,向各国推荐使用。

运输标志由四个要素按照一定程序由上至下排列构成:

(1)收货人(或买方)的名称字首或简称,也可用电传号码。但是根据国际铁路货物运输公约的规定和公路运输的习惯做法,收货人必须用全称。

(2) 参照号码，如订单号码或发票号码等一个较重要的号码。

(3) 目的地，是指货物的最终目的港或目的地的名称。如需转运，要标明转运港或转运地点的名称，并在其前面加"VIA"一字，即"经由"的意思。例如，目的地新德里，在孟买港转运，可写成"新德里 VIA 孟买"。

(4) 件数号码。包装货物的总数和每一件货物的顺序号均要标上，如"1/25""2/25"等，直到"25/25"。

▶ 2. 指示性标志

指示性标志又称操作标志，即提醒人们在装卸、运输和保管过程中需要注意的事项，一般都是以简单醒目的图形和文字在包装上标出，又称为注意标志，参见图9-1。

图 9-1 国际货物运输包装的常见指示性标志

▶ 3. 警告性标志

对于有些危险性物品，如爆炸品、易燃物品、腐蚀物品、氧化剂和放射物质等，需要在运输包装上用图形或文字等标志表示其危险性，以便搬运人员注意，保障货物和操作人员的安全，这类标志称为警告性标志（warning mark）或危险性标志（dangerous cargo mark），参见图9-2。

图 9-2 国际货物运输包装的常见警示性标志

制作运输包装标志时，应注意以下几点。

(1) 每个标志不得超出10行，每行至多17个字符，否则将超过国际标准所制定的单证和计算机系统所能接受的最大限度。

(2) 只能使用打字机、电传设备所能打出或传递的字符，即拉丁字母 A～Z，数字 0～9，以及句号、连字符、圆括号、斜线号、逗号，避免使用加号、分号、撇号、等号、问号以及星号。

(3) 如要求用一种以上字母或语言（如阿拉伯语、汉语）标志时，则至少一种要用拉丁字符，而把另一种标在边上，或置于括号内，或标在另一侧。

(4) 避免使用颜色标志。

(5) 货物上的标志要字大、线粗、简洁，还要注意，标志要打在包装货物或托盘货物的两侧中间，字体要大写、高 5cm，以不脱色的黑墨水或被底色衬托明显的颜色或荧光色标上。

(6) 裸装货可用金属标签，以金属丝系在货物上。

(7) 袋包装要在两侧打上标志，圆桶包装要在顶端和侧面都打上标志。

(8) 盛放腐蚀性物品的瓶、坛，可用粘胶标签贴在两侧。

(9) 残留的旧标志要消除干净。

三、销售包装

销售包装又称内包装，它是直接接触商品并随商品进入零售网点和消费者直接见面的包装。这类包装除必须具有保护商品的功能外，更应具有促销的功能。因此，对销售包装的造型结构、装潢画面和文字说明等都有较高的要求。不断改进销售包装的设计，改善包装用料，更新包装式样，美化装潢画面，搞好文字说明，提高销售包装的质量，是加强对外竞销能力的一个重要方面。

（一）对销售包装的要求

为了使销售包装适应国际市场的需要，在设计制作销售包装时，应满足下列要求。

(1) 便于陈列展售。许多商品在零售前，一般都要陈列在商店或展厅货架上，让成千上万种商品构成一个琳琅满目的"商品海洋"，以吸引顾客和供消费者选购。因此，商品包装的造型结构，必须适于陈列展售。

(2) 便于识别商品。采购商品时，顾客一般都希望对包装内的商品有所了解，有些顾客则习惯于看货成交。因此，采用某些透明材料做包装，或在销售包装上辅以醒目的图案及文字标识，可以使人一目了然，便于识别商品。

(3) 便于携带和使用。销售包装的大小要适当，以轻便为宜，必要时还应附有提手装置，为人们携带商品提供方便。对某些要求密封的商品，在保证封口严密的前提下，应保证开启容易，便于使用。

(4) 要有艺术吸引力。销售包装应具有艺术上的吸引力，造型考究和装潢美观的销售包装，不仅能显示商品的名贵，而且包装本身也具有观赏价值，有的还可作装饰品用，这就有利于吸引顾客，提高售价和扩大销路。

(5) 要符合有关国家的法律规定及文化习俗。

（二）销售包装的分类

销售包装可采用不同的包装材料和不同的造型结构与式样，这就导致了销售包装的多样性。究竟采用何种销售包装，主要根据商品特性和形状而定。常见的销售包装有挂式包装、堆叠式包装、携带式包装、易开包装、喷雾包装、配套包装、礼品包装等。

思考：我国某公司外售杏脯 1.5 公吨，合同规定每箱 15 千克（内装 15 小盒，每小盒 1 千克）。交货时，此种包装无货了，于是该公司便将小包装（每箱仍为 15 千克，但内装 30 小盒，每盒 0.5 千克）货物发出。到货后，对方以包装不符为由拒收货。卖方则认为数量完全相等，要求买方付款。试问，你认为责任在谁？应如何处理？

（三）物品条形码标志

物品条形码（product code）是一种产品代码，它是由一组粗细间隔不等的平行线条及其相应的数字组成的标记。这些线条和间隙空间标志一定的信息，通过光电扫描阅读装置输入相应的计算机网络系统，即可判断出该商品的生产国别或地区、生产厂家、品种规格和售价等一系列有关该产品的信息。

国际上通用的条形码种类很多，主要有以下两种：一种是美国统一代码委员会编制的 UPC 条形码（universal product code）；另一种是由欧洲十二国成立的欧洲物品编码协会，后改名为国际物品编码协会编制的 EAN 条形码（European article number）。目前，使用 EAN 物品标志系统的国家众多，EAN 系统已经成为国际公认的物品编码标志系统。

为了适应我国对外经济技术交流不断扩大的要求，国务院于 1988 年批准成立了中国物品编码中心，该中心于 1991 年 4 月代表中国加入国际物品编码协会，并成为正式会员，统一组织、协调和管理我国的条形码工作。国际物品编码协会共分配"690"～"695"开头的条形码编号给中国，因此，凡是标有"690"～"695"等数字的商品，即表示是中国出产的商品。

此外，我国的书籍代码为"978"，杂志代码为"977"。

物品条形码标志主要用于商品的销售包装上。它不仅能够促进和扩大商品在各国商场内销售，而且使货物的分类和输送更为迅速、准确，极大地方便了货物的储存和运输，为发展立体化仓库，实现仓储自动化管理创造了条件。许多国家规定进口商品如果没有条形码标志是不能进入超级市场和大型百货商店的，为此出口企业应对条形码工作引起足够的重视。

四、中性包装和定牌生产

（一）中性包装

我国出口商品，在商品的包装上一般都须注明"中华人民共和国制造"或"中国制造"。但有时，在国外买方的要求下，商品和内外包装上不注明生产国别、地点、厂名，这就是中性包装。中性包装有定牌中性包装和无牌中性包装之分。定牌中性包装是指在商品和/或内外包装上不注明生产国别，但需注明买方指定的商标或牌名；无牌中性包装是指在商品和内外包装上均不使用任何商标和牌名，也不注明生产国别。

思考：某港商拟订购我国"船牌"某化工原料转口台湾地区，但要求包装上不得使用"中国制造"和"船牌"商标。试问，我方是否可接受？

采用中性包装，通常是为了适应交易的特殊需要（如转口销售，打破某些进口国家的关税和非关税壁垒等），是出口商扩大出口的一种手段。但近年来，中性包装的做法在国际上屡遭非议。因此，如果外商要求对其货物采用中性包装，我方必须谨慎从事。

（二）定牌生产

除中性包装外，我国在实际业务中还接受定牌、无牌的做法。定牌是指在买方的要求下，使用买方指定的商标或牌号，但需注明生产国别或产地；无牌是指在商品和包装上未使用任何商标或牌名，但需注明生产国别或产地。

许多国家的超级市场、大百货公司和专业商店，都要求在其经营出售的商品上或包装上标有本企业使用的商标或品牌，以扩大企业知名度和显示该商品的身价。许多国家的出口商，为了利用买主的经营能力及其商业信誉和品牌声誉，以提高商品售价和扩大销路，愿意接受定牌生产。

思考：菲律宾客户与上海某自行车厂洽谈进口"永久牌"自行车 100 辆，要求我方改用"剑"牌商标，并要求包装上不得注明"Made In China"字样。试问，买方为何提出这种要求？我方能否接受？为什么？

在我国出口贸易中，如外商订货量较大，且要求比较稳定，为了适应买方销售的需扩大出口销路，可酌情接受定牌生产。但要注意在合同中，注明"因定牌而引起的知识产权纠纷及后果由买方承担"，以避免出口商可能遭遇的风险与损失。

五、包装的选用及其与运输的配合

（一）包装的选用原则

（1）科学经济的设计制作可以缩小包装体积，减少包装费用，降低货物成本。

（2）牢固的设计制作可以保持货物的完好无损。

（3）美观适销的设计制作可以吸引顾客前来购买，满足消费者的需求。

（二）选用包装应当注意的问题

（1）包装容器必须由国家出入境检验检疫局检验许可方能制作和投入使用。

（2）选择包装材料及填充物要注意国外的规定。

（3）包装的色调、装潢和文字说明要适应国外消费者的风俗习惯和爱好。

（4）包装的选用要适应商品的特性及不同的运输方式。

（5）销售包装的制作要刷制物品条码。

（6）包装的设计要求要便于各环节人员的操作。

（三）包装的体积的核算及与运输的配合

不同的包装方式都有一个与运输载体相配合的问题。在国际货物运输中，由于采用纸箱包装的货物占很大比重，因此，纸箱包装设计制作及其与运输的配合就尤为重要。一般要考虑纸箱体积的确定以及纸箱包装与运输配合。在实际业务中，集装箱装载数量与包装容器的长、宽、高的组合及各边是否受固定安装存放的限制有极大关系。有些包装尺寸受产品特性、客户要求、打包机设备固定的限制；有些包装箱尺寸可配合集装箱的规格、最大限度地装满集装箱。

六、包装条款的规定

交易合同中的包装条款主要包括包装材料、包装方式、包装规格、包装标志，有时也包括包装费用等内容。订立合同中的包装条款需注意以下几点。

▶ 1. 要考虑商品特点和不同运输方式的要求

商品的特性、形状和使用的运输方式不同，对包装要求也不相同，必须从商品在储运和销售过程中的实际需要出发，使约定的包装科学、合理，并达到安全、适用和适销的要求。

▶ 2. 对包装的要求应明确具体

应明确规定包装材料、造型和规格。一般不宜采用"海运包装"和"习惯包装"之类的术语。

▶ 3. 应订明包装费用由何方负担

包装费用一般包括在货价之内，不另计价，包装条款可不单独列出，但如果买方需要特殊包装，额外的包装费用应由买方负担。包装条款予以规定，即使由买方承担包装费用，如果卖方包装技术达不到，也不能轻易接受，以免引起纠纷。

▶ 4. 注明运输标志（唛头）

按照国际贸易习惯，唛头一般由卖方决定，而不必在合同中做具体规定，但如买方要求使用由其指定的唛头，则应在合同中明确规定唛头的具体式样和内容，或规定买方提交唛头式样和内容的时限，以免延误卖方交货。

本章小结

本章对国际货物的名称、质量、数量与包装等进行了全面介绍，是国际货物买卖合同中正文的第一部分，是后续内容的基础。对于国际货物的名称、质量和数量，在认真学习相关概念的基础上，通过一定数量的案例分析，深入领会国际货物质量的表示方法、毛净重的含义和数量溢短装条款的利弊。对于国际货物的包装，通过实际训练掌握国际货物唛头的内容与设计，通过相关案例分析深入理解中性包装、定牌生产以及包装条款的要求。

复习思考题

1. 简述出口货物质量的表示方法？
2. 简述出口货物数量的计量方法？
3. 简述出口货物运输包装的标志及其意义。
4. 我国出口公司与美商凭样成交一批高级瓷器，复验期为60天，货到国外经美商复验后，未提出任何异议。但事隔一年，买方来电称：瓷器全部出现"釉裂"，只能削价处理，因此要求我方按成交价赔偿60%。我方接电话后立即查看留存的复样，发现其釉下也有裂纹。我方应如何处理？
5. 出口商品已刷制唛头，目的港通关时，海关未发现而要求买方补制，买方照办后要求我方赔偿其支出的费用。对此，我方应如何处理？

第十章 国际货物买卖合同的运输条款

学习目标

通过本章的学习,了解国际货物各种运输方式的特点,熟悉运输单据的种类和国际货物运输条款的主要内容;掌握海洋运输单据的性质、班轮运输与集装箱运输的运费计算等。

引导案例

我国多式联运的现状

我国的国际集装箱运输产业自20世纪70年代起步,《国际集装箱多式联运管理规则》于1997年颁布,我国集装箱多式联运才进入全面发展时期。我国国际多式联运规模扩张非常迅速,根据前瞻产业研究院《2013—2017年中国集装箱租赁行业市场前瞻与领先企业经营分析报告》数据显示,2012年,全国港口完成集装箱吞吐量17747TEU(twenty-foot equivalent unit,20英尺等量单位),比上年增长8.43%。2013年1—9月,我国港口集装箱吞吐量为1.41亿TEU;2013年,全国港口完成集装箱吞吐量19 085万TEU,同比增长7.5%。我国以公海联运为主要运输方式,铁路的管制和运力仍制约着铁路运输的发展,使海铁联运的潜力没有完全发挥,集装箱的运送仍然主要依靠公路,其他联运方式近年来虽有所发展,但规模较小。

大陆桥运输成为我国的一大特色。路桥运输是国际多式联运的一种特殊形式,将集装箱通过横贯大陆的铁路或公路进行运送,我国大陆幅员辽阔,又与蒙古、俄罗斯等国家接壤,第三亚欧大陆桥的建设更让我国与欧洲、俄罗斯相通,使我国在大陆桥运输上有巨大优势。大陆桥过境海铁联运从1992年甚至更早的时间就开始了发展,近年来的年发运量在25万TEU左右。

依托大陆桥运输,发展"中欧班列",运营了25年的亚欧大陆桥运输被赋予了新的历史使命。连云港、青岛港、营口港、大连港和天津港等纷纷开通或是酝酿开通中亚、中欧班列,形成了以东部沿海港口及若干内陆城市为集疏运节点,以港口后方铁路为通道的多条海陆联运亚欧国际运输线路,成为目前运营最成熟、最便捷的连接欧亚的物流通道。

资料来源：侯佳硕. 我国发展国际多式联运的现状与思考[J]. 现代商业，2017, 01(3)：35-36.

第一节 国际货物的运输方式

国际货物运输方式种类很多，根据使用的运输工具不同，可分为海洋运输、铁路运输、公路运输、航空运输、国际集装箱运输、大陆桥运输、国际多式联运、内河运输、邮政运输和管道运输等方式。我国对外贸易进出口货物，绝大部分是通过海洋运输，少部分通过铁路或公路运输，也有些货物是通过管道或邮政运输。

一、海洋运输的特点

目前，国际贸易总运量的70%以上是通过海洋运输的。海洋运输已成为国际贸易中最重要的运输方式。

（一）海洋运输的优点

1. 运输量大

目前船舶正在向大型化方向发展，如50万～60万吨的巨型油轮，以及大型集装箱货船等。船舶的承载能力远远大于火车、汽车和飞机，是运输能力最大的工具。例如，中国海运目前拥有400多艘各种类型的船舶，载箱量在4 000TEU以上的大型集装箱船舶有60多艘，年运输量超过950万TEU。

2. 通过能力大

海洋运输利用天然航道四通八达，不像火车、汽车受轨道和道路的限制，因此通过能力远远超过火车和汽车。若因政治、经济、贸易条件等发生变化，还可随时改变航线驶往目的港。

3. 运费低

海洋航道天然形成，港口设备一般均为政府修建，再加之由于运量大、航程远，分摊于每运费吨中的费用成本较低，充分发挥了规模经济效益，因此运费相对较低。据统计，海运运费一般为铁路运费的1/5、公路运费的1/10、航空运费的1/30，这就为低值大宗货物的运输提供了有利的运输条件。

4. 适应运输各种货物

由于上述特点，使海洋运输适应运输各种货物，尤其是一些火车、汽车无法运输的特种货物，如石油井架、机车等均可利用海洋运输。

（二）海洋运输的缺点

1. 速度慢

与其他运输方式比较，海洋运输速度较慢，班轮的航行速度也只有20节（海里/小时）左右，其他商船的速度则更慢，因此不宜用来运输易腐烂的货物。

2. 遭遇风险的可能性较大

船舶在海上航行中，受气候和自然条件影响较大，随时都可能遭遇自然灾害和海难的侵袭。同时，海洋运输也存在着社会风险，如战争、罢工、贸易禁运等。因此，海洋货物运输需要保险以转嫁风险。

3. 船货损失金额巨大

由于海洋货物运输的船舶其本身的价值及所运载的货物价值金额巨大，一旦遭遇海上风险或意外事故，其损失金额巨大。

尽管海洋运输存在着速度慢、风险大等不足之处，但由于它具有其他运输方式不可比拟的优越性。因此，它在国际贸易中占有重要地位和作用，国际贸易运输主要依靠海洋运输完成。

二、海洋运输的营运方式

船舶是海洋运输的基本工具，按船公司对船舶经营方式的不同，海洋运输可分为班轮运输和租船运输两种方式。

（一）班轮运输

1. 班轮运输的特点

班轮运输是海上运输经营方式之一，班轮航线已遍及世界各海域和主要港口，有力地促进了国际贸易的发展。这种运输经营方式具有以下特点。

（1）"四固定"班轮运输的最基本特征是"四固定"，即固定航线、固定港口、固定船期和相对固定费率。这为贸易双方洽谈价格和装运条件提供了方便。

（2）班轮运价中包括货物在港口的装卸费用。使用班轮运输时，货物在港口的装卸及配载由承运人（班轮公司）负责，承、托双方之间不计滞期费和速遣费，托运人与收货人不须另行支付装卸费。

（3）承运人的责任期间通常为从货物装上船起，到货物卸下船止，即"钩至钩"（或"船边至船边""船舷至船舷"）原则，装卸货物的责任和费用由承运人承担。因此，装前卸后的责任和费用一般由货主承担。

（4）承运人与托运人之间并不签订书面运输合同，而是以签订装货单的方式订舱，并以提单作为承、托双方权利、义务和豁免的依据。

（5）班轮运价属于垄断性价格。但随着中国海运市场的开放，这种垄断性大大减弱。

2. 班轮运输的作用

由于班轮运输具有上述特点，采用这种运输经营方式极大地方便了货主，有力地促进了国际贸易的发展，对国际贸易的开展产生了巨大推动作用。

（1）有利于一般杂货和不足整船货的小额贸易货物的运输。班轮只要有舱位，不论数量大小、挂港多少、直运或转运都可接受承运。

（2）由于"四固定"的特点，时间有保证，运价相对固定，为贸易双方洽谈价格和装运条件提供了方便，有利于开展国际贸易。

（3）班轮运输长期在固定航线上航行，有固定设备和人员，能够提供专门的、优质的服务。

（4）由于事先公布船期、运价费率，有利于贸易双方达成交易，减少磋商内容。

（5）班轮运输不需签订复杂的运输合同，承、托之间仅以提单为依据，加之承运人负责装卸和理舱，托运人只要将货物交给承运人即可，省心省力。

（二）租船运输

租船运输又称为不定期船运输，它是相对于班轮运输的另一种海运方式。与班轮运输相比，租船运输没有固定航线、港口、船期和运价，是根据国际租船市场的行情和租船人的实际需要，船舶所有人或出租人出租整船或部分舱位给租船人使用，以完成特定的货物运输任务，租船人按约定的运价或租金支付运费的商业行为。

▶ 1. 租船运输的特点

（1）通常运送大宗的裸装或散装货物以及半成品货物等，如粮食、煤炭、矿砂、化肥、石油、木材和水泥等，而且一般是租用整船装运。据统计，在国际海洋货物运输中，租船运输量约占80%。

（2）承运人（船公司）通常独立经营，其规模一般比班轮公司小，所使用的船舶既有自有的，也有租来的，船公司一般称为私人承运人，使用的船舶大多为专用船舶。

（3）船舶的航线、船期、港口、运价、码头等一般不固定。租船运输是根据货主的货运需要和船舶出租人（船东）供船的可能，由双方洽商租船运输条件，并以租船合同形式加以肯定，作为双方权利义务的依据。

（4）船舶出租人或承运人与租船人或托运人订立正式的运输合同，双方的权利、义务以运输合同为依据。

（5）租船运价或租金属于竞争价格，受租船市场供求关系影响较大，因此其波动性较大，通常比班轮运价低。因此，在进行租船时必须进行租船市场行情调研。

（6）船舶出租人或承运人一般不负责货物装卸责任及其费用，因此租船人或托运人与船舶出租人或承运人之间可能要计算滞期费和速遣费。

▶ 2. 租船运输的分类

国际上广为使用的租船方式主要有定程租船、定期租船、包运租船和光船租船四种。

（1）定程租船（voyage or trip charter）。定程租船，简称程租，又称航次租船，是指以航次为基础的租船方式。在这种租船方式下，船方必须按时把船舶驶到装货港口装货，再驶到卸货港口卸货，完成合同规定的运输任务并负责船舶的经营管理以及航行中的一切开支费用，租船人则按约定支付运费。对租船人来说，这种租船方式简单易行，不必操心船舶的调度和管理，也容易根据运费估算每吨货物的运输费用。同时在租船市场上，大宗货物又占主要地位，因此，程租船被广泛采用，成为租船的基本形式。

定程租船形式可分为三种：单航次租船是指租赁一艘船舶只装运一个航次，船舶所有人负责提供船舶，将指定的货物由一个港口运往另一个港口，货物运到目的港卸货完毕后，租船合同即告终止；来回程租船是指租船合同规定在完成一个航次任务后，接着再装运一个回程货载，租船合同才结束；连续单航次租船是指在同一方向的航线上连续装运几个航次或来回连续装运几个航次。

（2）定期租船（time charter）。定期租船简称期租，是指以租赁期限为基础的租船方式。在租期内，租船人按约定支付租金以取得船舶的使用权，同时负责船舶的调度和经营管理。期租租金一般规定以船舶的每载重吨每月若干金额计算。租期可长可短，短则几个月，长达几年以上，甚至到船舶报废为止。

（3）包运租船（contract of affreightment，COA）。所谓"包运租船"，是指船舶所有人提供给租船人一定运力，在确定的港口之间，以事先约定的期限、航次周期和每航次较为均等的货运量，完成运输合同规定的总运量的一种租船方式。包运租船所缔结的合同称为"包运租船合同"或"运量合同"。通常认为包运租船是程租船派生出来的一种方式。

（4）光船租船（demise or bareboat charter）。光船租船实际上是期租的一种派生租船方式，所不同的是，船东只提供一艘光船，船上没有船员，租船人接船后尚须自行配备船员，负责船舶的经营管理和航行的各项事宜。

三、海上集装箱运输

集装箱运输，是指一定数量的单件货物装入标准规格的集装箱内，以集装箱作为运输货物的单位所进行的运输。采用集装箱运输时，无论是托运费的计算，索赔、理赔金额的确定，还是货运量多少的统计，均以箱为单位。集装箱运输方式有船舶、铁路、公路和航空运输四种，以船舶运输量最大。

集装箱是指海、陆、空不同运输方式进行联运时用以装运货物的一种容器。在我国的台湾和香港等地区又称为货柜或货箱。集装箱班轮运输能在短短的二十多年间就基本上取代了杂货班轮运输，是由于其与传统的杂货班轮运输相比具有以下的优越性：提高装卸效率，减轻劳动强度；减少货损货差，提高货物运输的安全与质量；缩短货物的在途时间，加快车船的周转；节省货物运输的包装，简化理货手续；减少货物运输费用；推动包装的标准化；有利于组织多种运输方式的联合运输。

（一）集装箱的规格

到目前为止，国际标准集装箱共有 13 种规格、4 种箱型，即 A 型、B 型、C 型和 D 型。其中，1A 型是业务中常见的 40 英尺集装箱 FEU(forty-foot equivalent unit)，最多可载货 66～67 立方米，最大可载重 36 公吨左右，自重 3 990 千克；1C 型是业务中常见的 20 英尺集装箱(TEU)，最多可载货 33 立方米左右，最大可载重 21 公吨左右，自重 2 402 千克。

集装箱按用途不同可划分为许多种类型，常见的有干货集装箱、散货集装箱、冷藏集装箱、敞顶集装箱、框架集装箱、牲畜集装箱、罐式集装箱、汽车集装箱等。

（二）集装箱运输的交接方式

集装箱按其装载货物所属货主，可分为整箱货和拼箱货。整箱货(FCL)可由货方自行装箱后直接送至集装箱堆场(CY)，整箱货到达目的地后，送至堆场由收货人提取。堆场通常设在集装箱码头附近，是集装箱的中转站。如果一家货主的货物不足一整箱，需送至集装箱货运站(CFS)由承运人把不同货主的货物按性质、流向进行拼装，称为拼箱货(LCL)。货到目的地，拼箱货应送至货运站由承运人拆箱后分别由收货人提取。

在集装箱运输中，整箱货和拼箱货在船货双方之间的交接方式有以下几种。

（1）门到门(door to door)，由托运人负责装载的集装箱，在其货仓或工厂仓库交承运人验收后，负责全程运输，直到收货人的货仓或工厂仓库交箱为止。这种全程连线运输，称为"门到门"运输。

（2）门到场(door to CY)，由发货人货仓或工厂仓库至目的地或卸箱港的集装箱装卸区堆场。

（3）门到站(door to CFS)，由发货人货仓或工厂仓库至目的地或卸箱港的集装箱货运站。

（4）场到门(CY to door)，由启运地或装箱港的集装箱装卸区堆场至收货人的货仓或工厂仓库。

（5）场到场(CY to CY)，由启运地或装箱港的集装箱装卸区堆场至目的地或卸箱港的集装箱装卸区堆场。

（6）场到站(CY to CFS)，由启运地或装箱港的集装箱装卸区堆场至目的地或卸箱港的集装箱货运站。

（7）站到门(CFS to door)，由启运地或装箱港的集装箱货运站至收货人的货仓或工厂仓库。

(8) 站到场(CFS to CY)，由启运地或装箱港的集装箱货运站至目的地或卸箱港的集装箱装卸区堆场。

(9) 站到站(CFS to CFS)，由启运地或装箱港的集装箱货运站至目的地或卸箱港的集装箱货运站。

三、海洋运输的运费计算

（一）班轮运费的构成

班轮运费通常是由基本运费和各种附加运费所构成。基本运费是对任何一种货物都要计收的运费，附加运费则是视不同情况而加收的运费。

▶ 1. 基本运费

班轮运输航线上船舶定期或经常挂靠的港口称为基本港口，综合这些港口的基本情况，为在航线上基本港口间的运输而制定的运价称为基本运价或基本费率。它是计收班轮运输基本运费的基础。

▶ 2. 附加费

由于基本运费是根据一个平均水平制定的，且相对保持稳定性，而实际上在运输中由于船舶、货物、港口及其他种种原因，会使承运人在运输中增加一定的营运支出或损失。因此，为了补偿这部分损失，只能采取另外收取追加费用的方法来弥补，这部分不同类型的费用就是附加费。例如，由货物特性衍生的附加费主要包括超重、超长、超大件附加费；由运输及港口原因衍生的附加费主要包括直航附加费、转船附加费和港口附加费；临时性附加费主要包括燃油附加费、货币贬值附加费、港口拥挤附加费、绕航附加费、选择卸货港附加费、变更卸货港附加费等。

（二）班轮运费的计算标准

在班轮运价中，有些商品按重量，有些按体积，有些按商品价值计收运费，还有些按件数计收运费，这些就叫作运价计算标准。班轮运价表中对运价的计算标准一般有以下几种规定。

▶ 1. 按货物的毛重计收

在运价表中以"W"字母表示，即 weight 的缩写，一般以每一公吨为计费单位，也有按长吨或短吨计算，适用于货物积载因数小于船舶载货容积系数的重货。按国际惯例，凡 1 吨货物的积载因数小于 1.132 8 立方米或 40 立方英尺均为重货。

▶ 2. 按货物的体积计收

在运价表以"M"字母表示，即 measurement 的缩写，一般以立方米为计费单位，也有以立方英尺计算的，适用于货物积载因数大于船舶载货容积系数的轻泡货。按国际惯例，凡 1 吨货物的积载因数大于 1.132 8 立方米或 40 立方英尺均为轻泡货。

▶ 3. 按货物的毛重或体积计收

在运价表中以"W/M"字母表示，以其较高者计收运费。按惯例，凡重量 1 吨的货物其体积超过 1 立方米或 40 立方英尺则按其体积收费；反之，重量 1 吨的货物其体积不足 1 立方米或 40 立方英尺则按其毛重计收。

▶ 4. 按货物的价格计收

在运价表中以"Ad. Val"字样表示，又称从价运费。一般按货物 FOB 货价一定百分比计算，大约为1%～5%。按从价计算运费的货物一般为高值货物，如黄金、白银、名贵皮毛、名贵药材、精密仪器、名画古董等。船公司在运输中，对这类货物在积载和保管方面需要采取特殊安全措施，承担较大责任。因此，这类高值货物须按其价值计收运费。若要求船公司承担超过提单限额责任赔偿时，托运人除按从价计付运费外，还应在托运单证上申报FOB货价并加付货价1%的保值附加费。

▶ 5. 按货物重量、体积或价值三者中较高的一种计收

在运价表中以"W/M or Ad. Val"字样表示。也有先按货物的重量或体积计收，然后再加收一定百分比的从价运费，在运价表中以"W/M plus Ad. Val"字样表示。

▶ 6. 按货物的件数计收

以"Per Unit, Head, Piece etc."表示，如火车头按辆，活牲畜按头、大型机车按台等计收。

▶ 7. 按议价运费计收

以"Open Rate"字样表示。大宗低值货物如粮食、煤炭、矿物等一般在班轮运价表中未规定具体费率，在订舱时，由船公司与托运人临时洽商议订。

起码运费率是指按每一提单上所列的货物重量或体积所计算出的运费尚不足运价表中规定的最低费率时，则按最起码运费计收，即对每一提单应计收的最低运费不低于起码运费。多数班轮公司都以其等级费率的第一级费率为起码费率。随着集装箱运输的发展，货主采用整箱托运时，一般按每一个集装箱收取运费。

运费吨(freight ton)又称计费吨，是计算运费的一个特殊计算单位，指按每一种货物的重量或体积计算运费的单位，分为重量吨和尺码吨。重量吨是指按货物毛重计算运费时使用的单位，尺码吨是指按货物体积计算运费时使用的单位。一般情况下，同一货物的重量和体积相比较，以大者为运费吨。例如，棉织品1吨，其体积超过1立方米，则其运费吨为尺码吨，即以其体积来计算运费。反之，1吨水泥、钢材等其体积不足1立方米，则以其重量为运费吨，即以其重量来计算运费。

包装和托运商品时，应注意：①不同的商品如混装在一个包装内(集装箱除外)，则全部商品按其中收费最高的那种商品计收运费。②同一种商品因包装不同而计费标准不同，如托运时未申明具体包装形式时，全部货物均要按运价高的包装对商品计收运费。③同一提单内有两种以上不同计价标准的商品，托运时如未分列货名和数量时，计价标准和运价全部要按高者计算。

(三) 班轮运费计算公式

▶ 1. 班轮运价

班轮运价是由基本运费和附加费两部分构成。

(1) 若附加费为绝对数值，则运费公式为

运费总额＝货运数量(重量或体积)×基本费率＋总附加费

(2) 若附加费按百分比计算，则运费公式为

运费总额＝货运数量(重量或体积)×基本费率×从价运费×(1＋附加费%)

▶ 2. 运费计算步骤

在计算一笔运费时，应按下列步骤进行。

(1) 了解货物品名、译名、特性、包装、重量、尺码(是否超重、超长)、装卸港(是否需转船、选卸港)等。

(2) 根据货物的品名，从货物分级表中找出该货物的等级和计算标准。若属未列名货物，则参照性质相近货物的等级和计算标准计算。

(3) 查找货物所属航线等级费率表，找出货物等级相应的基本费率。

(4) 查找有无附加费，及其各种附加费的计算办法及费率。

(5) 若为从价运费，则按规定的百分比乘以 FOB 货值计算。

(6) 查到各种数据后，列式进行计算。

拓展案例

某轮从上海港装运 10 吨，共计 11 立方米的蛋制品运往英国普利茅斯港，要求直航，求全部运费。

解：(1) 查货物分级表知，蛋制品为 12 级，计算标准为 W/M。

(2) 再从中国到欧洲地中海航线分级费率表查出 12 级货物的基本费率为 116 美元/运费吨。

(3) 因该货物体积大于重量，所以运费吨为 11 吨。

(4) 另从附加费率表中查知普利茅斯港直航附加费每运费吨为 18 美元；燃油附加费为 35%。

(5) 代入计算公式：运费总额 $=11\times[116\times(1+35\%)+18]=1\,920.60$（美元）。

(四) 班轮运费的支付及计费的币种

▶ 1. 运费的支付

运费按照支付的时间划分，通常有预付运费（freight prepaid）和到付运费（freight to collect）两种。

(1) 预付运费时，托运人须在承运人签发提单之前支付全额运费。这种在签发提单之前即需支付的运费就是预付费用。在国际贸易中经常采用 CIF 或 CFR 条件，在此条件下卖方需承担货物运抵目的港之前的运输费用，这样，在签发提单前由卖方在装货港支付运费，即可使买卖双方尽早结汇；而班轮公司在承运舱面货、冷藏货、活牲畜、易腐物品以及危险货物等特殊货物时，也会做出运费预付的规定。

(2) 到付运费时，货主必须在货物运抵目的港，承运人交付货物之前付清全额运费。这种在交付货物之前须付清的运费就是到付运费。在国际贸易中经常采用 FOB 条件，在签发提单前，卖方在装货港没有支付运费，而是由买方收货时支付。

▶ 2. 计费的币种

费率表中用以表示费率的货币种类就是计费的币种。班轮公司以国际上比较通用的，在国际外汇市场上可以自由买卖的自由外汇作为计费的币种，而不是以货物装船地通用的货币作为计费的币种。

(五) 租船运费计算

运费是船舶所有人的权利。在程租船运输中，双方在租船合同中要明确规定运费的费率、计算标准、支付方式与时间等。运费的表现形式有运费率和包干运费两种。运费率是指每运费吨若干金额，如每长吨 10 美元或每立方米 35 美元；包干运费是指按提供的船舶，订一笔整船运费，不论实际装货多少，一律照付，但船东必须保证船舶的载重量和装货容积。

当按运费率计算运费时，在合同中应确定计算运费吨标准。特别是以重量作为标准时，首先确定按什么货量。一般载货量有装货数量和卸货数量两种。装货数量是指由发货人在装货港提供并记入提单,经船方核定后签字,这就是提单货量,通常租船合同规定的载货量都是提单货量。提单货量又分毛提单货量和净提单货量,装运包装货的租船合同多用毛提单货量,装运袋装货的租船合同习惯用净提单货量。卸货数量是指由收货人在卸货港对货物称重后确定的货量。由于这种计量方式由收货人或租船人负担称重费用和时间费用,因此,租船合同一般规定租方选择按卸货量计付运费或按装货量减1%~2%计付运费。支付运费是租船人的一项义务。若租船人没有按约支付应该支付的运费,船东可对货物行使留置权。

(六)集装箱运费的计算

▶ 1. 集装箱运费的构成

(1)拼箱货运费以运费吨计收,主要包括拼箱服务费、堆场服务费、海运费和装卸费。拼箱服务费内含空箱转运费、实箱转运费、理货费、装箱费、拆箱费、搬运费、堆存费和积载费等。

(2)整箱货主要分为20英尺(TEU)和40英尺(FEU)两种,其运费构成与这两种箱型的运输条款有关。需要注意的是,一般40英尺比20英尺运费贵0.8~1倍。但40英尺可载货的重量并不大于20英尺。所以只有轻货或尺寸长于5.8米的货才考虑装40英尺。实际收取运费时通称为集装箱运费。由于集装箱运费成分复杂,所以集装箱运费一般比相应的杂货班轮运费高一些。

▶ 2. 集装箱运输的运费计算

在集装箱货物运输费率表中规定了基本运费和附加运费,并给出了费率和计算方法。

集装箱班轮运输中的基本运费的计算方法主要有两种:拼箱货运费计算和整箱货运费计算。不同交接方式下整箱货运费构成如下。

场到场运费=堆场服务费+海运费+装卸费

场到站运费=堆场服务费+海运费+装卸费+拆箱费

站到场运费=堆场服务费+海运费+装卸费+装箱费

站到站运费=堆场服务费+海运费+装卸费+装箱费+拆箱费

门到场运费=内陆运输费+堆场服务费+海运费+装卸费

门到站运费=内陆运输费+堆场服务费+海运费+装卸费+拆箱费

门到门运费=内陆运输费+堆场服务费+海运费

场到门运费=堆场服务费+装箱费+内陆运输费

站到门运费=装箱费+装卸费+海运费+内陆运输费

各船公司对集装箱的拼箱货运费计算,基本上是依据件杂货运费的计算标准,在班轮运价本上注明LCL价格,并按杂货方式计算,按所托运货物的实际运费吨计费。另外,在拼箱货海运运费中还要加收与集装箱有关的费用,如拼箱服务费等。对于整箱托运的集装箱货物运费的计收,一种方法是同拼箱货一样,按实际运费吨计费;另一种方法也是目前采用较为普遍的方法,即根据集装箱的类型按箱计收运费。

拓展案例

湖州正昌贸易公司上海分公司出口一批打字机到澳大利亚的悉尼,货物用纸箱装运,每箱的尺寸为44cm×44cm×30cm,毛重是22kg,每箱装四台,装一个40英尺的集装箱,试计算每台的单位运价为多少美元?

解：查货物等级表，打字机为12级货，按"M"标准计费，一个40英尺集装箱可装打字机的数量 $=55\div(44\times44\times30\times10^{-6})=946.9697$（箱），取整为946箱，$946\times4=3784$（台）。

又查中国—澳大利亚航线集装箱费率表，12级货的40英尺集装箱的包箱费率为3420美元，则打字机的单位运价 $=3420\div3784=0.90$（美元/台）。

四、其他运输方式

（一）航空运输

航空货运虽然起步较晚，但发展很快，特别是受到现代企业管理者的青睐，原因之一就在于它具有许多其他运输方式所不能比拟的优越性。航空货物运输的主要特征有：运输速度快；不受地面条件限制；安全、准确；节约包装、保险、利息等费用。目前，在我国的进口商品中，采用航空运输的主要有通信设备、计算机、成套设备中的精密部件、电子产品和其他精密的高科技产品；出口商品主要有服装、丝绸、棉针织品、工艺品、海鲜农副产品、鲜花、水果和蔬菜、电子和机械产品等。

▶ 1. 国际航空运输组织

（1）国际民用航空组织，成立于1944年4月4日，是政府间的国际航空机构，也是联合国所属专门机构之一，总部设在加拿大的蒙特利尔，现有成员国150多个。我国是该组织的成员国，也是理事国之一。

（2）国际航空运输协会，该协会于1945年4月16日在哈瓦那成立。它是国际上有定期航班业务的航空公司成立的国际民间组织。该协会的会员包括世界上140多家主要航空公司，并且必须是国际民用航空组织的一个成员国的航运公司。

（3）国际货物运输代理协会，该协会1926年成立于维也纳，它是包括海、陆、空运输、仓储及海关在内的关系到所有国际贸易运输的大行业组织，是一个非营利性的国际联合组织。中国对外贸易运输总公司于1985年8月加入该协会，成为其正式成员。

▶ 2. 航空运输经营方式

（1）班机运输（scheduled airline），是指在固定航线上定期航行的航班。班机运输一般有固定的始发站、到达站、经停站和相对固定的收费标准。这种方式便于收、发货人掌握货物起运和到达时间，核算运费成本，保证安全、准时地交付。

（2）包机运输（chartered carrier），通常可分为整机包机和部分包机：整机包机是指航空公司或包机代理公司按照合同中双方事先约定的条件和运价将整架飞机租给租机人，从一个或几个航空港装运货物至指定目的地的运输方式；部分包机是指由几家航空货运代理公司或发货人联合包租一架飞机，或者是由包机公司把一架飞机的舱位分别卖给几家航空货运代理公司的货物运输形式。

（3）集中托运（consolidation），是指航空代理公司将若干批单独发运的货物，按照到达同一目的地，组成一整批货物，用一份主运单发送到同一到站，由预定的代理收货，然后再报关、分拨后交给各个实际收货人的运输方式。

（4）航空快递（air express）又称快件、快运或速递业务，是由专门经营该项业务的航空货运公司与航空公司合作，派专人用最快的速度，在货主、机场和用户之间传送急件的运输服务业务。航空快递特别适用于急需的药品和医疗器械、贵重物品、图纸资料、货样、单证和书报杂志等小件物品，是目前国际航空运输中最快捷的运输方式。

▶ 3. 航空运价

航空运价是承运人为承运货物所收取的报酬，只是从始发机场至到达机场的运价，不包括提货、报关、仓储等其他费用,航空运价仅适用于单一方向。

航空运价一般是按货物的实际重量(kg)和体积重量(以 6 000cm^3 或 366ft^3 体积折合 1kg)两者之中较高者为准。针对航空运输货物的不同性质与种类,航空公司规定有特种货物运价、货物的等级运价、一般货物运价和集装箱货物运价等不同的计收方法。

(二)铁路运输

铁路运输是仅次于海运的一种主要的运输方式,其优点是运行速度较快,载运量较大,运输途中风险较小,一般能保持终年正常运输,具有较高的连续性。

《国际铁路货物联运协定》(以下简称《国际货协》),是关于铁路货物联运范围和运输条件的协定,是国际铁路合作组织的主要协定之一。为了充分利用铁路运输进出口货物,1954 年 1 月我国参加了《国际货协》和《国际客协》,开办了国际间的货客联运,使我国与一些亚洲和欧洲国家连成一片,为发展我国对外贸易提供了极为有利的条件。

国际铁路货物联运,它是指两个或两个以上国家之间进行铁路货物运输时只有一份统一的国际联运票据,由一国铁路向另一国铁路移交货物时,无须发、收货人参加,铁路当局对全程运输负连带责任。

国际铁路货物联运具有手续简便,节省运输时间,降低运输风险、加速资金周转、减少运输费用等优点。

按惯例,对联运货物的运输费用有如下规定:发送国铁路的运送费用,按发送国铁路的国内运价计算;到达国铁路的运送费用,按到达国铁路的国内运价计算;过境国铁路的运送费用,按国际铁路联运协定统一过境运价规程(统一货价)的规定计算。

(三)大陆桥运输

大陆桥运输是指以横贯大陆上的铁路、公路运输系统作为中间桥梁,把大陆两端的海洋连接起来形成的海陆联运的连贯运输。这种运输方式主要是国际集装箱的过境运输,是国际集装箱多式联运的一种特殊形式。广义的大陆桥运输还包括小路桥运输和微型路桥运输。

目前,中国的大陆桥运输如下。

(1)西伯利亚大陆桥经中国内地满洲里至后贝加尔或二连至扎门乌德,可达欧洲、中亚等国。

(2)天津到蒙古的微型陆桥从日本、韩国和东南亚海运至天津,经二连可达扎门乌德蒙古各城市。

(3)第二亚欧大陆桥经新疆阿拉山口至哈萨克斯坦的德鲁日巴上第二亚欧大陆桥,可达欧洲、中亚等国。

(四)国际多式联运

《联合国国际货物多式联运公约》和我国交通部、铁道部共同颁布的《国际集装箱多式联运管理规则》对"国际多式联运"的定义是:"国际多式联运是指按照多式联运合同,以至少两种不同的运输方式,由多式联运经营人将货物从一国境内接管货物的地点运至另一国境内指定交付货物的地点。"

国际多式联运必须具备六个条件:必须具有一个多式联运合同;必须使用一份全程多式联运单据;必须是至少两种不同运输方式的连贯运输;必须是国际间的货物运输;必须由一个多式联运经营人对全程的运输负总的责任;必须对货主实现全程单一运费费率。

近年来,为适应和配合我国对外贸易的需要,我国对某些国家和地区的对外贸易进出口货物已开始采用国际多式联运方式。

（五）公路运输

公路运输是一种机动灵活、简捷方便的运输方式，在短途货物集散运转上，它比铁路、航空运输具有更大的优越性，尤其在实现"门到门"的运输中，其重要性更为显著。尽管其他各种运输方式各有特点和优势，但或多或少都要依赖公路运输来完成最终两端的运输任务。例如，铁路车站、水运港口码头和航空机场的货物集疏运输都离不开公路运输。但公路运输也具有一定的局限性，例如，载重量小，不适宜装载重件、大件货物、不适宜走长途运输；车辆运行中震动较大，易造成货损货差事故，同时，运输成本费用较水运和铁路为高。

我国对外贸易公路运输及口岸的分布：独联体公路运输口岸；对朝鲜公路运输口岸；对巴基斯坦公路运输口岸；对印度、尼泊尔、不丹的公路运输口岸；对越南主要公路口岸；对缅甸公路运输口岸；对香港地区和澳门地区的公路运输口岸。

公路运费均以"吨/里"为计算单位，一般有两种计算标准，一种是按货物等级规定基本运费费率；另一种是以路面等级规定基本运价。

（六）内河运输

内河运输是一国利用其国内的江河湖泊进行的运输。承运人对内河运输承担的责任与沿海运输承运人所承担的责任相同。内河运输虽然连续性和灵活性较差，送达速度也较慢，但因其具有线路投资少、运输量大、运输成本低等优势，仍成为大型、笨重和大宗货物长途运输的主要承担者。内河运输在国际贸易运输中所占的比例很小，地位并不重要。但是，在一些河网密布以及国际性河道通过的国家和地区，其地位作用仍不可忽视。

目前，国际贸易内河运输主要集中在欧洲的莱茵河、多瑙河、易北河和非洲的尼罗河、南美洲的拉普拉塔河以及亚洲的澜沧江-湄公河等数条国际性河流的沿河国家和地区。其中，以莱茵河运输最为繁忙，有"欧洲黄金水道"之称。

（七）邮政运输

世界各国的邮政业务均由国家办理，而且均兼办邮包运输业务。国际上，各国邮政之间订有协定和公约，通过这些协定和公约，使邮件包裹的传递畅通无阻，四通八达，形成全球性的邮政运输网，从而使国际邮政运输成为国际贸易中普遍采用的运输方式之一。

国际邮政运输具有广泛的国际性、国际多式联运性质和"门到门"运输的性质。国际邮政运输，对邮件重量和体积均有限制，如每件包裹重量不得超额20千克，长度不得超过一公尺。所以，邮政运输只适宜于重量轻、体积小的小商品，如精密仪器、机器零件、金银首饰、药品以及各种样品、外贸单证和零星物品等。

知识链接
万国邮政联盟简况

（八）管道运输

管道运输是货物在管道内借高压气泵的压力向目的地输送的一种运输方式。管道运输是随着石油的生产而产生和发展的。它是一种特殊的运输方式，与普通货物的运输形态完全不同：普通货物运输是货物随着运输工具的移动，货物被运送到目的地，而管道运输的运输工具本身就是管道，是固定不动的，只是货物本身在管道内移动，换言之，它是运输通道和运输工具合二为一的一种专门运输方式。现代管道不仅可以输送原油、各种石油成品、化学品、天然气等液体和气体物品，而且可以输送矿砂、碎煤浆等。哈萨克斯坦、俄罗斯与我国陆地交接，且能源资源丰富，中哈石油管道与中俄石油管道，加强了我国与这两国的油气管道合作。

第二节 装运条款

装运条款是国际货物买卖合同中的主要条款,要约定装运时间、装运地(港)与目的地(港)、是否允许分批装运和中途转运、发装运通知的义务等项内容。

一、装运期与交货期

(一)装运期与交货期的含义及其区别

装运期(time of shipment)与交货期(time of delivery)是两个不同的概念。前者是指卖方在约定的装运地点,将其出售的货物装上运输工具或交给承运人装运的时间;后者是指卖方在约定的交货地点将货物交给买方处置的时间。在买卖双方签订诸如 EXW 产地交货合同或 FAS、FCA、FOB、CFR、CIF、CPT 和 CIP 等装运合同的情况下,卖方在约定的装运地和装运时间将货物装上运输工具或交给承运人监管,就算完成了交货义务,装运期与交货期是一致的。但在 DAT、DAP 和 DDP 这类到达合同下,装运期与交货期是不同的。为了避免引起误解,在装运合同中以统一使用装运期这一术语更为合适。

(二)约定装运期与交货期的方法

在装运期与交货期条款中,应当写明成交商品装运与交付的期限。如属装运合同,卖方在装运地或装运港装运货物的时间,都要在合同的装运期栏内列明。关于装运期的规定方法,由买卖双方共同商定,常见的有下列几种。

(1)规定明确、具体的装运时间。通常在合同中订明某年某月/某季度装运或某年某月某日前装运等,把装运时间确定在一段时间内(而不是确定在某一个日期上)。例如,7/8/9月装运(SHIPMENT DURING JULY. /AUG. /SEP.);9月底或以前装运(SHIPMENT AT OR BEFORE THE END OF SEP.)等,这种规定方法使用比较广泛。

(2)规定收到信用证后若干天装运。如规定收到信用证后 30 天内装运。为防止买方不按时开证,一般还规定:买方必须不迟于某月某日将信用证开到卖方的限制性条款。

(3)规定近期装运术语。立即装运(IMMEDIATE SHIPMENT)、即期装运(PROMPTSHIPMENT)、尽快装运(SHIPMENT AS SOON AS POSSIBLE)等。此种规定容易引起交易双方纠纷,建议尽量少用。

(三)约定装运期与交货期的注意事项

▶ 1. 应充分考虑货源的供应与需求情况

卖方首先要考虑货源情况,根据生产周期来确定装运期和交货期;买方应根据实际需要来确定装运期和交货期,不能过迟影响实际需要,也不能过早到货,增加库存和费用开支。

▶ 2. 应充分考虑运输方面的各种因素

负责运输的买方或卖方,必须充分考虑运输方面的各种因素,如自身运输能力、市场船源供求情况、安排运输的时间和装卸条件等。

▶ 3. 装运期与交货期的长短要适度

对卖方而言,过长不能抢行应市卖好价钱,也影响买方订货积极性,过短会给船货安排带来困难；对买方来说，过长会造成到货太晚，不仅影响使用和承担货价波动的风险，还占压开证资金和增加利息开支。

▶ 4. 应注意装运期或交货期同开证日期之间的衔接

通常信用证应在装运期或交货期开始前一个合理的时间开到卖方，以便给卖方留出必要的备货和安排运输时间。

▶ 5. 应注意装运期或交货期与信用证有效期之间的间隔

为了便于卖方在装运或交货之后有时间缮制单据和办理结汇手续，通常信用证有效期应比装运期或交货期延长半个月或一个月，防止出现"双到期"的情况，可在买卖合同中约好"信用证有效期至装运或交货后××天在卖方所在地到期"的条款。

▶ 6. 约定装运期与交货期应考虑装卸地的具体情况和气候条件

有些港口，节假日停止装卸作业；有些地区，有冰冻期或季风季节，影响船舶航行或正常装卸作业，这都是要考虑的因素。应尽量避免高温季节和经赤道运输，以免货物损坏。

▶ 7. 约定装运期或交货期应当明确、具体而又留有余地

国际贸易和国际货物运输情况复杂多变，所以装运期和交货期不能规定太死，而应留有机动余地。例如，不能限定在某一天装运，而应约定某一段时间，或在某月某日前装运。

▶ 8. 某些季节性商品的装运期或交货期可与增减价条款结合使用

对某些季节性商品的时间性很强，对装运期和交货期的要求非常严格，可将限期到港交货和商品增减价条款结合。如在合同中规定，"在目的港交货截止日期为 10 月 31 日，提前一天交货，增价 1%，提前 5 天以上，增价 5%；错后 1 天，减价 1%，如 11 月 5 日不到货，买方可撤销合同。"

二、装运地（港）与目的地（港）

装运地是指开始装运货的地点，目的地是指最终卸货的地点。例如，FOB Dalian，大连是装运港；CIP International Airport，New York，纽约国际机场就是目的地。在国际货物买卖合同中，约定装运地（港）和目的地（港），既有利于卖方按约定地点组织货源和发运货物，也有利于买方按约定地点接运或受领货物。如果签订合同后任何一方当事人要求变更装运地（港），必须遵循两项原则：一是必须征得对方的同意；二是必须承担因要求变更港口而引起的额外增加的费用。

（一）约定装运地（港）与目的地（港）的方法

在国际货物买卖合同中，一般对装运地和目的地分别规定各为 1 个，并列明其具体名称。根据实际业务的需要，也可酌情分别规定 1 个以上的装运地或目的地。就海运港口的规定而言，通常有下列几种规定方法：分别规定 1 个装运港与 1 个目的港，并分别列明其具体名称；分别规定 2 个或 2 个以上的装运港或目的港，并分别列明其具体名称；规定采用选择港的办法，其中可在 2 个或 2 个以上港口中任选一个，也可笼统规定某一航区的主要港口为装运港或目的港。

（二）约定装运地（港）与目的地（港）的注意事项

▶ 1. 要注意装运地（港）与目的地（港）的具体条件

在选择装运地（港）与目的地（港）时，应考虑当地管理制度和办法、社会治安状况、是否堵塞和拥挤、气候变化情况、有无冰封期、有无直达班轮航线、装卸设施的好坏、装卸

效率的高低和运费、附加费、装卸费用的多少等。

▶ 2. 要注意装卸地(港)与目的地(港)有无重名的问题

在世界范围,居然有十几个港口重名的情况,如维多利亚、波特兰等。为了避免错发错运,合同中应明确注明港口所在国家和地区的名称。

▶ 3. 合理运用选择港的办法

当海运进口货物需要运用选择港办法时,其选择的港口应在同一航区、同一航线上,通常以不超过3个为宜。对外签约,不能把其他国家的名称当作目的港。

▶ 4. 应按就近的原则选定装运地(港)与目的地(港)

为加速货运和节省运费,一般情况下,装卸地(港)应尽可能靠近货源地,目的地(港)应尽可能靠近用货单位。

▶ 5. 装运地(港)与目的地(港)的选择应当规定明确

在订立进出口合同时,若规定了多条航线和多个目的港,要同时明确规定由谁来选择,以免履约困难或发生纠纷。

三、分批装运

分批装运(partial shipment)是指一个合同项下的货物分若干批装运,故人们通常称其为分批装运。但是,在不同时间将不同港口的货物装在同一航次、同一条船上,由于这条船上所载的货物同时到达目的港,故不能称其为分批装运。

思考: 我国某公司与法商按CIF马赛签约,出口某商品1万件,合同与信用证均规定"装运期3—4月,每月装运5 000件,允许转船"。我方公司于3月30日将5 000件商品装上"青岛"轮,取得3月30日的提单,又在4月2日将余下的5 000件商品装上"风庆"轮,取得4月2日的提单,两轮均在香港转船,两批货均由"弗朗西斯"一轮运至目的港。本例中的做法是否属分批装运?为什么?

约定分批装运的注意事项:交易双方如同意分批装运,应在买卖合同中具体列明每批货物装运的时间和数量。同时,应根据需要和可能来规定分批装运。对每批装运的时间要有适当的间隔。一笔交易的货物,不宜规定在短时间内分若干批装运,以免给安排装运带来实际困难,从而影响整个合同的履行。

四、转运

转运(transshipment)是指一个合同项下的货物从装运地运至目的地的运输过程中,中途需要转换运输工具。但由于中途转运,既延误时间和增加中转费用,又容易产生货损货差,故买方一般不愿意中途转运,而往往要求在合同中增加限制转运的条款。

合同当事人约定转运条款时,应当注意下列几点。

(1) 载明交易双方同意转运,并对转运的办法和转运费的负担做出明确具体的约定。

(2) 转运条款通常是与装运时间条款结合起来规定的。

(3) 合同中是否规定允许转运或不准转运条款,应视具体情况而定。一般来说,不准转运通常都是由买方提出,经卖方同意后确定。但应特别指出的是,在FOB进口合同中,买方则不宜提出不准转船的条款,以免约束自己而导致不利的后果。

五、装卸时间、装卸率与滞期费、速遣费

在国际货物运输中,当大量货物需要采用程租船运输时,通常在租船合同中约定好装卸

时间、装卸率和滞期费、速遣费条款，以促使租船人快速装卸。但实际上负责装卸货物的不一定是租船人，而往往是买卖合同的一方当事人。因此，负责安排租船的买方或卖方，为了便于日后签订租船合同，便先在买卖合同中约定装卸时间、装卸率和滞期、速遣费条款。

（一）船舶的载货能力

船舶的载货能力(ship's cargo carrying capacity)是指实际可装载货物的最大数量，一般用"载重量"或"立方容积"来表示。船舶装载货物的实际数量是计算航次租船运费的依据。实际业务中，通常在船舶正式开始装货之前，由船长根据船舶本航次所需燃料、淡水、食品等实际消耗量及扣除船舶常数，通过具体计算后，以书面的形式向租船人宣布船舶能装载货物的实际数量，即"宣载"。为避免可能引起的纠纷，一般采用书面形式的"宣载"。

（二）船舶受载期和解约日

受载期和解约日(lay days and cancelling date, laycan)是租船合同的要件之一。受载日是租船人可以接受船舶最早装货的日期；解约日是指租船人可以接受船舶最晚装货的日期。从受载日至解约日称为船舶受载期。在这个期限内，船东必须准备好船舶装货，租船人也必须按时装货。船舶不如期到港受载，租船人有权解除租船合同。通常受载期与解约日有特定的期限，目前国际惯例一般为10~15天。

（三）装卸责任和费用

程租船运输所涉及的货物装卸责任及费用(包括雇用装卸工人和支付装卸费用)由谁承担的问题，由双方当事人在合同中加以具体规定，常见的规定有以下四种。

（1）船方负责装卸并承担费用(liner terms or gross terms)。这种条件类似于班轮运输条件，比较适合装卸包装货或木材等，而不适用于散货。

（2）船方不负责装卸也不承担费用(free in and out, FIO)。在这种条件下，船方不负责货物的装卸，也不承担其费用，散货租船，多数采用这种条件。采用FIO条件时，还必须明确货物进舱后，理舱或平舱的责任和费用由谁承担。一般在FIO条件下，都规定由租船人负担，即FIOST(free in and out, stowed and trimmed)。

（3）船方负责装货不负责卸货(free out, FO)。这一条件俗称"船方管装不管卸"，在这种条件下，船方只负责装货并承担其费用，但不负责卸货也不承担其费用。

（4）船方负责卸货不负责装货(free in, FI)。这一条件俗称"船方管卸不管装"，在这种条件下，船方只负责卸货并承担其费用，但不负责装货也不承担其费用。

（四）许可装卸时间

对船东来说，一个货运航程需要多少时间，直接关系到他的经营效益。就程租船而言，运输全过程包括装卸时间和船舶航行时间，而航行时间由船方负责，与租船人无关，但若装卸由租船人负责，船东无法控制时间。为了及时装卸货物，船方在合同中都规定了在一定时间内必须完成装卸作业，这个时间称为许可装卸时间(lay time)。程租船合同中对装卸时间的确定，最为常见的有两种方法：一是分开确定装卸时间，即对装货确定一个"允许装货时间"，对卸货确定一个"允许卸货时间"；二是确定总的装卸时间。总的装卸时间又称为"装卸共用时间"，即对装货和卸货确定一个"允许使用的总时间"。双方当事人确定装卸时间长短的主要因素，是依据货物种类、货物数量以及船舶所到港日常装卸率。装卸时间一旦在合同中确定，对双方当事人均有约束力。

许可装卸时间中的"日"如何计算，常见的规定方法有下列几种。

（1）日历日，指按照日历计算的天数，通常指从"一个子夜到另一个子夜"。若装货从某天的中午后开始，到晚上01:00时才结束，则装货时间为两个日历天。

（2）连续日，指按时钟连续走过 24 小时为一天，即按自然日计算，其中没有任何扣除，一般用于运输矿石、石油等少数几种不受天气影响的货物的租船合同中。这种规定对船东有利。

（3）工作日，指按港口习惯规定，属于正常工作的日子，因此，星期日及假日不算工作日。由于世界各港口工作日时间不同，因此这种概念不确切，容易产生争议，租船合同中很少使用。

（4）累计 8 小时工作日，指不论各港口工作时间如何规定，均以累计达 8 个小时才作为一个工作日计算。

（5）累计 24 小时工作日，指港口工作时间累计达 24 小时，才算一个工作日。若港口规定 8 小时工作制，则三个港口工作日才等于租船合同规定的一个工作日。这种规定对船东极为不利，现在很少采用。

（6）好天气工作日，指既是工作日，又是好天气。若天气不好，虽然是工作日，但不能进行装卸作业，也不能算作工作日。天气好坏不是绝对的，必须根据承运货物能否装卸而定，有时双方意见不一致，应在当时由双方和港方一起共同做出协商记录，日后凭以计算。

（7）连续 24 小时好天气工作日。连续与累计不同，连续指昼夜作业，时钟走过 24 小时才算一天。这种规定比较合理，双方都愿接受，所以在租船市场上采用较多。中国租船公司的租船合同基本上也采用这种条款。

（五）滞期与速遣

在程租船运输中规定许可装卸时间，主要是对租船人的限制。若租船人所使用的实际装卸时间超过了合同规定的允许使用时间，则超过的时间为滞期时间。为补偿船方因船舶延期所产生的损失，由租船人向船方支付"超时罚金"，此项罚金称为"滞期费"。计算滞期时间，如租船合同无相反规定，一般遵循"一旦滞期，始终滞期"的原则来处理，一般称为"滞期时间连续计算"，即在装卸许可时间截止，到实际装卸完毕的这段时间内，若按租船合同规定本来应当扣除的星期日、假日等则不再扣除，仍作为滞期时间处理。速遣是指合同规定的许可装卸期限终止前，租船人提前完成货物装卸作业，即实际装卸时间比许可装卸时间短，节省了船期，称为速遣。船方为了鼓励而付给租船人一定金额作为报酬，称为速遣费(dispatch money)。速遣费通常规定为滞期费(demurrage money)的一半，如"滞期费每日 1 000 美元，速遣费每日 500 美元，不足一天按比例计算"。有些程租合同中只有滞期费的规定，而没有速遣费的规定，如油轮租船等，这就是说，如果租船人节约了时间，船东不给速遣费。这往往是因为租船合同规定的装卸时间十分充足，只要不发生特殊情况，装卸作业肯定能在规定时间内完成。

六、装运通知

装船通知(shipment advice)也叫装运通知，是指出口商在货物装船后发给进口方的包括货物详细装运情况的通知，其目的在于让进口商做好筹措资金、付款和接货的准备。在国际贸易实际业务中，交易双方为了相互配合，共同搞好运输工具与货物的衔接，以及便于交接货物和办理货运保险，彼此都要在事前或事后承担相互通知的义务，以利于合同的履行。因此，装运通知就成为运输条款中不可缺少的一项重要内容。就卖方而言，装运通知除便于交接货物外，主要表明其交付货物的运输风险已转由买方负担。就买方而言，装运通知则更具有便于办理货运保险、便于买方早日着手准备提货事宜、便于预售货物等多方面的意义。

思考：我国某公司以 CFR 条件，信用证付款方式，从加拿大进口一批大豆，因在约定的日期没收到卖方的已装船通知，所以未能及时办理保险事宜。当我方收到经开证行转来的对方全套合格单证，付款赎单提货后，经检查发现，部分货物在运输途中因遭到海上风暴而损失。试问，该笔损失该由谁承担？

七、关于美国 OCP 运输条款

在同美国进行贸易时，为了取得运费上的优待，可以采用 OCP（overland common points）条款，OCP 意为内陆地区，所谓内陆地区，是根据美国相关规定，以美国西部九个州为界，也就是以落基山脉为界，其以东地区均为内陆地区范围。按 OCP 运输条款达成的交易，出口商不仅可享受美国内陆运输的优惠费率，而且可以享受 OCP 海运的优惠率。因此，对美交易中，采用 OCP 运输条款，对进出口双方均有利。

在采用此条款时，必须注意下列问题。
（1）货物最终目的地必须属于 OCP 地区范围。
（2）货物必须经由美国西海岸港口中转。因此，签订 CFR 和 CIF 出口合同时，目的港必须是美国西海岸港口。
（3）提单上必须标明 OCP 字样，并且在提单的目的港一栏中，除填明美国西部海岸港口名称外，还要加注内陆地区的城市名称。

第三节 运输单据

运输单据是证明货物载运的单据，是由承运人签发给托运人，证明货物已发运，或已装上运输工具，或已由承运人监管的文件。在国际货物运输过程中，由于运输方式的不同，运输单据有多种形式。国际商会 UCP600 所涉及的单据有海运提单、铁路运输单据、航空运单、多式联运单据和邮件收据等。

一、海运提单的性质和作用

海运提单（ocean bill of lading，B/L）是证明海上运输合同和货物由承运人接管或装船，以及承运人据以保证交付货物的凭证。它具有货物收据、物权凭证和运输合同证明的性质和作用。

（一）提单是承运人（或其代理）出具的货物收据

提单是承运人签发给托运人的收据，证明已收到或接管提单所列货物。已装船提单是承运人出具的、证明货物已收到并装上船付运的收据。

（二）提单是物权凭证

物权凭证通常指能够代表货物本身，其占有或转让同货物本身的占有或转让具有相同效力。通常情况下，运输单据一般不是物权凭证。但从提单的含义及其发展历史沿革可知，提单是一个例外。提单是根据习惯做法或制定法获得流通性，成为物权凭证。提单可以不经承运人的同意而转让，提单的转移就意味着提单所记载的货物占有权的转移。

（三）提单是运输合同的证明或运输合同

依据《海牙规则》、中国《海商法》《汉堡规则》和《鹿特丹规则》的上述规定，提单是用以证明海上货物运输合同的单据，承托双方之间为了运输而订立的合同称为运输合同。

提单除了上述作用外，在业务联系、费用结算、对外索赔等方面都起着重要作用。

二、海运提单的基本内容

(一) 提单正面记载的内容

提单正面的记载事项，分别由托运人和承运人或其代理人填写，通常包括下列事项：托运人、收货人、被通知人、装货港、卸货港、船名及航次、唛头及件号、货名及件数、重量与体积、运费预付或运费到付、正本提单的份数、船公司或其代理人的签章，以及签发提单的地点和日期，参见图 10-1。

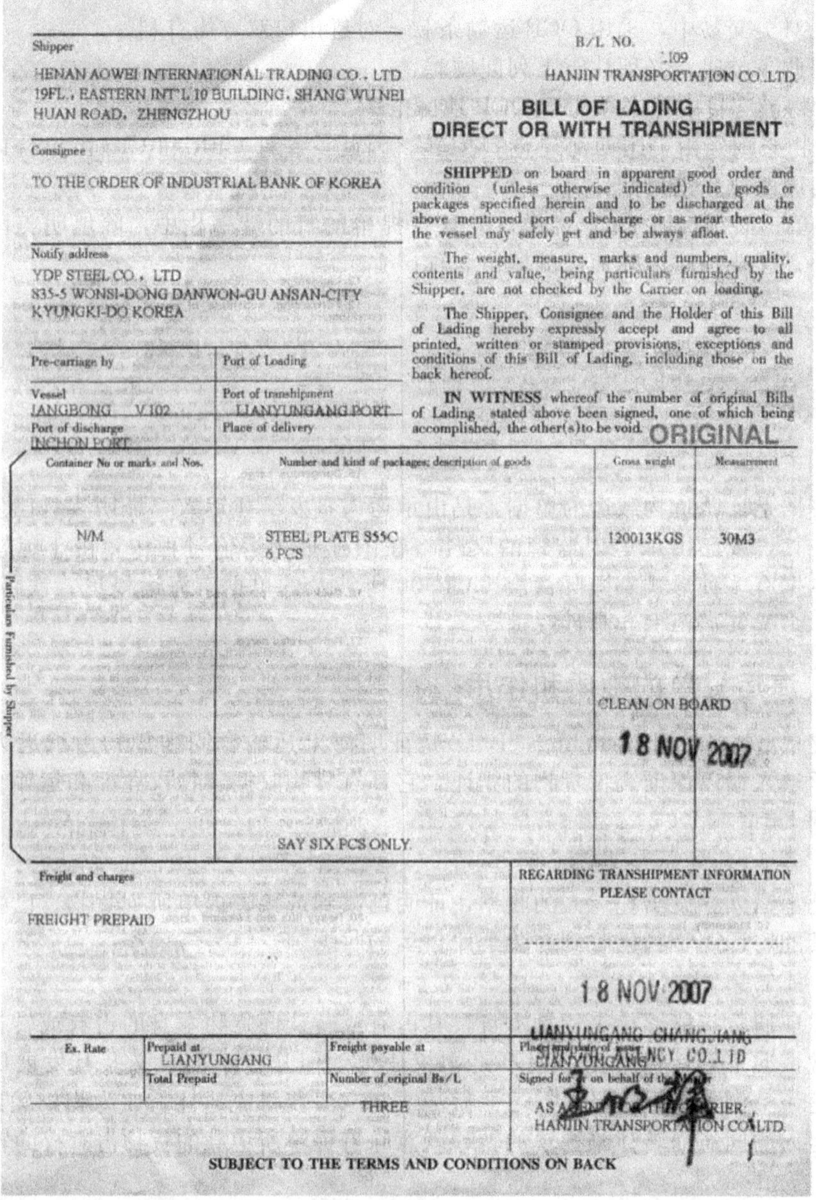

Shipper
HENAN AOWEI INTERNATIONAL TRADING CO., LTD
19FL., EASTERN INT'L 10 BUILDING, SHANG WU NEI
HUAN ROAD, ZHENGZHOU

Consignee
TO THE ORDER OF INDUSTRIAL BANK OF KOREA

Notify address
YDP STEEL CO., LTD
835-5 WONSI-DONG DANWON-GU ANSAN-CITY
KYUNGKI-DO KOREA

B/L NO.
.109
HANJIN TRANSPORTATION CO.,LTD

BILL OF LADING
DIRECT OR WITH TRANSHIPMENT

SHIPPED on board in apparent good order and condition (unless otherwise indicated) the goods or packages specified herein and to be discharged at the above mentioned port of discharge or as near thereto as the vessel may safely get and be always afloat.

The weight, measure, marks and numbers, quality, contents and value, being particulars furnished by the Shipper, are not checked by the Carrier on loading.

The Shipper, Consignee and the Holder of this Bill of Lading hereby expressly accept and agree to all printed, written or stamped provisions, exceptions and conditions of this Bill of Lading, including those on the back hereof.

IN WITNESS whereof the number of original Bills of Lading stated above been signed, one of which being accomplished, the other(s) to be void.

ORIGINAL

Pre-carriage by	Port of Loading
Vessel JANGBONG V.102	Port of transhipment LIANYUNGANG PORT
Port of discharge INCHON PORT	Place of delivery

Container No or marks and Nos.	Number and kind of packages; description of goods	Gross weight	Measurement
N/M	STEEL PLATE S55C 6 PCS	120013KGS	30M3
	SAY SIX PCS ONLY.	CLEAN ON BOARD 18 NOV 2007	

Particulars Furnished by Shipper

Freight and charges
FREIGHT PREPAID

REGARDING TRANSHIPMENT INFORMATION PLEASE CONTACT

18 NOV 2007
LIANYUNGANG CHANGJIANG SHIPPING AGENCY CO.LTD

Ex. Rate	Prepaid at LIANYUNGANG	Freight payable at	Place and date of issue LIANYUNGANG
	Total Prepaid	Number of original Bs/L THREE	Signed for or on behalf of the Master AS AGENT FOR THE CARRIER HANJIN TRANSPORTATION CO.,LTD.

SUBJECT TO THE TERMS AND CONDITIONS ON BACK

图 10-1　海运提单实例样单

（二）提单背面印就的条款

在班轮提单背面，通常都有印就的运输条款，这些条款是作为确定承运人与托运人之间以及承运人与收货人及提单持有人之间的权利和义务的主要依据。

三、海运提单的分类

（一）按货物是否已装船分类

按货物是否已装船，提单可分为已装船提单和备运提单。

1. 已装船提单

已装船提单（on board or shipped on board B/L）又称为装运提单，是指货物已全部装船，凭大副收据签发的提单。提单上除其他项目外，必须注明船名和装船日期并有货物"已装船"字样，如"货已装船，其表面状况完好……"。根据 UCP600 第 20 条，若信用证要求提单作为运输单据时，银行将接受注明货物已装船或已装指名船舶的提单。信用证中通常规定提交已装船提单。

2. 备运提单

备运提单（received for shipment B/L）又称收讫待运提单，是指货物（集装箱运输除外）在装船前已由承运人接管，承运人应托运人的要求而签发的提单。在跟单信用证支付方式下，银行一般都不接受这种提单。

（二）按提单收货人抬头分类

按提单收货人抬头，提单可分为记名提单、不记名提单和指示提单。

1. 记名提单

记名提单（straight B/L）又称收货人抬头提单，是指提单上"收货人"（consignee）一栏内已具体填写特定的人或公司名称的一种提单。根据这种提单，承运人在卸货港只能将货物交给提单上所指定的收货人。若承运人将货物交给提单指定以外的人，即使该人占有提单，承运人也应负责。记名提单原则上不能转让。

2. 不记名提单

不记名提单（bearer B/L）是指提单"收货人"一栏内没有指明任何收货人，而只注明提单持有人字样，承运人应将货物交给提单持有人。谁持有提单，谁就可以提货，承运人交付货物只凭单，不凭人。不记名提单无须背书即可转让，流通性极强。另外，根据有些班轮公会的规定，凡使用不记名提单，在给大副的副本提单上必须注明卸货港通知人的名称和地址。由于不记名提单是物权凭证或控制权凭证，若发生提单丢失或被盗，以致再转让到善意的第三者手中，则极易引起纠纷。因此，在以信用证为支付方式或经过银行押汇的国际贸易中，极少使用这种单据。

3. 指示提单

指示提单（order B/L）是指在提单"收货人"一栏内只填写"凭指示"或"凭××指示"字样的提单。这种提单可以通过背书的方式进行转让，因此在国际上使用较为广泛。"To order"称为空白指示，或不记名指示；"To order of××"称为记名指示，指示人有银行、发货人或收货人等。指示提单转让时有两种背书方式：空白背书和记名背书。"空白背书"仅由背书人（提单转让人）在提单的背面签字盖章，而不注明被背书人（提单受让人）的名称。"记名背书"是指在提单背面既有背书人签字盖章，又有被背书人名称的记载。空白指示、空白背书的提单一般又称为"空白抬头、空白背书"提单，是国际贸易中使用最多的一种提单。指示提单在托运人（卖方）未指定收货人之前，卖方仍保有货物所有权，若经空白背书，则成为不记名提单，而作为凭提单提货的凭证；若经记名背书后即成为记名提单。

（三）按提单对货物外表状况有无不良批注分类

按提单对货物外表状况有无不良批注，提单可分为清洁提单和不清洁提单。

▶ 1. 清洁提单

在装船时货物外表状况良好，承运人在签发提单时，未在提单上加注任何有关货物残损、包装不良的批注，或其他妨碍结汇的批注，这种提单称为清洁提单（clean B/L）。依据UCP600第27条规定，银行只接受清洁提单，清洁提单也是提单转让时所必备的条件。清洁提单表明承运人在接收货物时其外表状况良好；若在目的港卸货时发现货物受损，一般推定货物是在运输过程中受到损害，承运人应对此负责，除非承运人证明该损害是因货物的内在缺陷所致，且承运人无过失。

▶ 2. 不清洁提单

在装船时，若发现货物包装不牢、破残、渗漏、玷污、标志不清等现象时，大副将在收货单上对此加以批注，并将其转移到提单上，这种提单称为不清洁提单（unclean or foul B/L）。不清洁提单是不能结汇的。为此，托运人应对外表状况有问题的货物进行修补或更换。

思考：某公司以班轮运输方式出口一批货物，货到目的港卸货时，买方发现有部分缺损，而卖方提交的提单却是清洁的，买方向卖方提出索赔，而卖方以提单是清洁的为理由，拒绝赔付。请问，哪一方理由正当？为什么？

（四）按运输方式的不同分类

按运输方式的不同，提单可分为直达提单、转运提单、多式联运提单。

▶ 1. 直达提单

直达提单（direct B/L）是指货物由起运港装船直接运至目的港卸货的提单，且提单的"卸货港"一栏填写最终目的港。凡信用证规定不准转船者，必须使用这种直达提单，且提单上不得有"转船"字样的批注。

▶ 2. 转运提单或联运提单

转运提单或联运提单（transshipment B/L，trough B/L）是指货物从起运港装载的船舶不直接驶往目的港，需要在中途港口换装其他船舶转运至目的港卸货，承运人签发的提单称为转船提单。

▶ 3. 多式联运提单

多式联运提单（multimodal transport B/L，combined transport B/L）是指，证明多式联运合同以及多式联运经营人接管货物并负责按照合同条款交付货物的单据。当多式联运的运输方式之一是海运，尤其是第一程运输是海运时，多式联运单据多表现为多式联运提单。依据UCP600第19条的规定，多式联运单据（包括至少两种不同运输方式的运输单据）可以表明货物将要或可能转运，只要同一运输单据包含全程运输；表明转运将要或可能发生的多式联运单据是可以接受的，即使信用证禁止转运。

（五）按提单格式分类

按提单格式，提单可分为全式提单和简式提单。

▶ 1. 全式提单

全式提单（long form B/L）是指提单上既有正面记载的事项，特别是记载了承运人的名称,又有背面详细条款的提单。在没有特别约定的情况下,背面条款就是约束承托双方的条款。正本提单通常为全式提单。

2. 简式提单

简式提单(short form B/L)是指提单上只有正面的必要记载项目但无承运人名称和背面详细条款。这种提单多用于租船合同下所签发的提单并注有"所有条件均根据×年×月×日签订的租船合同"。简式提单上一般均印有"各项条款及例外条款以本公司正式全式提单内所印就的条款为准"。这种简式提单与全式提单在法律上一般具有同等效力。

(六) 按运费支付时间分类

按运费支付时间,提单可分为运费预付提单和运费到付提单。

1. 运费预付提单

若贸易合同采用 CIF、CIP 或 CFR 等条件,按规定货物托运时,则必须预付运费。在运费预付情况下出具的提单称为运费预付提单。这种提单正面载明"运费预付"(freight prepaid)字样。付费后,若货物灭失,运费不退。因此,这种提单对货主存在一定的风险。

2. 运费到付提单

若贸易合同采用 FOB、FAS 等条件,则不论是买方订舱还是买方委托卖方订舱,运费均为到付,并在提单上载明"运费到付"(freight to collect)字样,这种提单称为运费到付提单。这种提单对承运人存在一定的风险。

(七) 按提单签发时间分类

按提单签发时间,提单可分为倒签提单、预借提单和顺签提单。

1. 倒签提单

倒签提单(antedated B/L)是指承运人或其代理人应托运人的要求,在货物装船完毕后,以早于该票货物实际装船完毕的日期作为提单签发日期的提单。这是托运人为了使提单上记载的签发日期符合合同或信用证关于装运期的规定,以便能顺利结汇,承运人应托运人要求而倒填日期签发的提单,所以称为倒签提单。承运人签发倒签提单的做法,掩盖了提单签发时的真实情况,将面临承担由此而引起的风险责任。

2. 预借提单

预借提单(advanced B/L)是指在信用证所规定的结汇期,即信用证的有效期即将届满,或交货期限已过,而货物尚未装船或尚未装船完毕的情况下,托运人为了能及时结汇,而要求承运人提前签发的已装船清洁提单,即托运人为了能及时结汇而从承运人那里借用的已装船清洁提单。当承运人签发这种提单时,不仅同样掩盖了提单签发时的真实情况,而且还将面临承担比签发倒签提单更大的风险责任。

3. 顺签提单

顺签提单(postdated B/L)是指货物装船完毕后,承运人或其代理人应托运人的要求,以晚于该票货物实际装船完毕的日期作为提单签发日期的提单。这是为了符合合同或信用证关于装运期的规定,应托运人要求而顺填日期签发的提单,所以称为顺签提单。承运人签发顺签提单的做法同样掩盖了提单签发时的真实情况,也将面临要承担由此而引起的风险责任。

(八) 其他种类的提单

1. 集装箱提单

集装箱提单(container B/L)是集装箱货物运输下主要的货运单据,由负责集装箱运输的经营人或其代理，在收到货物后签发给货物托运人的货物凭证。它与传统提单的作用和法律效力基本相同。

▶ 2. 舱面货提单

舱面货提单（on deck B/L）俗称甲板货提单，是指将货物积载于船舶露天甲板承运，并在提单上注明"装于舱面"字样的提单。

▶ 3. 并提单和分提单

并提单（omnibus B/L）是指根据托运人的要求，将同一船舶装运的同一装货港、同一卸货港、同一收货人的两批或两批以上相同或不同的货物合并签发的一套提单。托运人为了节省运费，常会要求承运人将本应属于最低运费提单的货物与其他另行签发提单的货物合并在一起只签发一套提单。分提单（separate B/L）是指承运人依照托运人的要求，将本来属于同一装货单上标志、货种、等级均相同的同一批货物分开签发的多套提单。只有标志、货种、等级均相同的同一批货物才能签发分提单，否则，会因须在卸货港进行理货、分标志作业而使承运人增加理货、分标志费用的负担。

▶ 4. 过期提单

在国际货物运输中，过期提单（stale B/L）有两种含义，一是指出口商在装船后延滞过久才交到银行结汇的提单。依据国际商会 UCP600 第 14 条的规定，银行将拒收在运输单据签发日期后超过 21 天才提交的单据，但在任何情况下，交单不得晚于信用证到期日；二是指提单晚于货物到达目的港。

▶ 5. 电子提单

电子提单（electronic B/L）是一种利用电子数据交换系统，将运输途中的货物控制权予以转移的一种程序。这种特定程序的电子提单，具有以下三个特点：①买卖双方、发收货人及银行等有关当事人或关系人均以承运人或船方为中心，通过专门的计算机密码告知运输途中货物控制权的转移时间和对象；②在整个货物运输过程中，一般不出现书面文件；收货人只要能提供有效的身份证明，即可提货而无须出示纸质提单。电子提单具有一定的优越性，如快速、准确地实现货物控制权的转移，减少欺诈，保证安全，满足贸易需求等。

四、其他运输单据

（一）国际铁路联运运单

国际铁路联运运单（international through railway bill）是国际铁路联运的主要运输单据，它是参加联运的发送国铁路与发货人之间订立的运输契约，其中规定了参加联运的各国铁路和收、发货人的权利与义务。它对收、发货人和铁路都具有法律约束力。该运单从始发站随同货物附送至终点站并交给收货人，它不仅是铁路承运货物出具的凭证，也是铁路同货主交接货物、核收运杂费用和处理索赔与理赔的依据。国际铁路联运运单副本，在铁路加盖承运日期戳记后发还给发货人，它是卖方凭以向银行结算货款的主要单据之一。铁路运单一式五联，第一联为运单正本，随货走到达终点站时连同第五联和货物一并交给收货人；第二联为运行单，也随货走，是铁路办理货物交接、清算运费、统计运量和收入的原始凭证，由铁路留存；第三联为运单副本，由始发站盖章后交发货人凭以办理货款结算和索赔用；第四联为货物交付单，随货走，由终点站铁路留存；第五联为到达通知单，由终点站随货物交收货人。

（二）承运货物收据

承运货物收据（cargo receipt）是指承运人出具给托运人的收据，也是承托双方的运输合同，它适用于铁路、轮船、公路、航空等单种和多种联合运输。收据背面印有"承运简章"，载明承运人的责任范围，我国内地通过铁路运往我国港澳地区的出口货物，不论是以港澳为目的地还是为中转站的，发货人都委托中国外贸运输公司或外地分公司承运货物装车后，由上述部门签发"承运货物收据"，发货人据此连同其他相关单据结汇，而收货人凭此收据提货。

（三）航空运单

航空运单（air waybill）是承运人与托运人之间签订的运输契约，也是承运人或其代理人签发的货物收据。航空运单还可作为承运人核收运费的依据和海关查验放行的基本单据，但航空运单不是代表货物所有权的凭证，也不能通过背书转让。收货人提货不是凭航空运单，而是凭航空公司的提货通知单。在航空运单的收货人栏内，必须详细填写收货人的全称和地址，而不能做成指示性抬头。航空运单共有正本一式三份，第一份正本注明 Original for the Shipper，应交托运人；第二份正本注明 Original for the Issuing Carrier，由航空公司留存；第三份正本注明 Original for the Consignee，由航空公司随机带交收货人。

（四）多式联运单据

多式联运单据是指证明多式联运合同，以及证明多式联运经营人接管货物并负责按照合同条款交付货物的单据。按《联合国国际货物多式联运公约》规定，多式联运单据是多式联运合同的证明，也是多式联运经营人收到货物的收据和凭以交付货物的凭证，同一多式联运单据必须包括全程运输。根据发货人的要求，多式联运单据可以做成可转让的，也可以做成不可转让的。多式联运单据如签发一套一份以上的正本单据，应注明其份数，其中一份完成交货后，其余各份正本即失效。副本单据没有法律效力。

为了促进国际多式联运的开展，国际商会曾制定了《联合运输单据统一规则》，该规则对多式联运单据做了明确、具体的规定。

（1）国际货物运输方式很多，海洋运输是最主要的运输方式。每种运输方式都有自己的特点和独特的经营方式，交易双方合理选用并约定好运输方式，有利于完成进出口货运任务。

（2）装运地与目的地可能包括港口、车站或机场，交易双方明确、合理地约定装运地与目的地，有利于顺利办理货物的运输与交接。

（3）国际货物是否需要分批装运和转运，货物装卸时间和装卸率的计算方法，交易双方向对方相互发送装运通知，以及与装运有关的其他交易条件，这些都应在买卖合同中列明，以明确各方责任和便于完成进出口货物的运输任务。

（五）邮件收据

邮件收据（parcel post receipt）是邮件运输的主要单据，是邮局收到寄件人的邮包后所签发的凭证。当邮包发生损坏或丢失时，它还可以作为索赔和理赔的依据，但邮件收据不是物权凭证。邮寄证明是邮局出具的证明文件，据此证实所寄发的单据或邮包确已寄出并作为邮寄日期的证明。有的信用证规定，出口商寄送有关单据、样品或包裹后，除要出具邮件收据外，还要提供邮寄证明，作为结汇的一种单据。专递收据是特快专递机构收到寄件人的邮件后签发的凭证。根据《跟单信用证统一惯例》规定，如信用证要求邮件收据或邮寄证明，银行在接受的邮件收据或邮寄证明表面注有信用证规定的寄发地处盖戳并加注日期，该日期即为装运或发运日期。如信用证要求专递或快递机构出具的单据，银行对这种快递单据将予以接受。

本章小结

本章在系统介绍国际货物主要运输方式的同时，梳理了国际货物买卖合同中运输条款的主要内容与注意事项，阐述了各种运输单据及其特点。通过本章的学习，应了解国际货物不同运输方式的特点与使用，加强运费计算训练，理解并掌握班轮运输与集装箱运输的运费计算，为后续的价格核算奠定基础；对于分批装运、不清洁提单、倒签提单等难辨概念，需要在老师的指引下多分析相似案例，从不同的角度深入领会其含义与实际应用。学生可以尝试将国际货物各种运输方式与相应的运输单据、运费计算等内容进行整理归纳，以便对本章知识的整体性学习与把握。

复习思考题

1. 简述班轮运输与租船运输的不同特点与注意事项。
2. 简述集装箱运输的交接地点与交接方式。
3. 简述海运提单的性质与主要分类。
4. 某企业出口柴油机一批，共 15 箱，总毛重为 5.65 公吨，总体积为 10.676 立方米。由青岛装中国远洋运输公司轮船，经香港转船至苏丹港。（经查阅，柴油机属于 10 级货，计算标准为 W/M，从青岛至香港的费率为每运费吨 22 美元，香港中转费为运费吨 13 美元，从香港至红海航线费率为 95 美元，港口拥挤附加费费率为基本运费的 10%。）试计算应付船公司多少运费？
5. 我国某公司出口大米 10 000 公吨，合同规定，"自 2 月份开始，每月装 1 000 公吨，分 10 批交货"。卖方交货到第 5 批大米时，大米霉变，买方以此为由，主张撤销合同。买方能否这样做？

第十一章 国际货物买卖合同的保险条款

学习目标

通过本章的学习,了解国际贸易保险条款的主要内容和保险单据的种类;熟悉海洋货物运输保险的承保范围和附加险别的种类与责任;掌握国际货物运输保险基本险别的种类与责任以及保险费的计算。

引导案例

FOB 项下保险利益的认定

2004 年 4 月 27 日,江苏某食品进出口公司代理 A 食品生产公司与 B 有限公司签订了一份国际货物买卖合同,约定的总价款为 85 608 美元,以 FOB 葡萄牙里斯本首都机场离岸价为价格条件。合同签订后,食品进出口公司与某运输公司联系运输事宜,某运输公司委托海外运输商 SecuFe 公司负责海外运输。2004 年 6 月 15 日,食品进出口公司与某保险公司签署了一份《国际运输预约保险启运通知书》,载明:被保险人是食品进出口公司;保险货物项目是一批高档食品,包装及数量是纸箱 48 件;价格条件是 EX-Work;货价(原币)85 608 美元;运输路线自里斯本葡萄牙至中国天津;投保险种为一切险;保险金额为 978 774 美元;保险费为 5 915 美元。2004 年 6 月 15 日,食品进出口公司向保险公司支付了保险费人民币 32 417 元,并收到保险公司出具的收据。里斯本首都机场时间 2004 年 6 月 15 日 19 时,被保险货物在里斯本首都机场 Secure 公司仓库被盗。2004 年 7 月 7 日,食品进出口公司将出险情况告知了保险公司。同年 7 月 21 日,食品进出口公司向保险公司提出索赔,保险公司以食品进出口公司不具有保险利益而主张合同无效并拒赔,食品进出口公司遂向法院起诉。

法院经审理后认为,本案的焦点问题是保险利益的认定问题。本案买卖合同约定的价格条件是 FOB 葡萄牙里斯本,意为货物在里斯本首都机场越过船舷或装机后,货物的风险才发生转移。在此之前,货物的风险则仍由卖方承担。因此,本案食品进出口公司购买的货物在海外运输公司 Secure 公司仓库被盗时,食品进出口公司不具有保险利益。法院最终判定保险公司与食品进出口公司的保险合同因投保人对保险标的的物不具有保险利益而无效。食品进出口公司无权要求保险公司承担赔偿责任，而保险公司亦应退还保险费。

资料来源：江淼，FOB项下保险利益如何认定[J]. 国际市场，2007(01)：79.

第一节 海上货物运输保险承保的范围

国际货物保险是指被保险人(买方或卖方)向保险人(保险公司)按一定的金额投保一定的险别，并根据一定的保险费率交纳保险费，保险人承保后，对于被保险货物在运输途中发生的承保范围内的损失给予经济补偿。国际货运保险包括海运、陆运和空运等保险形式，但由于在国际货物运输中，海上货运比例最大，对它的风险、费用及损失的界定已约定俗成。因此，本节主要介绍海运货物保险承保的范围，即海上运输货物保险保障的风险、保障的损失和保障的费用。

一、保险的基本原则

(一) 保险利益原则

保险利益原则指投保人对保险标的具有法律上承认的利益。就货物保险而言，反映在运输货物上的利益，主要是货物本身的价值，但也包括与此相关联的费用(运费、保险费、关税、预期利润等)。但它不像其他保险那样，只要求在保险标的发生损失时必须具有保险利益即可。

(二) 最大诚信原则

最大诚信原则指投保人和保险人在签订保险合同以及在合同有效期内，必须保持最大限度的诚意，双方都应恪守信用，互不欺骗隐瞒，保险人应当向投保人说明保险合同的条款内容，并可以就保险标的或者被保险人的有关情况提出询问，投保人应当如实告知。

对被保险人来说，包括两方面的要求：一是重要事实的申报；二是保证。

(三) 补偿原则

补偿原则指当保险标的遭受保险责任范围内的损失时，保险人应当依照保险合同的约定履行赔偿义务。但赔偿金额不得超过保单上的投保金额或实际损失，不允许被保险人因保险赔偿而获得额外利益。

(四) 近因原则

近因原则指保险人只对承保风险与保险标的损失之间有直接因果关系的损失负赔偿责任，而对保险责任范围外的风险造成的保险标的的损失，不承担赔偿责任。

二、海上货物运输保险承保的风险

(一) 海上风险

海上的风险包括自然灾害和意外事故两种。

▶ 1. 自然灾害

自然灾害(natural calamities)是指不以人们意志为转移的自然界力量所引起的灾害。但在海上保险业务中，它并不是泛指一切由于自然力量所造成的灾害，而是仅指以下人力不可抗拒的自然力量造成的灾害。按照我国现行海洋运输货物保险条款的规定,所谓自然灾害仅指恶劣气候、雷电、海啸、洪水、地震这五种人力不可抗拒的灾害。根据伦敦保险业协会《协会货物条款》的规定,属于自然灾害性质的风险除上述五种外,还包括火山爆发、浪击落海,以及海水、湖水、河水进入船舶、驳船、运输工具、集装箱、大型海运箱或储存处所等。

2. 意外事故

意外事故(fortuitous accidents)一般是指由于偶然的非意料中的原因所造成的事故。但在海上保险业务中,按照我国现行海洋运输货物保险条款的规定,意外事故仅指运输工具遭受搁浅、触礁、沉没、互撞、与流冰或其他物体碰撞以及失火、爆炸这七种,并不泛指海上所有的意外事故。根据伦敦保险业协会的《协会货物条款》,意外事故除上述发生在运输工具上的各种意外事故之外,还包括陆上运输工具的倾覆或出轨。由此看出,海运货物保险所承保的意外事故,也不只限于海上所发生的意外事故。

3. 其他风险

其他风险是指某些发生在海上,但既不属于自然灾害又不属于意外事故的风险,通常包括海盗,抛弃,船长、船员的恶意损害,吊索损害四种风险。

(二) 外来风险

外来风险指海上风险以外的其他外来风险。保险业中的外来原因,是指难以预料的、致使货物受损的某些外部因素。

1. 一般外来风险

一般外来风险,是指被保险货物在运输途中,由于偷窃、短量、雨淋、沾污、渗漏、破碎、受热受潮、串味等 12 种一般外来原因所造成的风险。

2. 特殊外来风险

特殊外来风险与损失,是指由于军事、政治、国家政策法令以及行政措施等特殊外来原因所造成的风险。例如,战争、罢工、因船舶中途被扣而导致交货不到,以及货物被有关当局拒绝进口或没收等风险。

三、海上货物运输保险承保的损失

海上损失,是指被保险货物在海洋运输中因遭受海上风险而引起的损失。按照海运保险业务的一般习惯,海上损失还包括与海运相连接的陆上或内河运输中所发生的损失。海上损失按照损失的程度分为全部损失和部分损失。

(一) 全部损失

全部损失(total loss)是指运输中的整批货物或不可分割的一批货物的全部损失。

1. 实际全损

实际全损(actual total loss)又叫绝对全损,指保险标的物在发生保险事故后发生灭失,或者受到严重损坏完全失去原有形体、效用,或者不能再归被保险人拥有。保险标的发生实际全损时,被保险人无须办理任何法律手续即可向保险人请求按保险金额获得全部赔偿。以下四种情况构成实际全损:①保险标的已遭毁灭,如船舶与货物沉入海底无法打捞或货物被大火毁灭;②保险标的属性上的毁灭,原有的商业价值已不复存在,如茶叶遭海水浸湿后香味尽失、水泥浸海水后变成块状;③被保险人已不能恢复其所丧失的所有权,如船舶与货物被捕获或扣押后释放无期,或已被没收;④船舶失踪已达一定时期,如半年仍无音讯，则可视作全损。

▶ 2. 推定全损

推定全损（constructive total loss）是指保险标的物受损后并未全部灭失，但若进行施救、整理、修复所需的费用或者这些费用再加上续运至目的地的费用的总和，估计要超过货物在目的地的完好状态的价值。以下四种情况构成推定全损：①保险标的实际全损已经无法避免，或者是为了避免实际全损，需要花费的施救费用，将超过获救后标的的价值；②保险标的发生保险事故后，使被保险人失去标的的所有权，而收回这一所有权所需花费的费用，将超过收回后的价值；③保险标的受损后，整理和续运到目的地的费用，超过货物到达目的地的价值；④保险标的受损后，修理费用已超过货物修复后的价值。

（二）部分损失

部分损失是指凡保险标的物的损失未达到上述情况之一者，都属于部分损失。

▶ 1. 共同海损

共同海损（general average）是指载货船舶在海上遇到灾害、事故，威胁到船货等各方面的共同安全，为了解除这种威胁，维护船货安全，使航程得以继续完成，船方有意识地、合理地采取措施，造成某些特殊损失或者支出特殊额外费用。必须具备以下条件：①共同海损的危险必须是实际存在的，或者是不可避免而产生的，不是主观臆测的；②消除船、货共同危险而采取的措施，必须是有意识的和合理的；③必须是属于非正常性质的损失；④费用支出是额外的。

▶ 2. 单独海损

单独海损（particular average）是除共同海损以外的部分损失，它只能由受损方单独负担。

▶ 3. 单独海损和共同海损的联系与区别

（1）从性质上看，两者都属于部分损失。

（2）造成海损的原因不同。单独海损是由所承保的风险直接导致的船、货的损失，而共同海损是为解除或减轻风险，人为地、有意识地采取合理措施造成的损失。共同海损往往由单独海损引起。

（3）损失的承担者不同。单独海损的损失，由受损者自己承担，而共同海损的损失则由受益各方根据获救利益的大小按比例分摊。

思考： 有一载货海轮，在舱面上载有1 000台拖拉机，在航行中遇到恶劣气候，海浪已将450台拖拉机卷入海中，从而使海轮在巨浪中出现严重倾斜，如不立即采取措施，海轮随时有翻船的危险。船长在危急关头，下令将其余的550台拖拉机全部抛入海中，从而避免了翻船。请问在上述情况下，前450台拖拉机和后550台拖拉机的损失，在海损中是否都属于共同海损？

四、海上货物运输保险承保的费用

（一）施救费用

施救费用（sue and labour expenses）是指当被保险标的遭受保险责任范围内的灾害事故时，由被保险人或其代理人、雇用人和受让人等采取措施，抢救保险标的，以防止扩大损失，由于实施此种抢救行为所支出的合理费用。

（二）救助费用

救助费用（salvage charge）是指被保险标的遭遇保险责任范围以内的灾害事故时，由保险人或被保险人以外的第三者采取抢救行为，对于此种救助行为，按照国际法的规定：获救方应向救助方支付相应的报酬，所支付的该项费用被称为救助费用，属于保险赔付范围。

（三）施救费用与救助费用的区别

根据现行海上货物保险条款，保险人施救费用与救助费用的承保有所不同，存在以下主要差别。

▶ 1. 采取行为的主体不同

施救费用是由被保险人及其代理人、雇用人和受让人采取施救行动所发生的费用；而救助费用，则是指保险人和被保险人以外的第三方救助者实施救助行为所发生的费用和应取得的救助报酬。

▶ 2. 保险人赔偿的前提不同

对于施救费用，无论施救行动是否取得效果，保险人对于合理支出的施救费用均予以赔偿；而对救助费用的赔偿，是在救助行为取得效果的前提条件下，由保险人赔偿被保险人所支付的救助报酬。

▶ 3. 保险人的赔偿限度不同

保险人对施救费用赔偿的限度，是在对保险标的的损失赔偿之外另行支付的。保险人对保险标的损失的赔偿，是以保险金额为限；而保险人对施救费用的赔偿责任，也以不超过该批被救货物的保险金额为限。因此，保险人对一次保险事故的损失赔偿，可能达到两个保险金额。而保险人对救助费用的赔偿责任限定为，救助费用与保险货物本身损失的赔偿金额两者相加，不超过货物的保险金额。如果保险标的发生全损，除非另有约定，保险人对于救助费用就不再赔偿了。

▶ 4. 是否属于共同海损不同

施救费用的支出既可能是为了被保险人自身的利益，也可能是为了船货的整体安全。所以，既可能属于共同海损，也可能属于单独海损；而救助费用是为了使被保险财产及其他财产避免遭受共同危险而自愿且合理地采取救助行为所支出的费用，往往是共同海损费用的一部分。

第二节 国际货物运输保险的内容

一、国际贸易常用保险条款

（一）《协会货物条款》

在世界海上保险业务中，英国是一个具有悠久历史和比较发达的国家，它所制定的保险规章制度，特别是保险单和保险条款，对世界各国影响颇大。目前，世界上大多数国家在海上保险业务中，直接采用英国伦敦保险业协会所制定的《协会货物条款》（Institute Cargo Clauses issued by Lloyd's and the Marine Insurance Companies in 1982/2009，简称 ICC 条款）。在我国进出口业务中，特别是以 CIF 条件出口时，有些国外商人如要求我出口公司按伦敦保险协会货物条款投保，我国出口企业和中国人民保险公司也可通融接受。

《协会货物条款》最早制定于1912年,后来经过数次修订,影响比较大的是1963年和1982年两个版本。《中国海洋运输货物保险条款》是根据《协会货物条款》1963年版本制定的,但《协会货物条款》1982年版与1963年版相比,无论在名称还是在条款的结构上都有很大变化,而《协会货物条款》2009年版又根据实际情况对1982年版本进行了微调。

(二)《中国保险条款》

我国最常用的运输货物保险条款主要是《中国保险条款》(China Insurance Clause,简称CIC条款)。CIC条款按运输方式来分,有海洋、陆上、航空和邮包运输保险条款四大类;对某些特殊商品,还配备有海运冷藏货物、陆运冷藏货物、海运散装桐油及活牲畜、家禽的海陆空运输保险条款。以上条款,投保人可按需选择投保。在我国,海洋货物运输最常用的保险条款是中国人民财产保险股份有限公司修订,中国人民银行及中国保险监督委员会审批颁布,于1981年1月1日施行的《海洋运输货物保险条款》(Ocean Marine Cargo Clauses of the People's Insurance Company of China dated 1/1/1981),它包括基本险和附加险两大类险别。

二、我国海运货物保险条款

(一)保险人承保的基本险责任范围

▶ 1. 平安险

平安险(free from particular average,FPA)的责任范围主要包括以下几项。

(1)被保险货物在运输途中由于恶劣气候、雷电、海啸、地震、洪水等自然灾害造成整批货物的全部损失或推定全损。

(2)由于运输工具遭受搁浅、沉没、触礁、互撞、与流冰或其他物体碰撞,以及失火、爆炸等意外事故造成货物的全部或部分损失。

(3)在运输工具已经发生搁浅、触礁、沉没、焚毁等意外事故的情况下,货物在此前后又在海上遭受恶劣气候、雷电、海啸等自然灾害所造成的损失。

(4)在装卸或转运时由于一件或数件整件货物落海造成的全部或部分损失。

(5)被保险人对遭受承保责任范围内危险的货物采取抢救措施,防止或减少货损的措施而支付的合理费用,但以不超过该批被救货物的保险金额为限。

(6)运输工具遇海难后,在避风港由于卸货所引起的损失以及在中途港、避难港由于卸货、存仓以及运送货物所产生的特别费用。

(7)共同海损的牺牲、分摊和救助费用。

(8)运输契约订有"船舶互撞责任"条款,根据该条款规定应由货方偿还船方的损失。

思考:有一批货物投了平安险,在装船过程中,该批货物9件落海,其中有6件货物全部损失,而另外3件由于打捞及时,仅造成部分损失。请问,对此谁应负责赔偿?赔偿几件?为什么?

▶ 2. 水渍险

水渍险(with particular average,WPA)所承保的责任范围,是除包括平安险的各责任外,还负责被保险货物由于恶劣气候、雷电、海啸、地震、洪水等自然灾害所造成的部分损失。

思考:我国某公司以CIF条件出口一批化肥,装运前按合同规定已向保险公司投保水渍险,货物装妥后船舶顺利启航。载货船舶启航后不久,在海上遭受暴风雨,海水涌入舱内,致使部分化肥遭到水浸,损失价值达1 000美元。数日后,又发现部分化肥包装破裂，估计货损达1 500美元。请问，该损失应由谁承担？为什么？

3. 一切险

一切险(all riske，AR)的责任范围除包括平安险和水渍险的各项责任外，还负责货物在运输过程中由于一般外来原因所造成的全部或部分损失。

(二) 保险人承保的附加险责任范围

附加险，只能在投保一种基本险的基础上加保，而不能单独投保。

1. 一般附加险

一般附加险是指由于一般外来原因引起的一般风险而造成的各种损失的险别。一般附加险有下列11种，其承保责任如下。

(1) 偷窃、提货不着险(theft，pilferage and non-delivery，TPND)。该险承保被保货物在保险有效期内被偷窃以及货物运抵目的地以后，全部或整件未交所造成的损失。

(2) 淡水雨淋险(fresh water and/or rain damage，FWRD)。该险承保被保货物在运输中，由于淡水、雨水以至雪溶所造成的损失。淡水包括淡水舱储水、水管漏水以及舱汗等。

(3) 短量险(risk of shortage)。该险主要承保被保货物在运输过程中数量和重量短少的损失，但不包括正常的自然损耗。

(4) 混杂、玷污险(risk of intermixture and contamination)。该险承保被保货物在运输过程中，混进了杂质以及因为和其他物质接触而被玷污所造成的损失。例如，矿石混进了泥土、草屑等使质量受到影响，以及布匹、纸张、食物、服装等被油类或带色的物质污染而引起的损失。

(5) 渗漏险(risk of leakage)。该险承保液体、流质类货物在运输过程中，由于容器损坏而引起的渗漏损失以及用液体储装的货物因储液渗漏而发生的腐烂、变质的损失。例如，转运原油等油类的管道破裂造成渗漏损失。再如，以液体装存的湿肠衣，因为液体渗漏而使肠发生腐烂、变质等损失。

(6) 碰损、破碎险(risk of clash and heating)。该险承保被保货物碰损和破损的损失。碰损主要是对金属、木质物等货物来说的，破碎则主要是对易碎性物质来说的。前者是指在运输途中，因为受到震动、颠簸、挤压而造成货物本身的损失；后者是在运输途中由于野蛮装卸、粗鲁搬运、运输工具的颠震造成货物本身的破裂、断碎的损失。

(7) 串味险(taint of odour)。该险承保被保货物在运输途中，因受其他带异味货物的影响而造成串味的损失。例如，茶叶、香料、药材等在运输途中受到一起堆储的皮革、樟脑的异味的影响而使品质降低受到损失。

(8) 受热、受潮险(damage caused by heating and sweating)。该险承保货物在运输途中，因受气温变化或水蒸气的影响，而使货物发生变质的损失。

(9) 钩损险(hook damage)。该险承保被保货物在装卸过程中，因为使用手钩、吊钩等工具所造成的损失。例如，粮食包装袋因吊钩钩坏而造成粮食外漏所造成的损失。

(10) 包装破裂险(loss or damage caused by breakage of packing)。该险承保货物在运输过程中，因搬运或装卸不慎造成包装破裂所引起货物的短少、玷污等损失以及因继续运输安全的需要修补或调换包装所支出的费用。

(11) 锈损险(pisk of rust)。该险承保被保险货物在运输过程中，因为生锈造成的损失。但这种生锈必须是在保险期内发生的，如原装时就已生锈，保险公司不负责任。

2. 特殊附加险

特殊附加险是指由于特殊外来原因引起风险而造成损失的险别,主要是由于政治、军事、国家政策法令、行政措施等特定的外来原因而造成的。特殊附加险包括以下八种。

(1) 海上运输货物战争险。海上货物运输战争险(war risk)是特殊附加险的主要险别之一,是保险人承保战争或类似战争行为导致的货物损失的特殊附加险。被保险人必须投保货运基本险之后,才能经特别约定投保战争险。战争险的承保责任范围包括:直接由于战争、类似战争行为、敌对行为、武装冲突或海盗行为等所造成运输货物的损失;由于上述原因所引起的捕获、拘留、扣留、禁制、扣押等所造成的运输货物的损失;各种常规武器(水雷、炸弹等)所造成的运输货物的损失;由本险责任范围所引起的共同海损牺牲、分摊和救助费用。

战争险的责任起讫采用"水面"条款,以"水上危险"为限,是指保险人的承保责任自货物装上保险单所载明的启运港的海轮或驳船开始,到卸离保险单所载明的目的港的海轮或驳船为止。如果货物不卸离海轮或驳船,则从海轮到达目的港当日午夜起算满15日之后责任自行终止;如果中途转船,不论货物在当地卸货与否,保险责任以海轮到达该港可卸货地点的当日午夜起算满15天为止,等再装上续运海轮时,保险责任才继续有效。

(2) 海上货物运输罢工险。海上货物运输罢工险(strikes risk)是保险人承保被保险货物因罢工等人为活动造成损失的特殊附加险。罢工险的保险责任范围包括:罢工者、被迫停工工人或参加工潮暴动、民众斗争的人员的行动所造成的直接损失;恐怖主义者或出于政治目的而采取行动的人所造成的损失;任何人的敌意行动所造成的直接损失;因上述行动或行为引起的共同海损的牺牲、分摊和救助费用。

海洋运输货物罢工险以罢工引起的间接损失为除外责任,即在罢工期间由于劳动力短缺或不能运输所致被保险货物的损失,或因罢工引起动力或燃料缺乏使冷藏机停止工作所致冷藏货物的损失。罢工险的责任起讫采取"仓至仓"条款。罢工险与战争险的关系密切,按国际海上保险市场的习惯,保了战争险,再加保罢工险时一般不再加收保险费。如仅要求加保罢工险,则按战争险费率收费。所以,一般被保险人在投保战争险的同时加保罢工险。

(3) 进口关税险。进口关税险(import duty risk)承保的是被保险货物受损后,仍须在目的港按完好货物交纳进口关税而造成相应货损部分的关税损失。但是,保险人对此承担赔偿责任的条件是货物遭受的损失必须是保险单承保责任范围内的原因造成的。进口关税险的保险金额度根据本国进口税率确定,并与货物的保险金额分开,在保险单上另行列出。而保险人在损失发生后,对关税损失部分的赔付以该保险金额为限。投保进口关税险,往往是针对某些国家规定,进口货物不论是否短少、残损均需按完好价值纳税而适用的。

(4) 舱面险。舱面险(on deck risk)承保装载于舱面(船舶甲板上)的货物被抛弃或海浪冲击落水所致的损失。一般来讲,保险人确定货物运输保险的责任范围和厘定保险费时,是以舱内装载运输为基础的。但有些货物因体积大、有毒性、有污染性或根据航运习惯必须装载于舱面,为对这类货物的损失提供保险保障,可以加保舱面货物险。加保该附加险后,保险人除了按基本险责任范围承担保险责任外,还要依舱面货物险对舱面货物被抛弃或风浪冲击落水的损失予以赔偿。由于舱面货物处于暴露状态,易受损害,所以保险人通常只是在"平安险"的基础上加保舱面货物险,以免责任过大。

(5) 黄曲霉素险。黄曲霉素险(aflatoxin risk)承保被保险货物(主要是花生、谷物等易产生黄曲霉素)在进口港或进口地经卫生当局检验证明,其所含黄曲霉素超过进口国限制标准,而被拒绝进口、没收或强制改变用途所造成的损失。按该险条款规定,经保险人要求,被保险人有责任处理被拒绝进口或强制改变用途的货物或者申请仲裁。

(6) 拒收险。当被保险货物出于各种原因,在进口港被进口国政府或有关当局拒绝进口或没收而产生损失时,保险人依拒收险(rejection risk)对此承担赔偿责任。但是,投保拒收险的条件是被保险人在投保时必须持有进口所需的一切手续(特许证或许可证或进口限额)。如果被保险货物在起运后至抵达进口港之前的期间内,进口国宣布禁运或禁止进口的,保险人只负责赔偿将该货物运回出口国或转口到其他目的地所增加的运费,且以该货物的保险金额为限。同时,拒收险条款还规定:被保险人所投保的货物在生产、质量、包装、商品检验等方面,必须符合产地国和进口国的有关规定。如果因被保险货物的记载错误、商标或生产标志错误、贸易合同或其他文件存在错误或遗漏、违反产地国政府或有关当局关于出口货物规定而引起的损失,保险人概不承担保险责任。

(7) 交货不到险。交货不到险(failure to deliver risk)承保自被保险货物装上船舶时开始,在六个月内不能运到原定目的地交货。不论何种原因造成交货不到,保险人都按全部损失予以赔偿,但是,被保险人应将货物的全部权益转移给保险人,因为造成交货不到的原因并非运输上的,而是某些政治原因(如被另一国在中途港强迫卸货等),所以,被保险人在投保该险别时必须获得进口货物所有的一切许可手续,否则投保该险是无效的。同时,由于该附加险与提货不着险和战争险所承保责任范围有重叠之处,故保险公司在条款中规定,提货不着险和战争险的险项下所承担的责任,不在交货不到险的保险责任范围之内。

(8) 出口货物到香港(包括九龙在内)或澳门存仓火险责任扩展条款。出口货物到香港(包括九龙在内)或澳门存仓火险责任扩展条款(fire risk extension clause for storage of cargo at destination Hong Kong, including Kowloon, or Macao, FREC)是一种扩展存仓火险责任的特别附加险。它对于被保险货物自内地出口运抵香港(包括九龙)或澳门,卸离运输工具,直接存放于保险单载明的过户银行所指定的仓库期间发生火灾所受的损失,承担赔偿责任。该附加险是一种保障过户银行权益的险种。因为货物通过银行办理押汇,在货主未向银行归还贷款前,货物的权益属于银行,所以在该保险单上必须注明过户给放款银行。相应地,货物在此期间到达目的港的,收货人无法提货,必须存入过户银行指定的仓库。从而保险单附加该险条款的保险人承担火险责任。该附加险的保险期限,自被保险货物运入过户银行指定的仓库之时起,至过户银行解除货物权益之时,或者运输责任终止时起满30天时止。若被保险人在保险期限届满前向保险人书面申请延期的,在加缴所需保险费后可以继续延长。特殊附加险也只能在一种基本险的基础上加保,不能单独投保。

思考: 我国某公司按照CIF价格出口冷冻食品一批,合同规定投保平安险加战争险、罢工险。货到目的港后适逢码头工人罢工,货物无法进行卸载。不久,因燃料不足导致冷冻设备停机,等到罢工结束,该批货物已经变质。请问这种由于罢工而造成的直接损失应由谁来负责?

三、伦敦保险协会海运货物保险条款

(一) 《协会货物条款》(1982年)保险条款的种类

(1) 协会货物条款(A),简称ICC(A)。
(2) 协会货物条款(B),简称ICC(B)。

(3) 协会货物条款(C)，简称 ICC(C)。
(4) 协会战争险条款(货物)。
(5) 协会罢工险条款(货物)。
(6) 恶意损害险条款。

以上6种保险条款中，前3种是主险或基本险，后3种则为附加险。除三个主险可以单独投保外，附加险中，协会战争险条款(货物)和协会罢工险条款(货物)也可以单独投保。

(二) ICC(A)条款的承保风险和除外责任

▶ 1. ICC(A)的承保风险

ICC(A)险的承保风险采用"一切风险减除外责任"的方式表示，即除了除外责任项下所列风险保险人不予负责外，其他风险均予负责。它所承保风险的范围近似于我国的一切险。

▶ 2. ICC(A)的除外责任

ICC(A)险的除外责任有下列四类。

(1) 一般除外责任，如归因于被保险人故意的不法行为造成的损失或费用；自然渗漏、自然损耗、自然磨损、包装不足或不当所造成的损失或费用；保险标的内在缺陷或特性所造成的损失或费用；直接由于延迟所引起的损失或费用；由于船舶所有人、租船人经营破产或不履行债务所造成的损失或费用；由于使用任何原子或核武器所造成的损失或费用。

(2) 不适航、不适货除外责任，指保险标的在装船时，被保险人或其受雇人已经知道船舶不适航，以及船舶、装运工具、集装箱等不适货。

(3) 战争除外责任，如由于战争、内战、敌对行为等造成的损失或费用；由于捕获、拘留、扣留等(海盗除外)所造成的损失或费用；由于漂流水雷、鱼雷等造成的损失或费用。

(4) 罢工除外责任，指罢工者、被迫停工工人造成的损失或费用，以及由于罢工、被迫停工所造成的损失或费用等。

(三) ICC(B)条款的承保风险和除外责任

▶ 1. ICC(B)的承保风险

ICC(B)险的承保风险采用"列明风险"方式，即在条款的首部开宗明义地把保险人所承保的风险一一列出，其承保范围近似于我国的水渍险。ICC(B)险的承保风险是灭失或损失合理归因于下列原因之一者：①火灾、爆炸；②船舶或驳船触礁、搁浅、沉没或倾覆；③陆上运输工具倾覆或出轨；④船舶、驳船或运输工具同水以外的外界物体碰撞；⑤在避难港卸货；⑥地震、火山爆发、雷电；⑦共同海损牺牲；⑧抛货；⑨浪击落海；⑩海水、湖水或河水进入船舶、驳船、运输工具、集装箱、大型海运箱或储存处所；⑪货物在装卸时落海或摔落造成整件的全损。

▶ 2. ICC(B)条款的除外责任

它与ICC(A)条款的除外责任基本相同，但有下列两点区别。

(1) ICC(A)对被保险人的故意不法行为所造成的损失、费用不负赔偿责任外，对于被保险人之外的任何个人或数人故意损害和破坏标的物或其他任何部分的损害要负赔偿责任。但在ICC(B)下，保险人对任何人的故意不法行为所造成的损失不负赔偿责任。

(2) ICC(A)将海盗行为列入保险范围,而 ICC(B)对海盗行为不负保险责任。

(四) ICC(C)条款的承保风险和除外责任

▶ 1. ICC(C)条款的承保风险

ICC(C)险承保的风险比 ICC(A)和 ICC(B)险要小得多,也比我国的平安险要小,它只承保"重大意外事故",而不承保"自然灾害及非重大意外事故",其具体承保的风险有:①火灾、爆炸;②船舶或驳船触礁、搁浅、沉没或倾覆;③陆上运输工具倾覆或出轨;④船舶、驳船或运输工具同除水以外的任何外界物体碰撞;⑤在避难港卸货;⑥共同海损牺牲;⑦抛货。

▶ 2. ICC(C)条款的除外责任

ICC(C)的除外责任与 ICC(B)完全相同。

(五)《协会货物条款》(1982年)主要险种的保险期限

保险期限(period of insurance)亦称保险有效期,是指保险人承担保险责任的起止时间。ICC(A)、ICC(B)和 ICC(C)条款与我国海运货物保险条款大体相同,也是采用仓至仓条款,但比我国条款规定得更为详细和明确。协会战争险条款(货物)的保险期限仍采用"水上危险"原则。同时,协会罢工险条款(货物)的保险期限与 ICC(A)、ICC(B)、ICC(C)的保险期限完全相同,即也采用"仓至仓"原则。

四、其他运输方式下的货运保险

(一) 陆上运输货物保险

陆上运输货物保险分为陆运险和陆运一切险。

▶ 1. 陆运险

责任范围:被保险货物在运输途中遭受暴风、雷电、地震、洪水等自然灾害,或由于陆上运输工具(主要指火车、汽车)遭受碰撞、倾覆或出轨,如有驳运过程,包括驳运工具搁浅、触礁、沉没或由于遭受隧道坍塌、崖崩或火灾、爆炸等意外事故所造成的全部损失或部分损失。大致范围相当于海运险中的水渍险。

▶ 2. 陆运一切险

责任范围:除包括上述陆运险的责任外,保险人还对被保险货物在运输途中由于外来原因造成的短少、短量、偷窃、渗漏、碰损、破碎、钩损、雨淋、生锈、受潮、受热、发霉、串味、玷污等全部或部分损失,也负赔偿责任。相当于海运险中的一切险。

▶ 3. 除外责任

(1) 被保险人的故意行为或过失行为所造成的损失。

(2) 属于发货人所负责任或被保险货物的自然损耗所引起的损失。

(3) 由于战争、工人罢工或运输延迟所造成的损失。

起讫期限与海洋运输的仓至仓条款大致相同。上述基本险中也可投保附加险,与海运附加险大致相同,此外还有陆上运输冷藏货物险。它具有基本险的性质,责任范围除包括陆运险的责任外,还负责赔偿由于冷藏设备在运输途中损坏而导致货物变质的损失。

(二) 航空运输险

航空运输险包括航空运输险和航空运输一切险。

▶ 1. 航空运输险

责任范围:被保险货物在运输途中遭受雷电、火灾、爆炸或由于飞机遭受恶劣气候或其他危难事故而被抛弃、或由于飞机遭受碰损、倾覆、坠落或失踪等意外事故所造成的全部或部分损失。包括为此采取的抢救、防止或减少货损的措施而支付的合理费用也负责赔偿，但以不超过被救货物的保险金额为限。与海运险中的"水渍险"大致相同。

2．航空一切险

责任范围：除航空险的责任范围外，还对被保险货物在运输途中由于外来原因造成的，包括被偷窃、短少等全部或部分损失，也负赔偿责任。

3．航空运输战争险

航空运输战争险属于附加险，包括运输途中由于战争、类似战争行为、敌对行为或武装冲突以及各种常规武器和炸弹所造成的货物损失。原子武器或热核武器造成的损失除外。起讫责任类似于海运战争险。

(三) 邮政包裹险

邮政包裹险包括邮包险和邮包一切险。

1．邮包险

责任范围：包括被保险货物在邮运途中遭受恶劣气候、雷电、海啸、地震、洪水等自然灾害，由于运输工具遭受搁浅、触礁、沉没、碰撞、倾覆、出轨、坠落、失踪或由于失火、爆炸等意外事故所造成的全损或部分损失。包括有关费用但以不超过保险金额为限。

2．邮包一切险

责任范围：除包括上述邮包险的范围外，还负责赔偿被保险邮包在运输途中由于外来原因造成的（包括被偷窃、短少在内）的全部或部分损失。

保险责任是被保险邮包离开保险单所载明的启运地寄件人的处所运往邮局时开始生效，直至该项邮包运达保险单所载明的目的地邮局，自邮局发出到货通知给收件人的当日午夜起算，满15天为止或邮包一经递交收件人处所，保险责任即告终止。

3．邮包战争险

邮包战争险是一种附加险，类似于航空战争险。

第三节 海上货物运输保险条款和保险单据

国际贸易货物在海上运输的过程中，为了避免不必要的货物灭失或损害以及其他方面的损失，一般都需要办理海上货物运输保险以保障货主的经济利益。不论是买方还是卖方进行投保，投保人进行投保时都要涉及保险险别的确定、保险金额的确定和保费的计算等问题。

一、投保险别的确定

被保险人在支付保险费的时候是以所投保的保险险别为依据的，不同的险别，保险人所承担的责任范围不同，被保险人所支付的保险费也不同。我国公布的《出口货物保险费率表》中规定，海运出口到非洲一些国家的货物，平安险0.20元/每百元人民币，水渍险0.30元/每百元人民币，一切险5元/每百元人民币。不同险别的费率差别如此巨大，因此在投保时既要顾及货物的安全，又要考虑保险费支出的大小。一般来说，选择险别时应综合考虑以下因素。

(一)货物的性质和特点

不同性质和特点的货物在海上运输的过程中可能遭遇的风险和损失是不尽相同的,因此投保人在投保过程中首先要了解货物自身状况,然后再据以选择适当的投保标准,参见表 11-1。投保人在进行投保时要根据货物本身的特性选择适当的险别,争取以最少的保险费用获取最大的保障。

表 11-1 常见货物种类与险别选择

货物种类	常见危险	险别选择
粮谷类	短量、霉烂、受热	一切险/水渍险+短量险+受热受潮险
粮食类	包装破碎、包装生锈、被盗	一切险/平安险+盗窃提货不着险+包装破裂险
酒、饮料	破碎、被盗	一切险/平安险+盗窃提货不着险+碰损破裂险
玻璃、陶瓷、家电、工艺品、仪器仪表	破碎、被盗	一切险/平安险+盗窃提货不着险+碰损破裂险
毛绒类、纺织纤维	水湿、色变、霉烂	一切险/水渍险+混杂玷污险
杂货类	水湿、被盗	水渍险+盗窃提货不着险+淡水雨淋险
散装矿石类	散落、短量	平安险+短量险
木材、车辆	浪击落海、抛弃	平安险+舱面险
活牲畜、家禽	死亡	活牲畜、家禽海陆空运输保险条款
原糖	溶解、短量、吸湿、被盗、爆炸、油渍	一切险

(二)货物的运输包装

货物的海上运输一般要经过很长的一段时间,为了保证货物在运输过程中不受外界的影响而安全到达,就必须有科学合理的运输包装。货物的包装对于保障货物的安全起着至关重要的作用,例如,一些流体、半流体的货物在运输、装卸及转运过程中,常会由于外包装的问题发生渗漏导致损失,或由于外包装受损导致杂质进入,该类货物通常要加保包装破损险。但由于货物包装本身不良或不适应长途运输的包装所造成的损失不在承保人的承保范围之内。

(三)运输船舶

货物在运输过程中发生风险的概率和承运船舶本身的性能也存在着密切的关系。承运船舶的建造年份、吃水吨位、船上设备、试航性能以及承运人的信用等,都对航行的安全性有重要的影响。船龄在十六年以上的老船、载重在 1 000 吨以下的小型运输货船都是投保人在投保时所要考虑的问题。一般来说,买卖双方都不愿意采用这样的运输工具,但在迫不得已时必须增加投保的额度,以确保减少可能面临的损失。

(四)运输路线及船舶停靠的港口

船舶航行路线以及中途停靠港口都会对货物的安全性有一定的影响。如果途经海盗经常出没的地方,就会增加货物被海盗掠夺的危险;如果中途停靠的港口政局动荡不稳,或者正发生武装冲突,那么货物遭受意外损失的可能性就会增大。另外,还要考虑目的港的吞吐能力,选择装卸能力大、安全性能高的港口作为目的港也可以减少货物的不必要损失。因此,投保人在投保之前必须要对船舶的航行路线有明确的了解,以此确定所要投保的范围,选择适当的险别。

(五)运输季节的不同

运输季节的不同也会对货物的海上运输产生不同的影响。例如,同样的装运条件,谷物、食品等的运输在冬季发生受潮受热的概率相对较小,夏季发生受潮受热的概率则会大大增加,还有冬季在北纬60°以北海域进行航行时极易发生与冰川相撞的风险。因此,不同季节运输的同一批货物要投保不同的险别,不能固守成规。

(六)目的地市场的需求变化趋势

国际市场上有些商品的需求变化可以用"一日千里"来形容,这反映了不同商品在不同市场上需求的变化状况。投保人在投保时,一般是在货价的基础上再加成一定的比例进行投保,但对于价格变化剧烈的商品,投保人必须事先加保增值保险。因此,货物目的地市场的需求变化也是投保人在进行险别选择时要考虑的一项因素。

(七)各国不同的贸易习惯

不同国家、不同地区的贸易习惯是不同的,投保人要根据交易对象的不同选择不同的险别进行投保。例如,在CIF贸易术语下,国际商会《Incoterms 2000》中明确规定,卖方应负责投保ICC条款或类似条款中的最低险别;《1941年美国对外贸易定义修正本》则规定此时卖方有义务代买方投保战争险,费用由买方承担;有些国家对此有个别规定,比利时规定卖方负责投水渍险,澳大利亚则规定增加战争险,德国则规定根据买方的要求进行投保。可见对于同一类货物,不同国家的贸易惯例对于保险险别的要求是不同的,投保人应根据目的地国家的贸易惯例选择合适的险别。

以上是投保人进行险别选择时要考虑的因素,由于海上风险在海运中是最常见的,因此投保人首先要考虑的是平安险和水渍险,或是ICC(B)、ICC(C)中的条款,然后再根据实际情况选择是否加保其他附加条款。

二、保险费的确定

(一)保险金额的构成

投保人在投保海上货物运输保险的时候一般要向保险人申报保险金额。保险金额是投保人和保险公司之间实际投保和承保的金额,是投保人或其受让人进行索赔和保险人进行赔偿的最高限额。

国际贸易海上货物运输的保险金额一般是以发票上的价值为基准的。除去货物本身的价值之外,还应该包括运费和保险费,也就是通常以CIF(或CIP)价值为保险金额。但在货物发生损失时,买方已经支付的进口税、开证费、电报费等费用以及预期收益仍无法在作为保险金额的CIF(或CIP)价值中有所体现。因此,进行国际贸易的国家在考虑了这些实际情况之后,一般都规定在CIF(或CIP)价值上再加成一定的此例来确定保险金额。

(二)保险费的计算

▶ 1. 保险费的定义

保险费是保险公司承保时所收取的一定费用。保险只有在被保险人承诺或实际交付保险费之后才可能在损失发生起承担相应的责任、履行赔付的义务。保险费是保险公司的主要收入,是保险基金的主要来源。

▶ 2. 保险费的计算

保险费是保险金额与保险费率的乘积,保险费率是计收保险费的依据,不同的商品有不同的保险费率。

$$保险金额 = 发票总额 \times (1 + 投保加成率)$$
$$保险费 = 保险金额 \times 保险费$$

拓展案例

某出口商品的 CIF 价格为 8 937.6 美元，进口商要求按成交价格的 110%投保一切险（保险费率 0.8%）和战争险（保险费率 0.08%），人民币对美元汇率为 6.22∶1，试计算出口商应付给保险公司的保险费用。

解：保险金额 = CIF × 110% = 8 937.6 × 110% = 9 831.36（美元）
保险费 = 保险金额 × 保险费率 = 9 831.36 × (0.8% + 0.08%) = 86.52（美元）
保险费 = 86.52 × 6.22 = 538.2（元）

三、保险公司的责任起讫期限

（一）基本险除外责任

除外责任又称责任免除，是指保险人依照法律规定或合同约定，不承担保险责任的范围。保险公司理赔基本险时，对于由下列原因所造成的损失不负赔偿责任。

（1）被保险人的故意行为或过失所造成的损失。

（2）属于发货人责任所引起的损失。

（3）在保险责任开始前，被保险货物已存在品质不良或数量短差所造成的损失。

（4）被保险货物的自然损耗、本质缺陷、特性以及市价跌落、运输迟延所引起的损失或费用。

（5）保险公司海洋运输货物战争险条款和货物运输罢工险条款规定的责任范围和除外责任。

（二）基本险被保险人的义务

被保险人应按照以下原则办理有关事项，如因未履行规定的义务而影响保险人利益时，保险公司有权对有关损失拒绝赔偿。

（1）当被保险货物运抵保险单所载明目的地港以后，被保险人应及时提货，当发现被保险货物遭受任何损失，应立即向保险单上所载明的检查、理赔代理申请检验，如发现被保险货物件数短少或有明显残损痕迹，应立即向承运人、受托人或有关当局索取货损货差证明。如果货损货差是由承运人、受托人或其他有关方面的责任所造成，应以书面形式向他们提出索赔，必要时还须取得延长时效的认证。

（2）对遭受承保责任内风险的货物，被保险人和保险公司都可以迅速采取合理的措施，防止或减少货物的损失。被保险人采取此项措施，不应视为放弃委付的表示，保险公司采取此项措施，也不得视为接受委付的表示。

（3）如遇航程变更或发现保险单所载明的货物、船名或航程有遗漏或错误时，被保险人应在获悉后立即通知保险人，并在必要时加缴保险费，该保险才继续有效。

（4）在向保险人索赔时，必须提供保险单正本、提单、发票、装箱单、磅码单、货损货差证明、检验报告及索赔清单等单证。如涉及第三者责任，还须提供向责任方追偿的有关函电及其他必要证明文件。

（5）在获悉有关运输契约中"船舶互撞责任"条款的实际责任后，应及时通知保险人。

（三）保险的责任起讫

保险的责任起讫又称保险期间或保险期限，是指保险人承担责任的起讫时间。在海运货物保险中，保险责任的起讫除了指具体的开始与终止日期外，还包括保险人在什么情况下必须承担保险责任，什么情况下可以不对所发生的损失负责。参照国际保险市场的惯例，我国海运货物保险基本险起讫，一般也遵循"仓至仓条款"原则。

"仓至仓条款"（warehouse to warehouse clause，W/W），是海运货物保险责任期限的基本原则，它规定了保险人承担责任的空间范围，即规定了保险人承担责任的起讫地点，从保险单载明的发货人仓库或储存处所开始运输时生效，在正常运输过程中继续有效，直到保险单载明的目的地收货人最后的仓库或储存处所或被保险人用作分配、分派或非正常运输的其他储存处所为止，货物进入仓库或储存处所后保险责任即行终止。

▶ 1. 正常运输情况下的保险责任起讫时限

正常运输是指保险货物自保险单载明的启运地发货人仓库或其储存处所进行运输时开始，不论使用何种运输工具，只要是在航程需要的范围内都属于正常运输范围。

在正常运输情况下，保险责任的起讫是按"仓至仓"原则办理的。

被保险货物载运抵保险单载明的目的地之前，若发生分配、分派和分散转运等情况，保险责任按下列原则处理：

（1）若以卸货港为目的地，当货物运达被保险人的仓库时，保险责任即行终止；

（2）若以内陆为目的地，从被保险人向船方提货后运到内陆目的地的被保险人仓库时，保险责任即自行终止。

（3）以内陆为目的地，如果被保险货物在运抵内陆目的地之前，先行存入某一仓库，然后又将该批货物分成几批再继续运往几个内陆目的地另外几个仓库，包括保险单所载目的地时，则以先行存入的某一仓库作为被保险人的最后仓库，保险责任在进入该仓库时即终止。

上述几种情况，均以被保险货物卸离海轮后60天为限，并以先发生者为准。

▶ 2. 非正常运输情况下的保险责任起讫期限

非正常运输是指被保险货物在运输中，由于被保险人无法控制的运输迟延、绕道、被迫卸货、重新装载、转载或承运人行使运输合同赋予的权限所做的任何航海上的变更或终止运输合同，致使被保险货物运载到非保险单所载明的目的地。

▶ 3. 海运货物保险附加险的责任起讫

海运货物战争险承保责任的起讫不遵守"仓至仓"条款，而是以"水上危险"为依据，即以货物装上保险单所载明的启运港的海轮或驳船开始，到卸离保险单所载明的目的港的海轮或驳船为止。原因在于，战争时期存放于港口码头上的货物往往不易疏散，容易造成大量积压，风险过于集中。

罢工险对保险责任起讫的规定同海运战争险不同，它不采取只承保"水上危险"的做法，而是遵循"仓至仓"的原则。

拓展案例

理解"仓至仓"条款

假设分别以FOB、CFR、CIF价格签订三笔出口合同，均投保一切险，保险责任为"仓至仓"条款，货物从起运地仓库运往装运港途中均遭受承保范围内的损失。凭保险单向保险公司索赔，但结果只有CIF合同项下的货物索赔才未被保险公司拒绝，其原因就在于 FOB 和 CFR 合同下的索赔条件不够。索赔人向保险公司索赔时必须具备以下 4 个条件：①保险公司和索赔人之间必须存在合法有效的合同关系；②索赔人必须是合法的保险单的持有人。如合法的持有人一般包括投保人或受让人；③被保险人或受让人索赔时，该损失必须是保险单承保范围内风险造成的；④向保险公司行使索赔权利的人，必须具有可保利益，即被保险人或投保人对于保险标的的安危有利害关系。FOB、CFR 条件下，由买方投保。货物在装船前，卖方没有实现交货义务，货物发生意外时，对该保险标的享有可保利益。但卖方不是保险单的被保险人或合法的受让人，因此与保险公司之间不存在合法有效的合同关系，所以卖方没有索赔权。而买方虽然是保险单的被保险人或持有人，与保险公司存在合法有效的合同关系，但货物装船前对该标的尚未取得所有权，不具有可保利益，而且对装船前发生的风险损失不负任何责任，因此，对装船前的标的同样不具备索赔条件。CIF 条件下，由卖方投保，与保险公司间存在合法有效的合同关系；而且，装船前的风险由卖方承担，具有可保利益，所以保险公司才给予赔偿。分析得知，在 FOB 和 CFR 条件下，保险责任起讫实际上是"船"至"仓"。因为虽由买方投保，但依风险划分界限，买方一般不会办理货物装船前的保险。只有在 CIF 价格术语下，保险责任起讫才是真正的"仓"至"仓"。可见 CIF 条件下，卖方投保并不完全是代办性质的，至少货物装船前这一段是为自己利益投保的。所以，卖方必须根据自己产品的特点，投保相应险种，不可疏忽大意。在 FOB、CFR 条件下，货物装船前，因是买方投保，卖方无法持有保险单；又由于买方投保时不具备可保利益，即没有货物所有权，因此无法将保单转让给卖方，所以卖方也无法成为保单受让人，卖方也就无法向保险公司索赔。为此，在这种情况下，卖方一定要自行投保从仓库到装运港这一段的"路运险"来规避可能发生的风险。

资料来源：马祯，武汉生. 国际贸易实务[M]. 北京：对外经济贸易大学出版社，2014.

四、保险索赔

（一）索赔应具备的条件

保险索赔是被保险人向保险人提出赔偿要求的行为。被保险人要求索赔时应具备以下三个条件。

（1）被保险人要求赔偿的损失，必须是承保责任范围内的风险造成的损失。

（2）被保险人是保险凭证的合法持有人。

（3）被保险人必须拥有可保利益。可保利益是指被保险人对被保险货物因具有某种利害关系而享有的为法律所承认的可以投保的经济利益。例如，在 FOB 或 CFR 贸易术语成交条件下，保险由买方办理，而买方是在货物装船后才承担风险。亦即此时，买方才享有可保利益。

（二）办理索赔应注意的问题

（1）要立即发出损失通知。当被保险人发现货物受损，应立即通知保险公司，以示索赔行为开始，不再受索赔时效制约。

（2）要立即向第三方责任者提出索赔。如货损货差涉及第三方责任者，被保险人在向保险公司发出索赔通知之时，也要向承运方、受托人等其他有关方面提出索赔并要保留追偿权利。

（3）要及时采取合理的施救、整理措施。在取得商检局、港务局等机构开出的货损货差证明后，被保险人也应迅速对受损货物采取必要、合理的施救、整理措施，防止损失进一步扩大。

(4) 备妥索赔单证。索赔单证包括保险单、运输契约、发票、装箱单、磅码单、货损货差证明，同第三方责任者请求赔偿的函电及第三方答复的文件，海事报告，列明索赔金额及计算依据的清单，以及其他必要的单证和文件。

(5) 等候结案。在等候结案的过程中，如需补办手续或提供证件等，要积极配合，抓紧办理；如手续齐全却迟迟没有结果，应立即催赔。

(三) 索赔金额的计算

当被保险的货物遭受保险合同责任范围内的损失时，保险公司应向被保险人进行理赔。

▶ 1. 对被保险货物发生数量损失计赔

保险赔款＝保险金额×损失数量（重量）÷保险货物总量

▶ 2. 对被保险货物遭受质量损失计赔

保险赔款＝保险金额×(货物完好价值－受损后的价值)÷货物完好价值

货物完好价值及受损后的价值，一般以货物运抵目的地检验当时的市价为准，如果受损货物在中途处理，不再运达目的地，则以处理地市价为准（一般指当地的批发价格）。在实际业务中，往往一时难以确定当地市价，经协议也可按发票金额计算：

保险赔款＝保险金额×按发票金额计算的损失额÷发票金额

思考： 我国某公司出口某种商品100包，每包货价与保险金额均为100美元，在运输途中被海水浸湿20包，已不能使用。计算保险公司应赔偿金额。

▶ 3. 有关费用损失计赔

如受损货物在处理时要支付出售费用及其他费用时，一般只要在保险金额限度内，均可计入损失之内，由保险人补偿，赔偿金额的计算公式为

保险赔款＝保险金额×(货物损失的价值＋出售费用)÷货物完好价值

对于被保险人或其受让人为防止或减少损失而支付的合理施救费用，为确定保险事故的性质及程度而支出的合理费用等，均可在保险标的损失赔偿之外另行支付，赔偿金额以不超过保险金额为限度。

思考： 一批货物已经按发票总值的110%投保了平安险。货轮在航行途中于5月3日遇暴风雨袭击，该批货物受到部分水浸，损失货值1 000元人民币；该轮在继续航行中又于5月8日触礁，货物再次发生部分损失，损失额亦为1 000元人民币。在这种情况下，保险公司应赔偿多少钱？为什么？

▶ 4. 全损货物计赔

如果货物发生全损（包括实际全损和推定全损），保险人应按保单载明的保险金额给予全额赔偿，而不管损失当时货物的市价如何。

五、保险单据

保险单据是保险人对被承保货物的承保证明，又是规定双方各自权利和义务的契约。被保险货物遭受承保范围内的损失时，它是被保险人向保险人索赔的主要依据，也是后者进行理赔的主要依据。

(一) 保险单

保险单(insuance policy)俗称大保单，是一种正规的保险合同，除载明被保险人名称、

被保险货物名称、数量或重量、唛头、运输工具、保险起止地点、承保险别、保险金额和期限等项目外,还有保险人的责任范围,以及保险人与被保险人各自的权利、义务等方面的详细条款。(由被保险人背书后随同物权的转移而转让)

(二) 保险凭证

保险凭证(insuance certificate)俗称小保单,是一种简化了的保险合同。除在凭证上不印详细条款外,其他内容与保险单相同,且与保险单有同样的效力。但若信用证要求提供保险单时,一般不能以保险凭证代替。

(三) 联合凭证

联合凭证(combined certificate)是一种更为简化的保险凭证。在我国,保险机构在外贸企业的商业发票上加注保险编号、险别、金额,并加盖保险机构的印戳,即作为承保凭证,其余以发票所列为准。

(四) 保险通知书

保险通知书(insuance declaration)也称保险声明书。在买方办理预保合同的情况下,卖方发运货物后,应向进口商指定的保险公司发出保险通知书。

(五) 批单

批单(endorsement)是在保险单出立后,因保险内容有所变更,保险人应被保险人的要求而签发的批改保险内容的凭证,具有补充、变更原保险单内容的作用。被批准的批单一般粘贴在保险单上,并加盖骑缝章,作为保险单不可分割的组成部分。

六、进出口货物保险的基本做法

(一) 出口货物保险的基本做法

在办理时,应根据出口合同或信用证规定,在备妥货物,并确定装运期和运输工具后,按规定格式逐笔填制保险单,具体列明被保险人名称,保险货物项目、数量、包装及标志,保险金额,起止地点,运输工具名称,起止日期和保险险别等送保险公司投保,缴纳保险费,并向保险公司领取保险单证。

(二) 进口货物保险的做法

我国保险公司一般采取预约保险的做法,即事先与保险公司签订进口预约保险合同,以后每批货物进口,无须填制投保单,视为办理了保险手续,保险公司对该批货物负自动承保责任。

$$保险金额 = FOB(或 FCA)价 \times (1 + 平均保险费率 + 平均保险费率)$$

(三) 保险索赔

被保险人在索赔时应做好下列工作。

(1) 向保险公司发损失通知。收到通知后,保险公司即可采取相应措施,如检验损失,提出施救意见,确定保险责任和查验发货人或承运人的责任等。

(2) 向承运人等有关方面提出索赔。要索取货损货差证明,及时向有关责任方提出索赔,并保留追偿的权利,有时还要延长索赔时效。

(3) 采取合理的施救、整理措施。要防止扩大损失,其施救等的合理费用可由保险公司负责,但以不超过该批被救货物的保险金额为限。

(4) 备妥索赔单证。索赔单证包括保险单或保险凭证正本、运输合同(海运提单、陆运、空运单、邮包收据、联运单据等)、发票、装箱单或重量单、向承运人等第三者责任方请求赔偿的函电或其他凭证和文件、检验报告、海事报告摘录、货损货差证明、索赔清单。

本章小结

　　本章对国际贸易货物运输的保险问题进行了充分阐述，涉及保险的承保范围、承保内容与保险条款等知识，需要结合不同理论知识的特点采取不同的学习方法。对于海洋货物运输保险的承保范围，可以运用树状图从风险、损失和费用三方面进行梳理，同时借助拓展案例对共同海损与单独海损的区别加深理解，从而系统掌握这部分知识；对于海洋货物运输保险承保的险别，可以通过列表形式将三个基本险的责任范围与承保的风险、损失与费用相对照，并进行相应的思考训练，加深理解、强化记忆。此外，可以通过做一些计算题，掌握保险费的计算。

复习思考题

　　1. 试述国际贸易海上货物运输保险承保的风险、损失与费用。
　　2. 某货物在海上运输过程中起火，大火蔓延到货舱，船长下令往舱内灌水灭火，火虽被扑灭，但由于主机受损，无法继续航行，于是，船长决定雇用拖轮将货船拖到附近港口修理。事后调查，造成的损失有：①1 000箱货被火烧毁；②600箱货由于灌水灭火受到损失；③主机和部分甲板被烧毁；④拖轮费用；⑤额外增加的燃油费和船长、船员的工资。试分析以上各种损失的性质。
　　3. 我国某公司以CFR上海从国外进口一批货物，并据卖方提供的装船通知及时向中国人民保险公司投保了水渍险，后来由于国内用户发生变更，我方通知承运人将货改卸黄埔港。货由黄埔装火车运往南京途中遇到山洪，致使部分货物受损，该公司据此向保险公司索赔，但遭拒绝。试分析保险公司拒赔有无道理？请说明理由。
　　4. 中国某进出口公司与美国商人签订一份玉米出口合同，由中方负责货物运输和保险事宜。为此，中方与上海某轮船公司A签订运输合同租用"扬武"号班轮的一个舱位。1997年7月26日，中方将货物在张家港装船。随后，中方向中国某保险公司B投保海上运输货物保险。货轮在海上航行途中遭遇风险，使货物受损。
　　（1）如果卖方公司投保的是平安险，而货物遭受部分损失是由于轮船在海上遭遇台风，那么卖方公司是否可从B处取得赔偿？为什么？
　　（2）如果卖方公司投保的是一切险，而货物受损是由于货轮船员罢工，货轮滞留中途港，致使玉米变质，那么卖方能否从B处取得赔偿？为什么？
　　（3）如果发生的风险是由于承运人的过错引起的并且属于承保范围的风险，B赔偿了损失后，卖方公司能否再向A公司索赔？为什么？
　　5. 我国某公司对外出售商品一批，报价23 500英镑CIF××港（按发票金额110%投保一切险和战争险，两者费率合计为0.7%），后客户要求改报CFR价。请问，在不影响收汇额的前提下，CFR价应报多少？

第十二章 国际货物买卖合同的价格条款

学习目标

通过本章的学习，了解国际贸易商品价格的含义与定价原则；熟悉国际贸易商品价格的构成与佣金折扣的计算；掌握国际贸易商品价格的核算方法。

引导案例

国际货物固定价格的不足

所谓固定价格条款，是指涉外买卖双方把他们的交易价格在合同中固定下来，并且在合同中说明无论事后发生什么情况均按合同确定的价格结算贷款的作价方法。此时，如果买卖双方采用该作价方法，那么买卖双方在以后的履行中有关市场导致的货物价格波动就没有回旋的余地，双方彼此都不得擅自更改原定的合同价格。这种作价方法表示买卖双方都要承担从订约到交货付款整个交易过程中可能会出现的价格波动的风险。但存在一个问题，即在合同中存在的法定解除条件不可抗力是否同样不适用？

X 国的制造商 A 把一座核电站出售给 Y 国的公益事业公司 B。依合同规定，A 承担按这一时期的固定价格供应 10 年该电站所需的铀，B 用美元付款且在纽约支付。假设 5 年后，X 国的政府对铀的出口数量进行限制，并且限制了最低的出口价格，则 B 能否以合同中的已有的固定价格条款进行抗辩，从而争取到原有的价格条款？

在上述的案例中，政府的出口管制属于一个国家的政府行为。这种行政行为是在双方订立合同时，当事人所不能预见、避免以及克服的，因此属于不可抗力。但是在国际货物买卖合同中，如果规定了固定的交易价格，就可以减短货物买卖合同履行的周期，提高合同履行的效率，促进国际间经济的交往。然而由于价格在合同订立时便已确定，在遇到市价急剧变动的情况下，会造成合同双方的严重不平等履行，因此不可抗力的适用可以弥补其固有缺陷。所以，B 不能以合同中已有的固定价格条款进行抗辩，从而争取到原有的价格条款。

因此，针对大型设备等进出口交易周期较长的情况，选择固定价格条款时需要列明除外条款，以免引发纠纷或造成损失。

资料来源：程明惠. 浅析国际货物买卖合同当中的价格条款[J]. 商，2013(16)：67.

第一节 国际贸易价格概述

商品价格是商品价值的货币表现形式。所谓商品价格，具体是指单位商品的价格，简称单价。国际贸易中使用的单价要比国内贸易中使用的单价复杂一些，它的表述包括四项内容，即货币名称、单价金额、计量单位及贸易术语。

现以 USD1 000/doz CIF New York 为例进行说明：USD 货币名称，美元；1 000 为单价金额；doz 为计量单位；CIF New York 为贸易术语，即 CIF 价目的港纽约。

一、商品作价的原则和方法

（一）商品作价的原则

▶ 1. 参考国际市场同类货物的价格水平及其走势

在国际上，有些大宗商品或国际贸易主要商品都有重要的集散地或交易场所，这些地方每天都汇集了大笔的交易，此间产生的商品价格足以代表该商品在国际市场上的定价。国际市场价格是我们进行定价的客观依据和参照标准，因为它是交易双方都能接受的在国际市场上由该货物的供求状况及竞争态势所形成的具有代表性的成交价格。当然，有些国际市场也会是无形的，这只能通过相关的机构和组织来了解某类商品的国际价格水平及其变动趋势。外销人员对国际市场的供求状况、价格水平及其动态变化的了解有利于订立合理的价格条款，可以将商品交易所形成的价格、国际组织或跨国公司在媒体上公布的价格、各国外经贸部门、海关统计的价格作为作价的参考。

▶ 2. 结合国别地区的具体情况

营销战略不同，细分市场所处的国家不同，消费者的消费水平高低不同，国际贸易政策的倾向也有所差异。同时，销售者的策略也各具特色，不论是想通过低价竞争打败对手还是与竞争者和平共处，或是谋求长期发展还是只谋短期之利等。这些因素都不同程度地决定了外销者价格策略的采用。

▶ 3. 结合购销意图作价

从质量上看，当然好的质量是销售的前提和保证，但近些年来，人们越发强调产品创新和差异化，用产品内在附加值的提高取代单纯低价的恶性竞争。因此，针对每笔具体的交易，可根据买卖双方在交易中的强、弱势地位、交易数量等因素灵活地掌握价格，经营者既可以选择薄利多销，也可以选择厚利少销，这取决于其经营意图。

▶ 4. 结合贸易条件和支付手段

贸易术语是核算报价的基础，表明双方所需承担的责任、风险和费用。此外，支付方式的不同也会给交易双方带来不同的费用和风险。例如，采用信用证方式支付，风险就相对较小但费用较高，买方预支信用证压低价格；汇付、托收等方式风险相对大些，但费用较少，卖方可据此适当抬价。此外，远期收汇相对即期收款对买卖双方的资金成本也不同，在定价和报价时也要适当考虑。

▶ 5. 注意其他因素的影响，应充分利用季节差价竞争争取有利的成交价格

季节性的商品若能抢行应市，就大多能卖上好价钱；反之，过季产品的售价往往下跌甚至无利可图。汇率变动也会给货物价格带来影响。具体做法是出口时适当抬价，进口时适当压价。当汇价变动较频繁或幅度较大时，有必要与对方协商在合同中订立调整或保值条款。

（二）作价方法

国际货物买卖的作价方法一般采用固定作价，即在交易磋商过程中把价格确定下来，事后不论发生什么情况均按确定的价格结算应付货款。但在实际业务中，有时也采用非固定作价或两者的结合。

▶ 1. 固定作价

固定作价俗称"一口价"，例如每公吨商品 200 美元 FOB 上海。对此单价，如买卖双方无其他特殊约定，应理解为固定价格，即订约后买卖双方按此价格结算货款；即使在订约后市价有重大变化，任何一方不得要求变更原定价格。在有的合同中，也有对此做出明确规定的。固定作价明确具体，便于核算，因此是一种常规做法。但由于国际市场行情多变，固定作价方式意味着买卖双方要承担从订约到交货乃至转售时价格变动的风险。为规避价格变动风险，在采用固定作价法时，应事先仔细研究市场供求关系的变动趋势并对价格前景做出判断，提前估算风险并将其纳入定价的考虑之中。此外，还应认真调查客户的资信状况，慎重选择交易对象。固定作价法适用于交易量不大、市场价格较稳定、交货期较短的商品交易。

▶ 2. 非固定作价

某些货物因其国际市场价格变动频繁，幅度较大，或交货期较远，买卖双方对市场趋势难以预测，但又确有订约的意旨，这时可采用非固定作价。非固定作价俗称"活价"，例如，在装船前 20 天，参照国际市场价格水平，协商议定正式价格；按提单日的国际市场价格水平计算；由双方在某年某月某日协商确定价格；以某年某月某日某地的有关商品交易所该商品的收盘价为准或以此为基础再加（或减）若干美元。

（1）暂定价格是指为避免价格风险，买卖双方在洽谈某些市价变化较大的货物的远期交易时，可先在合同中规定一个初步价格，作为开立信用证或初步付款的依据，待日后交货期前的一定时间，再由双方按照当时市价商定最后价格，最后价格确定后再进行清算，多退少补。

（2）部分固定作价部分非固定作价主要适用于分批交货的交易中，买卖双方为了规避远期交货部分因价格变动而可能遭受的风险损失，采取近期交货部分固定价，远期交货部分暂不作价，在交货前一定期限内再协商确定的作价方法。

非固定作价对于交货期长、市场行情波动剧烈的商品交易而言，有利于减少风险，促成交易。但这种作价方式先订约后作价，给交易的执行带来较大的不确定性，如果事后双方在作价时不能达成一致意见，将使双方陷入困境。所以，明确定价依据和作价标准非常关键。

▶ 3. 滑动价格

在国际上，对于某些货物，如成套设备、大型机械，从合同订立到履行完毕耗时较长，可能因原材料、工资等变动而影响生产成本，价格的升降幅度较大。为了避免承担过大的价格风险，保证合同的顺利履行，交易双方可在合同中订立价格调整条款。滑动价格就是指先在合同中规定一个基础价格，交货时或交货前一定时间，按工资、原材料价格变动的指数做出相应的调整，以确定最后价格。滑动价格的计算公式为

$$P_1 = P_0 \left(a + \frac{bM_1}{M_0} + \frac{cW_1}{W_0} \right)$$

式中，P_1 为交货时商品的最终价格；P_0 为签订合同时约定的基础价格；M_1 为计算最后价格时原材料的平均价格或指数；M_0 为订约时原材料的平均价格或指数；W_1 为计算最后价格时工资的平均价格或指数；W_0 为订约时工资的平均价格或指数；a 为管理费用占货物单位价格的百分率；b 为原材料在货物单位价格中所占的比重；c 为工资在货物单位价

格中所占的比重；a、b 和 c 各占价格的百分比由买卖双方于订约时商定，a、b 和 c 三者相加应为 100%。

拓展案例

某公司购进一套光缆生产线，合同规定：设备初步价格为 800 万美元，原材料价格、工资、管理费和利润在设备价格中的比重分别为 60%、20%、20%；双方同意按物价指数和工资指数调整设备最终价格，物价指数和工资指数均为 100。在设备交货时，原材料价格指数和工资指数分别上升到 115 和 110，试计算该合同的最终价格。

解：$P_1 = 800 \times \left(0.2 + \dfrac{0.6 \times 115}{100} + \dfrac{0.2 \times 110}{100}\right) = 888$（万美元）。

二、影响国际贸易商品价格的因素

在进出口贸易中，价格是一个十分重要的因素。因为进出口商品的价格直接关系到买卖双方的经济利益，也是国际贸易中一项重要的交易条件。一次贸易谈判的成功与失败往往与价格因素有关。在国际贸易实务中，选用的贸易术语不同，相应的报价也就有所差异。另外，商品价格还与运费、保险费、佣金和折扣等问题相关，从而使得实务中的价格问题更加复杂。

（一）商品的质量和档次

根据按质论价的原则，在国际贸易中，商品品质的优劣、档次的高低、品牌知名度和包装质量等都会直接影响商品的价格。

（二）使用的贸易术语

贸易术语不同，国际贸易中商品价格构成也就不同，也会影响商品价格。一般而言，采用出口地术语成交的商品价格一般低于目的地术语成交的商品价格。

（三）货物运输距离

在国际贸易中，货物的运输距离远近不同，买卖方所承担的运输风险和相关运费、保险费就各不相同，则所交易的商品价格也就不同。

（四）季节性需求的变化

国际市场上，某些时令性商品如能赶在重大节日或时间前到货，售价一般都会较高，但如果不能及时供货并赶在旺季时销售，则售价可能就会很低。

（五）成交数量

成交数量的多寡往往会影响商品价格，卖方会适时给予成交量较大的买方以价格上的优惠或折扣等；反之，则会适当提高价格。

（六）支付条件和汇率变动的风险

国际货款结算的常用支付方法有汇付、托收和信用证三种，合同规定的支付条件是否有利会影响商品的价格。同时，由于国际贸易中汇率变动时有发生，在选择计价货币时也应该慎重，应尽量选择利于自身的货币，一般出口时倾向于选择"硬货币"，避免使用"软货币"。

（七）交货地点和交货条件

在国际贸易中，由于交货条件不同，买卖双方承担的责任风险和相关费用的划分各有差别，所以在定价时应该充分考虑这些因素。此外，交货期的远近、市场销售习惯和消费者的爱好等因素对确定价格也有不同程度的影响，必须通盘考虑和正确掌握。

三、国际贸易计价货币选择与折算

(一) 计价货币的选择

计价货币是指买卖双方当事人在合同中规定用来计算债权债务的货币,也就是合同中用来表示价格的货币。结算货币是指买卖双方当事人在合同中规定用来清偿债权债务的货币,也就是双方约定的,可用来偿付按计价货币表示的货款的等值货币。计价货币一般与结算货币相同,如果双方在合同中只规定了计价货币,没有规定结算货币,则计价货币就是结算货币。如果在计价货币之外,还规定了用其他货币支付,那么用什么汇率在两者间进行折算就成了一个重要问题。

按照国际上的一般做法,如果合同没有相反的规定,通常是按付款当日两种货币间的汇率折算。在合同规定用一种货币计价而用另一种货币支付的情况下,因两种货币在市场上的汇率不同,其中有的坚挺,称为硬币(hard currency);有的疲软,称为软币(soft currency),两种货币按什么时候的汇率进行计算,是关系到买卖双方得失的一个重要问题。所以在价格磋商过程中,应结合企业的经营意图、国际市场供需状况和双方交易磋商的情况,做全面综合分析,避免因单纯考虑外汇风险而影响公司业务发展。国际贸易中常用的计价货币有美元、欧元、日元、英镑等。

在选择计价货币时,对所要选用的硬币和软币分别进行比较、核算,确定使用哪一种更合算,以达到对方可以接受,我方又能减少风险的目的。同时,还要注意订立外汇保值条款,以减少汇兑损失。

▶ 1. 出口尽量选用硬币计价,进口尽量选用软币计价

从理论上说,对于出口交易采用硬币计价比较有利,而进口合同用软币计价比较合算。但在实际业务中,以什么货币作为计价货币,还应视双方的交易习惯、经营意图以及价格而定。如果为达成交易而不得不采用对我方不利的货币,则可设法用下述两种办法补救:一是根据该种货币今后可能的变动幅度,相应调整对外报价;二是在可能条件下,争取订立保值条款,以避免计价货币汇率变动的风险。

▶ 2. 软硬币结合使用

在国际金融市场上,往往是两种货币互为软硬的,即具有相对性。而且可能出现今日是软币而后成为硬币或相反的情形。因此,在不同的合同中,适当地结合使用多种软币和硬币也可以起到降低外汇风险的作用。

▶ 3. 选用比较稳定的第三国货币

当交易双方所在国家普遍适用浮动汇率的情况下,在订约之后到结算为止,汇率的变动幅度可能会很大,对贸易双方的付汇收汇安全造成较大影响。所以双方可以在签订价格条款时规定:若汇率变动超过某一幅度,应对商品价格按某标准进行适当调整或直接选用比较稳定的第三国货币作为计价货币,从而减少因汇率变动而带来的不确定性风险。

(二) 计价货币的改报

▶ 1. 本币折外币

在进出口业务中,如果出口商原来以本国货币作为计价货币对外报价,但外国进口方要求将本币报价改为外币报价,以便于外方核算成本和进行比价,这就要求出口商准确报出外币价格。这时,因出口商该收外币,需将外币卖给银行,换回原本币,出口商卖出外币,即是银行买入外币,故出口商应该用银行公布的外汇牌价中的买入价将本币折成外币。

本币折外币的计算公式为

外币报价＝本币报价/该外币对本币的银行买入价（本币直接标价法）

拓展案例

某设备公司出口一套饮料灌装设备，原报价为200万元人民币，假设交易当天的外汇牌价美元/人民币为7.174 6/7.203 4，现外商要求改报美元价格，应报多少？

解：外币报价＝2 000 000/7.174 6＝27.88（万美元）。

▶ 2. 外币折本币

当出口方的原报价以外币表示，而国外客户要求改用本币报价时，出口商需用该收的本币向银行买入外币，出口方买入外汇，即银行卖出外汇，故需按银行的卖出价将外币报价折算为本币报价。

外币折本币的计算公式为

本币报价＝外币报价×该外币对本币的银行卖出价（本币直接标价法）

拓展案例

我国香港某公司出口一批坯布，原报价为10万美元，现美国商人要求改报港元，假设交易当天的银行外汇牌价美元/港元汇率为7.770 6/7.831 5，该报多少？

解：本币报价＝100 000×7.831 5＝78.32（万港元）。

▶ 3. 外币折外币

当一国出口商原来以一种外币报价（设为A国货币），外国进口商要求其改用另一种外币报价（设为B国货币），这时就需要出口商将A国货币折算为B国货币。出口商只要将A国货币视为本币，然后根据前面所讲的本币折外币的算法进行折算即可。

拓展案例

我国香港某出口商出口一批电源，原报价为8万美元，现进口商要求改报欧元，假设交易当天国际外汇市场欧元/美元的汇率为1.474 5/1.484 2，该报多少？

解：外币报价＝80 000/1.474 5＝5.43（万欧元）。

四、佣金

（一）佣金的含义和表示方法

▶ 1. 佣金的含义

佣金（commission）又称手续费（brokerage），是卖方或买方付给中间商为成交而提供服务的酬金。在国际贸易中，有些交易是通过中间代理商进行的，中间商因介绍生意或代买代卖而需要收取一定的佣金。例如，出口商支付佣金给销售代理人，进口商支付佣金给采购代理人等。

▶ 2. 佣金的表示方法

成交价格中有需要支付给中间商的价格，即为含佣价；反之，不含佣金的价格为净价。佣金分明佣和暗佣两种，明佣是买卖合同或发票等有关单证上公开表明的佣金，通常表示在贸易术语后，如CFC5% SIGAPORE。暗佣对实际买方保密，由卖方暗中支付给中间人，不在发票等相关单证上显示。国外的一些中间商或买主，为了赚取"双头佣"或为了达到逃汇或逃税的目的，往往提出使用暗佣。

在合同中表示含佣价时有两种方法。

（1）在价格条件后加上代表佣金的缩写字母"C"和佣金率，例如，USD500/SET CIFC5% NEW YORK，表示每套500美元CIF纽约佣金5%。

（2）以文字说明来表示，例如，USD500/SET CIFC5% NEW YORK INCLUDING 5% COMMISSION。

需要特别指出的是，若价格条款中对佣金未做表示，通常理解为不含佣的价格或称为净价，即卖方全数收款后，不另支付佣金。另外，在实际操作中，一般商业发票金额应按含佣价开立，卖方在收妥款项后再向中间商支付佣金，但是如果以信用证或者托收方式结算时，则可在汇票金额中扣除佣金，而佣金可由付款行或者付款人在支付货款时代为扣除后支付给中间商。

（二）佣金的计算方法

在实际业务中，按交易金额（发票金额）还是FOB价作为计佣基数，并没有统一的规定，而是由买卖双方协商决定。但前者计算方便，操作上比较简便，实践中使用较多。

在实际业务中，一般按成交额计算佣金的基数，用公式表示为

单位货物佣金额＝含佣价×佣金率

单位货物净价＝含佣价－单位货物佣金额

单位货物含佣价＝净价÷(1－佣金率)

依此类推，不同贸易术语下的含佣价与净价为

FOB含佣价＝FOB净价÷(1－佣金率)

CFR含佣价＝CFR净价÷(1－佣金率)

CIF含佣价＝CIF净价÷(1－佣金率)

拓展案例

1. 净价改报佣金价

某商品CFR价2 000美元，试改为CFRC4%价，并保持卖方的净收入不变。

解：含佣价＝净价÷(1－佣金率)＝2 000÷(1－4%)＝2 083.33（美元）。

2. 调整含佣价的佣金率

已知CFRC3%为1 200美元，保持卖方净收入不变，试改报为CFRC5%。

解：先把CFRC3%价改为CFR价，佣金＝含佣价×佣金率＝1 200×3%＝36（美元）；CFR价＝CFC3%价－佣金＝1 200－36＝1 164（美元）。

再把CFR价改为CFRC5%，最后按公式CFR含佣价＝CFR净价÷(1－佣金率)，可得CFRC5%＝CFR净价÷(1－5%)＝1 225.26（美元）。

（三）佣金的支付方法

如果是卖方支付的佣金，一般由卖方收到全部货款后再支付给中间商。因为中间商的服务不仅在于促成交易，还应负责联系、督促并协助解决实际买方履约过程中可能发生的问题，以使合同得以圆满履行。但是为了防止误解，对于货款全部收妥后才给予支付佣金的做法，应由卖方与中间商在双方建立业务关系之初就予以明确，并达成书面协议。否则，有的中间商可能于交易达成后，即向卖方要求佣金，而有关合同日后能否履行，货款能否顺利收妥，却并无绝对保证。中间商也可从收到的货款中直接代扣佣金，但一般应在合同中订明。此外，若为暗佣，则按双方约定进行支付，而不再在合同中价格条款直接列名。

五、折扣

(一) 折扣的含义及表示方法

1. 折扣的含义

折扣（discount）是指卖方在原价基础上给予买方一定百分比的价格减让，一般由卖方在付款时预先扣除。采取折扣方式减让价格与直接降价报价有很大的不同，它在保证卖方保持商品价位的同时，又明确了给予买方的价格优惠，从而达到促销的效果。国际贸易中常用的折扣形式有品质折扣、数量折扣、季节折扣、现金折扣、特别折扣等。与佣金不同的是，折扣只有明扣而无暗扣，在办理保险时，投保金额按理应以减除折扣后的净价为计算基数，但实际做法都以信用证条款为准。佣金则不管明佣或暗佣，均应以含佣价为投保基数。在合同中，通常用文字说明的方法表示折扣，与佣金一样，如果有关价格对折扣未表示，通常应理解为不给折扣的价格。有时为明确起见，特地加列"净价"字样。在我国对外贸易中，使用折扣主要是为了照顾老客户，确保销售渠道，扩大对外销售等目的。在实际业务中，应根据具体情况，针对不同客户，灵活运用各种折扣方式，如为了扩大销售而使用数量折扣，为发展客户关系而使用特别折扣等。

2. 折扣的表示方法

折扣在价格中的表示可以用百分率，也可以用文字说明。

（1）在价格条件后加上代表折扣的缩写字母"D"和折扣率，如 USD200/CARTON CIFD2% KARACHI。

（2）以文字说明来表示，如 USD200/CARTON CIF KARACHI INCLUDING 2% DISCOUNT 或 USD200/CARTON CIF KARACHI LESS 2% DISCOUNT。

(二) 折扣的计算和支付方法

1. 折扣的计算

折扣通常是以成交额或发票金额为基础计算出来的，计算方法为

$$单位货物折扣额＝原价（或含折扣价）\times 折扣率$$
$$卖方实际净收入＝原价（含折扣价）－折扣额$$

折扣一般可在买方支付货款时预先扣除。如是暗扣，在合同中并不表示出来，而按双方私下达成的协议，由卖方另行支付给买方。折扣习惯上按百分率表示。

拓展案例

某商品出口价格为 CIF 香港每公吨 7 500 美元，折扣 2%，可写成 CIF HONGKONG USD7500 PER M/T LESS 2% DISCOUNT。其净价和折扣金额的计算公式为

$$净价＝原价\times（1－折扣率）$$
$$折扣金额＝原价\times 折扣率$$

则折扣金额＝$7\,500\times 2\%＝150$（美元/公吨）；商品出口净价＝$7\,500\times（1－2\%）＝7\,350$（美元/公吨）。

2. 折扣的支付

与佣金的支付不同的是，折扣一般在买方支付货款时预先扣除。佣金和折扣是国际贸易中普遍采用的习惯做法，正确掌握和灵活运用佣金和折扣可调动中间商和买方推销、经营我国货物的积极性，增强有关货物在国际市场的竞争力，从而扩大销售。

六、国际贸易商品的价格构成

(一) 出口商品的价格

出口商品的价格构成主要包括三部分：出口成本，出口运输费用、保险费和佣金以及预期利润。

▶ 1. 出口成本

出口成本的计算公式为

$$出口成本 = 商品成本 + 国内费用$$

1) 商品成本

商品成本可区分为生产成本、加工成本和采购（进货）成本三种类型。生产成本是制造商生产某一产品所需的投入；加工成本是加工商对成品或半成品进行加工所需的成本；采购（进货）成本是贸易商从供应商处采购商品所付出的价格。对专门从事进出口业务的贸易商来说，商品成本主要是指采购成本，它在出口价格中所占比重最大，是出口价格的主要构成部分。这时，出口成本＝采购成本＋国内费用。

2) 国内总费用

国内总费用是指商品在装运前发生的所有费用。虽然国内总费用在出口价格中所占比重一般不大，但其内容繁多，且计算方法不尽相同，因此，是价格核算中较为复杂的部分。一般在业务中经常出现的费用有以下几种。

（1）国内运输及杂费，即出口货物在装运前所发生的境内运输费用，通常有卡车运输费、内河运输费、路桥费、过境费及装卸费等。

（2）认证费，出口商办理出口许可、配额、产地证明以及其他证明所支付的费用。

（3）仓储保管费，需要提前采购或另外存仓的货物往往会发生仓储保管费用。

（4）包装及商品损耗费，包装费通常包括在进货成本中，如客户有特殊要求，则须另加，另外还要预计有商品短损、漏损、破损、变质等损耗费用的支出。

（5）港区港杂费，指出口货物装运前在港区码头所需支付的各种费用。

（6）商检费，指出口商支付给商品检验机构对货物进行检验的费用。

（7）货款利息，指出口商买进卖出期间垫付资金支付的利息，有时也包括出口商给予买方延期付款时的利息损失。

（8）业务费用，指出口商在经营中发生的有关费用，又称为经营管理费，如人员工资、通信费、交通费、交际费、广告费等。

（9）银行费用，指出口商委托银行向国外客户收取货款、进行资信调查等所支出的费用。

（10）报关费用，指委托报关行代为报关所支付的服务费。

（11）捐税，指国家对出口商品征收的有关税费，通常有出口关税、增值税等。

▶ 2. 出口运费、保险费和佣金

（1）出口运费，主要是指货物装运出境直至目的地支付的海运、陆运或空运及多式联运费用。

（2）保险费，主要是指出口商向保险公司支付的货物运输保险费用。

（3）佣金，有时交易是通过中间商达成的，出口商还须向中间商支付一定的报酬。

▶ 3. 预期利润

预期利润为出口商的收益，是价格的重要组成部分。出口商品的价格也可以说由出口总支出和收益两部分构成，即

$$出口商品的价格＝出口总支出＋出口收益$$

其中，出口总支出由出口成本运费、保险费及佣金四项构成。

（二）进口商品的价格构成

一般而言，进口商品的价格由商品成本、进口费用、进口杂费，以及预期利润构成。

进口商品成本指国外商品的购货价格，一般以商品的 FOB 价格表示。

进口费用主要指商品进口所花费的各种费用，包括运费、保险费、上岸费用、商检费、通关费、仓储费、运费和保险费等。

进口杂费是指向银行买汇清偿贷款之外所产生的相关费用。

预期利润需按具体情况和相关影响因素而定，一般保持在 3%～20%。

第二节 国际贸易进出口价格的核算

一、出口盈亏核算

不论是生产企业还是外贸企业，开展对外贸易的首要目的就是取得盈利。因此，在决定是否与客户成交前，需要进行盈亏预核算，估算每笔交易的盈利状况；在每笔交易完成后，也要对交易最终的盈亏结果进行核算，以便于业务分析和比较不同商品的盈利状况。在进行盈亏核算之前，还要弄清楚一个概念，即出口销售外汇净收入，它是指出口商品按 FOB 价出售所得的外汇净收入；相应地，出口销售人民币净收入指的是出口商品的 FOB 价按当时银行外汇牌价折成的人民币数额。

根据出口商品的成本数据，可以用三个指标进行出口盈亏核算。

（一）出口换汇成本

出口商品换汇成本是指某商品出口净收入一个单位外汇需要的人民币成本。换言之，即用多少本币的"出口成本"可换回单位外币的"净收入外汇"。出口商品换汇成本如高于银行的外汇牌价，则出口为亏；反之，则说明出口有盈利。出口商品换汇成本计算公式为

$$出口商品换汇成本＝\frac{出口总成本(退税后的人民币总成本)}{出口销售外汇净收入(美元)}$$

运用上述公式时应注意：

（1）出口总成本＝出口商品进货价（含增值税）＋出口经营费用－出口退税收入。其中，出口经营费用因经营不同商品而定，一般包括银行利息、仓库码头费用、交通费、通信费等，通常费率为商品进价的 3%～10% 不等。

$$出口退税收入＝出口商品进价（含增值税）\div（1＋增值税率）\times 出口退税率$$

（2）出口销售外汇净收入是指 FOB 价折成美元的净收入，即应扣除运费、保险费、佣金等非贸易外汇后的外汇净收入。

拓展案例

某外贸公司出口某商品 1 000 箱，该商品每箱收购价为 100 元，国内费用为收购价的 15%，出口后每箱可退税 7 元，外销价为每箱 USD19.00 CFR 曼谷，每箱货应付海运运费 USD1.20，试计算该商品的出口换汇成本。

解：(1) 出口总成本＝1 000×100×(1＋15％)－1 000×7＝108 000(元)。

(2) 出口销售外汇净收入＝外销价－海运运费＝1 000×(19.00－1.20)＝17 800(美元)。

(3) 出口换汇成本＝出口总成本(CNY)/出口外汇净收入(USD)＝108 000/17 800＝6.067(CNY/USD)，即该商品的换汇成本为6.067元/美元。

核算出口换汇成本具有以下实际意义：比较不同种类出口商品的换汇成本以便调整出口商品的结构；对同类商品比较出口到不同国家或地区的换汇成本，以作为选择市场的依据；对同类商品比较不同时期的换汇成本的变化，以利于改善经营管理和采取扭亏增盈的有效措施。

(二) 出口盈亏率

换汇成本反映出口商品换取外汇的能力，而出口盈亏率则具体衡量出口交易商品的盈亏程度，它用出口盈亏额占出口总成本的百分比来表示，比率为正时，表示盈利；比率为负时，表示亏损。比率的绝对值表示盈亏的幅度。其计算公式为

出口盈亏率＝(出口盈亏额/出口总成本)×100％

出口盈亏率＝(出口销售本币净收入－出口总成本)/出口总成本×100％

从换汇成本与盈亏率的关系不难推出以下计算出口盈亏率的公式：

出口盈亏率＝(银行外汇买入价－换汇成本)/换汇成本×100％

拓展案例

假设美元对人民币的银行买入价为7.4，试计算上例中的出口盈亏率。

解：方法一：出口盈亏率＝(出口销售本币净收入－出口总成本)/出口总成本×100％
　　　　　　　　　　＝(17 800×7.4－108 000)/108 000×100％＝21.96％。

方法二：出口盈亏率＝(银行外汇买入价－换汇成本)/换汇成本×100％
　　　　　　　　　　＝(7.4－6.067)/6.067×100％＝21.96％。

二、常见贸易术语的价格构成

国际贸易中常用的三大贸易术语 FOB、CFR、CIF 都仅适用于海上或内河运输，其价格构成为

FOB＝进货成本价＋国内费用＋净利润

CFR＝进货成本价＋国内费用＋国外运费＋净利润＝FOB＋国外运费

CIF＝进货成本价＋国内费用＋国外运费＋国外保险费＋净利润

CIF＝FOB＋国外运费＋国外保险费＝CFR＋国外保险费

即

$$CIF＝CFR＋I＝FOB＋F＋I$$

▶ 1. FOB 换算为其他贸易术语价格

CFR＝FOB＋运费

CIF＝(FOB＋运费)÷(1－保险费率×投保加成)

CIF＝FOB＋运费＋保费＝FOB＋运费＋CIF×投保加成×保险费率

▶ 2. CFR 换算为其他价

FOB＝CFR－运费

CIF＝CFR÷(1－保险费率×投保加成)

▶ 3. CIF 换算为其他价

FOB＝CIF×(1－投保加成×保险费率)－运费

$$CFR = CIF \times (1 - 投保加成 \times 保险费率)$$

三、出口报价核算

商品的价格主要取决于成本和费用，在此基础上出口方应确定一个合理的利润率，成本、费用及利润的加总构成商品的报价。在实际谈判过程中，出口方往往需要根据客户对交易商品规格、数量、包装等要求的变动，在保持底线的情况下做出调整。

(一) 成本核算

成本是价格的核心。它是外贸公司为出口其产品进行采购所产生的采购成本，我们通常称为含税成本。对外贸公司而言，成本是指从生产厂家进货的成本中扣除出口退税收入后的实际采购成本。

$$实际采购成本 = 出口商品购货成本(含增值税) - 出口退税收入$$
$$出口退税收入 = 出口商品购货成本(含增值税) \times 退税率/(1 + 增值税率)$$

出口商品总成本是指出口商品的购货成本加上出口前的一切费用和税金，即

$$出口商品总成本 = 实际采购成本 + 国内费用$$

拓展案例

假如某产品每单位的购货成本是 28 元，其中包括 17% 的增值税，若该产品出口有 13% 的退税，那么该产品每单位的实际采购成本是多少？

解：实际采购成本 = 出口商品购货成本(含增值税) $\times$ [1 - 出口退税率/(1 + 增值税率)] = $28 \times [1 - 13\%/(1+17\%)]$ = 24.89(元)。

(二) 费用核算

费用是指与出口商品有关的一切国内费用和国外费用。国内费用包括商品的加工整理费用、包装费用、保管费用、国内运输费用、装船费用、认证费用、银行费用、文件费用、经营管理费等；国外费用主要包括国外运费、国外保险费、国外佣金等。

▶ 1. 国内费用核算

在对外报价时，出口商品所涉及的各种国内费用尚未发生，所以对该项费用只能是测算。测算方法有两种：

(1) 根据以往的经验对商品在装运前所要发生的各种出口经营费用进行测算并加以汇总，然后除以出口商品数量以获得单位商品装运前的费用。计算公式为

$$单位出口商品国内总费用 = 国内总费用/出口商品数量$$

(2) 采用定额费用率的做法核算出口经营费用，具体是指贸易公司在业务操作中对货物装运前发生的费用，按公司年度实际支出规定一个百分比，一般为公司购货成本的 3%～10%。该费率可由贸易公司按不同的商品、交易额大小及市场竞争状况自行确定。

国内费用包括内陆运费、报检费、报关费、核销费、公司综合业务费、快递费。

拓展案例

已知内陆运费为每立方米 100 元，报检费 120 元，报关费 150 元，核销费 100 元，公司综合业务费 3 000 元，DHL 费 100 元。某种商品"每箱 5 打，每打 12 个"，每箱体积 0.164 立方米，数量为 9 120 个。求报价的内陆运费是多少？

解：总体积 = 报价数量÷每箱包装数量×每箱体积 = 9 120÷60×0.164 = 24.928(立

方米)

内陆运费＝出口货物的总体积×100＝24.928×100＝2 492.8(元)

▶ 2. 国外费用核算

(1) 海运费核算。出口交易中，在采用 CFR、CIF 贸易术语成交的条件下，出口商需核算海运费。在出口交易中，集装箱类型的选用、货物的装箱方法对于出口商减少运费开支起着很大的作用。货物外包装箱的尺码、重量，货物在集装箱内的配装、排放以及堆叠都有一定的讲究，需要在实践中摸索。我们以一个理论算法来规定 20 英尺和 40 英尺集装箱装箱数量的计算，即 20 英尺集装箱的有效容积为 25 立方米，40 英尺集装箱的有效容积为 55 立方米。在核算海运费时，出口商首先要根据报价数量算出产品体积与货代核实该批货物目的港的运价。如果报价数量正好够装整箱(20 英尺或 40 英尺)，则直接取其运价为海运费；如果不够装整箱，则用产品总体积×拼箱的价格来算出海运费。由于运价都以美元显示，在核算完海运费后，应根据当天汇率换算成人民币。

拓展案例

商品"三色戴帽熊"要出口到加拿大，目的港是蒙特利尔港口。试分别计算报价数量为 5 000 件和 9 120 件的海运费。

解：第 1 步，计算产品体积。已知商品的体积是每箱 0.164 立方米，每箱装 60 只，先计算产品体积。报价数量为 5 000 件，总体积＝5 000÷60×0.164＝13.66(立方米)；报价数量为 9 120 件，总体积＝9 120÷60×0.164＝24.928(立方米)。

第 2 步，查运价。与货代核实到运至加拿大蒙特利尔港的海运费分别是每 20 英尺集装箱 USD1 350，每 40 英尺集装箱 USD2 430，拼箱每立方米 USD65。根据第 1 步计算出的体积结果来看，5 000 件的运费宜采用拼箱，9 120 件的海运费宜采用 20 尺集装箱。报价数量为 5 000 件，海运费＝13.66×65＝887.9(美元)；报价数量为 9 120 件，海运费为 1 350 美元。

第 3 步，换算成人民币。查询银行当日汇率，美元的汇率为 6.24 元人民币兑换 1 美元。报价数量为 5 000 件，海运费＝887.9×6.24＝5 540.5(元)；报价数量为 9 120 件，海运费＝1 350×6.24＝8 424(元)。

(2) 保险费核算。出口交易中，在以 CIF 术语成交的情况下，出口商需要核算保险费，公式为

保险费＝保险金额×保险费率

保险金额＝CIF 货价×(1＋保险加成率)

在进出口贸易中，根据有关的国际惯例，保险加成率通常为 10%。出口商也可根据进口商的要求与保险公司约定不同的保险加成率。提示：在我国出口业务中，CFR 和 CIF 是两种常用的术语。鉴于保险费是以 CIF 货价为基础的保险额计算的，两种术语价格应按下述方式换算。

由 CIF 换算成 CFR 价：CFR＝CIF×[1－(1＋保险加成率)×保险费率]

由 CFR 换算成 CIF 价：CIF＝CFR÷[1－(1＋保险加成率)×保险费率]

拓展案例

商品"三色戴帽熊"的 CIF 价格为 USD8937.6，进口商要求按成交价格的 110% 投保一切险(保险费率 0.8%)和战争险(保险费率 0.08%)，试计算出口商应付给保险公司的保险费用。

解：保险金额＝8 937.6×110%＝9 831.36(美元)。

保险费＝9 831.36×(0.8%＋0.08%)＝86.52(美元)。

查人民币兑美元的汇率为6.24∶1，换算成人民币为86.52×6.24＝539.88(元)。

(三) 利润

利润是出口价格的三个组成部分之一，出口价格包含利润的大小由出口企业自行决定。利润的确定可以用某一个数额表示，也可以用利润率即百分比来表示。用利润率表示时，其计算基数可以是购货成本、出口总成本或成交价格。在实践中，通常以出口成交价格为利润计算基数，即利润＝出口成交价格×预期利润率。

(四) 出口对外报价

▶ 1. 出口商品对外报价核算

在掌握了构成进出口商品价格的各要素的核算要点和方法之后，就可以进行进出口商品对外报价的核算。所谓出口报价是指出口商向国外进口商出售某种商品报出的价格。出口通常使用FOB、CFR和CIF三种价格进行核算和对外报价。具体按如下步骤进行：确定成本、费用和利润；明确价格的构成，对各部分进行计算和汇总。

FOB报价＝FOB成本价＋利润＝(实际采购成本＋国内费用)/(1－预期利润率)

CFR报价＝(实际采购成本＋国内费用＋国外运费)/(1－预期利润率)

CIF报价＝(实际采购成本＋国内费用＋国外运费)/[1－预期利润率－(1＋投保加成率)×保险费率]

拓展案例

FOB、CFR、CIF的外币报价

商品"三色戴帽熊"每箱装60只，每箱体积0.164立方米，每只CNY6元。税率：供货单价中均包括17%的增值税，出口毛绒玩具的退税率为15%；国内费用：内陆运费(每立方米)100元，报检费120元，报关费150元，核销费100元，公司综合费用3 000元；银行费用：报价的1%(例L/C银行手续费1%)；海运费：从上海至加拿大蒙特利尔港口一个20英尺集装箱的费用为1 350美元；货运保险：CIF成交金额的基础上加10%投保中国人民保险公司海运货物保险条款中的一切险(费率0.8%)和战争险(费率0.08%)；报价利润：报价的10%；报价汇率：6.24元人民币兑换1美元。

报价核算操作：

第1步，确定成本、费用与利润。

含税成本为6元/只，退税收入＝6÷(1＋17%)×15%＝0.769 2(元/只)，实际成本＝6－0.769 2＝5.230 8(元/只)，20英尺集装箱包装件数＝25÷0.164＝152(箱)，报价数量＝152×60＝9 120(只)。

国内费用＝(9 120÷60×0.164×100＋120＋150＋100＋3 000)÷9 120＝0.64(元/只)，银行费用＝报价×1%，海运费＝1 350×6.24÷9 120＝0.923 6(元/只)，保险费＝CIF报价×110%×0.88%。

利润＝报价×10%。

第2步，明确价格的构成，对各部分进行计算和汇总。

(1) FOB报价＝实际成本＋国内费用＋银行手续费＋利润

FOB报价＝5.230 8＋0.642 9＋FOB报价×1%＋FOB报价×10%

FOB 报价＝(5.230 8＋0.642 9)÷(1－1%－10%)＝5.873 7÷0.89÷6.24＝1.06(美元/只)

(2) CFR 报价＝实际成本＋国内费用＋海运费＋银行手续费＋利润

CFR 报价＝5.230 8＋0.624 9＋0.924＋CFR 报价×1%＋CFR 报价×10%

CFR 报价＝(5.230 8＋0.642 9＋0.923 6)÷(1－1%－10%)＝6.797 7÷0.89÷6.24＝1.22(美元/只)

(3) CIF 报价＝实际成本＋国内费用＋海运费＋保险费＋银行手续费＋利润

CIF 报价＝5.230 8＋0.624 9＋0.923 6＋CIF 报价×110%×0.88%＋CIF 报价×1%＋CIF 报价×10%

CIF 报价＝(5.230 8＋0.624 9＋0.923 6)÷(1－110×0.88%－1%－10%)＝6.797 7÷0.880 32÷6.24＝1.23(美元/只)

在实际交易中，出口商往往会采用一些简单粗略或简化的计算方法以使报价更为快捷。出口报价中的费用部分在价格中所占比例虽然不会很大，但由于内容较多且计费方法又不尽相同，所以在计算时应特别注意。而按照最后报价的一定百分比计费的内容注意采用一次求出的方法，否则将造成报价的低估。

▶ 2. 出口商品对外报价核算应注意的问题

(1) 报价前应仔细核算各种数据，做到尽量精确。具体核算方法分为总价核算和单价核算两种。总价法比较精确，但要将核算结果折算成单价才能对外报价，单价法可以直接求出报价，但计算过程中要保留多位小数(核算时保留四位，报价时保留两位)，以保证报价的准确性。上例的核算，采用的就是单价法。

(2) 出口货物涉及的各种费用，在报价前大部分还没有发生，因此对费用的核算只是一种估算。估算的方法两种：一种是费用额相加法；另一种是按所规定的费用率进行估算。具体采用哪一种核算方法，可根据业务的实际情况进行选择。

(3) 按照报价的一定百分比计费的部分应一次求出、定准，否则容易造成报价的低估。

(4) 银行费用和佣金是按成交价格的一定百分比计收的，保险费也是以成交价格为基础计算的。

(5) 垫款利息按照购货成本计算，而远期收款利息则按成交价格计算。

(6) 要注意不同货币相互间换算的准确性，同时也要注意报价的计量单位以及集装箱内装箱数量的准确性，这些将直接影响单位运价和国内费用的多少。

(7) 出口对外报价的核算工作，一般在收到国外客户的询盘之后即可进行。外销业务人员在计算出有关数据以后务必填好出口商品价格核算单，以利于在与外方磋商时对一票买卖的综合经营状况做到心中有数。

(五) 出口还价

▶ 1. 出口还价核算

在激烈的市场竞争环境中，讨价还价常常是交易磋商中的主旋律。在出口还价核算时，出口商首先考虑的是在客户还价后，自己是否还有利润，利润是多少。计算利润额时，可能是单一商品的利润额(单价法)或一个品种、一个集装箱或整个订单的利润额(总价法)为基础。在业务实践中，总价法比较直观且比较精确，所以在计算经还价后的利润以及成交核算时，一般适合用总价法。计算还价后的采购成本应采用单价法，即推算出单位商品的采购成本。除了计算利润额以外，有时出口商还会进行利润率的核算。核算利润率的主要目的是将经过还价后的利润和报价利润率进行比照。

出口报价是由购货成本、各项费用以及销售利润等正向相加而成，而出口还价的核算则采用倒算法，即以销售收入减去相关内容，以分析接受还价后购货成本、费用以及利润等要素可能发生的改变。具体各项要素计算公式如下：

销售利润＝销售收入－各种费用－实际成本

实际成本＝销售收入－销售利润－各项费用

某项费用＝销售收入－销售利润－其他费用－实际成本

利润多少可作为能否接受对方还价的依据；成本多少可作为是否要求供货部门调价的依据；某项费用多少可作为经营者对其进行增减的依据。

拓展案例

2007年1月，某出口公司出口针织成衣，进货成本为150元/套（含增值税17%，退税率为9%），共470套。20英尺货柜发生的费用有运杂费计900元、商检及报关费200元、港杂费700元、公司业务费1 300元、其他费用950元、天津到纽约20英尺货柜包装箱费率为2 250美元。利润率为报价的10%，约定美元兑人民币汇率为1∶6.25，货物外箱体积为0.4m×0.35m×0.38m。该出口企业对外报价为每套31.40美元纽约，客户还价每套28美元CFR纽约。

分析：(1)按客户还价，算出该出口企业是否能得到利润。

外箱体积＝0.4m×0.35m×0.38m＝0.053 2m³

20英尺货柜包装件数＝25÷0.053 2＝470(箱)(每箱装一套)

销售收入＝28×6.25＝175(元/套)

退税金额＝进货成本÷(1＋增值税率)×出口退税率＝150÷(1＋17%)×9%＝11.538 5(元/套)

实际成本＝进货成本－退税金额＝150元－11.538 5＝138.461 5(元/套)

国内费用总额＝运杂费900元＋商检及报关费200元＋港杂费700元＋业务费1 300元＋其他费用950元＝4 050(元)

每套成衣国内费用＝4 050÷470＝8.617(元)

海运费＝2 250美元÷470×6.25元/美元＝29.920 2(元/套)

销售利润＝销售收入－实际成本－国内费用－海运费＝175－138.461 5－8.617－29.920 2＝－1.998 7(元/套)

利润为－1.998 7元/套，亏损率为1.998 7÷175＝1.14%

(2)按照企业利润保持5%，还价情况如下。

CFR报价＝实际成本＋国内费用＋海运费＋利润＝138.461 5＋8.617＋29.920 2＋CFR报价×5%

计算可得，CFR价为186.314 4元/套，即186.314 4÷6.25＝29.810 3(美元/套)。企业保持5%的利润，每套可还价至29.81美元。

(3)按企业保持5%的利润率，进行国内采购价的调整计算。

实际成本＝销售收入－销售利润－国内费用－海运费＝28×6.25－28×6.25×5%－8.617－29.920 2＝127.712 8(元/套)

进货成本＝实际成本×(1＋增值税率)÷(1＋增值税率－出口退税率)＝127.712 8×(1＋17%)÷(1＋17%－9%)＝149.423 9÷1.08＝138.355 5(元/套)

即供应商要在原价基础上降价 11.644 4 元(150－138.355 5)才可以成交。

由此我们可以看出,根据客户还价推算国内采购成本的计算过程有时会比较复杂。这主要是因为实际操作中一部分费用(如出口商的业务定额费、垫款利息等),甚至利润(在采用成本利润率确定利润的情况下)的计算是以国内采购成本为基数的,在采购成本发生变化的时候,这部分费用、利润也会随之发生变化。

▶ **2. 出口还价核算应注意的问题**

针对客户的还价可采取的对策努力说服对方,不做让步;减少利润,满足对方降价要求;降低出口成本(购货成本及国内费用);降低运输费用及保险费用的支出。

四、进口商品价格核算

(一) 进口商品总成本核算

进口商品总成本,即进口可接受的报价加上各项进口环节费用,用公式表示为

$$进口商品总成本＝进口商品可接受价格＋进口环节费用$$

其中,进口商品可接受价格是对进口合同成交价格的一种预测。如果进口方采用不同的价格术语,所承担的费用就不同。

当以 CIF 条件成交时,进口商品可接受价格即为以人民币价格估算的 CIF 价格,此时的进口商品总成本＝CIF 合同价＋进口货物国内总费用＋关税＋消费税＋增值税。

当以 CFR 条件成交时,进口商品可接受的价格应加上从装运港到我国卸货港的国外运输费用,此时的进口商品总成本＝CFR 合同价＋保险费＋进口货物国内总费用＋关税＋消费税＋增值税。

当以 FOB 条件成交时,进口商品可接受价格应加上从装运港到我国卸货港的国外运输费用和运输途中的保险费用,此时的进口商品总成本＝FOB 合同价＋运费＋保险费＋进口货物国内总费用＋关税＋消费税＋增值税。

进口环节费用主要包括以下内容:卸货费用、码头费用、驳船费用、码头仓租费用;进口关税、产品消费税、增值税等各种税费;进口商品检验费用和其他公证费用,银行手续费用、利息支出;报关提货费用;国内运费、保费、仓储费用、其他杂费。若进口是通过中间商进行的,还要加上佣金。

(二) 进口盈亏核算

衡量外贸企业一笔进口业务经济效益的有无或大小可以通过对进口商品盈亏率和进口美元赚(赔)额的计算来加以确定。

▶ **1. 进口商品盈亏率**

进口商品盈亏额是指进口商品的国内销售价格和进口商品总成本之间的差额。进口商品盈亏额与进口商品总成本之比即为进口商品盈亏率。用公式表示为

$$进口商品盈亏额＝进口销售价格－进口商品总成本$$
$$进口商品盈亏率＝进口商品盈亏额/进口商品总成本$$

▶ **2. 进口美元赚(赔)额**

进口美元赚(赔)额即将进口的货币收入换算成美元,以比较从不同国家进口商品的经济效益。用公式表示为

$$进口美元赚(赔)额＝进口盈亏额(人民币)/进口支出(美元)$$

(三) 运输费用和保险费用的核算

在国际货物买卖中,出口使用 CIF、CIP 价格条件,进口使用 FOB、FCA 价格条件,

其运费、保险费分别由出口商和进口商负责办理手续并支付费用。

在我国，出口货物绝大多数是通过海洋运输的。除了大宗初级产品采用租船运输以外，多数采用班轮运输，根据货物是否装入集装箱分为散装货与集装箱货两类，并采用不同的运费计收标准。另外，出口货物投保费用的多少，主要取决于保险险别、保险金额和保险费率。

（四）预期利润的核算

商品价格中所包含的利润是商家的收入，其核算方法主要有以下两种：

（1）根据以往的经营经验，以某一固定金额作为单位产品的利润；

（2）根据企业的情况和经营意图，以商品成本或商品价格为基数，按一定的百分比来核算利润额。

（五）进口商品价格核算

进口商品价格核算与出口价格核算在原理上完全相同，构成进口价格的三个要素也是进口成本、进口费用和进口利润，核算过程也包括进口报价核算、还价后的利润以及成本核算再加上成交核算。进口价格核算与出口价格核算的主要区别表现在以下几个方面：进口价格核算中的采购成本是国外出口商的报价，该成本没有含税和去税的区别，仅仅是包含某些费用与不包含某些费用的区别。进口价格核算还涉及关税的计算、海关代征税的计算和国内销售时实际缴纳增值税的计算。进口商对利润的核算通常采用成本利润率，即以进口成本作为计算利润率的依据，而出口商对于利润则较多采用销售利润率来核算。进口报价核算是根据国外出口商的报价，加上进口的各项税费以及进口商的利润，然后向国内买家报出的销售价格。

▶ 1. 进口关税及代征税的计算

关税税额＝关税完税价格×关税税率，而进口关税的完税价格是以海关审定的成交价格为基础的到岸价格，即 CIF 价格。

进口关税税额＝CIF×进口关税率

进口消费税（海关代征）的完税价格＝（进口关税的完税价格＋进口关税）÷（1－消费税税率）

进口消费税税额＝（关税完税价格＋关税税额）÷（1－消费税税率）×消费税率

进口增值税（海关代征）的完税价格＝进口关税的完税价格＋进口关税税额＋消费税额
进口增值税税额＝（关税完税价格＋关税税额＋消费税额）×增值税率

▶ 2. 实际缴纳增值税额的计算

进口商在按国内销售价格向国内客户销售进口商品时，必须按国内销售价格中的货价部分缴纳增值税。

应缴增值税额＝货价×增值税率＝国内销售价格÷（1＋增值税率）×增值税率

实际上，进口商在开给国内客户的增值税发票上会将货价和增值税款分项列出，国内销售价格就是货款加上税款的增值税发票金额。由于进口商在进口报关时海关就已预先代征了一部分增值税（海关代征进口增值税），根据规定进口商代缴的这部分增值税款在实际销售货物时是可以抵扣的，所以进口商在销售时实际缴纳的增值税款为

实缴增值税额＝销售应缴增值税－进口代缴增值税

实缴增值税额＝国内销售价格÷（1＋增值税率）×增值税率－进口代缴增值税

▶ 3. 进口报价的计算

进口商向国内客户报出的国内销售价格同样也是按照"成本＋费用＋利润"的原理得出

的，即

国内销售价格＝成本费用＋利润

国内销售价格＝采购成本＋进口关税＋进口消费税＋进口代缴增值税＋其他进口费用＋实缴增值税＋进口利润

实缴增值税＝国内销售价格÷(1＋增值税率)×增值税率－进口代缴增值税

国内销售价格＝采购成本＋进口关税＋进口消费税＋进口代缴增值税＋其他进口费用＋国内销售价格÷(1＋增值税率)×增值税率－进口代缴增值税＋进口利润

由此可见，在进口报价时，由于进口代缴增值税在销售时可以获得抵扣（即从销售时应缴增值税中扣除），所以如果将除去进口代缴增值税以外的所有费用，加上成本和利润，便形成了国内销售价格的货价部分，再将此货价乘以"1＋增值税率"后，就可以直接得出国内销售的报价。比起进口报价核算和进口还价利润核算，根据国内买家的还价去推算进口成本，也就是进口还价成本核算是比较复杂的。因为在进口时，进口关税、消费税、进口增值税等一系列费用均是以 CIF 价格为计算基数的，在进口成本未知的情况下，这些费用都变成了未知数而无法直接从价格中扣除。

拓展案例

CX 公司拟从德国某公司进口 WH22 检测仪 100 台，每台的进口价格是 130 美元 FOB 汉堡。仪器为纸箱包装，每箱装 1 台，每箱毛重 20 千克，纸箱尺码为 50 厘米×50 厘米×54 厘米，海洋运费按尺码计，每个运费吨的基本运价为 96 美元；保险按 CIF 金额的 110％投保，费率为 0.85％；银行贷款年利率为 9％，预计垫款时间为 2 个月；银行费用为进口成交金额的 0.45％；进口关税税率为 25％，增值税率为 17％；进口的其他费用，还包括领证费 800 元（整批货，下同），报关费 60 元，货物检验费 200 元，业务费用 1 000 元，国内杂运费 840 元，如果 CX 公司期望的利润率为 20％（按进口价格计），人民币与美元的汇率为 6.25∶1。

请核算：(1)CX 公司在国内销售该仪器的人民币单价。

成本＝130×6.25＝812.5(元/台)

海洋运费＝0.5×0.5×0.54×96×6.25＝81(元/台)

保险费＝保险金额×保险费率

保险金额＝CIF 报价×(1＋保险加成率)

海运保险费＝[CIF 报价×(1＋保险加成率)]×保险费率

＝CFR÷[1－(1＋保险加成率)×保险费率]×110％×0.85％

＝CFR÷(1－110％×0.85％)×110％×0.85％

＝(812.5＋81)÷(1－110％×0.85％)×110％×0.85％

＝8.433 1(元/台)

根据 FOB 报价得出的 CIF 价格为

CIF＝(FOB＋进口运费)÷[1－(1＋保险加成率)×保险费率]

CIF＝(812.5＋81)÷[1－110％×0.85％]＝901.933 1(元/台)

贷款利息＝130×6.25×9％×2/12＝12.187 5(元/台)

银行费用＝130×6.25×0.45％＝3.656 3(元/台)

进口关税＝901.933 1×25％＝225.483 3(元/台)

其他费用＝(800＋60＋200＋1 000＋840)/100＝29(元/台)

利润＝130×20％×6.25＝162.5(元/台)

国内销售价格＝货价×(1＋增值税)＝(采购成本＋进口费用＋预期利润)×(1＋增值税)＝(812.5＋81＋8.433 1＋12.187 5＋3.656 3＋225.483 3＋29＋162.5)×(1＋17％)＝1 334.760 2×1.17＝1 561.669 4(元/台)

(2) 如果 CX 公司接受国内客户的还价以每台 1 500 元的价格成交,则此项交易 CX 公司的利润总额为多少元?

销售收入＝1 500×100＝150 000(元)

去税收入(货价)＝150 000÷1.17＝128 205.128 2(元)

采购成本＝130×100×6.25＝81 250(元)

海洋运费＝81×100＝8 100(元)

CIF 价格＝(81 250＋8 100)÷(1－1.1×0.85％)＝90 193.307 4(元)

海运保险费＝(81 250＋8 100)÷(1－1.1×0.85％)×1.1×0.85％＝843.307 4(元)

贷款利率＝130×6.25×9％×2/12×100＝1 218.75(元)

银行费用＝130×6.25×0.45％×100＝365.63(元)

进口关税＝90 193.307 4×25％＝22 548.33(元)

其他费用＝800＋60＋200＋1 000＋840＝2 900(元)

利润＝收入－支出＝销售收入－各项费用－进口成本＝国内销售价格÷(1＋增值税率)－采购成本－进口费用＝128 205.128 2－81 250－8 100－843.307 4－1 218.75－365.6－22 548.33－2 900＝10 979.140 8(元)

五、规定价格条款时应注意的问题

(1) 合理地确定商品的单价,防止过高或过低。

(2) 根据船源、货源等实际情况选择适当的贸易术语。国际运输的船源紧张与否会直接影响到运输安排的难易程度和运费的多少。国际贸易中的货物品种很多,不同类别的货物具有不同的特性,在运输方面的要求也各有差异,故安排运输的难易不同,运费开支大小也有差异,这在选用贸易术语时应特别考虑。此外,成交量的大小也会直接涉及安排运输是否有困难和经济上是否合算。

(3) 争取选择有利的计价货币,必要时可加订保值条款。在计价货币的选择上需谨慎,尤其是当汇率波动幅度过大时。计价货币的恰当选择,可以减少收汇风险并起到保值作用。如选用了不利的计价货币,应尽量在合同中加订保值条款。

(4) 灵活运用各种不同的作价办法,尽可能避免承担价格变动的风险。在国际贸易中,贸易双方根据具体情况和经营意图,选择恰当的作价方法,可以避免不必要的麻烦和纠纷,达到应对市场剧烈变动、降低交易风险和获取利润等目的。

(5) 参照国际贸易的习惯做法,注意佣金和折扣的合理运用。由于佣金和折扣的种类、额度、计算、支付方法的不同以及支付对象的不同,佣金和折扣的作用也各有不同,所以应针对具体情况进行规定和安排。

(6) 如交货品质、交货数量有机动幅度或包装费另行计价时,应一并订明机动部分作价和包装费计价的具体办法。

(7) 单价中的计量单位、计价货币和装运地或卸货地名称必须书写清楚,以利于合同的履行。单价的其他几个组成部分非常关键,决定着交易能否顺利进行。

(8) 密切关注市场价格动态。商品价格往往是在不断变动的,尤其是一些季节性较强的商品的价格,所以应密切注意相关商品价格的变动。另外,商品价格中还包括运费、保险费等成分,所以,对于相关价格的变动也应考虑在内,并相应调整商品的价格,如当运费价格上升很明显时,可尽量协商并选择由对方支付运费。

本章小结

本章介绍了进出口商品的作价原则与方法以及对外报价的核算。对于进出口商品价格影响因素与定价方法,可以通过案例分析强化概念的理解;对于进出口价格的核算,可以通过仿真实训进行顺算法和逆算法的实际演练,以掌握价格中成本、费用与利润的计算,理清总体计算的思路,借助 FOB、CFR 与 CIF 之间的变换关系,灵活处理不同商品的进出口价格核算。

复习思考题

1. 简述进出口商品的定价原则与方法。

2. 某外贸公司出口自行车至荷兰,共计 28 500 辆。出口价格条件为每辆 75 美元,CFR 鹿特丹,其中,中国至鹿特丹海上运输费占 7.5%。试计算每辆自行车外汇净收入金额,以及该笔交易外汇净收入总额。

3. 某公司与泰国一公司洽商,原报价为每公吨 1 000 美元 CFRC3 曼谷,而外商来电要求改 CFRC5 曼谷。试计算 FOB 净收入不减少的情况下我方的报价。

4. 某进出口公司向澳大利亚出口某商品,外销价为每公吨 500 美元 CIFC3 悉尼港,支付运费为 70 美元,保险费 6.5 美元,佣金 15 美元。如果该公司该商品收购价为每公吨 1 800 元,国内直接和间接费用加 17%,请计算该商品的换汇成本。

5. 我某工艺品进出口公司拟向其客户出口某商品 100 箱,该产品国内采购价为每件 28 元每 50 件装一个纸箱,包装费用每箱 100 元,国内运杂费共 1500 元,商检报关费 500 元,港口各种费用 400 元,公司各种相关的管理费用 1 000 元。经核实,该批货物出口需运费 800 美元,如由我方保险,其保险按发票金额加一成投保一切险,费率为 0.5%,另外,这种产品出口有 13% 的退税。现假设公司欲获得 10% 的预期利润,且国外客户要求价格中含 5% 佣金,试报该产品的 FOBC5 及 CIFC5 美元价格(假设美元兑人民币的汇率是 1:6.2)。

第十三章 国际货物买卖合同的支付条款

学习目标

通过本章的学习，了解国际贸易结算中本票和支票的含义与种类；熟悉国际贸易结算中汇票的含义、种类和使用；掌握国际结算中的汇付、托收与信用证等支付方式。

引导案例

国际结算中支付方式的应用现状

汇付曾是世界上产生最早，使用也最简单的一种结算方法，但它属于商业信用，货款是否可以按时收回完全凭借对方的信用等级高低，曾在国际贸易使用中，风险极大。由于汇付存在一定局限性，之后为了均衡双方的风险产生了托收，但是托收也属于商业信用的范畴，同样不能满足进出口双方的需求。之后，在托收和汇付的基础上又演变出一种较为完善的以银行信用为基础的信用证，它在当时暂时缓解了买卖双方互不信任等问题，促进了当时进出口双方的利益，对进出口双方提供了较均衡的保护。

长时期以来，信用证这种支付方式始终在结算方式中占核心地位，尤其是在20世纪六七十年代，当时的国际商会统计结果表明，信用证支付方式的使用比例在国际贸易往来中大约占85%以上。但随着世界经济全球化的不断进步与发展，卖方之间的竞争越来越激烈，特别是进入21世纪以来，国际结算方式发生了非常大的变化，使用信用证方式结算的比例开始逐步降低。据了解，拉丁美洲、亚洲和中东等地区常用的支付方式是跟单信用证，大洋洲和非洲南部常用的支付方式是跟单托收，欧洲和北美等地区常用的支付方式是货到付款，俄罗斯和非洲常用的支付方式是预付货款。

虽然在拉丁美洲、亚洲和中东等地区信用证的使用还是较多的，但是在欧洲、北美、大洋洲等发达地区的使用率却逐渐降低。越来越多的企业又开始选择以商业信用为基础的汇付与托收，特别是汇付在当前中小企业中运用的最多，占到整个贸易往来的60%以上，并且至今仍表现出上升的趋势。就国际结算方式的选择问题而言，我国与全世界面临相近的基本发展趋势。

资料来源：赵越.国际结算中常用支付方式的比较与选择[J].山西财经大学学报，2013-08-35(2).

第一节　国际结算的票据

一、货币与票据

（一）货币

买卖合同使用的货币通常有三种情况：使用出口国的货币、使用进口国的货币和使用第三国的货币。

▶ 1. 计价货币和支付货币

计价货币是双方当事人用来计算债权债务的货币；支付货币是双方当事人约定用来清偿债务的货币。如果合同中的价格是用一种双方约定的货币表示的没有规定用其他的货币支付，则该约定的货币既是计价货币，又是支付货币。如果在计价货币之外又规定了其他货币支付，则这种货币就是支付货币。按照国际上的一般做法，如果没有相反的规定，通常是按付款日两货币的汇价，把一种货币表示的价款折成等值的另一种货币进行支付。如果双方国家订有贸易协定和支付协定，而交易本身有属于上述协定的贸易则必须按规定的货币清算。

在出口业务中，应争取采用比较稳定、趋于上浮的货币，即所谓"硬币"比较有利；而进口则相反。若使用了相反的货币，则应考虑采取保值条款。

▶ 2. 保值条款

买卖合同中使用保值条款，其目的是防止从成立订约至收汇期间由于计价货币币值的变动而带来的损失。在订立合同时，明确计价货币与另一种货币的汇率，付款时该汇率如有变动，则按比例调整合同价格。具体可以"硬币"与"软币"结合使用或用"一揽子汇率"保值。

（二）票据的含义

票据是一种可以代替现金流通的有价证券。票据的使用给国际贸易的结算带来极大的便利，使得国际贸易脱离现金支付的原始状态，进入现代支付方式的崭新阶段。

一般来说，票据有广义和狭义之分。广义的票据是指各种记载一定文字、代表一定权利的书面凭证，如股票、债券、车船票、发票、提单、汇票等。狭义的票据是指出票人委托他人或自己承诺在特定时期向指定人或持票人无条件支付一定款项的书面凭证。从定义可以看出，票据是以支付金钱为目的的特定证券，它是汇票、本票和支票的总称。现在，人们所说的票据都是指狭义的票据。也就是说，票据已成为一个专用名词，专指票据法规定的汇票、本票和支票。而将股票、债券等称为证券或有价证券，把发票、提单、保险单等称为单据。因此，本书所说的票据，就是专指汇票、本票和支票三种。

（三）票据的作用

票据的作用也可称为票据的功能，主要是指其经济性功能，具体体现为结算、信用、流通、融资和汇兑五种功能。

▶ 1. 结算功能

结算功能也包含了支付功能，它是票据的基本功能。简单来说，支付功能就是在经济交易中以支付票据代替支付现金；结算功能就是用票据来清偿或抵消当事人之间的债权债务。国际结算的基本方法是非现金结算。在非现金结算条件下，要结清国际债权债务就必须使用一定的支付工具。票据就是一种能起到货币的支付功能和结算功能的支付工具。尤其在支付较大金额时，如果使用现金支付既不方便也不安全，这时，使用票据来支付就成为人们最好的选择。票据的结算功能在实践中已被广泛使用，例如债务人向银行购买一张汇票，寄给债权人，由债权人持票向当地银行（付款行）取得票款，从而结清双方的债权债务。而各种票据交换所、清算中心通过票据的交换结清当事各方的债权债务，使票据的结算功能得到了充分发挥。

▶ 2. 信用功能

信用功能是票据的核心功能，被称为"票据的生命"。因为票据不是商品，不含有社会劳动，自身没有价值，它是建立在信用基础上的书面支付凭证。卖方之所以接受买方用票据支付，就是向买方提供商业信用。而买方向卖方开出到期支付的票据，则可使债权表现形式明确，保障性强，清偿时间确定，转让方便。所以，票据是信用关系的载体，即信用工具。例如，在商品交易中，买卖双方约定交货后一个月付款，买方可向卖方开立一个月期付款的本票，也就将买方一个月期付款的信用以本票来代替了。

▶ 3. 流通功能

票据经过交付或背书转让给他人，并能连续多次转让。背书转让保证了票据的流通功能得以实现。票据虽可代替现金流通，但票据本身不是货币，并不具备法定货币的强制流通效力。因此，债务人以票据清偿其债务的前提是征得债权人的同意。

▶ 4. 融资功能

融资功能是指对远期票据以贴现和再贴现方式来实现融通资金的功能。这是票据的一种新功能。票据贴现是指银行等金融机构对未到期承兑票据的买卖行为，即票据的持有者通过卖出票据而获得现金。许多国家通过票据的融资功能发展了本国的票据贴现市场，通过票据贴现市场来调节市场中的货币流通量。此外，还可以将票据抵押给银行进行抵押贷款融资。

▶ 5. 汇兑功能

由于商品经济的高度发达和国际贸易的快速发展，不同国家之间存在着货币兑换和转移资金的需要。直接携带或运送现金，往往由于外汇管制等原因造成不便。因此，通过在甲地将现金转化为票据，再到乙地将票据转化成现金或票款。通过票据的转移、汇兑，实现资金的转移，不仅简单、方便、迅速，而且安全。在现代经济中，票据的汇兑功能仍具有很重要的作用，它克服了资金收付上的地域间隔。

（四）票据的性质

▶ 1. 流通性

流通性是票据的基本特性。票据的流通有以下特点：

（1）票据权利可以通过背书或交付进行转让，这是票据权利的两种转让方式。根据票面上"抬头人"的不同形式可以采用相应的转让方式。票据经过背书或交付受让人即实现权利的转让。

（2）票据转让不必通知票据上的债务人（即付款人或受票人），债务人不能以未接到转让通知为由而拒绝清偿，这一点与普通的债权债务转让不同。普通的债权转让必须通知债务人债权已被转让，否则债务人仍然可以向原来的债权人清偿。票据转让的这一特性让票据更容易接受，极大地方便了票据的流通。

（3）受让人获得票据后，享有票据规定的全部法律权利。如果票据的权利未能实现，票据受让人有权对票据上的所有当事人起诉。

(4) 以善意并已支付对价获得的票据，受让人权利可不受前手权利缺陷的影响。票据的流通性保护受让人的权利，受让人甚至可以得到转让人没有的权利。

2. 无因性

票据的无因性是指持票人行使票据权利时，无须证明其取得票据的原因，只要票据合格，就能享有票据权利。即在流通过程中，票据是一种不要过问原因的证券。票据原因是指产生票据上的权利和义务关系的原因，它是票据的基本关系。票据权利义务的产生，必然有作为其原因的法律关系即原因关系。付款人代出票人付款不是没有缘故的，他们之间一般存在资金关系，或者付款人处有出票人的存款，或付款人欠出票人的款项，也可能是付款人愿意向出票人贷款。出票人让收款人去收款，也不会没有原因，他们之间通常存在对价关系，即出票人对收款人肯定负有债务，可能是购买了货物，也可能是以前的欠款。这些原因是票据当事人的权利义务关系产生的基础，因此也叫票据原因。票据的无因性并非否认这种关系，而是指票据一旦出票并进入流通，票据上的权利义务即与其原因关系相分离，成为独立的票据债权债务关系，不再受先前的原因关系存在与否的影响。如果收款人将票据转让给他人，对于票据受让人来说，无须调查票据原因，只要是合格票据就能享有票据权利。这种票据的无因性使票据得以顺利流通。

3. 文义性

文义性是指票据上的权利义务必须依票据上记载的文字含义为准，不得以此之外的其他事项确认票据权利义务。凡是在票据上签名的人都要对票据文义负责，承担到期付款责任。票据上所记载的文义，有错误也不得依票据之外的其他方式变更或补充，其目的是保护持票人的权利，维护交易的安全。但票据上金额以外的记载若有变更时，应在开立时给以变更，且于变更时签名或盖章。票据债权人不得以文字以外的事由主张权利，债务人也不得以文字以外的事由对抗债权人。文义即票据上文字的含义。票据的文义性是指票据所创设的权利义务内容，完全依据票据上所载文字的含义而定，不能进行任意解释或者根据票据以外的任何其他文件确定。即使票据上记载的文义与实际情况不同，也要以该文义为准。例如，票据上记载的出票日与实际出票日期不一致，也只能以票据上记载的日期为准。

4. 要式性

票据是否成立并不考虑其当事人之间的原因关系，但票据却非常强调它的形式和内容，即常说的要式不要因。所谓的要式性，主要指票据的制成必须符合规定，票据上所记载的必要项目必须齐全且符合规定，同时处理票据的行为如出票、背书、提示、承兑、追索等的方式、程序、手续也须符合法律规定，这样才能发生票据的效力。票据的这一特性是由其流通性和无因性所决定的，要想票据在不考虑基础关系的情况下良好流通，必须严格规定对票据本身和票据行为的要求，这样可以减少票据纠纷从而保证票据的流通。

5. 提示性与返还性

票据的提示性是指票据上的债权人在请求票据债务人履行票据义务时，必须向付款人提示票据，方能请求付给票款。如果持票人不提示，付款人就没有履行付款的义务。因此票据法还规定了票据的提示期限，超过期限，付款人的责任就被解除。

票据的返还性是指持票人收到票款后，应将票据交还付款人，作为付款人已付清票款的凭证，至此，票据退出了流通。这也是票据流通与货币流通最大的不同点，其流通是有期限的。

6. 可追索性

票据的可追索性是指票据的付款人或承兑人如果对合格票据拒绝承兑或拒绝付款，善意持票人有权通过法定程序向所有票据债务人追索，要求得到票据权利。要式性、文义性、无因性和流通转让性是票据最重要的性质。设权性、金钱性、提示性、返还性、可追索性也不可忽视。善意并支付对价的受让人的权利不因前手票据权利的缺陷而受影响。

目前，国际结算主要使用的票据有汇票、支票和本票。

二、汇票

（一）汇票的定义

▶ 1.《英国汇票法》的定义

汇票是一个人向另一个人签发的，要求见票时或在将来的固定时间或可以确定的时间，对某人或其指定的人或持票人支付一定金额的无条件的支付命令。

▶ 2.《中华人民共和国票据法》的定义

汇票是出票人签发的，委托付款人在见票时或者在指定日期应无条件支付确定金额给收款人或持票人的票据。

（二）汇票的票面要项

▶ 1. 载明"汇票"字样

应载明"汇票"字样，以示与其他票据支付工具（本票、支票）的区别，但《英国汇票法》无此要求。

▶ 2. 无条件支付

表现为无条件支付命令，支付不受限制，不附带条件。

▶ 3. 一定金额

一定金额，表明以一定的货币表示的确切数目，不能使用大约或模棱两可的描述，要用文字大写、数字小写分别列明金额。

▶ 4. 出票人

出票人(drawer)，即签发汇票的人（债权人）。出票人不同，汇票的性质不同。商业汇票的出票人为出口人，银行汇票的出票人为银行。

▶ 5. 受票人

受票人(drawee)，即付款人，出票人命令付款的人。商业汇票的受票人可以由两种人承担，即买方、进口人或银行，银行汇票的受票人为银行。

▶ 6. 受款人

受款人(payee)，又称汇票的抬头，受领汇票所规定金额的人。进出口业务中可以是：①出口人、卖方；②指定的银行；③正当持票人。受款人按抬头分，有三种做法：①限制性抬头(restrictive)。在汇票上注明："仅付××公司"(pay ××co. only)，"对××公司，不准流通"(pay ××co. not negotiable)。此种汇票不能流通转让，仅限××人或××公司收取货款。②指示性抬头(demonstrative order)。付××公司或其指定的人（记名抬头）；除××公司可以收取货款外，也可以经过自己背书转让给第三者。③持票人或来人抬头(payable to bearer)。无须背书，仅交付汇票即可转让。

▶ 7. 付款期限（即付款到期日）

（1）规定付款期限的方法有以下几种：①见票即付(at sight)，又称即期付款，即付款人见票即付，受款人向付款人提示汇票的当天作为到期日。②见票后××天付(payable ××days after sight)，持票人向付款人提示付款，要求承兑，根据承兑日确定付款到期日，提示见票日为依据。③出票后××天付(payable ××days afterdate)，从出票之日的第二天起算直至第××天付款。④提单日后××天付(payable ××days after B/L)。⑤指定日期付款(fixed date)。

(2) 我国"票据法"规定的付款期限有见票即付、定日付款、出票后定期付款、见票后定期付款。付款时间的计算方法均不包括见票日、出票日或提单日，算尾不算头。付款日期不确定或需根据某种条件则视为无效汇票。我国《票据法》规定：未规定付款日期的，即视为见票即付。

▶ 8. 出票日期和地点

汇票上必须记载出票日期，以便凭以确定出票人在签发汇票时有无行为能力。出票公司是否成立，以出票日作为计算付款日。从汇票的票面来看，出票地点与日期连在一起。汇票的出票地点是确定以哪个国家的法律为依据的重要项目，必须具备齐全。我国《票据法》规定：汇票上必须载明出票地点，出票人的营业场所、住所或经常居住地为出票地。

▶ 9. 付款地点

付款地点指付款人名字旁边的地点，即汇票金额支付地。我国《票据法》规定：未记载付款地的付款人的营业场所、住所或经常居住地为付款地。

▶ 10. 出票人签字

出票人签字后，承担汇票的责任，成为主债务人。如果仿造签字，或未经授权人的签字均视为无效。

▶ 11. 任意记载事项

例如，①"付一不付二"，汇票一般做成两张，受票人对其中一张付款，另一张自动作废。②对价条款，对价收讫。

根据我国《票据法》，下述规定事项未记载的，汇票无效：①表明"汇票"字样；②无条件支付委托；③确定的金额；④付款人的名称；⑤收款人的名称；⑥出票日期；⑦付款日期。

(三) 汇票的种类

▶ 1. 按出票人不同分类

按出票人不同，分为银行汇票和商业汇票。

银行汇票是一种汇款凭证，由银行签发，出票人为银行，通常交由汇款人寄给受款人或亲自交给受款人，凭票向付款人(银行)兑取票款。银行汇票的特点：出票人和受票人都是银行。

商业汇票是由一国的卖方(出口人)向另一国的进口人或委托银行开出，通常是通过出口地银行或其在进口地的代理行向进口人或其委托银行(L/C开证行)收取票款。商业汇票的特点：出票人是商号或个人，付款人(即受票人)可以是商号、个人，也可以是银行。

▶ 2. 按流通转让时有无随附单据分类

按流通转让时有无随附单据，分为光票汇票和跟单汇票。

光票汇票不附带货运单据的汇票，银行汇票多为光票。

跟单汇票随附货运单据的汇票，这种汇票既有人的信用担保，又有物的担保。商业汇票多为跟单汇票。

▶ 3. 按付款时间不同分类

按付款时间不同，分为即期汇票和远期汇票。

即期汇票见票提示即付。远期汇票是在一定期限或特定日期付款的汇票。

▶ 4. 按承兑人不同分类

按承兑人不同，分为商业跟单汇票和银行承兑汇票。

由进口人承兑的汇票，属商业信用。商业跟单汇票可以是远期银行承兑汇票。

由银行承兑的远期汇票，也是一种商业汇票，建立在银行信用基础上，易于在市场上流通。

（四）汇票的使用

▶ 1. 出票

（1）做成书面汇票，出票人在汇票上填写付款人、付款金额、付款日期、地点、受款人等项目，最后由出票人签字。

（2）将汇票交给受票人，只有经交付才算完成出票行为。

▶ 2. 提示

提示指持票人将汇票提交付款人，要求承兑或付款的行为。

（1）付款提示，持票人向付款人提交汇票，要求付款（即期付款）。

（2）承兑提示，持票人向付款人提交汇票，付款人见票后办理承兑手续，到期时付款。

▶ 3. 承兑

承兑指远期汇票的付款人对远期汇票表示承担到期付款责任的行为。付款人在汇票上写明"承兑"字样，注明承兑日期，并签字，交还持票人。付款人对汇票做出承兑，即成为承兑人。汇票在付款人承兑前，主债务人是出票人，在付款人承兑后，主债务人是付款人。出票人成为第二债务人。因为出票人可转让其汇票，在付款人承兑前，所有后手都可以向出票人追索。

承兑又可分为：①一般承兑，指承兑人对出票人的付款指示不加限制地同意确认，正常承兑指一般承兑；②限制承兑，指承兑时明白措辞改变汇票的承兑效果，完成一定条件承兑人方予付款。从法律上讲，承兑包括两个方面：①承兑人在汇票上写明"Acceptance"字样；②把承兑的汇票交给持票人，才算完成承兑行为。

▶ 4. 付款

对即期汇票，在持票人提示汇票时，付款人即应付款；对远期汇票，付款人经过承兑后，在汇票到期日付款，付款后，汇票的一切债务即告终止。

▶ 5. 背书

汇票的背书包括两个方面：①在汇票背面背书；②交付给被背书人，只有通过交付，才算完成背书。在国际市场上，汇票是一种流通工具，可以在票据市场上流通转让。

背书是转让汇票权利的一种法定手续，就是由汇票持有人在汇票背面签上自己的名字，或再加上受让人（被背书人）的名字，并把汇票交给受让人的行为。经背书后，汇票的收款权利便转移给受让人。汇票可以经过背书不断转让下去。对于受让人来说，所有在他以前的背书人以及原出票人都是他的前手；对于出让人来说，所有在他让与以后的受让人都是他的后手。前手对于后手负有担保汇票必被偿付的责任。

▶ 6. 贴现

贴现是指远期汇票承兑后，尚未到期，由银行或贴现公司从票面金额中扣除按一定贴现率计算的贴现息后，将余款付给持票人的行为。在国际市场上，一张远期汇票的持票人如想在付款人付款前取得票款，可以通过背书转让汇票，即可将汇票进行贴现。

▶ 7. 拒付

持票人提示汇票要求承兑时，遭到拒绝承兑，或遭到拒绝付款，均称为拒付。退票、付款人避不见票、死亡、破产，也称退票。汇票在合理时间内提示遭拒绝承兑，或到期日提示遭拒付，持票人立即产生追索权，他有权向背书人和出票人追索票款。

▶ 8. 追索权

汇票遭到拒付，持票人对其前手（即背书人，出票人）有请求其偿还汇票金额及费用的权利。在行使追索权时，持票人必须提供拒绝证书。拒绝证书可以由付款地法定公证人，如银行、商会、法院，做出证明拒付事实的文件，这是持票人凭以向其"前手"进行追索的法律依据。如被拒付的汇票已经承兑，出票人可凭以向法院起诉，要求承兑人付款。

进行追索的顺序如下：英国法规定，持票人可直接找出票人或者任何前手追索；德国法规定，持票人只能找直接背书人，依次向前手追索；我国《票据法》规定，持票人行使追索权时，应提供被拒绝承兑或被拒付的有关证明，承兑人或付款人必须出具拒绝证明或提出退票理由书，否则应承担由此产生的民事责任，持票人可以依法取得其他有关证明。

按各国票据法，汇票的付款人一经付款，即使付款有误，也不能向受款人追索。

三、本票

(一) 定义

▶ 1.《英国票据法》的定义

本票是一个人向另一个人签发的，保证即期或定期或在可能确定的将来时间，对某人或其他持票人支付一定金额的无条件承诺。本票是出票人对受款人承诺无条件支付一定金额的票据。

▶ 2.《日内瓦统一票据法》的定义

根据《日内瓦统一汇票、本票法》，本票必须包括以下各项内容：写明其"本票"字样；无条件支付承诺；收款人或其指定的人；出票人；出票日期、地点；付款期限；一定金额；付款地点。

▶ 3. 我国《票据法》的定义

我国《票据法》第七十二条规定："本票是出票人签发的、承诺自己在见票时无条件支付确定的金额给收款人或者持票人的票据。"我国《票据法》还规定：本票称为银行本票，由中国人民银行或其他金融机构签发。该法所称本票仅指银行本票，因此我国只有银行本票，没有商业本票。我国《票据法》规定的本票要项包括：表明"本票"字样；无条件支付承诺；确定金额；收款人名称；出票日期；出票人签字。

(二) 本票的种类

按照签发人不同，本票分为商业本票和银行本票。

(1) 商业本票也称一般本票，由工商企业签发，可分为即期一般本票和远期一般本票。

(2) 银行本票是由银行签发的本票。银行本票都是即期的。国际贸易中使用的本票大都是银行本票。

(三) 本票的特点

(1) 基本当事人只有两个：出票人和受款人。本票的付款人即出票人本人，出票人在任何情况下都是主债务人；受款人是本票的债权人，可以背书转让本票，并对后手保证付款。若出票人拒付，后手可对前手背书人行使追索权。

(2) 远期本票不需承兑。本票是出票人向收款人签发的书面承诺，保证在到期日付款，因此远期本票不需要办理承兑手续，一旦拒付，即可要求做成拒绝证书，行使追索权。有的银行发行见票即付、不记载收款人的本票或来人抬头的本票，这种本票相当于纸币在市场上流通。

(四) 本票与汇票的区别

(1) 本票是出票人承诺自己向持票人付款，汇票是一个人向另一个人发出的支付命令。

(2) 本票只有两个当事人，汇票有三个当事人，这是本票与汇票、支票的最显著区别。汇票和支票均为委托第三人付款的票据，有三个基本当事人。

(3) 本票的出票人即是付款人，远期本票不需承兑；汇票的受票人是付款人。

(4) 本票在任何情况下，出票人都是主债务人；汇票在付款人承兑前，出票人是它的主债务人，在承兑后，承兑人是主债务人，出票人成为次债务人。

(5) 本票只能开出一张，汇票可开出两张。本票就像承兑后的汇票，所以只开一张。汇票则是一式两份，付一不付二，付二不付一。

四、支票

(一) 定义

▶ 1.《英国票据法》

支票是以银行为付款人的即期汇票，即存款人对银行无条件支付一定金额的委托或命令。

▶ 2. 我国《票据法》

我国《票据法》第八十二条规定：支票是出票人签发的，委托办理支票存款业务的银行或者其他金融机构在见票时无条件支付确定金额给收款人或持票人的票据。从定义中可以看出，支票本质上是一种特殊的汇票，也是一种命令第三人付款的票据。支票在许多方面与汇票相似，如两者都是无条件的付款命令，都有出票人、收款人和付款人等第三个基本当事人，都可以背书转让等。正因为如此，各国的票据法都有支票的有关事项准用汇票的规定，有关汇票的提示、背书、付款、追索权、拒绝证书等方面规定，同样适用于支票。如《英国票据法》明确规定，除支票法另有规定外，凡适用于即期汇票的条文均适用支票。

(二) 支票的基本当事人

▶ 1. 出票人

出票人是与付款人有一定资金关系的人。出票人开出支票就等于承诺支票被提示时银行保证付款，并在拒付时赔偿。在通常情况下，支票的出票人是主债务人，但保付支票除外。保付支票的主债务人是兑付银行。

▶ 2. 收款人

支票的取得可能来源于交易，也可以因为受赠、继承，因此支票收款人很广泛。客户可以自己拿支票去取款,也可以交给开户行委托其收款(这时他的开户行被称为代收行)。

3. 付款人

支票项下的付款人就是出票人的开户银行。出票人在支票上签发一定的金额,要求受票的银行见票即付一定金额给特定人或持票人。出票人在签发支票后,应负票据上的责任和法律上的责任。前者是指出票人对收款人担保支票的付款;后者是指出票人签发支票时,应在付款的银行存有不低于票面金额的存款。如存款不足,支票持有人在向付款银行提示支票要求付款时,就会遭到拒付。这种支票叫空头支票,开出空头支票的出票人要负法律上的责任。

(三) 支票的基本项目

支票的要项与汇票大体相同。我国《票据法》第八十五条规定,必须具备以下六个要项,未记载规定事项之一的支票无效。规定的支票要项包括以下内容。

(1) 表明"支票"字样。

(2) 无条件支付的委托。

(3) 确定金额。支票上的金额一般在出票时票面必须记载,但可以由出票人授权补记。

(4) 付款人名称。支票的付款人必须是出票人的开户银行。由于支票付款人有资格限制,所以不能省略且只能有一个。实务中,支票由付款银行设计印制,上面都有完整的银行名称和详细的地址。

(5) 出票日期。支票是即期票据,只有即期,没有远期。支票提示付款的有效期较短,并以出票日为计算标准。因此,支票的出票日期决定着支票的有效期,必须明确规定。不同国家对于支票的提示期限不同。《日内瓦统一票据法》规定的支票提示期限是:若出票和付款在同一国家内,有效期是自出票日起算 8 天;不在同一国家但在同一洲的有效期是 20 天;不同国家又不同洲的有效期是 70 天。追索期限是从上述提示期限到期起算 6 个月。我国《票据法》规定,支票的持票人应自出票日起 10 天内提示付款。英、美、法等国仅规定在合理期间内提示,没有规定确定的天数。

(6) 出票人签字。出票人在开户行持有存款并且根据协议有权开立支票,没有存款或有存款而没有支票协议的出票人签发的支票得不到付款。除必要项目外,收款人、出票地、付款地都是支票的重要内容。可将支票做成来人抬头,出票时收款人可在支票人注明也可以不注明。支票未记载收款人名称的,经出票人授权可以补记,出票人也可在支票上记载自己为收款人;未记载付款地点的,付款人的营业场所为付款地;未记载出票地点的,付款人的营业场所、住所或经常居住地为出票地。需要说明的是,支票必须即期付款,所以无须注明付款期限。

(四) 支票的种类

1. 按照支票抬头方式的不同分类

按照支票抬头方式的不同,可分为记名支票和不记名支票。

记名支票是出票人在收款人栏中注明"Pay to ×××"(付给××)或"Pay to the order of ×××"(付给××某人或其指定人)。这种支票转让流通时,须由持票人背书,取款时须由收款人在背面签字。不记名支票又称空白支票,抬头一栏注明"Pay bearer"(付给来人)。这种支票无须背书,凭支付即可转让,取款时持票人不需在支票背面签名。

2. 按照支票是否带有划线分类

按照支票是否带有划线,可分为一般支票和划线支票。

一般支票又称非划线支票、公开支票，是一般的没有划线的支票，可以通过银行转账，也可以提取现金。划线支票就是在支票的票面上划两条平行线，以此表明此种支票的持票人不能提取现金，只能委托银行收款入账。划线人为出票人或持票人。使用划线支票，主要是为了适应银行转账结算的要求，并防止支票被冒领的意外事故。划线的作用在于保障出票人和持票人的利益，一旦支票丢失而被冒领票款，出票人或持票人可以通过代收银行的线索追回票款。在其他国家，支票可分为划线支票和未划线支票。划线支票在支票左上角被划上两道平行线，受款人只能通过银行代为收款转账，不能提取现金。未划线支票既可转账也可提取现金。

▶ 3. 其他支票

（1）保付支票是指付款行在支票上加注"保付"（certified to pay）字样并签字的支票。为了避免出票人开立空头支票，保证提示时付款，支票的收款人或持票人可要求银行对支票保付。支票保付后，付款银行成为主债务人，在支票提示时一定付款，出票人和背书人都可免除责任，免予追索。

（2）银行支票是由银行签发并由银行付款的支票，实质就是银行即期汇票。由于银行支票的出票人和付款人都是银行，信用度高，一般是在银行为客户办理汇款业务时使用。我国《票据法》规定：支票可分为普通支票、现金支票和转账支票。普通支票可以支取现金，也可以转账，用于转账时，应当在支票正面注明。支票中专门用于支取现金的，可以另行制作现金支票，现金支票只能用于支取现金。支票中专门用于转账的，可以另行制作转账支票，转账支票只能用于转账，不得支取现金。我国的转账支票相当于划线支票，出票人或持票人在普通支票上载明"转账支付"，则收款人只能转账，不能提现。

第二节　国际贸易中的汇付与托收

国际支付方式是一国的债务人向一国债权人偿还债务的方式，也是一国债权人向另一国债务人收回货款的方式。

在债权债务的结算过程中，货币的收复形成资金的流动，而资金的流动又必须通过票据、电报、邮寄支付凭证等各种结算工具的传递来实现。从资金流向和结算工具传递方向来看，国际支付方式可分为顺汇和逆汇两大类。所谓顺汇，又称汇付，是由债务人主动将款项交给银行，委托银行使用某种结算工具，汇付给国外债权人的一种汇兑方法，它的特点是其资金的流向与结算的传递方向是相同。所谓逆汇，是由债权人出具汇票，委托银行向国外债务人收取款项的一种汇兑方法，它的特点是其资金的流向与结算工具的传递方向是相逆而行的。顺汇与逆汇的区分标志是：债务人主动付款是顺汇，债权人主动索取款项是逆汇。

一、汇付概述

汇付（remittance）是指付款人主动通过银行或其他途径将款项汇交收款人。国际贸易货款采用汇付，一般是由买方按合同约定条件（如收到单据或货物）和时间，将货款通过银行汇交给卖方。

汇付当事人：①汇款人（remitter），即汇出款项的人，一般为进口人、买方；②收款人（payee），即为收取款项的人，在进出口业务中一般为卖方；③汇出行（remitting bank），即接受买方的委托汇出款项的银行，通常是进口地银行；④汇入行（paying bank），即解付汇款的银行，一般是出口地银行。

汇款申请书是买方与汇出行之间的一项合同，汇出行与汇入行是代理合同，承担解付汇款的义务。

（一）汇付的种类

▶ 1. 信汇

信汇（mail transfer，M/T）是指汇出行应汇款人申请，将信汇委托书寄给汇入行，授权解付一定金额给收款人。优点是费用低廉，缺点是收取汇款时间长。

▶ 2. 电汇

电汇（telegraphic transfer，T/T）是指汇出行应汇款人的申请，拍发加押电报或电传（目前世界各国银行都以 SWIFT 方式电汇）给在另一个国家的分行或代理行（汇入行），指示解付一定金额给收款人的付款方式。优点是电汇的速度快，卖方能尽快收到货款，有利于卖方资金周转；缺点是费用高。

知识链接
SWIFT简介

信汇和电汇的区别在于汇出行向汇入行航寄付款委托，所以汇款速度比电汇慢。因信汇方式人工手续较多，目前欧洲银行已不再办理信汇业务。

▶ 3. 票汇

票汇（remittance by banker's demand and draft，D/D）是汇出行应汇款人的申请，在汇款人向汇出行交款并支付一定费用的条件下，代替汇款人开立的以其分行或代理行为解付行、支付一定金额给收款人的银行即期汇票，寄交收款人，由收款人凭以向汇入行取款。

票汇与信汇、电汇的区别：票汇的汇入行无须通知收款人，由收款人自行持票到银行取款，而电汇、信汇需要通过银行转账通知收款人；票汇的汇票除有限制转让和流通的规定外，经收款人背书，可以转让、流通，而电汇、信汇的收款人不能将收款权转让。

（二）汇付的应用

汇付按照付款与发货的顺序关系，可分为货到付款和预付货款两种。

▶ 1. 货到付款

货到付款（cash on delivery，COD）是买方在收到卖方的单据或货物后再付款。实际上，货到付款是卖方向买方提供的一种信用，也是一种赊销。对卖方来说，风险最大，卖方交货以后，能否得到偿付，全凭买方个人信用，也称为商业信用。

▶ 2. 预付货款

预付货款（payment in advance）在卖方还未生产交货时，买方预付货款，这种方式买方向卖方提供了信用，买方存在一定的风险，这种做法有的叫作随订单付现。或者在合同签订后若干天，买方即将货款电汇或信汇给卖方。

二、电汇

（一）电汇业务流程（见图 13-1）

电汇流程图说明：①电汇时，由汇款人填写汇款申请书，递交给汇出行并在申请书中注明采用电汇 T/T 方式，并将所汇款项及所需费用交汇出行。②汇出行接受申请，将电汇回执交给汇款人。汇出行接到汇款申请书后，为防止因申请书中出现的差错而耽误或引起汇出资金的意外损失，汇出行通常都仔细审核申请书，不清楚的地方与汇款人及时联系。③汇出行根据电汇申请人的指示，用电传或 SWIFT 方式向国外代理行发出汇款委托书。④汇入行收到国外用电传或 SWIFT 发来的汇款委托书，核对密押无误后缮制电汇通知书，通知收款人取款。⑤收款人持通知书及其他有效证件去取款，并在收款人收据上签字。⑥汇入行借讫汇出行账户，取出头寸，解付汇款给收款人。⑦汇入行将付讫借记通知书邮寄给汇出行。

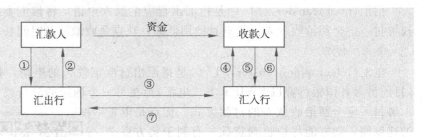

图 13-1　电汇业务流程图

（二）电汇结算方式在实际业务中的运用

按照付款与装运的前后关系，电汇分为预付货款、货到付款和预付部分货款，货物出运后凭提单传真件付清余款。

▶ 1. 预付货款，俗称"前 T/T"

预付货款是指进口商将货款的全部或部分通过银行汇给出口商，出口商收到款项后，根据双方签订的合同，在约定时间内将货物运交进口商的结算方式。预付货款是对进口商而言，对出口商而言便是预收货款。

按照进口商预付货款具体时间的不同，"前 T/T"又可分为"装运前 T/T"和"装运后见提单传真件 T/T"。"装运前 T/T"，是指进口商在出口装运前，便将货款通过银行汇给出口商，出口商收到款项后，根据双方签订的合同，在约定时间内将货物运交进口商的结算方式；"装运后见提单传真件 T/T"，是指出口商在货物出运后把海运提单传真给进口商看，进口商即支付货款的结算方式，在"前 T/T"中，该方式较合理，所以较为常用。

预付货款对出口商很有利，对进口商而言则刚好相反。进口商不仅要承担货物不能按时按量按质收到的风险，同时也要承担资金占用的压力和利息的损失。所以，预付货款通常以进出口双方关系密切，相互信任为前提，特别是当出口货物紧俏，价格趋于上涨时，进口商可能会不惜预付货款以抢得商机。

▶ 2. 货到付款，俗称"后 T/T"

货到付款是指进口商在收到出口商发出的货物之后才按合同规定支付货款的方式。此方式本质是属于赊销交易或延期付款。显然，货到付款对进口商有利。一是进口商在整个交易中占据主动地位，不用担当风险；二是进口商在收到货物后，甚至是售出货物后再付款给出口商，有利于资金周转和节约利息。这种付款方式在当今国际商品处于买方市场的大环境下，有不断扩大的趋势。一般出口商综合考虑和评价交易对象的关系性质和信誉程度、还款能力，再签订完善的对双方有制约能力的合同，给予进口商一定的放账额度，以求最大可能地占有进口国市场。我国三资企业在处理母、子公司款项往来时也多采用此种方式。

▶ 3. 预付部分货款,货物出运后凭提单传真件付清余款

考虑到风险均等的原则,进出口商往往采用比较折中的方式:预付部分货款,货物出运后凭提单传真件付清余款。至于预付多少货款,主要根据一旦货物退回,出口商的往返运费损失、进口国码头费、海关费、货物转销第三方的可能性及损耗大小等来决定。常见的是30%货款预付,70%货款见提单传真件后付。这种付款方式对买卖双方是比较公平的,因此是实际电汇业务中采用最多的付款方式。

(三) 电汇的风险防范措施

▶ 1. 100%的预付货款,即"前T/T"

出口商先收款后交货,收汇风险为零,这是当前国际商品买方市场条件下比较少见的最安全的收汇形式,采用这种支付方式的一般有以下几种情况:买卖双方首次的、小额的贸易;买卖双方多次合作,关系密切,相互信任,同时出口货物紧俏,

出口方只接受预付款方式并根据来款先后发货的;出口货物价格趋于坚挺或上涨时,进口商可能会不惜预付货款以抢得商机。

▶ 2. 30%的前T/T,加凭提单传真件70%后T/T

出口商在出口货物生产前就必须收到买方的30%的货款,以保证生产出来的出口商品有人要,因为这30%的前T/T款就是进口商的收货和付款的保证金,一旦由于进口国市场变化等原因进口商不想要货,进口商就会因首先违约而损失定金。当然,前T/T的30%不是绝对的,以够出口货物的来回运费和目的港海关费、码头费为准,并要考虑出口货值的大小。卖方出运后有保证收到全部货款,因此对卖方来说风险较小。对买方来说虽有一定风险,但预先只要支付部分定金,资金压力和风险压力不会太大,并由于是见到提单复印件才付清全部货款,提单上的信息可以登录船公司网站进行比对,一般收货不会落空。这种方式比100%预付对买卖双方更加公平,因此这种支付方式的应用越来越普遍,特别是近年来我国对东南亚、南美、印巴、非洲和中东等国家和地区的出口贸易结算中最为流行。

▶ 3. 30%的前T/T,加70%的即期的、保兑的不可撤销的信用证

同样是30%的前T/T,余款采用信用证支付比第2项凭提单传真件T/T支付风险大得多。这是因为凭提单传真件T/T余款,出口商只要凭一张证明,证明货已交运,就可在较短时间内取得余款,落袋为安,此后再交出"物权凭证"——提单或办理电放。而余款采用信用证支付,则要经过发运、交单、才能办理议付,其间出口商单据如有不符点,就存在迟付、拒付的风险,一旦商品价格大落超过损失定金或进口国政策发生重大变化,客户就可能拒收货物,出口商就可能收不到余款。

(四) 合同中的汇付支付条款

使用汇付条款,应在买卖合同中明确规定汇付的时间、具体的汇付方式和具体的汇付金额等。例如,The buyer shall pay the total value to the sellers in advance by T/T(M/T or D/D)not later than ×××. (买方应于××××年××月××日前将全部货款用电汇(信汇/票汇)方式预付给卖方);又如,The buyers shall pay the seller ××% of the contract price(USD××××)in advance by T/T within thirty days after the contract signed date.

(买方应于合同签订后 30 天内,以电汇方式预付给卖方合同价格××%(××××美元))。

三、托收

托收(collection)是指债权人(卖方)出具汇票,委托银行向债务人(买方)收取货款的一种支付方式。国际商会《托收统一规则 522 号》给托收下的定义:托收是指由接到托收指示的银行根据所收到的指示处理金融单据以便取得付款或承兑,或凭付款或承兑交货商业单据,或凭其他条款或条件交出单据。

(一) 托收的性质

1. 商业信用

托收是一种商业信用,也就是商人之间互相提供的信用。通过银行办理托收,银行属于代办性质,对买方是否付款不承担责任。卖方交货后能否收回货款,完全根据买方个人的信誉。托收虽然通过银行办理,但银行只是代收代付,并不承担付款责任,所以托收对卖方仍然存在较大的风险。

2. 逆汇法

托收是一种逆汇法。所谓逆汇法,就是支付工具(汇票)传递的方向与资金流动的方向相反。

(二) 托收的程序

在买卖合同中规定的支付方式用托收,卖方与所在地银行以托收委托书的形式签订委托代理合同,约定由当地银行(托收行)通过其在进口国的往来银行(代收行)向买方收取货款,然后交单,如图 13-2 所示。

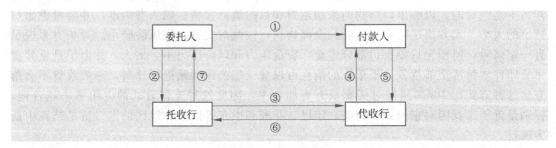

图 13-2 托收的程序

托收的程序说明:①买卖双方签订国际贸易的买卖合同,规定采用即期付款交单方式付款。②出口商委托当地银行代收货款,将全套单据和汇票交托收行。③托收行将汇票和货运单据寄交进口地银行(代收行),并说明托收委托书上的各项指示。④提示行向买方做付款提示。⑤进口商付清货款,赎取全套单据。⑥代收行电告托收行,款已收妥转账。⑦托收行将货款交出口商。

(三) 托收的当事人

(1) 委托人(principal),也称本人,通常是卖方。

(2) 托收银行(remitting bank),即出口地银行(委托行)接受委托人委托,办理托收业务的银行。

(3) 代收行(collecting bank),即进口地银行,买方所在国银行。接受托收行的委托,向付款人收取货款的进口地银行。

(4) 付款人(payer),即买方,受票人。

(5) 提示行(presenting bank)，向付款人做出提示汇票和单据的银行。
(四) 托收的种类

托收可分为光票托收和跟单托收。跟单托收又可分为付款交单和承兑交单。

▶ 1. 付款交单(documents against payment，D/P)

付款交单是指卖方的交单是以买方(进口人)的付款为条件。先付款后交单，以付款为交单的前提。跟单托收中的单据很重要，在象征性交货的国际贸易中，货物的买卖实际上是一种单据的买卖，代表货物所有权的单据不能轻易脱手。国外代收行将托收行寄来的汇票和单据向进口人提示后，进口人必须先向代收行付款，付款后，代收行才可将单据交付进口人。

付款交单又分为即期付款交单和远期付款交单，两者的具体含义与特点如下。

1) 即期付款交单(D/P at sight)

卖方装运后开具即期汇票，随附全套单据，通过银行向买方提示，买方见票后立即付款。买方付清货款后取得全套单据。以买方先付款为条件，银行向其交单。

2) 远期付款交单(D/P after sight)

卖方装运后开出远期汇票，随附商业单据，通过银行向买方提示，买方审核无误后，即在汇票上承兑，于汇票到期日付清货款后，银行向其交单。以上说明，不论是即期付款交单还是远期付款交单，都是买方付清货款后才能取得代表货物所有权的单据，才能提货或转售货物。所以，与汇付相比，托收的风险对卖方来说略小。

付款交单方式下，买方的付款都是等货到后才履行，这样有利于买方资金融通，且手续费低廉，程序简单，易为买方所接受。在远期付款交单中，如果买方想提前取得单据，通常有两种做法：付款到期日之前提前付款交单和凭借信托收据(trust receipt，T/R)，在付款前向银行借出单据。信托收据是一种书面信用担保文件，代收行以受托人的身份，按照托收指示中的规定向买方提供单据。如代收行以信托收据的方式自行向买方借出单据，一旦买方不能付款，代收行承担赔偿责任。

思考： 出口方委托银行以远期付款交单方式向进口方代收货款。货到目的地后，进口方凭信托收据向代收行借取了全套货运单据先行提货销售，但因经营不善而亏损，无法向银行支付货款。请问，出口方应向何方追偿？为什么？

▶ 2. 承兑交单

承兑交单(documents against acceptance，D/A)，即卖方在装运后开出远期汇票，随附全套单据，通过银行向买方提示，买方承兑汇票后，代收行即将全套单据交给买方。汇票到期后，买方再来履行付款义务，承兑交单实际上是买方先取得货物所有权，以后再来付款，所以对卖方来说风险非常大。一旦买方到期不付款，卖方就会遭到货款两空的损失，所以现在我国的外贸公司对使用承兑交单非常谨慎。

(五) 托收的性质及利弊

托收是一种商业信用，对买方有利，它不需要像信用证那样办理烦琐的手续，不需银行押金，减少费用支出，不占压资金。银行并不承担付款的责任，卖方能否收到货款完全依赖买方的个人信用。如买方破产或丧失清偿债务的能力或有意赖账，出口人则有可能收不回或延迟收回货款。虽然付款交单是以买方首先付款为条件，但在市场情况下跌时，信誉不好的买方可能溜之大吉，既不赎单，也不付款，那么卖方同样要遭受货款两空的损失。在这种情况下，银行没有义务代为保管或提取货物，出口人还要承担在进口地办理提货、缴纳进口关税、存仓、保险、转售以至于被低价拍卖或运回国内的损失。在承兑交单的情况下，卖方的损失会更大，风险也更大。

（六）国际商会《托收统一规则》（URC522）的有关规定

托收指示中注明遵循URC522，不提倡使用D/P远期；不应含有远期汇票，同时规定商业单据要在付款后才交付，如果是远期付款交单，应注明单据是付款后交单，还是仅凭承兑后交单；银行及其指定人不应为收货人，银行只管单不管货；银行不负责核实单据，只负责审核单据的所列份数是否与托收指示相符；托收如被拒付，或拒绝承兑，提示行应向托收行发出拒付通知。

（七）使用托收方式应注意的问题

（1）在决定用托收付款方式前，卖方应对客户的资信做详细的调查和了解。确实资信可靠，才可采用。

（2）对于某些外汇管制较严的进口国，不宜采用托收的方式。

（3）要了解进口国的商业惯例。例如，某些拉美国家按当地的法律和习惯，对于远期付款交单，进口人承兑汇票后，即向买方交单，与D/A没有区别。对于这些国家的进口人，不宜接受其远期付款交单的方式。

（4）如果采用托收的付款方式，签合同时应争取以CIF成交。因为用FOB或CFR，万一买方拒绝付款赎单，卖方手中没有掌握保险单，风险更大。如用FOB或CFR出口，卖方应投保出口信用险或卖方利益险。

（5）采用托收方式时，卖方要有健全的财务管理制度，定期检查，及时地催收清理，以免发生损失。

（八）合同中的托收条款

使用托收方式，应在买卖合同中明确规定交单条件、买方付款和/或承兑责任、付款期限等。

▶ 1. 即期付款交单支付条款

Upon first presentation the buyer shall pay against documentary draft drawn by the seller at sight. The shipping documents are to be delivered against payment only.

▶ 2. 远期付款交单支付条款

The buyer shall duly accept the documentary draft by the seller on the buyer at X days' sight upon first presentation and shall make payment on its maturity. The shipping documents are to be delivered against acceptance.

▶ 3. 承兑交单支付条款

The buyer shall duly accept the documentary draft drawn by the seller at X days upon first presentation and make payment on its maturity. The shipping documents are to be delivered against acceptance.

第三节 信用证

信用证是资本主义信用危机的产物，是随着经济的增长和国际贸易的发展，银行与金融机构参与国际贸易结算的过程中而逐步形成的。目前，信用证已成为国际贸易结算中被广泛使用的最为重要的一种支付方式。

一、信用证的含义

信用证(letter of credit，L/C)是一种银行开立的、有条件的、承诺付款的书面文件。具体地说，就是银行(开证行)应进口商的请求和指示，向出口商开立的、一定金额的、在一定条件下保证付款的凭证。所谓"一定金额，一定条件"，是指开证行的付款是以卖方提交符合信用证的单据为条件。UCP600给信用证下的定义是："信用证指一项不可撤销的安排，无论其名称或描述如何，该项安排构成开证行对相符交单予以承付的确定承诺。"

信用证是指开证银行应申请人的要求并按其指示，向第三人开具的载有一定金额，在一定期限内凭符合规定的单据付款的书面保证文件。信用证也是开证银行对受益人的一种保证，只要受益人履行信用证所规定的条件，即受益人只要提交符合信用证所规定的各种单据，开证行就保证付款。因此，在信用证支付方式下，开证行成为首要付款人，故属于银行信用。

二、信用证的特点

（一）开证行承担第一付款人的责任

这种责任是一种绝对的责任、第一位的责任。也就是说，开证行在开出信用证后，只要卖方提交了符合信用证规定的单据，无论买方是否破产、是否有清偿能力、是否死亡都与卖方无关，开证行必须按照信用证的承诺对卖方付款，未经受益人同意，银行不得撤销或者更改信用证。

（二）信用证是一种自足文件

信用证是基于买卖合同开立的，但是信用证一旦开立就独立于买卖合同、独立于开证申请书，成为与买卖合同无关的另一个契约，信用证实际上是开证行与受益人之间的一个合同。信用证的各方当事人的权利、义务都以信用证为准，不受买卖合同的约束。因此，一家银行做出付款、承兑的承诺，不受申请人与开证行或与受益人之间在已有关系上产生索偿或抗辩的制约。UCP600第4条a款规定："就其性质而言，信用证与可能作为其开立基础的销售合同或其他合同是相互独立的交易，即使信用证中含有对此类合同的任何援引，银行也与该合同无关，且不受其约束。因此，银行关于承付、议付或履行信用证项下其他义务的承诺，不受申请人基于其与开证行或与受益人之间的关系而产生的任何请求或抗辩的影响""受益人在任何情况下不得利用银行之间或申请人与开证行之间的合同关系"。

（三）信用证业务是一种单据的买卖

在信用证项下，银行实行的是凭单付款的原则，银行付款的依据仅仅是单据和信用证的规定表面相符，银行与货物无关，与买卖合同无关，与单据的真假无关。UCP600第34条规定："银行对任何单据的形式、充分性、准确性、内容真实性、虚假性或法律效力，或对单据中规定或添加的一般或特殊条件，概不负责；银行对任何单据所代表的货物、服务或其他履约行为的描述、数量、重量、品质、状况、包装、交付、价值或其存在与否，或对发货人、承运人、货运代理人、收货人、货物的保险人或其他任何人的诚信与否、作为或不作为、清偿能力、履约或资信状况，也概不负责。"在信用证条件下实行严格相符的原则，不仅要做到单证一致，还要做到单单一致。在信用证项下，只要交单正确，即使货物有假，银行也必须付款。如果单据有错误，即使货物正确，银行也可以拒付。如果发现货物有假或者卖方存在欺诈行为,买方如果想让银行拒付,唯一的办法就是寻找单据的不符点。

总之,信用证是一种逆汇付款方式,信用证业务具有"一个原则,两个只凭"的特点。一个原则是严格相符的原则;两个只凭是指银行只凭信用证、不问合同,只凭单据、不管货物。

三、信用证的业务流程

(一) 信用证的当事人

(1) 开证申请人(opener, applicant),指向银行申请开立信用证的人,即进口人、买卖合同中的买方。

(2) 开证行(issuing/opening bank),指受开证人委托,向卖方开立信用证的银行,一般为进口人所在地银行。

(3) 受益人(beneficiary),指信用证上所指定的有权使用该证并得到偿付的人,一般为出口人。

(4) 通知行(advising/notifying bank),指受开证行的委托,将信用证转交出口人的银行,出口地银行通常是开证行的代理行。

(5) 议付银行(negotiating bank),指愿意买入或贴现受益人交来跟单汇票的银行,可以是开证行指定的银行,也可以是公开议付的银行。议付又称押汇、买单,是指议付行在审单无误的情况下,按信用证的条款贴现受益人的汇票,买入信用证项下的货运单据,从票面金额中扣除从议付日到估计收到票款之日的利息,将余款先行支付给受益人。议付实际上是银行向受益人先行垫付资金,银行在议付之后就成为了汇票的正当持票人,具有追索权。

(6) 付款行(paying/drawee bank),指信用证上指定的付款银行,一般是开证行,也可以是开证行以外的分行或代理行。由于资金调拨的原因,开证行指定另一家银行为付款银行。付款行与开证行具有同等的法律地位,都是终局性的,没有追索权。

(7) 偿付行(reimbursing bank),指信用证指定的代开证行或付款行清偿货款的银行,其不负责审单,只根据开证行的授权付款,付款也是终局性的。偿付行的出现,往往是由于开证行的资金调度或集中在该第三国银行的缘故,要求该银行代为偿付信用证规定的款项。

(8) 保兑行(confirming bank),指根据开证行的请求,在信用证上加具保兑的银行。保兑行在信用证上加具保兑后,即对信用证独立负责,承担必须付款或议付的责任。保兑行具有与开证行相同的责任和地位。保兑行可以由通知行兼任,也可由其他银行加具保兑。

(二) 信用证支付的一般程序(见图13-3)

信用证支付的流程说明:①签订买卖合同,规定以L/C为付款方式;②买方向开证行申请开证;③开证行向通知行寄交信用证;④通知行审验信用证的真伪后向卖方转递;⑤卖方装船后向议付行交单议付;⑥议付行向开证行交单索偿;⑦开证行向议付行偿付;⑧开证行向买方提示,买方付款赎单。

▶ 1. 开证人申请开立信用证

在国际贸易的货物买卖中,开证人一般为进口人。买卖合同订立后,买方(开证申请人)向开证银行申请开立信用证,开证人申请开证时,应填写开证申请书,开证申请书的内容实际上完全反映了买卖合同的内容,虽然银行开立信用证是根据买方的开证申请书,

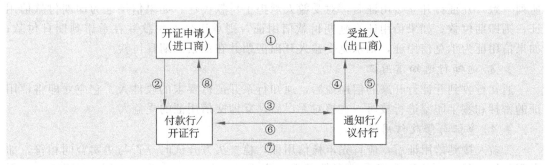

图 13-3　信用证的支付流程

但信用证开立的基础却是买卖合同。买方申请开立信用证必须完全遵循买卖合同的条款和义务，不得利用开证的机会，擅自改变合同的条款。信用证一旦开立，受益人就必须按照信用证的条款履行交单义务，这也是开证行履行付款的依据。

开证申请书的第二部分内容是开证人对开证银行的声明或具结，用以明确双方的责任。其主要内容是开证人承认开证银行在其付款赎单之前，对单据所代表的货物有所有权；开证人保证单据到达后，如期付款赎单，否则，开证银行有权没收开证人所交付的押金和抵押品，作为开证人应付价金的一部分。开证人申请开立信用证，应向开证银行交付一定比率的押金，一般为信用证金额的百分之几到几十。开证人还应按规定向开证银行支付开证手续费和邮电费。

拓展案例

开证申请书中开证申请人对开证行的声明

合同编号：
外汇种类：
日期：
使用单位：
货名：
中国银行×××分行：

　　请你行按背面所列条款以航邮/简电/全电开立一份不可撤销跟单信用证。
　　我公司保证向你行提供偿付该证项下货款、手续费、费用及利息等所需外汇、我公司保证在单证表面相符的条件下对外付款/承兑，并在按到信用证规定的全套单据日起三个工作日内通知你行办理对外付款/承兑。如因单证不符拒绝付款/承兑，当在三个工作月内将全套单据如数退回你行并注明拒付理由，请你行按国际惯例确定能否对外拒付。如经你行确定不属单证不符，不能对外拒付时，你行有权办理对外付款/承兑，并自我公司账产项下扣款。
　　该信用证如因邮、电传发生遗失、延误、错漏，你行概不负责。
　　该信用证如需修改，由我公司书面通知你行办理。

银行审核意见　　　　　　　　　　　　　　　　　　　　　　　申请公司签名盖章

资料来源：廖力平，廖庆薪．进出口业务与报关[M]．4版．中山：中山大学出版社，1999．

▶ 2. 开证行开立信用证

开证行根据开证人的申请向受益人开立信用证。所开信用证的条款必须与开证申请书所列一致。开证行开立信用证后，对受益人承担了付款责任。如果信用证为即期付款信用证，则即期付款；如果信用证为延期付款信用证，则承诺延期付款并在承诺到期日付款；如果信用证为承兑信用证，则承兑受益人开出汇票并在汇票到期日付款。

▶ 3. 通知行通知信用证

通知行收到开证行开来的信用证后，通知行系开证行要求的收件人。它应立即将信用证的密押和签字印鉴进行核对，在核对无误后，立即交信用证的受益人。

▶ 4. 审证与修改信用证

受益人接到信用证后，应首先审核信用证，检查买方开证时是否与买卖合同相符。如发现不符或某些条款不能接受或有软条款，应立即通知买方修改信用证。UCP600 中规定："开证行自发出修改之时起，即不可撤销地受其约束""未经开证行、保兑行（如有的话）及受益人同意，信用证既不得修改，也不得撤销""在受益人告知通知修改的银行其接受该修改之前，原信用证（或含有先前被接受的修改的信用证）的条款对受益人仍然有效。受益人应提供接受或拒绝修改的通知。如果受益人未能给予通知，当交单与信用证以及尚未表示接受的修改的要求一致时，即视为受益人已做出接受修改的通知，并且从此时起，该信用证被修改"。

▶ 5. 交单议付

受益人收到信用证，经审查无误，或收到修改通知书认可后，即可根据信用证规定的条款进行备货和安排出运。受益人在装船后取得全套单据，可以据以向所在地银行进行押汇，也称为议付。即由当地银行将出运货物的货款扣除预计收到货款的这段时间的利息后先行给付受益人，以给受益人资金融通，银行从中赚取利息和手续费。

▶ 6. 开证申请人付款赎单

开证行将全部票款拨还议付银行后，应立即通知开证人付款赎单。开证人接到开证行通知后，也应立即到开证行核验单据，认为无误后，将全部票款及有关费用一并向开证行付清并赎取单据。如申请开证时曾交付押金，付款时可扣除押金；如申请开证时曾递交抵押品，则在付清票款和费用后，抵押品由开证行发还。此时，开证人与开证行之间由于开立信用证所构成的权利义务关系即告终结。

四、信用证的基本内容

（一）对信用证本身的说明

对信用证本身的说明主要包括：信用证是否可保兑、是否可转让，UCP600 取消了可撤销信用证的概念，所有信用证都是不可撤销的；编号；金额、货币、大小写；有效期及到期地点；是否有境外有效期。信用证的有效期是卖方向银行交单的最后期限，也是开证行保证付款的期限。一个信用证可以没有装船期，但不能没有有效期；一个信用证没有有效期则本身无效。UCP600 第 6 条中规定："信用证必须规定一个交单的截止日。规定的承付或议付的截止日将被视为交单的截止日。"按照惯例，信用证的有效期的到期日是装船后的 15 天，也可规定为 21 天。信用证有效期的到期地点在信用证中必须明确规定，一般是受益人所在国为信用证的有效期到期地点。可接受的信用证规定的到期地点如"at Beneficiary's country""at your country""in China"，不接受境外有效期。如果信用证的有效期规定不明确，如开证行注明信用证的有效期为"1 个月""6 个月"或类似规定，但未指明从何日起算，开证行开立信用证的日期即视为起算日。银行应避免用此种方式注明信用证的到期日。

（二）对汇票的要求

在信用证项下，如使用汇票，要明确汇票的出票人、受票人、受款人、汇票金额、主要条款等内容。UCP600 第 6 条 c 款规定："信用证不得开成凭以申请人为付款人的汇票兑用"。通常信用证中对汇票是这样规定的："We hereby open our irrevocable letter of credit in your favor which is available by your draft at sight drawn on us for full invoice value accompanied by the following documents."（我行兹开出以你方为受益人的不可撤销信用证，本证凭你方按发票金额全额开出的以我行为受票人的即期汇票付款。）

（三）对货物的要求

要注明货物的名称、品种、规格、数量、包装、价格，并注明根据某某买卖合同。

（四）对装运的要求

在信用证中应列明装运港（地）、目的港（地）、装运期限以及可否分批、转运等项内容。

（五）对单据的要求

在信用证中应列明所需的各种货运单据，主要有以下几种。

(1) 货物单据，包括发票、装箱单（包装清单）、产地证、商检证明书等。UCP600 规定："商业发票必须由受益人出具，须出具成以申请人为抬头，必须与信用证的货币相同。商业发票上的货物、服务或履约行为的描述应该与信用证中的描述一致。"

(2) 运输单据，其中最重要的是海运提单，它是货物所有权的凭证。通常对提单描述为："Full set clean on board ocean bills of lading, made out to order, blank endorsed marked freight prepaid notify applicant."（全套清洁已装船海运提单，做成空白抬头、空白背书，注明运费已付，通知开证申请人。）

(3) 保险单据，UCP600 规定："保险单据，例如保险单或预约保险项下的保险证明书或者声明书，必须看似由保险公司或承保人或其代理人或代表出具并签署。如果保险单据表明其以多份正本出具，所有正本均需提交。暂保单不被接受。可以接受保险单代替预约保险项下的保险证明书或声明书。保险单据日期不得晚于发运日期，除非保险单据表明保险责任不迟于发运日生效。保险单据必须表明投保金额并以与信用证相同的货币表示。如果信用证对投保金额未做规定，投保金额须至少为货物的 CIF 或 CIP 价格的 110%。"

（六）特殊条款

银行对议付或付款路线或是否保兑，做出特别指示，或有特别要求。

（七）银行保证付款的承诺

例如，We hereby agree with the drawers, endorsers and bona fide holders of drafts drawn under and incompliance with the terms of this credit that such drafts will be duly honored on due presentation to the drawee if negotiated on /or before expiry date and paid on maturity. 我们兹向根据本证开出并符合本证条款的汇票的出票人、背书人和正当持票人承诺，只要你们在本证的有效期内向付款行提示或议付（远期汇票在汇票的到期日向付款行提示），将立即得到付款。

（八）声明本证遵循惯例 UCP600

例如，This credit is subject to the Uniform Customs and Practice for Documentary Credit 2007 Revision by ICC(International Chamber of Commerce) and Publication no. 600.

(本证遵循跟单信用证统一惯例,国际商会2007年修订本第600号出版物的规定。)

五、信用证的开证形式

早期信用证信开本较多。随着电讯的发展,在20世纪90年代,电传、电报等电开本成为信用证的主要形式。但近年来,电传、电报等电开本已逐渐被淘汰,目前,世界各大银行都是以SWIFT方式为主流,即SWIFT信用证。

(一)信开本

信开本(by airmail)是指开证银行采用印就的信函格式的信用证,开证后以航空邮寄送通知行。

(二)电开本

电开本(open by cable)是指开证行使用电报、电传、传真、SWIFT等各种电讯方法将信用证条款传达给通知行。电开本又可分为以下几种。

(1)简电本(brief cable),是指简单地将信用证的主要内容,如信用证号、开证人、受益人、货物数量、金额、装期等预先通知通知行,详细条款将另航寄通知行。简电本在法律上是无效的,不足以作为交单议付的依据。简电本有时注明"详情后告"等类似词语。

(2)全电开证(full cable),即开证行以电讯方式开证,把信用证全部条款转达给通知行。全电开证本身是一个内容完整的信用证,因此是交单议付的依据。

(3)证实本(operative instrument),是指简电开证后,随后航邮信用证的详细文本。

(三)SWIFT信用证

目前,在国际贸易中以SWIFT传递信用证是一种主要形式。采用SWIFT开证后,信用证具有标准化、固定化,统一格式的特性,而且传递速度快,成本低,现在已被西北欧、美洲、亚洲等国家银行广泛使用。目前开立的SWIFT信用证格式代号为MT700和MT701,如对开出的SWIFT信用证进行修改,则采用MT707标准格式传递信息。SWIFT电文表示方式如下。

▶ 1. 项目表示方式

SWIFT由项目(FIEDL)组成,如"59BENFICIARY(受益人)"就是一个项目,59是项目的代号,可以是两位数字表示,也可以两位数字加上字母来表示,如51aAPPLICANT(申请人),不同的代号表示不同的含义。项目还规定了一定的格式,各种SWIFT电文都必须按照这种格式表示。在SWIFT电文中,一些项目是必选项目,一些项目是可选项目,必选项目是必须要具备的,如59 Beneficiary customer,可选项目是另外增加的项目,并不一定每个SWIFT都有,如71 A details of charges。

▶ 2. 日期表示方式

SWIFT电文的日期表示为"YYMMDD(年月日)",如"2016年5月12日"表示为"160512"。

▶ 3. 数字表示方式

在SWIFT电文中,数字不使用分格号,小数点用"."来表示,如"5,152,286.36"表示为"5152286.36";"4/5"表示为"0.8";"5%"表示为"5 PERCENT"。

▶ 4. 货币表示方式

澳大利亚元:AUD;加拿大元:CAD;人民币元:CNY;港元:HKD;日元:JPY;英镑:GBP;美元:USD。

六、信用证的种类

(一) 不可撤销信用证

在 UCP600 之前,信用证还区分为可撤销和不可撤销信用证(irrevocable L/C)。在 UCP600 于 2007 年 7 月 1 日生效之后,已经没有了可撤销信用证的概念:"凡是信用证都是不可撤销的,即使未如此表明。"所谓不可撤销信用证,是指开证行自开立信用证之时起即不可撤销地承担承付责任。也就是说,未经信用证的有关当事人同意,开证行不得片面修改和撤销信用证,只要受益人提交了符合信用证的单据,开证行必须履行付款义务。

(二) 即期信用证

即期信用证(sight L/C)是指开证行或付款行收到符合 L/C 条款的跟单汇票或装运单据后,立即履行付款义务的信用证。这种方式收汇迅速、安全,有利于资金周转。在即期信用证中,有时还加列电汇索偿条款,指开证行允许议付行用电报或电传通知开证行或指定付款行,说明各种单据与信用证要求相符,开证行接到电报或电传通知后,有义务立即用电汇将货款拨交议付行。

(三) 远期信用证

远期信用证(usance L/C)指开证行或付款行收到信用证的单据时,在规定期限内履行付款义务的信用证。受益人开出的是远期汇票,主要包括以下几种。

▶ 1. 承兑信用证

承兑信用证(acceptance L/C)指由某一银行承兑的信用证,即当受益人向指定银行开具远期汇票并提示时,指定行即行承兑,并于汇票到期日履行付款。这种信用证项下的汇票,在承兑前,银行对出口商的义务权利以信用证为准;承兑后,银行作为汇票承兑人对出票人、持票人、背书人承担付款责任。这种信用证也称为银行承兑信用证。

▶ 2. 延期付款信用证

延期付款信用证(deferred payment L/C)指开证行在信用证中规定,货物装船后若干天付款,或开证行收到单据后若干天付款的信用证。这种信用证不要求出口商开立汇票,所以出口商不能利用其贴现市场资金,只能自己垫付或向银行借款。在出口业务中,使用这种信用证的货价应比银行承兑信用证高些,以便拉平利息率与贴现率之间的差额。成交金额较大时,要与政府的出口信贷结合起来使用。

▶ 3. 假远期信用证

假远期信用证(usance L/C payable at sight)也称"买方远期信用证"。信用证规定受益人开立远期汇票,由付款行负责贴现,并规定一切利息由进口商承担。这种信用证表面上看是远期信用证,但从上述条款规定来看,出口商可以即期收到十足的货款,因此被称为"假远期信用证"。出现这种信用证的原因主要有:①进口商可以利用贴现银行资金,以比较低的贴现利息来融通资金,减轻费用负担,降低进口成本,解决资金周转不足的问题,即买方套用开证行的资金;②打破某些实行外汇管制、外汇紧缺国家在法令上的限制。

假远期信用证与远期信用证的区别主要体现在以下方面。

(1) 开证基础不同。假远期信用证是以即期付款的贸易合同为基础,而远期信用证是以远期付款的贸易合同为基础。

(2) 信用证的条款不同。假远期信用证中有假远期条款,而远期信用证中只有利息由谁负担的条款。

(3) 利息负担不同。假远期信用证利息由进口商负担，而远期信用证的贴现利息由出口商负担。

(4) 收汇时间不同。假远期信用证的受益人能即期收汇，而远期信用证要等汇票到期才能收汇。

(四) 可转让信用证和不可转让信用证

根据受益人对信用证的权利可否转让，信用证分为可转让信用证和不可转让信用证。

▶ 1. 可转让信用证

可转让信用证(transferable L/C)是指信用证的受益人(第一受益人)可以要求授权付款、承担延期付款责任、承兑议付的银行(统称转让银行)，或当信用证是自由议付时，可以要求信用证中特别授权的转让银行，将信用证全部或部分转让给一个或数个受益人(第二受益人)使用的信用证。UCP600规定："可转让信用证系指特别注明'可转让'(transferable)字样的信用证。可转让信用证可应受益人(第一受益人)的要求转为全部或部分由另一受益人(第二受益人)使用。"根据UCP600的规定，唯有开证行在信用证中明确注明"可转让"(transferable)，信用证方可转让。可转让信用证只能转让一次，即只能由第一受益人转让给第二受益人，第二受益人不得要求将信用证转让给其后的第三受益人。

▶ 2. 不可转让信用证

不可转让信用证(non-transferable L/C)是指受益人不能将信用证的权利转让给他人的信用证。凡信用证中未注明"可转让"者，就是不可转让信用证。

(五) 循环信用证

循环信用证(revolving L/C)是指信用证被全部或部分使用后，其金额又恢复到原金额，可再次使用，直到达到规定的次数或规定的总金额为止。循环信用证又分为按时间循环的信用证和按金额循环的信用证。按时间循环的信用证是受益人在一定的时间内可多次支取信用证规定的金额；按金额循环的信用证是信用证金额议付后，仍恢复到原金额可再次使用，直到用完规定的总额为止。

在按金额循环的信用证的条件下，恢复到原金额的具体做法有三种。

(1) 自动式循环，即每期用完一定金额后，不需要等待开证行的通知，即可自动恢复到原金额。例如，信用证中规定："本证将再次自动恢复每月一期，每月金额50 000美元，总金额为150 000美元。"

(2) 非自动循环，即每期用完一定金额后，必须等待开证行通知到达，信用证才恢复到原金额继续作用。例如，信用证中规定："本金额须在每次议付后收到开证银行本证可以恢复的通知，方可恢复。"

(3) 半自动循环，即每次支款后若干天内，开证行未提出停止循环使用的通知，自第×天起即可自动恢复到原金额。例如，信用证中规定："若银行在每次议付后×天内未被通知停止使用，则信用证未用余额即增至原金额。"循环信用证与一般信用证的不同之处在于：一般信用证在使用后即告失效；而循环信用证可多次循环使用，这种信用证通常在分批均匀交货的情况下采用。循环信用证的优点在于进口方可以不必多次开证，从而节省开证费用，同时也可简化出口方的审证、改证等手续，有利于合同的履行。

(六) 对开信用证

对开信用证(reciprocal L/C)是指两张信用证的开证申请人互以对方为受益人而开立的信用证。对开信用证的特点是第一张信用证的受益人(出口人)和开证申请人(进口人)就是第二张信用证的申请人和受益人，第一张信用证的通知行通常就是第二张信用证的开证行。两张信用证的金额相等或大体相等，两证可同时互开，也可先后开立。对开信用证多用于易货贸易或进料加工贸易方式，交易的双方都担心对方凭第一张信用证出口或进口后，另外一方不履行进口或出口的义务，于是采用这种互相联系、互为条件的开证办法，彼此得以约束。

（七）背对背信用证

背对背信用证(back to back L/C)又称转开信用证，是指受益人要求原证的通知行或其他银行以原证为基础，另开一张内容相似的新信用证。背对背信用证的受益人可以是国外的，也可以是国内的。背对背信用证的开证银行只能根据不可撤销信用证来开立。背对背信用证的开立通常是当中间商转售他人货物，从中图利，或两国不能直接办理进出口贸易时，通过第三者以此种方法来沟通贸易。这种贸易是由三方即出口商、中间商、进口商签订两份买卖合同，按照中间商与进口商签订的第一份合同开出的信用证称为原信用证(original L/C)；按照中间商与出口商签订的第二份合同开出的第二张信用证，称为背对背信用证，也称从属信用证(subsidiary L/C)。原信用证的受益人就是背对背信用证的开证申请人。新证开出后，原证仍然有效。背对背信用证的内容除开证人、受益人、金额、单价、装运期限、有效期限可有变动外，其他条款一般与原证相同。原信用证价格高于背对背信用证的价格，高低的差额就是中间商赚取的利润或佣金。关于装运期限，背对背信用证的装运期应早于原信用证的规定。背对背信用证的受益人按规定履行交单，开证行对受益人付款后，便立即要求原证的受益人提供符合原证条款的商业发票和汇票，以便调换背对背信用证受益人提供的商业发票及汇票，然后附上货运单据寄往原证的开证行收汇。

（八）预支信用证

预支信用证(anticipatory L/C)是指开证行授权代付行(通常是通知行)向受益人预付信用证金额的全部或一部分，由开证行保证偿还并负担利息。预支信用证与远期信用证相反，开证行付款在先，受益人交单在后。预支信用证可分全部预支或部分预支。预支信用证凭出口人的光票付款，也有要求出口人附一份负责补交信用证规定单据的声明书的。如出口人以后不交单，开证行和代付行并不承担责任。当货运单据交到后，付款行在付给出口人剩余货款时，将扣除预支货款的利息。为引人注目，这种预支货款的条款常用红字，故又称"红条款信用证"(red clause L/C)，现今信用证的预支条款并非都用红色表示，但效力相同。

（九）保兑信用证和不保兑信用证

信用证按是否有另一家银行加保兑，可以分为保兑信用证和不保兑信用证。

▶ 1. 保兑信用证

保兑信用证(confirmed L/C)是指开证行开出的信用证，由另一家银行保证对符合信用证条款规定的单据履行付款义务。对信用证加保兑的银行叫保兑行。UCP600规定："只要规定的单据提交给保兑行，或提交给其他任何指定银行，并且构成相符交单，保兑行必须承付……""保兑行自对信用证加具保兑之时起即不可撤销地承担承付或议付的责任。"UCP600对修改信用证时保兑行的性质有新的规定："开证行自发出修改之时起，即不可撤销地受其约束。保兑行可将其保兑扩展至修改，并自通知该修改之时，即不可撤销地受其约束。但是，保兑行可以选择将修改通知受益人而不对其加具保兑。若然如此，其必须毫不延误地将此告知开证行，并在其给受益人的通知中告知受益人。"保兑行以独立的"本人"身份对受益人独立负责，并对受益人负首先付款责任。也就是说，保兑行同开证行一样，承担第一性的付款责任。这是一种双重保证的信用证，对出口商最为有利。保兑行通常可以由通知行来承担，也可以是出口地的其他银行或第三国银行。保兑的手续一般是由保兑行在信用证上加列保兑文句。

▶ 2. 不保兑信用证

不保兑信用证（unconfirmed L/C）是指开证银行开出的信用证没有经另一家银行保兑。当开证银行资信较好或成交金额不大时，一般都使用这种不保兑的信用证。

（十）软条款信用证

由于信用证的开证申请人在信用证中加列了某些特殊条款，使受益人无法利用信用证，表面上的不可撤销信用证实际上是无效的信用证。从法律上说，软条款信用证（soft clause L/C）从根本上违反了信用证的性质和原则，带有某些欺诈性质，有人把它称为陷阱信用证。在实际业务中，要仔细地审证，如遇到信用证中某些加列的条款，是受益人主观努力所无法做到的，对这样的条款要坚决要求开证人删除。

七、各种支付方式的结合使用

选择和运用各种不同的支付方式，应在贯彻我国外贸方针政策的前提下，从保障外汇资金安全、加速资金周转、扩大贸易往来等因素来考虑。为了适应我国外贸发展的需要，必须在认真研究国际市场各种惯用的支付方式的基础上，灵活地加以运用。

在实践中，有时为了促进交易，在双方未能就某一支付方式达成协议时，也可以采用两种或多种方式结合使用的方式。

（一）信用证与汇付相结合

信用证与汇付相结合是指部分货款凭信用证支付，余数用汇付方式结算。

（二）信用证与托收相结合

信用证与托收相结合的一般做法是：信用证规定出口人开立两张汇票，属于信用证部分的货款凭光票付款，而全套单据附在托收项下，按即期或远期付款交单方式托收。

（三）汇付、托收和信用证相结合

在成套设备、大型机械产品和交通工具的交易中，因为成交金额较大，产品生产周期较长，一般采用按工程进度和交货进度分若干期付清货款，即分期付款和延期付款。采用此类付款方式时，往往将汇付、托收和信用证付款方式结合使用。

▶ 1. 分期付款

买卖双方在合同中规定，在产品投产前，买方可采用汇付方式，先交部分货款作为定金，卖方在买方付出订金前，应向买方提供出口许可证复印件和银行开具的保函。除定金外，其余货款可按不同阶段分期支付，买方开来不可撤销信用证，即期付款。但最后一笔货款，一般是在交货或卖方承担质量保证期满时付清。货物所有权则在付清最后一笔货款时转移。在分期付款的条件下，货款在交货时付清或基本付清。因此，按分期付款条件所签订的合同是一种即期合同。

▶ 2. 延期付款

在成套设备和大宗交易的情况下，由于成交金额较大，买方一时难以付清全部货款，可采用延期付款的办法。即买卖双方签订合同后，买方一般要预付一小部分货款作为定金。大部分货款是在交货后若干年内分期摊还，即采用远期信用证支付。

▶ 3. 分期付款和延期付款的区别

（1）货款清偿程度不同。采用分期付款，其货款是在交货时付清或基本付清；而采用延期付款时，大部分货款是在交货后一个相当长的时间内分期摊还。

（2）所有权转移时间不同。采用分期付款时，只要付清最后一笔货款，货物所有权即行转移；而采用延期付款时，货物所有权一般在交货时转移。

（3）支付利息费用不同。采用分期付款时，买方没有利用卖方资金，因此不存在利息问题；而采用延期付款时，由于买方利用卖方的资金，所以买方需向卖方支付利息。延期付款是买方利用外资的一种形式，一般货价较高。因此，在延期付款条件签订合同时，应结合利息、费用和价格等因素进行考虑，权衡得失，然后做出选择。

本章小结

本章阐述了国际贸易结算中常用的支付工具与支付方式。对于汇票、本票和支票三种常用支付工具，须在理解其基本含义的基础上，对比三种支付工具的相同点与不同之处，强化认识三种支付工具的应用；对于国际贸易的支付方式，可以借助顺汇和逆汇的不同特点，从汇付、托收与信用证的业务流程上进行区分认识，也可以从进出口商在汇付、托收与信用证支付中承担的风险不同来区分理解，还可以借助拓展案例分析三种支付方式的利与弊，从而全面掌握汇付、托收与信用的特点与应用，为从事国际贸易工作奠定扎实的理论基础。

复习思考题

1. 试比较汇票、本票与支票的异同。
2. 试述汇付与托收两种支付方式的风险负担情况。
3. 简述信用证的含义、性质与内容。
4. 甲交给乙一张经付款银行承兑的远期汇票，作为向乙订货的预付款，乙在票据上背书后转让给丙以偿还原先欠丙的借款，丙于到期日向承兑银行提示取款，恰遇当地法院公告该行于当天起进行破产清理，因而被退票。丙随即向甲追索，甲以乙所交货物质次为由予以拒绝，并称十天前通知银行止付，止付通知及止付理由也同时通知了乙。在此情况下，丙再向乙追索，乙以汇票是甲开立为由推诿不理。丙遂向法院起诉，被告为甲、乙与银行三方。你认为法院将如何依法判决？理由何在？
5. 我某公司向日本某商人推销某商品，对方答复：如我方接受 D/P 见票后 90 天付款，并通过他指定的 A 银行代收则可接受。请分析日方提出此项要求的出发点。
6. 某出口公司收到由香港某银行所开立的不可撤销跟单信用证，开证申请人为香港某进口公司。信用证中关于货物的包装条款与销售合同有不同之处。销售合同中的货物包装条款规定："均以三夹板盛放，每箱净重 10 千克，2 箱一捆，外套麻袋。"而信用证中却规定："均以三夹板盛放，每箱净重 10 千克，2 箱一捆。"受益人在包装货物时，完全按照信用证条款的规定，即没有外套麻袋。货物抵达香港后，香港进口商以货物未按销售合同规定进行包装而拒绝付款。请分析该出口公司能否收回货款。

第十四章 国际货物买卖合同的一般交易条款

学习目标

通过本章的学习,了解国际贸易中索赔与仲裁的含义与相关规定;熟悉国际贸易中货物检验的内容、范围与程序;掌握国际货物检验的时间与地点约定,以及不可抗力事件的认定原则。

引导案例

入境邮件藏有非法种子

2011年,经河南出入境检验检疫局检验检疫的出入境货物有8.6万批,货值127.6亿美元。从检验检疫结果看,2011年河南进出口商品的质量情况总体向好,其中出口商品批次合格率99.5%,货值合格率99.67%;进口商品批次合格率97.9%,货值合格率98.9%。共检出不合格进出口商品370批,涉及货值6 115万美元。

2011年9月,郑州机场检验检疫部门与郑州机场海关联合执法,从南非经香港转载CZ3074航班从郑州机场口岸入境的两件无主行李中查获大量非法入境植物种子,该批植物种子共有葵花籽、棉籽、芸豆、黄豆等5种,总重量达36千克。单次截获如此大量的非法携带入境的植物种子在郑州机场口岸尚属首次。郑州机场检验检疫部门对该批非法入境的植物种子全部做销毁处理。

2011年7月,河南出入境检验检疫局驻郑州国际邮件处理中心办事处从一个来自台湾的邮件中查获六十余种无任何检疫审批手续的植物及植物产品。邮件中装有植物种子27种30小包,包括玉米、小麦、黑豆、薏米、瓜果蔬菜众多品种;植物根茎三十余种39株,包括铁树根、吊兰、竹子等花草;红枣、酸枣、蜜枣各一包;水果有柠檬6颗、猕猴桃1颗。其中水果已经腐烂变质,种子有虫子、飞蛾等活体出现,红枣也有虫蛀迹象,邮检办工作人员当即对其进行检疫处理。此邮件为邮检办2008年开检以来,截获违禁物品品种最多的邮件。

据介绍,非法入境的植物种子可能传带严重的病虫害,或本身就是外来有害生物的种子,一旦传入,会给我国农业生产造成巨大损失。

根据《中华人民共和国进出境动植物检疫法》及实施条例的相关规定，旅客携带植物种子入境应事先向国家农业部门办理检疫审批手续，并持有产地官方植检机构出具的有效《植物检疫证书》。

资料来源：张黎光. 河南公布进出口七大典型案例. 大河网，2012-03-14.

第一节 商品检验

一、货物检验的意义

在国际贸易中，买卖双方处于不同的国家和地区，难以在成交时当面验看货物，同时货物在运输途中容易发生残损短缺。加之国际货物买卖涉及很多部门和环节，执行合同期间可能受到各种人为或自然因素的影响，容易引发交易双方在责任归属问题上的争议。为了避免争议或者使争议发生后能够妥善解决，这就需要一个有资格的非当事人对货物进行检验或鉴定，并出具证明，以维护贸易各方的合法权益。因此，很多国家的法律和有关的国际公约都对进出口商品的检验问题做出了明确的规定。普遍认为，买方"收到"货物与"接受"货物是两个完全不同的概念，除非买卖双方另有约定，买方收到货物之后，接受货物之前，应享有对所购货物进行检验的权利。但此检验权并不是强制性的，若买方没有利用合理的机会检验货物，就意味着他自动放弃了检验货物的权利。

我国《商检法》规定：商检机构和国家商检部门、商检机构指定的检验机构，依法对进出口商品实施检验，进口商品未经检验的，不准销售、使用；出口商品未经检验合格的，不准出口。

英国《1983年货物买卖法》规定：当货物交付买方时，除另有协议外，买方有权要求合理的时间和机会检验货物，以便确定它们是否与合同的规定相符。

《联合国国际货物销售合同公约》规定：买方必须在按情况实际可行的最短时间内检验货物或由他人检验货物。

结合我国进出口业务来看，通过检验和监管，可确定出口商品的品质、重量、数量、包装等内容与买卖合同的规定是否相符，杜绝作假等；贯彻"重合同、守信用"的要求，提高产品的信誉、企业的信用和国家的声誉，同时也保障买方的利益，促进业务往来。

二、货物检验的内容

（1）品质检验，主要是对货物的外观、化学成分、物理性能等进行检验。

（2）数量和重（质）量检验，指按合同规定的计量单位和计量方法对商品的数量和重（质）量进行检验。

（3）包装检验，指对包装的牢固度、完整性进行检验。

（4）卫生检验，指对肉类罐头、奶制品、禽蛋及蛋制品、水果等货物进行检验。

（5）残损鉴定，指对受损货物的残损部分予以鉴定，分析致残原因及其对商品使用价值的影响，估计损失程度，出具证明等。

三、我国进出口商品实施检验的范围

我国对外贸易中的商品检验，主要是对进出口的品质、规格、重量、数量、包装等实施检验，对某些商品通过检验以确定其是否符合安全、卫生的要求，对于动植物及其产品实施病虫害检疫；对进口商品的残损状况和盛装某些商品的运输工具等进行检验。

我国进出口商品检验的范围主要有以下几个方面。

▶ 1. 现行《商品机构实施检验的进出口商品种类表》(以下简称《种类表》)规定的商品

《种类表》采用了目前国际上正在推广应用的《商品分类和编码协调制度》，并按照商品的不同类别加列了检验顺序号，以利查看。基本上与国际上通用的商品分类标准取得一致，还可以编成计算机软件，从而为逐步实现现代化管理奠定基础。

▶ 2. 根据《中华人民共和国食品卫生法》和《进出境动植物检疫法》规定的商品

根据上述法律规定，对出口食品需要实施卫生检验；对出口的动植物产品需要实施品质、等级、有害物质含量的检验和对病虫害检疫等。

▶ 3. 船舱和集装箱检验

根据《商检法》规定，对于装运出口易腐烂变质食品，应实施强制性检验。从事货物运输的承运人和集装箱部门于装货前需向商检机构申请检验，经检验符合装运技术要求，发给合格证书后方可装运。

▶ 4. 海运出口危险品的包装检验

按照我国《商检法》的规定，参照《国际海上危险货物运输规则》，对海运出口危险货物的包装容器实施性能鉴定和使用鉴定。

▶ 5. 对外贸易合同规定由商检机构实施检验的进出口商品

按照对外贸易合同约定检验的进出口商品，是《商检法》规定的一项内容。商检机构依法或者根据有关当事人的申请，对合同货物实施检验并出具检验证书。

四、买卖合同中的检验条款

国际货物买卖合同中的检验条款主要包括检验的时间与地点、检验机构、检验标准与检验方法、检验证书以及商品的复验等。

(一) 检验的时间和地点

国际上一般承认买方在接受货物之前有权检验货物。但是，买方在何时、何地检验货物，各国法律并无统一的规定。检验货物的时间等往往与合同所使用的贸易术语、商品及其包装的性能、行业惯例、国家的法令等有着密切的关系。根据当前国际上习惯做法和我国的对外贸易实践，关于买卖合同中检验时间与地点的规定主要有以下几种。

▶ 1. 出口国检验

在出口国检验，又称为装船前或装船时检验，它分为以下两种检验方法。

(1) 在产地检验，即在货物离开生产地(如工厂、农场或矿山等)之前，由卖方或其委托的商品检验机构人员或买方的验收人员或买方委托的商品检验机构的人员对货物进行检验或验收。卖方只负责货物在离开产地之前到进行检验或验收为止的责任。因此，在产地检验适用 EXW 贸易术语，该术语下买方承担的责任最重，卖方承担的责任最小。

(2) 装运港(地)检验，即以货物在装运港或装运地装运前或装运时经由双方所约定的检验机构对货物的质量、重量或数量进行检验后出具的检验证书作为确定交货质量、重量或数量的依据。这种做法以离岸质量、重量或数量为准，对卖方最有利，买卖双方如以此条件成交，当卖方获得该证书时就表明所交货物的品质和重量与合同规定相符，可以办理结汇手续。卖方对运输途中品质的变化和重量的短少，均不负责。而货物运抵目的港或目的地后，买方如再对货物进行复检时，即使发现问题，但这时已无权再表示拒收或提出异议和索赔。上述两种规定办法从根本上否定了买方对货物的检验权，对买方极为不利。

▶ 2. 进口国检验

进口国检验，指货物运抵目的港或目的地卸货后检验，或在买方营业处所或最终用户的所在地检验。

（1）在目的港或目的地卸货后检验，即在货物运抵目的港或目的地卸货后的一定时间内，由双方约定的目的港或目的地的商品检验机构进行检验，该机构出具的检验证书作为决定交付货物的质量、重量或数量的依据。如检验证书证明货物与合同规定不符系属卖方责任，卖方应予负责。买卖双方如以此条件成交时意味着装运前的商检证书不具有效力，卖方须承担货物在运输途中的品质、重量变化的风险。这种做法以到岸质量、重量或数量为准，于卖方不利，所以卖方一般不愿意采用这种做法。

（2）在买方营业处所或最终用户的所在地检验，即将检验延伸和推迟至货物运抵买方营业处所或最终用户的所在地后的一定时间内进行，并以双方约定的该地的商品检验机构所出具的检验证书作为决定交货质量或数量的依据。这种做法主要适用于那些不便在目的港卸货时检验的货物，例如密封包装，在使用之前打开有损于货物质量或会影响使用的货物，或是规格复杂、精密程度高、需要在一定操作条件下用精密仪器或设备检验的货物。

上述两种规定办法从根本上否定了卖方对货物的检验权，对卖方极为不利。

▶ 3. 出口国检验，进口国复验

出口国检验，进口国复验，即以装运港或装运地的检验证书作为收付货款的依据，买方有货物运到目的港或目的地后的复检权。按此规定，货物须于装运前由双方约定的装运港或装运地的商品检验机构进行检验，其检验证书作为卖方要求买方支付货款或要求银行支付、承兑或议付时提交的单据之一。在货物运抵目的港或目的地卸货后的一定时间内，买方有权复检。如经约定的商品检验机构复检后发现货物不符合合同规定，且系卖方责任，买方有权在规定的时间内凭复检证书向卖方提出异议和索赔，但卖方也可以根据出口地商品检验机构出具的检验证书进行抗辩。此时，争议只能通过协商解决，或委托第三国进行仲裁性的检验。

上述这种规定办法较公平合理，照顾到了买卖双方的利益，因此在国际贸易中被广泛采用，我国进出口贸易中一般都采用这种做法。

▶ 4. 出口国检验重量，进口国检验品质

在大宗商品的交易中，为调和买卖双方在商品检验时间与地点问题上的矛盾，有时也规定在出口国检验重量，进口国检验品质，称为"离岸重量和到岸品质"。在这种做法下，以装运港商品检验机构验货后出具的重量检验证书为卖方交货重量的最后依据，而以目的港商品检验机构验货后出具的品质检验证书作为卖方交货品质的最后依据。

▶ 5. 在出口国装运前预检验，在进口国进行最终检验

在出口国装运前预检验，在进口国进行最终检验，即在买卖合同中规定货物在出口装运前由买方派员自行或委托检验机构人员对货物进行预检验，货物运抵目的港或目的地后，买方有最终检验和索赔权。采用这一做法，有的还伴以允许买方或其指定的检验机构人员在产地或装运港或装运地监督生产或装运。对进口商品实施装运前预检验，这是当前国际贸易中较普遍采用的一种行之有效的质量保证措施。

在我国进口交易中，为保障我方的利益，对关系到国计民生、价值较高、技术又复杂的重要进口商品和大型成套设备，必要时也采用这一做法。《中华人民共和国进出口商品检验法实施条例》规定：在我国进口贸易中，"对属于法定检验范围内的关系国计民生、价

值较高、技术复杂的以及其他重要的进口商品和大型成套设备,应当按照对外贸易合同约定监造、装运前检验或者监装""国家对可用作原料的固体废物实行装运前检验制度""对价值较高、涉及人身财产安全、健康、环境保护项目的高风险进口旧机电产品,应当依照国家有关规定实施装运前检验"。采用这一做法,可以保障我方的利益。

(二)检验机构

在国际货物买卖中,根据客户的委托或有关法律法规的规定对进出境商品进行检验、鉴定和管理的机构就是商品检验机构,也叫商检机构。检验机构的选定,涉及由谁实施商品检验和提出有关证书的问题,这也是商品检验条款中必须明确的另一个重要问题。

在具体交易中,确定检验机构时,应考虑有关国家的法律法规、商品的性质、交易条件和交易习惯等。检验机构的选定还与检验时间、地点有一定的关系。一般来讲,规定在出口国工厂或装运港检验时,应由出口国的检验机构进行检验;在进口国检验时,则由进口国的检验机构负责。此外,根据成交商品的不同,双方也可以约定由买方派出检验人员到产地或出口地点验货,或者约定由双方派员实行联合检验。

▶1. 国际检验机构

在国际贸易中,从事商品检验的机构大致有:①官方机构,由国家设立的检验机构;②非官方机构,由私人或同业公会、协会等开设的检验机构;③生产制造厂商;④用货单位或买方。

世界上许多国家中都有由商会、协会、同业公会或私人设立的半官方或民间商品检验机构,担负着国际贸易货物的检验和鉴定工作。民间商品检验机构根据委托人的要求,以自己的技术、信誉及对国际贸易的熟悉,为贸易当事人提供灵活、及时、公正的检验鉴定服务,受到对外贸易关系人的共同信任。

目前,在国际上比较有名望、有权威的民间商品检验机构有瑞士通用公证行(SGS)、英国英之杰检验集团(IITS)、日本海事检定协会(NKKK)、新日本检定协会(SK)、日本海外货物检查株式会社(OMIC)、美国安全试验所(UL)、美国材料与试验学会(ASTM)、加拿大标准协会(CSA)和国际羊毛局(IWS)。

▶2. 我国的检验机构

2001年4月,我国国家质量监督检验检疫总局成立,成为我国现时主管质量监督和检验检疫工作的最高行政执法机关。中国进出口商品检验总公司及其设在各地的分公司根据商检局的指定,也以第三者地位办理进出口的检验和鉴定业务。我国商检机构的任务有以下三项。

(1)对重点进出口商品实施法定检验。法定检验,是根据国家有关法令规定,由商检局对大宗的、关系国计民生的重点进出口商品、容易发生质量问题的商品、涉及安全卫生的商品以及国家指定由商检局统一执行检验的商品等实施强制性检验,以维护国家的信誉和利益。

(2)对所有进出口商品的质量和检验工作实施监督管理。监督管理,是通过行政管理手段,对出口商品的生产、加工、经营单位和进口商品的收用货部门、仓储运输部门以及商检机构认可的检验部门的检验组织、检验设备、检验制度、检验人员、检验标准与检验方法,乃至检验的结果等予以监督检查,督促有关部门做好进出口商品的检验工作,贯彻专职机构检验与有关部门的检验相结合、管理与促进相结合的原则,充分组织社会力量发挥检验把关的作用,以达到确保进出口商品质量的目的。

(3)办理对外贸易的鉴定业务。鉴定业务,是我国《商检法》中的一项内容:"商检机构以及国家商检部门批准的其他检验机构,可以接受对外贸易关系人或者外国检验机构的委托,办理进出口商品的鉴定业务",包括进出口商品的质量、数量、重量、包装鉴定、海损鉴定、集装箱检验、进出口商品的残损鉴定、出口商品的装运技术条件鉴定、货载衡量、产地证明、价值证明,以及其他业务。

(三) 检验标准

▶ 1. 买卖双方约定的标准

此种标准是国际货物买卖中普遍采用的检验标准,其中最常见的是买卖合同和信用证中所规定的标准。

▶ 2. 与贸易有关国家所制定的强制执行的法规标准

此类标准主要指商品生产国、出口国、进口国、消费国或过境国所制定的法规标准,如原产地标准、安全法规标准、卫生法规标准、环保法规标准和动植物检疫法规标准。

▶ 3. 国际权威性标准

国际权威性标准具体包括以下几类。

(1) 国际标准,是指国际专业化组织所制定的检验标准,如国际标准化组织、国际海事组织、国际电工委员会,国际民航组织等制定的标准。

(2) 区域性标准化组织标准,是指区域性组织所制定的标准,如欧洲标准化委员会、欧洲电工标准委员会、泛美技术标准委员会等制定的标准。

(3) 国际商品行业协会制定的标准,是指国际性商品行业协会所制定的标准,如国际羊毛局、国际橡胶协会等制定的标准。

(4) 某国权威性标准,是指某些国家所制定的具有国际权威性的检验标准,如英国药典、美国公职分析化学家协会标准、美国材料与试验协会标准。

▶ 4. 检验方法

进出口商品用什么方法进行检验很重要,因为同一商品用不同的方法进行检验,可以得出完全不同的结果,容易导致买卖双方产生异议而发生纠纷。根据检验原理、条件、设备的不同特点,商品质量检验方法主要可以分为感官检验、物理检验、化学检验、生物检验和产品试验法等。为避免不必要的争议,最好在签订合同时订明所用的具体检验方法。

(四) 商检证书

商品检验证书是指商品检验机构对进出口商品检验、鉴定后,根据不同的检验结果或鉴定项目签发的各种检验证书、鉴定证书和其他证明书的统称。检验证书是交单议付和进行索赔的单据之一,检验条款中一般明确规定应出具的检验证书种类。

▶ 1. 商检证书种类

常用的商检证书有品质检验证书、数量检验证书、重量检验证书(包括衡器计重、水尺计重)、容量计重、包装检验证书、兽医检验证书、卫生检验证书、消毒检验证书、产地检验证书、价值检验证书、残损检验证书(包括舱口检视、载损鉴定、监视卸载、积货鉴定)和集装箱检验证书。

在国际业务中,卖方究竟提供何种证书,要根据成交商品的种类、性质、有关法律和贸易习惯、合同要求等因素而定。

▶ 2. 商品检验证书的作用

商品检验证书在国际贸易活动中起着公证证明的作用,关系到各有关方的经济责任和权益,它的作用主要表现在以下几个方面。

(1) 作为卖方所交付货物的品质、重量、包装及卫生条件等是否符合合同规定的依据。在买卖合同或信用证中,一般都明确规定卖方交货时必须向买方提交由商品检验机构出具的检验证书,以确定所交货物与合同或信用证要求是否一致。

(2) 作为买方对货物品质、重量(数量)、包装等条件提出异议,拒收货物或对外索赔的依据;买方收到货物,如发现其品质、重量、包装等与合同或信用证的规定不符,可向商品检验机构申请检验货物并出证,以证明实际情况或残损短量等,并凭此向有关方索赔。

(3) 在使用信用证方式结算货款的情况下,商检证书通常也是银行议付货款和出口方收汇的单据之一。

(4) 作为通关、征收关税和优惠减免关税、结算运费等的有效凭证。

(5) 作为证明货物在装卸、运输中的实际状况、明确责任归属的依据。

(五) 复验时间、地点及复验费用的负担

复验是指买方对到货拥有的复验权。买方对到货的复验,既不是强制性的,也不是接受货物的前提条件,复验与否由买方自理。如果复验,则应在合同中将复验的期限、复验机构和复验地点等规定清楚。复验期限实际上就是索赔期限。

(六) 合同中的检验条款举例

买卖双方同意以装运港(地)中国出入境检验检疫局签发的品质和重量(数量)检验检疫证书作为信用证下议付所提交的单据的一部分,买方有权对货物的品质和重量(数量)提出复验,复验费由买方负担。

It is mutually agreed that the Inspection Certificate of Quality and Quantity (weight) issued by the Entry-Exit Inspection and Quarantine Bureau (PRC) at the port of shipment shall be part of the documents to be presented for negotiation under the relevant L/C. The Buyers shall have the right to reinspect the quality and quantity (weight) of the cargo. The reinspection fee shall be borne by the buyers.

第二节 索 赔

索赔条款是指双方当事人在国际货物买卖合同中约定,当发生违约情况时,一方应承担什么责任,另一方可享有什么权利以弥补损失。

一、违约的责任归属

在进出口交易中,合同一经成立,当事人各方就应受合同的约束。任何一方当事人如不履行合同中所规定的义务或履行合同义务不符合约定的条件均构成违约。对违约的处理,各国的法律规定不尽一致,但概括起来主要有三种办法:要求实际履行、损害赔偿和撤销合同。

(一) 英国法的规定

按照英国法律规定,违约分为违反要件与违反担保两类。违反要件,即违反合同主要条款,包括品质、数量、包装、交货、价格与支付等;违反担保,即违反合同次要条款,包括保险、商检、仲裁等。若一方违反要件,则对方可以提出索赔,或者撤销合同,也可以撤销合同后再提出索赔。若一方违反担保,则对方只可以提出索赔,而不得撤销合同。

(二)《联合国国际货物销售合同公约》的有关规定

按《联合国国际货物销售合同公约》的规定，违约分为根本性违约与非根本性违约两种。一方当事人违反合同的结果，如使另一方当事人蒙受损害，以致实际上剥夺了他根据合同有权期待得到的东西，即为根本性违约，否则为非根本性违约。若一方根本性违约，对方可以提出索赔，或者撤销合同，也可以撤销合同后再提出索赔。一方当事人非根本性违约，对方只可以提出索赔。

(三) 我国的合同法规定

▶ 1. 违约构成要件

（1）违约行为，指有违反合同义务的行为，包括不履行，延迟履行，不当履行以及拒绝履行，也包括全部不履行或部分不履行。

（2）无免责事由，指违约行为无法定或约定的免责事由。

▶ 2. 免责事由

免责事由包括不可抗力、自己有过失和约定免责事由。

▶ 3. 承担违约责任的方式

（1）继续履行。我国对于违约行为，采取以继续履行为主，赔偿为辅的救济原则，对于因履行迟延、履行不当或履行拒绝的违约行为，原则上均可继续履行或补充履行。

（2）违约金。违约金是以当事人的约定或法律的直接规定，在当事人一方不履行债务时，向他方给付的金钱。

（3）赔偿损失，指因违约行为而导致损害的，违约人应继续履约、采取补救措施或赔偿损失的责任。

二、索赔与理赔

国际货物买卖履约时间长，涉及面广，业务环节多，一旦在货物的生产、收购、运输、资金移动等任何一个环节发生意外或差错，都可能给合同的顺利履行带来影响。争议是指交易的一方认为对方未能全部或部分履行合同规定的责任和义务而引起的纠纷。索赔在法律上是指"主张权利"，是指根据合同或法律的规定，进出口交易中的受损方向违约方提出的赔偿要求。理赔是指违约方对索赔进行处理。索赔与理赔是一个问题的两个方面。

索赔的对象是指要对索赔方承担损失赔偿等责任的当事人。国际货物买卖涉及许多当事人，索赔对象不仅限于买卖双方，有时还会涉及其他当事人，如承运人、保险公司等。

▶ 1. 向保险公司索赔

在运输过程中发生保险项下的事故导致的商品受到损失的各种情况，可以按规定向保险公司要求索赔。

▶ 2. 向承运人索赔

由于承运人未履行基本义务，可以向承运人索赔。主要有以下几种情况：承运人短卸或误卸，造成商品短少；托运商品在运输途中遗失；承运人未履行"管理商品"的基本义务，如积载不良、配载不当等造成商品的损失；开航前和开航时船舶不具备适航条件造成商品损坏。

▶ 3. 向卖方或买方索赔

向卖方或买方索赔是指由于卖方或买方原因造成的损失，可向对方索赔。由卖方原因造成的损失包括商品的品质、数量、包装、规格不符合合同的规定，未按期交货或不交货等。由买方原因造成的损失包括不按时开立信用证、不按时付款赎单、无理拒收货物等。

三、买卖合同中的索赔条款

进出口合同中的索赔条款有两种规定方式：一种是异议与索赔条款；另一种是罚金条款。

（一）异议与索赔条款

异议与索赔条款的主要内容，除了明确规定买卖双方在履约过程中，如果一方违反合同时，另一方有权提出索赔外，还应订明索赔的依据、索赔的期限、赔偿损失的办法和金额等。

▶ 1. 索赔依据

根据世界各国有关法律的规定，任何当事人提出索赔时，必须要有充分的证据。若证据不全或不清、出证机构不符合要求，都可能遭到对方拒赔。这里提到的证据包括法律依据、事实依据以及符合法律规定的出证机构。

法律依据是指一方当事人对违约事实提出的索赔事项，都必须符合合同和有关国家法律的规定。事实依据是指违约的事实、情节及其证据。各国法律对提供事实依据的要求是一方当事人提赔时，必须提供证明另一方违约的充分证据，以证明其违约的真实性。

▶ 2. 索赔期限

索赔期限亦称索赔的通知期限或索赔有效期，即指索赔方向违约方提赔的有效时限。超过索赔期限，受损害的一方即失去在交货的品质、数量等方面要求损害赔偿或其他补救措施以及宣告合同无效的权利。

如果营业地处于公约缔约国的买卖双方，在合同中无约定索赔期限时，将以《联合国国际货物销售合同公约》规定的两年为索赔期限，自买方实际收到货物之日起算。我国《合同法》规定为四年。约定期限一般根据商品的实际需要，比法定期限要短一些。索赔期限通常指由当事人双方根据合同货物的种类、性质、检验、港口条件和检验所需时间等因素，达成一致意见，并在合同中加以约定。规定方法如下。

（1）货物运抵目的港后××天起算。此种规定对买方不甚有利，因为载货的运输工具抵达目的港后，由于港口拥挤而不能及时靠码头卸货时，其等候泊位的时间将计入索赔期限内，这样，买方的索赔期限势必被缩短。

（2）货物运抵目的港卸至码头后××天起算。此种办法可以使买方充分利用所规定的索赔期限，从而充分保障行使索赔权。

（3）货物运抵最终目的地后××天起算。此种办法是指货物运抵买方、用户的营业处所或货物储存场所在内陆地区。当货物的目的地不在港口城市时，可做此项规定。

▶ 3. 解决索赔的办法

一般合同对解决索赔的办法只做笼统规定，如退货、换货、整修或货物贬值等。在业务实践中，关于索赔事件的发生，可能来自许多不同的业务环节，可供选择的违约补救办法又多种多样，故很难在订立合同时准确地加以规定。

▶ 4. 示例

买方对于装运货物提出索赔，必须于货物到达提单所订目的港日起××天内提出，必须提供卖方同意的公证机构出具的检验报告。属于保险公司、轮船公司、其他运输机构责任范围内的索赔，卖方概不负责。

Any claim by the Buyer regarding the goods shipped should be filed within××days after the arrival of the goods at the port of destination specified in the relative Bill of Lading and supported by a survey report issued by a surveyor of approved by the Seller. Claims in respect of matters within responsibility of insurance company, shipping company, other transportation will not be considered or entertained by the seller.

(二) 罚金条款

罚金条款主要规定一方未按合同规定履行其义务时，应向对方支付一定数额的约定罚金，以补偿对方的损失。罚金亦称违约金。该条款一般适用于当事人迟延履约，如卖方延期交货、买方延期接货或延期开立信用证等违约行为。当事人一方支付罚金后，一般还应履行合同的义务。罚金的数额通常取决于违约时间的长短，并可规定罚金的最高限额。

违约金实质上是法律强制违约人向受害人支付一笔金额，与赔偿损失有相似之处。其区别在于：违约金责任不以造成损失为前提条件，即使违约的结果并未产生任何实际损害，也不影响对违约人追究违约金责任。

关于合同的罚金或违约金条款，各国的法律有不同的规定。如大陆法系国家（法国、德国等国）的法律承认并予以保护。而英美法系国家（英国、美国、澳大利亚、新西兰等国）的法律则一般不承认罚金。我国《合同法》规定，合同中约定的违约金，视为违反合同的损失赔偿，但是，约定的违约金过分高于或低于违反合同所造成的损失时，当事人可以请求仲裁机构或者法院予以适当减少或增加。

▶ **1. 确定违约金数额**

（1）在一方违约没有给对方造成损失的情况下，按照约定的违约金支付。

（2）在当事人约定了违约金的情况下，一方违约同时给对方造成了损失时，确定违约金数额的参考标准就是损失的数额。如约定的违约金低于或高于造成的损失，当事人可以请求法院或仲裁机构予以适当减少。

（3）违反合同一方当事人支付违约金后，还应当履行合同义务。

思考： 我国某外贸公司同日本商人 A 签订贸易合同购买一批机器，总值 50 万美元，年底交货。合同签订后，日商 A 认为交货时的价格一定会远远高于合同价格，便宣告合同无效。这是一种预期违反合同的行为，我方公司当即提出保留索赔权，同时，我方公司询价日商 B，各种交易条件同 A。日商 B 要价 56 万美元，但我公司未及时成交补进，至年底才以 66 万美元购进。试问我公司向日商 A 索赔多少金额为合理？

▶ **2. 索赔及罚金条款实例**

买方对于装运货物的任何索赔，必须于货物到达提单及/或运输单据所订目的港之日起 60 天内提出，并须提供卖方同意的公证机构出具的检验报告。属于保险公司、轮船公司或其他有关运输机构责任范围内的索赔，卖方不予受理。如卖方不能按合同规定的时间交货，在卖方同意由付款银行在议付货款中扣除罚金或由买方于支付货款时直接扣除罚金的条件下，买方应同意延期交货。罚金率按每 7 天收取延期交货部分总值的 0.5%，不足 7 天者以 7 天计算。但罚金不得超过延期交货部分总金额的 5%。如卖方延期交货超过合同规定期限 10 周时，买方有权撤销合同，但卖方仍应不延迟地按上述规定向买方支付罚金。

Any claim by the buyer regarding the goods shipped should be filed within 60 days after the arrival of the goods at the port of destination specified in the relative Bill of Lading and/or trans-port document and supported by a survey report issued by a surveyor approved by the seller. Claims in respect of matters within responsibility of insurance company, shipping company/other transportation organization will not be considered or entertained by the seller. Should the seller fail to make delivery on time as stipulated in the contract, the buyer shall agree to postpone the delivery on the condition that the seller agrees to pay a penalty which shall be deducted by the paying bank from the payment under negotiation, or by the buyer direct at the time of payment. The rate of penalty is charged at 0.5% of the total value of the goods whose delivery has been delayed for every seven days, odd days less than seven days should be counted as seven days. But the total amount of penalty, however, shall not exceed 5% of the total value of the goods involved in the late delivery. In case the seller fail to make delivery ten weeks later than the time of shipment stipulated in the contract, the buyer shall have the right to cancel the contract and the seller, in spite of the cancellation, shall still pay the aforesaid penalty to the buyer without delay.

第三节 不可抗力

一、不可抗力的含义

不可抗力(force majeure)是指买卖合同签订后，不是由于合同当事人的过失或疏忽，而是由于发生了合同当事人无法预见、无法预防、无法避免和无法控制的事件，以致不能履行合同，发生意外事故的一方可以免除合同的责任或推迟履行合同。不可抗力是一项免责条款。

二、不可抗力事件产生的原因

不可抗力事件产生的原因有两类：一类是自然原因引起的，通常包括给人类造成灾害的诸多自然现象，如水灾、火灾、地震、冰灾、暴风雨、大雪、地震、海啸、干旱、山崩等；另一类是社会原因引起的，包括政府行动和社会异常事故。政府行动是指当事人签约后，有关政府当局发布了新的法律法规、行政措施，如颁布政令、调整政策等。政府的这些行动往往会影响到国际经济贸易的正常有序开展，致使当事人不得不放弃履行原合同。社会上出现的异常事件，如暴动、罢工、战争等，会给当事人的履约带来很大的障碍，这类事件对于合同当事人来说，也是不可预知、无法控制、无法克服的，也是属于不可抗力。如战争、罢工和政府宣布某些商品不许进口或出口的禁令等。

三、构成不可抗力事件的条件

一般来说，构成不可抗力事件的条件包括：意外事件必须发生在合同成立之后；意外事件不是由于合同当事人的过失或疏忽所造成的；意外事件的发生及其所造成的后果是当事人无法预见、无法控制、无法避免和无法克服的；事件的发生使得不能履行或是不能如期履行合同。具体包括以下几方面。

(一) 事件的发生是当事人所无法预见的

不能预见是指当事人订立合同时不可能预见的意外事件阻碍了合同的履行。如果当事人可以预见该事情的发生，则当事人就必须采取一定的行动来规避该事件的发生，如果他没有做到这一点，就证明他在行为上是有过错的，应当承担由此造成的损失而不能够申请免责。在签订合同之前就应该把事件的影响考虑在内。

各国法律与国际贸易公约对不能预见的判断标准未做出规定。法律上的通常判定标准为：一个谨慎稳妥的人所应具有的预见能力；一个具体案件中债务人的预见能力。尽管有这两个标准，在实践中仍然存在不少争议。例如，市场行情的变化、缔约一方当事人的突然死亡、买卖标的物的损毁或变质、政府行为、粮食歉收等，以上情况能否构成"不可预见"不能一概而论，需要根据具体情况做具体的判断。一般情况下，由于市场行情的变化、货币的升值与贬值、成本的增加等不能成为"不能预见"的意外事件，因为市场价格的涨落是一般的经营风险，一般不属于不可抗力事件的范围。

不可抗力的不能预见性必然要求不可抗力的意外事件必须是在签订合同之后才发生的，只有这样才可能是不可预见的。如果在签订合同之前发生必然是可以预见的，所以不能构成不可抗力事件。

（二）事件的发生是当事人不能避免与不能克服的

不能避免是指对于不可抗力事件的发生，当事人虽然尽了合理的注意，但仍然不能阻止该事件的发生；不能克服是指当事人对于不可抗力事件虽然已经尽了最大的努力，仍然不能克服，并使得合同不能履行或是不能完全顺利履行。

商业风险往往是无法预见和不可避免的，然而它和不可抗力事件的区别在于一方当事人承担了风险损失后，有能力履行合同义务。例如，对"种类货"的处理，此类货物可以从市场中购得，因此卖方通常不能免除其交货的责任；因市场价格的急剧上涨，给一方当事人的采购造成困难，当事人还可以通过买卖期货避免自己的经营风险；港口工人罢工致使在港口无法按时装货，卖方可以通过其他的港口进行装运货改变运输方式。上述几种情况都是当事人可以避免和克服的，所以不能认定为不可抗力事件而免责。

（三）事件的发生不是由于当事人的过失或是疏忽

如果是当事人的过失，就需要当事人自己承担后果，而不能要求免责。如当时不按季节适时采购原料，结果造成原料大量的缺乏，无法继续安排生产交货，就属于当事人自己的过失，所以不能算作不可抗力。

（四）事件的发生使得不能履行或是不能如期履行合同

如果事件的发生对合同的履行没有造成影响，则遭受事件的一方是无权利要求免责的。

对哪些属于不可抗力，哪些不属于不可抗力，在国际上也没有一个统一的解释。《联合国国际货物销售合同公约》第七十九条规定："当事人不履行义务，不负责任，如果他能证明此种不履行义务，是由于某种非他所能控制的障碍，而且对于这种障碍，没有理由预期他在订立合同时能考虑到或能避免或克服它或它的后果。"《中华人民共和国合同法》(1999)第一百一十七条规定："所谓不可抗力，是指不能预见，不能避免并不能克服的客观情况。"

由于各国的法律制度不同，对不可抗力的解释各不相同，所用的概念术语也不一致，如英美法律使用了"合同落空"的概念，德国法律使用了"情势变迁"或"契约失效"的概念。综上所述，尽管各国对不可抗力事件的解释不同，但对不可抗力的认定，基本原则还是相同的。

思考： 中国某公司以 CIF 新加坡条件与新加坡商人订立了 1 000 立方米木材出口合同。合同约定 2012 年 9 月份交货，8 月下旬木材遭雷电火灾，有 300 立方米被烧。该公司以发生不可抗力为由，要求免除交货责任。新方不同意，坚持要求按时交货。中方无奈经努力准备于 2012 年年底交货，新方要求索赔。试问新方的要求是否合理，为什么？

四、买卖合同中的不可抗力条款

订约后发生的当事人双方无法控制的意外事故,能否构成不可抗力,以及引起的后果,国际上没有统一的解释。因此,容易导致当事人之间出现分歧,产生纠纷。为了避免这种现象的发生,防止当事人任意扩大或缩小对不可抗力事故范围的解释,或在不可抗力事故发生后在履约方面提出不合理的要求,在货物买卖合同中合理订立不可抗力条款是非常重要的。不可抗力条款的主要内容如下。

(一) 不可抗力事件的范围

不可抗力事件一般出现的概率较小,不容易被人们预见和控制,但在交易中是买卖双方洽谈的一项内容,并作为一项条款规定在合同中。关于不可抗力事件的范围,在合同中通常有三种订法:概括式规定、列举式规定和综合式规定。

▶ 1. 概括式规定

例如:由于不可抗力的原因,致使卖方不能部分或全部装运或延迟装运合同货物,卖方对于这种不能装运或延迟装运本合同货物不负有责任。If the shipment of contracted goods is prevented or delayed in whole or in part to force Majeure, the sellers shall not be liable for nonshipment or late shipment of the goods of this contract.

▶ 2. 列举式规定

例如:由于战争、地震、火灾、水灾、雪灾、暴风雨的原因,致使卖方不能全部或部分装运或延迟装运合同货物,卖方对于这种不能装运或延迟装运本合同货物不负有责任。If the shipment of contracted goods is prevented or delayed in whole or in part by reason of war, earthquake, fire, flood, heavy snow, storm, the sellers shall not be liable for non-shipment or late shipment of the goods of this contract.

▶ 3. 综合式规定

例如:由于战争、地震、火灾、水灾、雪灾、暴风雨或其他不可抗力事故,致使卖方不能全部或部分装运或延迟装运合同货物,卖方对于这种不能装运或延迟装运本合同货物不负有责任。If the shipment of contracted goods is prevented or delayed in whole or in part by reason of war, earthquake, fire, flood, heavy snow, storm or other causes of Force Majeure, the sellers shall not be liable for non-shipment or late shipment of the goods of this contract.

上述三种方式,概括式较为笼统,列举式难于兼容,只有综合式最为明确具体,又兼具一定的灵活性,因此在合同中经常采用。

(二) 不可抗力事件的处理

《中华人民共和国合同法》第一百一十七条规定:"因不可抗力不能履行合同的,根据不可抗力的影响,部分或者全部免除责任,但法律另有规定的除外。当事人延期履行后发生不可抗力的,不能免除责任。"发生不可抗力事件后,应按约定的处理原则和办法及时进行处理。不可抗力的后果有以下两种。

(1) 解除合同。如果一方发生的不可抗力事故很严重,使其无法履行合同的义务,处理这种事故的后果即是解除合同。

(2) 变更合同。如果一方发生的不可抗力事故不是很严重,只是使遭受事故一方暂时不能履行合同,事故过后,当事人可继续履行合同,处理这种事故的后果就是变更合同。变更合同是指由一方当事人提出并由另一方当事人同意,对原定合同的条件或内容做适当的变更修改，包括延期履行、分期履行、替代履行和减量履行。

究竟是解除合同还是变更合同应视不可抗力事件对履行合同的影响情况和程度而定，或者视买卖双方在合同中对不可抗力事件的具体规定。一般来说，当合同履行成为不可能时，可以解除合同。

（三）不可抗力事件的通知和证明

不可抗力事件发生后如影响合同履行时，发生事件的一方当事人，应按约定的通知期限和通知方式，将不可抗力事件情况如实通知对方，对方在接到通知后，应及时答复，如有异议也应及时提出。买卖双方一般在不可抗力条款中规定一方发生事故后通知对方的期限和方式。

此外，发生事件的一方当事人还应按约定办法出具证明文件，作为发生不可抗力事件的证据。在国外，出具不可抗力事件证明的机构通常是事件发生地的商会或政府主管部门。在我国，则由中国国际贸易促进委员会出具证明文件。

《联合国国际货物销售公约》规定："不履行义务的一方必须将障碍及其对他履行义务能力的影响通知另一方。如果该项通知在不履行义务的一方已知道或理应知道此障碍后一段合理时间内仍未为另一方收到，则他对由于另一方未收到通知而造成的损害应负赔偿责任。"

我国《合同法》规定："当事人一方因不可抗力不能履行合同的应当及时通知对方，以减轻可能给对方造成的损失并应当在合理时间内提供证明。"例如，"因战争、地震、水灾、火灾、暴风雨、雪灾或其他不可抗力的原因，致使卖方不能部分或全部装船或延迟装船，卖方对于这种不能装运、延迟装运或不能履行合同的情形均不负有责任。但卖方须用电报（或电传）通知买方，并应在15天内以航空信件向后者提出由中国国际贸易促进委员会出具的证明书。" If the shipment of contracted goods is prevented or delayed in whole or in part by reason of war, earthquake, fire, flood, heavy snow, storm or other causes of Force Majeure, the sellers shall not be liable for noshipment or late shipment of the goods of this contract. However, the seller shall notify the Buyer by cable or telex and furnish the letter within 15 days by registered airmail with a certificate issued by the China Council for the Promotion of International Trade attesting such event or events.

第四节 仲 裁

一、解决争议的方式

在国际贸易中，情况复杂多变，买卖双方签订合同后，由于种种原因，没有如约履行，从而引起交易双方间的争议。解决争议的途径有下列几种。

（一）友好协商

争议双方通过友好协商，达成和解，这是解决争议的好办法，但这种办法有一定的限度。

（二）调解

在争议双方自愿的基础上，由第三者出面从中调解，实践表明，这是解决争议的一种好办法，但也有一定的限度。

（三）仲裁

仲裁是指买卖双方达成协议，自愿把双方之间的争议提交双方同意的仲裁机构进行裁决，裁决对双方均有约束力。

国际贸易中的争议，如友好协商、调解都未成功而又不愿意诉诸法院解决，则可采用仲裁办法。仲裁的好处在于以下几方面。

（1）仲裁是以双方自愿为基础，可由双方当事人约定仲裁机构并自行选定仲裁员，因此具有一定的灵活性。

（2）仲裁程序较简单，且仲裁员一般是熟悉国际贸易业务的专家和知名人士，故仲裁解决问题较快。

（3）仲裁费用较诉讼费低。

（4）仲裁气氛缓和，不影响争议双方继续发展贸易关系。

（5）仲裁是终局性裁决，败诉方不得上诉，必须执行裁决。否则，胜诉方有权要求法院强制执行。

（四）诉讼

诉讼有以下特点。

（1）诉讼带有强制性，只要一方当事人向有关有管辖权的法院起诉，另一方就必须应诉，争议双方都无权选择法官。

（2）诉讼程序比较复杂，处理问题一般比仲裁慢。

（3）通过诉讼处理争议，双方当事人关系紧张，有伤和气，不利于今后贸易关系的继续发展。

（4）诉讼费用较高。

因此，在我国进出口合同中，一般都订有仲裁条款，以便在发生争议时，通过仲裁方式解决争端。

二、仲裁协议的形式和作用

（一）仲裁协议的形式

在争议发生之前订立的，即合同中的仲裁条款；在争议发生之后订立的，即提交仲裁的协议。这两种协议，其法律效力是相同的。

（二）仲裁协议的作用

（1）约束双方当事人只能以仲裁方式解决争议，且不得向法院起诉。表明双方当事人自愿将有关争议案件提交仲裁机构解决，约束双方当事人在友好协商或调节无效时，只能以仲裁方式解决争议，任何一方不得向法院起诉。

（2）使仲裁机构取得对争议案件的管辖权。

（3）排除法院对有关案件的管辖权。

三、买卖合同中的仲裁条款

（一）仲裁地点

在订立合同中的仲裁条款时，双方都非常重视仲裁地点的选择，因为仲裁地点与仲裁所适用的程序法，以及合同所适用的实体法关系密切。

（1）凡属程序方面的问题，除非仲裁协议另有规定，一般都适用审判地法律，即在哪个国家仲裁，就往往适用哪个国家的仲裁法规。

（2）凡确定合同双方当事人权利和义务的实体法，如合同未规定，一般是由仲裁庭根据仲裁地点所在国的法律冲突规则予以确定。

在我国进出口贸易合同中对仲裁地点的规定，通常是根据具体情况，首先是力争在中国仲裁，或选择在被申请人所在国仲裁，或在双方同意的第三国仲裁。需要注意，当采用在第三国仲裁的方法时，仲裁地点应选择仲裁法规允许受理双方当事人都不是本国公民的第三国，并且该仲裁机构具备一定的业务能力且态度公正。

（二）仲裁机构

仲裁机构是指受理仲裁案件并做出裁决的机构。国际上仲裁机构有两种：一是临时仲裁机构，是指由争议双方共同指定的仲裁员自行组织成临时仲裁庭。临时仲裁庭是为解决某一案件设立的，案件审理完毕，临时仲裁庭自动解散。二是常设仲裁机构，是指根据一国法律或有关规定设立的、有固定名称、地址、仲裁员设置和具备仲裁规则的仲裁机构。一般而言，双方当事人约定由哪个常设仲裁机构仲裁，就应按照该机构仲裁规则予以仲裁，但当事人另有约定且仲裁委员会同意的，从其约定。

国际上著名的常设仲裁机构有国际商会仲裁院（The Icc International Court of Arbitration）、瑞典斯德哥尔摩仲裁院（The Arbitration Institute of the Stockholm Chamber of Commerce）、美国仲裁协会（American Arbitration Association）、英国伦敦国际仲裁院（London Court of International Arbitration）、中国国际经济贸易仲裁委员会（Chinese International Economic and Trade Arbitration Commission）。

我国的中国国际经济贸易仲裁委员会是我国商事方面唯一的仲裁机构，总部设在北京，在上海和深圳有两家分支机构。

（三）仲裁程序

仲裁程序是指仲裁的具体做法和步骤，包括仲裁的申请、仲裁员的指定、案件的审理和做出裁决、裁决的效力等。常设的仲裁机构都制定有自己的仲裁程序和仲裁规则，一般都按该机构指定的仲裁规则进行仲裁。各国仲裁机构的仲裁规则对仲裁程序都有明确规定。我国于1994年6月1日起执行的《中国国际经济贸易仲裁委员会仲裁规则》中对仲裁程序进行了明确规定。

▶ 1. 提出仲裁申请

当事人一方申请仲裁时，应向仲裁委员会提交包括下列内容的签名申请书：申诉人和被诉人的名称、地址；申诉人所依据的仲裁协议；案情和争议要点；申诉人的请示及所依据的事实和证据。

申诉人提交仲裁申请书时，还应附合同、仲裁协议、往来函电等的原件或副本、抄本，并缴纳仲裁费预订金。

▶ 2. 仲裁庭的组成

根据我国仲裁规则，仲裁庭可由三名仲裁员组成，其中双方当事人各指定一名，并由仲裁委员会主席指定一名为首席仲裁员；仲裁庭也可由一名由双方当事人共同指定或委托仲裁委员会主席指定的独任仲裁员组成，单独审理案件。仲裁员因与案件有利害关系回避或因其他原因不能履行职责时，则应按照指定仲裁员的程序，重新指定仲裁员。

▶ 3. 审理

仲裁庭审理案件有两种形式：开庭审理和不开庭审理。仲裁庭对案件的审理过程一般包括开庭、收集证据和调查取证。必要时，还必须采取保全措施，即在仲裁开始到做出裁决前对争议的标的物或有关当事人的财产采取临时性的保护措施。

▶ 4. 仲裁裁决及其效力

按规定，裁决必须以书面形式做出。仲裁裁决的效力主要是指由仲裁庭做出的裁决，对双方当事人是否具有约束力，是否为终局性的；如果一方当事人对裁决不服，可否向法院上诉。

在我国，凡是由中国国际经济贸易仲裁委员会做出的裁决，都是终局性的，对双方当事人都有约束力，必须依照执行。在西方国家，仲裁裁决做出后，一般也不允许再向法院上诉，即使有的国家允许上诉，法院也只审查程序，不审查实体，即只审查仲裁裁决在法律手续上是否完备，而不审查裁决本身是否正确。如果法院查出裁决在程序上有问题，才有权宣布裁决为无效。为了明确仲裁裁决的效力，承认与执行裁决，避免引起复杂的上诉程序，在订立合同仲裁条款时应明确规定"仲裁是终局性的，对双方当事人都有约束力"。

思考：2016年8月，我方公司与英国公司签订500吨浓缩苹果汁出口合同，交货期为2016年12月底前，信用证付款方式，合同规定仲裁地为中国北京，且仲裁是终局性的，对双方当事人都有约束力。9月7日英方开出信用证，并要求我方按期交货。由于当时苹果汁价格上涨，我方在要求提高价格未成之后，拒绝交货，拖延至2016年12月，我方以信用证过期为由解除合同。英方公司于2017年1月20日向中国国际贸易促进委员会仲裁委员会申请仲裁。试问仲裁员该如何裁决？

（四）仲裁裁决的执行

仲裁裁决对双方当事人都具有法律上的约束力，当事人必须执行。如双方当事人都在本国，如一方不执行裁决，另一方可请求法院强制执行。如一方当事人在国外，涉及一个国家的仲裁机构所做出的裁决要由另一个国家的当事人去执行的问题。在此情况下，如国外当事人拒不执行裁决，则只有到国外法院去申请执行，或通过外交途径要求对方国家有关部门或社会团体（如商会、同业公会）协助执行。

为了解决在执行外国仲裁裁决问题上的困难，国际上除通过双边协定就相互承认与执行仲裁裁决问题做出规定外，还订了多边国际公约。1958年6月10日，联合国在纽约召开了国际商事仲裁会议，签订了《承认与执行外国仲裁裁决公约》，简称《1958年纽约公约》。该公约强调了两点：一是承认双方当事人所签订的仲裁协议有效；二是根据仲裁协议所做出的仲裁裁决，缔约国应承认其效力并有义务执行。只有在特定的条件下，才根据被诉人的请求拒绝承认与执行仲裁裁决。

1986年12月，第六届全国人民代表大会常务委员会第18次会议决定中华人民共和国加入上述《1958年纽约公约》，并同时声明：中华人民共和国只有在互惠的基础上对在另一缔约国领土内做出的仲裁裁决的承认与执行适用该公约；中华人民共和国只对根据中华人民共和国法律认定为属于契约性和非契约性商事法律关系所引起的争议适用该公约。

（五）仲裁费用的负担

仲裁费用的负担，应在合同中订明。通常多规定由败诉方承担，也有的规定由仲裁庭酌情决定。根据中国仲裁规则的规定，仲裁庭有权裁定败诉方应补偿胜诉方因办理案件所支出的部分合理的费用，但补偿金额最多不得超过胜诉方所得胜诉金额的10%。

四、我国采用的仲裁条款格式

中国国际经济贸易仲裁委员会根据独立自主、平等互利的原则，并参照国际上的习惯做法，在总结实践经验的基础上，提出下列三种仲裁条款，供大家使用。

（一）在中国仲裁的条款的格式

"凡因执行本合同所发生的或与本合同有关的一切争议，双方应通过友好协商的办法解决；如果协商不能解决，应提交北京中国国际经济贸易仲裁委员会根据该会的《仲裁规则》进行仲裁。仲裁裁决是终局的，对双方都有约束力。"

（二）在被告国仲裁的条款格式

"凡因执行本合同所发生的或与本合同有关的一切争议，双方应通过友好协商来解决；如果协商不成，应提交仲裁，仲裁在被诉人所在国进行。在中国，由中国国际经济贸易仲裁委员会根据该会《仲裁规则》进行仲裁。如在××国（被诉人所在国名称），由××国××地××仲裁机构（被诉人所在国的仲裁机构的名称）根据该组织的仲裁程序规则进行仲裁。仲裁裁决是终局性的，对双方都有约束力。"

（三）在第三国仲裁的条款格式

"凡因执行本合同所发生的或与本合同有关的一切争议，双方应通过友好协商来解决；如果协商不能解决，应按××国××地××仲裁机构根据该仲裁机构的仲裁程序规则进行仲裁。仲裁裁决是终局的，对双方都具有约束力。"

本章小结

本章系统地介绍了国际货物买卖合同的一般交易条款，涉及商品检验、索赔、不可抗力、仲裁等内容。对于国际货物检验，在了解商品检验的范围、内容与机构的基础上，熟悉国际贸易中商品检验的程序以及检验方法、检验时间与地点的规定方法等，同时通过拓展案例分析强化这部分理论知识的学习与记忆；对于索赔与仲裁以及不可抗力的认定，在理解基本概念和相关规定的基础上，借助拓展案例分析，加深对理论知识的理解与认识。

复习思考题

1. 简述国际货物商检的时间、地点的规定方法。
2. 简述索赔的含义及期限的界定方法。
3. 构成不可抗力的条件有哪些？
4. 广州伞厂与意大利客户签订了雨伞出口合同。买方开来的信用证规定，8月份装运交货，不料7月初，该伞厂仓库失火，成品、半成品全部烧毁，以致无法交货。试问卖方可否援引不可抗力条款要求免交货物？
5. 某种植园主按产地交货条件出售一批新鲜荔枝，总值40万美元，合同规定买方必须在当年5月25—31日间派冷藏集装箱到产地接运货物。5月末6月初，卖方两次催促买方接货，但至6月6日买方仍未提货，也无处理货物的指示，于是卖方在6月8日降价25%转卖给另一买主。由于买方的违约给卖方造成10万美元以上的损失。试问卖方向买方索赔多少违约金额比较合理？

第十五章 国际货物买卖合同的履行

学习目标

通过本章的学习,了解进出口合同履行的注意事项,熟悉进出口合同履行的程序,掌握进出口合同履行的货、证、船的衔接与平衡。

引导案例

信用证与合同不一致引发的纠纷

我国 A 公司和巴西 B 公司于 2015 年 4 月 10 日签订了一份出口 220 片 300W 太阳能电池板的合同,付款方式为议付信用证,合同规定交货期为 2015 年 5 月 31 日,4 月 23 日收到客户开来的信用证,信用证上显示装运期为:"LATEST DATE OF SHIPMENT 150630"。A 公司于是在 6 月 15 日装船,随后向议付行提交单据后,顺利审单议付。7 月 26 日,B 公司来函要求因迟装船的索赔,称卖方违反合同交货期的约定,迟装船 15 天,应赔偿货款总额的 1.5%。A 公司据理力争,认为 B 公司信用证明确最迟装运期是 2015 年 6 月 30 日,于 6 月 15 日装船完全符合信用证的规定,不存在违约。

双方争执不下,遂提交仲裁。仲裁庭认为信用证独立于基础合同而存在,但信用证基于基础合同而开立,买方在信用证中对交货期等主要条款的修改,应该视为对买卖合同的修改。卖方未对信用证提出异议,即表示默认接受此项修改,合同条款因此而改变,所以卖方不存在违约,驳回买方的索赔请求,同时卖方由于接受了买方开出的信用证,也因此丧失了对买方提出因未按合同开证违约索赔的权利。

资料来源:李俊锋,田丹丹.由两则案例浅析信用证和合同不一致的纠纷处理[J].2017(02):74.

第一节 出口合同的履行

合同的履行是指合同签订后,买卖双方根据合同中所规定的权利和义务,将合同中的各项条款付诸实践,完成该笔交易。它是一笔交易的最后阶段。《公约》规定:卖方的义务是"必须按照合同和本公约的规定,交付货物,移交一切与货物有关的单据并转移货物所有权"。

在我国出口贸易中,大多采用 CIF 或 CFR 条件成交,并且一般都采用信用证付款方式,其履行合同的基本环节有:货(备货、报验)、证(催证、审证和改证)、船(租船订舱、报关、投保、装船等)、款(制单结汇)。

为了做好上述四个环节的工作,做到环环紧扣,防止出现脱节现象,我们必须做好"四排"(有证有货、有证无货、无证有货和无证无货)和"三平衡"(货、证、船等三方面的衔接和平衡)。

一、申领出口许可证

为了协调出口,防止低价竞销,实行统一对外,我国对某些商品的出口实行出口许可证管理制度。我国负责管理、签发出口许可证的机构是商务部及其授权的省级管理部门及商务部驻主要口岸特派员办事处。需要申报领取出口许可证的商品货单,由商务部制定并根据实际情况随时予以调整。

目前,列入限制性出口许可证管理的商品有:输往国家、地区有配额限制的商品(具体办法由商务部另行制定);为了防止各地、各部门的某商品出口总量超过输往国家、地区市场的容纳量,商务部认为有必要实行出口许可制度,规定各地、各部门出口数量的商品;为了防止出口价格过低,商务部认为有必要实行出口许可制度,规定最低出口价格的商品;国务院有关部门已明确规定控制出口或不准出口的商品;由于国际市场的变化或者国别政策的需要,商务部认为需要在一定时间内适当控制出口的商品。凡是订有以上商品的出口合同,出口企业必须在报关前,最好是在备货前向有关管理部门申领出口许可证。

二、催证、审证和改证

(一)催证

催证是指通过信件、电报、电传或其他方式催促买方及时办理开立信用证手续并将信用证送达卖方。在合同规定的期限内开立信用证是买方应承担的基本义务,买方应该主动办理开证手续,而不应由卖方催促。但在实际业务中,有时经常遇到国外进口商拖延开证,或者在行市发生变化或资金发生短缺的情况时,故意不开证,对此我们应催促对方迅速办理开证手续。因此,为了确保收汇的安全,卖方应在货物装运前,如果是大宗交易或特殊商品交易则应在备货前,催请对方在合同规定的时限内办理开证手续,或是要求对方在限定的期限内开立信用证。必要时,可请驻外机构或银行代为催证。此外,下列两种情况下,卖方也需要催促开立信用证:一是合同规定的装运期距离合同签订日期较长,或是合同规定在装运期前的一定时间内必须开立信用证的,卖方在通知对方装运期时,可同时催请对方开证;二是根据货源和船舶的情况,可以提前装运的,可商请对方提前办理开证手续。

拓展案例

催 证 函

Dear Sirs,

We regret to inform you that we have not received your L/C covering the Sales Confirmation No. 65-30586 up to now. It is clearly stipulated that the relevant L/C should reach us by the end of September. Although the time limit for the arrival of your L/C has been exceeded, we are still prepared to ship your order in view of the long-term friendly relations between us. Please do your utmost to expedite its establishment, so that we may execute the order within the prescribed time. In order to avoid subsequent amendments, please see to it that the L/C stipulations are inexact accordance with the terms of the contract. We look forward to receiving your favorable response at an early date.

Sincerely yours, (Signature)

资料来源：黄爱科，李凡. 国际贸易实务[M]. 长沙：中南大学出版社，2014.

（二）审证

审证是指审核信用证，这是信用证业务中极其重要的一个环节。在我国，审核信用证是银行（通知银行）和出口企业的共同责任。银行收到信用证后，凭证内的印鉴或密押着重审核信用证的真实性，并将其与开证行的政治背景、资信能力、付款责任和索汇路线等内容如实通知受益人。银行一旦发现上述问题，或是不能确定信用证的表面真实性，即在转交国外来证时向出口企业加以说明。出口企业对国外直接开立的信用证，应送交当地的银行，经银行认可后，再进行信用证的审核。

出口企业主要侧重于信用证条款的审核，应特别注意以下几项内容的审核。

▶ 1. 开证银行的付款责任

为了保证收汇安全，来证中不得列有"可撤销"字样。而且，信用证中应注明开证银行保证付款的责任文句。如果来证中对开证银行保证付款责任方面加列了限制或保留条件，如"以领到进口许可证后通知卖方方能生效"，则出口企业应考虑能否接受。如果接受，应在具备来证所列的限制条件时，才可履行交货义务。

▶ 2. 信用证中的软条款

近年来，我国出口业务中经常收到一种加列了软条款的信用证，这种信用证表面上虽然写明"不可撤销"，但该证能否生效的主动权却完全掌握在开证申请人或开证银行的手中。例如，信用证中规定："开证银行须在货物到达时且未接到海关禁止进口通知的情况下方可承兑汇票"或规定"货物到达须经主管当局检验合格后开证银行方可付款"，或规定"承运船只由买方指定，船名后告"。这种"不可撤销信用证"名不副实，完全背离了信用证的付款原则，即使受益人完全做到了单、证一致，单、单一致，也得不到收款的保障。对此，出口企业应加倍注意，在未取消或修改这些软条款前，绝不能贸然发运货物。

▶ 3. 信用证金额和支付货币

来证中的金额和支付货币应与合同规定的相符。数量与单价的乘积应等于总金额，而且总金额的阿拉伯数字与文字表示必须一致。此外，还须注意信用证中所规定的支付货币与合同的规定是否相同。如果两者规定的不一致，则应按国家外汇管理部门公布的人民币外汇牌价，将来证中的支付货币折算成合同货币，在不低于或相当于合同货币总金额时方可接受。

▶ 4. 品质、规格、数量、包装、价格、保险、支付等交易条件

这些条件必须与合同规定相符，此外，开证申请人和受益人的名称、地址要书写正确。

▶ 5. 装运期、到期日、交单期及其相互间的关系

装运期应与合同中的规定一致。如果由于信用证到达过迟，或因生产、运输等原因，不能按期装运，应及时要求对方展延装运期，必要时，可同时要求展延信用证的到期日。

按照惯例，信用证可以不规定装运期，但必须规定到期日，未规定到期日的信用证为无效信用证。如果信用证中未规定装运期，则信用证的到期日即为最迟的装运日。信用证的到期日应与装运期有一定的合理间隔，以便在货物装运后有足够的时间做好制单、交单的工作。通常情况下，信用证还须规定一个在装运日后若干天必须向银行提交单据的特定期限，即交单期。如果信用证中未规定交单期，必须在不迟于提单签发日期的 21 天内，同时不超过信用证到期日，向银行提交单据，否则，银行有权拒付货款。如果信用证规定的交单期过短，以致无法在规定的期限内交单，必须及时提出修改。

▶ 6. 信用证的到期地点

在实际业务中，议付信用证的到期地点通常规定在出口国，而承兑信用证和付款信用证的到期地点则在开证银行或付款银行所在地。如果来证规定信用证的到期地点在国外而不在我国，则有关单据必须在到期日前送达国外指定地点，这样，出口企业就要承担邮件延迟、邮件丢失等风险。因此，对于在国外到期的信用证，除非确有把握，一般不宜接受。

▶ 7. 分批装运和转运

除非合同中有相反的规定，信用证中应允许分批装运和转运，或对此项不做规定。在来证中允许分批装运和转运的情况下，还应注意有无限制条件，譬如，指定转运地点、船公司或船名，规定批次之间的具体间隔或每批的具体数量，对这些限制条件，应考虑能否做到，如不能，则应要求对方修改。对禁止转运的来证，在确定装运期内有船舶直达目的港的情况下，方可接受。

▶ 8. 单据条款

对来证中要求提供的单据的种类、份数及填制方法进行仔细审核，对某些特殊规定，例如，须提供领事发票、商业发票或产地证明须由某国外第三方签证，在提单的目的港一栏同时写明码头名称等，如果不能做到，应提请对方修改。另外，还应注意来证内容是否相互矛盾，有无疏漏之处，文字拼写是否正确，以及是否加列了其他特殊规定，对此必须逐一审核，如发现问题，应及时要求对方修改信用证。

（三）改证

出口企业在审核国外来证后，如果未发现与合同有不符之处，即可按照信用证条款安排出口。如果经审核，发现来证内容与合同条款不一致，此时应根据具体情况，灵活掌握是否要求对方修改信用证。其基本原则为：凡是来证中对开证银行付款责任的规定不明确的，或不符点影响合同的履行和收汇安全，或是与国家的有关政策、法规相违背的，出口企业必须及时通知对方办理改证手续；凡是经过努力很容易做到，而且不会增加过多费用的，一般可不提出修改，以减少其中周折和改证费用。此外，根据备货、船期或航线的变化，出口企业也可要求开证申请人展延信用证的装运期和到期日、变更装运港或卸货港、增减货物数量或金额、修改出口企业的名称、地址等项目。

出口企业申请改证应注意以下问题。

（1）如果同一信用证中有两处或两处以上需要修改的，应一次向开证申请人提出，以免增加改证费用和对外产生不良影响。

（2）对通知银行转来的信用证"修改通知书"的内容，经审核后，只能全部接受或全部拒绝，不能只接受一部分而拒绝其余部分。

（3）对"修改通知书"，其内容经审核如不能接受，必须及时退还通知银行，并明确表示不接受该"修改通知书"。

(4) 对于已接受的"修改通知书",应将其与原证放在一起,以防使用时与原证脱节,造成信用证条款不全,影响安全及时收款。

(5) 对提出修改的信用证,必须在收到"修改通知书"并经审核同意后,方可装船出运,否则会使我方陷入被动,影响收汇安全。

三、备货、报验

(一) 备货

备货是指卖方根据合同和信用证的规定,按时、按质、按量地准备好应交的货物。备货工作的主要内容包括及时向生产、加工或供货部门安排货物的生产、加工、收购和催交,核实应交货物的品质、规格、数量和交运时间,并进行必要的包装以及刷制唛头等工作。

在备货工作中,出口企业应重点注意以下几个问题。

(1) 备货时间应结合信用证规定和船期安排,做到船、货互相衔接。

(2) 货物的品质、规格应与合同和信用证规定一致,并符合同类商品的一般用途。如果合同和信用证未做规定,则应与有关法律和惯例相符。

(3) 货物的数量必须符合信用证的要求,并应适当留有余地,以备运输、仓储过程中可能发生货损货差时换货、补货之用。

(4) 货物的包装和唛头应符合合同和信用证的规定以及运输的要求。如果合同和信用证对货物的包装未做规定,应按同类货物通用的方式包装。如果此种货物没有通用的方式则应按照足以保护货物的方式进行包装。在合同和信用证无特别要求的情况下,卖方可自行选择适宜的方式刷制唛头。

(5) 在客户资信不明或欠佳,或是商品不宜他售的情况下,卖方应及时催促买方申请开立信用证,待收到信用证并经审核可以接受时,再行备货,以防买方违约造成货物积压。

(二) 报验

出口报验是指出口商品的发货人或其代理在规定的地点和期限内,向商检机构申请办理出口商品检验。根据《中华人民共和国进出口商品检验法》的规定,必须经商检机构检验的出口商品的发货人或者其代理人,应当在商检机构规定的地点和期限内,向商检机构报检。商检机构应当在国家商检部门统一规定的期限内检验完毕,并出具检验证单。只有取得商检机构发给的合格的检验证书,海关才准放行。经检验不合格的货物,不得出口。

需要实施检验的出口商品的报验程序主要包括以下环节。

(1) 申报,即由出口商品的发货人或其代理填写"出境货物报验单",在商检机构规定的地点和期限内,向商检机构申报检验。出口商应至少在出口货物发运前七天向商检机构递交"报检单"。申报时,报验人须随附的主要单证有销售合同或订单、信用证及有关函电、出口货物报关单或其他供报关的凭证、出口货物明细单、装箱单,出口企业委托其他单位代理报验时,应加附委托书;凭样成交的商品,须提供成交样品;产地检验的出口商品,需在口岸换证出口的,应提供产地商检机构出具的检验换证凭单;出口企业自行检验的商品,应提供厂方"检验结果单"或"化验报告单";预先检验的商品,应附"出口商品预验结果单";按照国家法律、行政法规规定实行卫生注册及出口质量许可证的商品,须提供商检机构批准的注册编号或许可证编号。

(2) 检验,即指定的商检机构应报验人的申请,对出口商品按照规定的检验标准进行检验，并在规定的地点和期限内检验完毕。产地检验的出口商品，由产地商检机构实施检验。如需在口岸换证出口，则由口岸商检机构进行查验。

（3）出证，即出口商品经检验或查验合格后，商检机构即按规定签发检验证书、放行单或者在"出口货物报关单"上加盖检验印章。经检验或查验不合格的商品，商检机构签发不合格通知单。根据不合格的原因，商检机构可酌情同意申报人复验。经复验合格的，签发检验证书。经商检机构检验合格发给检验证单的出口商品，应当在商检机构规定的期限内报关出口，超过期限的，应当重新报检。

此外，《中华人民共和国进出口商品检验法》还规定，为出口危险货物生产包装容器的企业，必须申请商检机构进行包装容器的性能鉴定。生产出口危险货物的企业，必须申请商检机构进行包装容器的使用鉴定。使用未经鉴定合格的包装容器的危险货物，不准出口。对装运出口易腐烂变质食品的船舱和集装箱，承运人或者装箱单位必须在装货前申请检验。未经检验合格的，不准装运。

四、租船或订舱

履行CIF出口合同时，出口企业应负责租船或订舱。除了出口货物数量较大，需租整船运输外，一般情况下常采用班轮运输。首先，出口企业应根据合同规定的最迟装运期、货源情况，以及船公司或其代理定期编制的船期表来安排订舱事宜。出口企业既可以直接找船公司或船公司的代理，也可以委托货运代理代其洽订舱位。办理订舱手续时，托运人应按要求正确填写"海运出口托运单"或"出口订舱委托书"，集装箱货物应填写"集装箱托运单"，然后将单据直接或通过货运代理递交船公司或船公司的代理，作为订舱的依据。

船公司或其代理收到"托运单"或"订舱委托书"后，即根据配载原则，结合货物的体积、重量、装卸港、船期等情况，具体安排舱位，签发装货单。装货单，又称"关单""下货纸"，是船公司或其代理在接受托运人的托运申请后，发给托运人或货运代理的单证。装货单的作用主要有三点：一是承运人确认承运货物的证明；二是承运人通知码头仓库和承运船舶接货装船的命令；三是海关对出口货物进行监管的单证。

订舱手续办理完毕，托运人或其代理应在规定的时间内将出口货物发运到港区内指定的仓库或货场，以便利装船工作。

五、投保、报关及装船

（一）投保

▶ 1. 申请投保

出口企业或其代理申请投保时需填写"投保单"，应将货物名称、保额、运输路线、运输工具、开航日期、投保险别等一一列明。"投保单"的内容应与信用证中的有关规定一致，而且所申报的情况必须属实。"投保单"一般一式两份，经保险公司签署后，一份由保险公司留存，作为开立保险单据的依据；另一份交出口企业，作为已接受承保的凭证。出口企业应按与买方约定的险别为出口货物投保，如果买方未规定险别，只需投保平安险。投保金额是在CIF发票金额或销售合同规定价格的基础上，再加上投保加成率。投保加成率通常为10%。

▶ 2. 缴纳保险费，领取保险单

出口企业收到保险公司签署的"投保单"后，即按规定缴纳保险费，然后领取保险公司签发的保险单据。

（二）报关

出口货物报关是指出口货物的发货人或其代理在规定的期限内向海关交验有关单证，办理出口货物申报手续的法律行为。《中华人民共和国海关法》规定，进出境运输工具、货物、物品必须通过设有海关的地点进出境，接受海关的监管，经海关查验、放行后，方可进出境。进出口货物的报关纳税手续，除另有规定者外，必须由海关准予注册登记的报关企业或有权经营进出口业务的企业负责办理，报关单位指派的报关员必须经考核认可，否则不得直接向海关办理报关业务。

（三）装船

海关放行后，托运人或其代理即可凭盖有海关放行章的装货单，与有关的港务部门和理货人员联系，核查已发至码头的货物并做好装船准备工作。在装船过程中，尤其是不采用集装箱运输的情况下，托运人或其货运代理必须亲临现场，如发现货物短少、包装破损、污染等情况，应设法补齐、换货、修理或更换包装。货物装船后，由承运船舶的船长或大副或其委托人向托运人或其货运代理签发收货单。收货单也称"大副收据"（mates receipt），它是船方表示已经收到货物并已将货物装船的收据。托运人或其货运代理持收货单付清运费后，即可换取已装船提单。为便于买方及时接货和付款，托运人或其代理应在货物装船后，及时向国外买方发出"装船通知"（shipping advice）。

六、制单结汇

出口货物装船后，出口企业即应按信用证的要求，正确制备各种单据，并在信用证规定的交单有效期内送交银行。银行根据"严格符合原则"（即单证一致，单单一致）审核单据无误后，即按照银行与出口企业之间约定的结汇办法和国家外汇管理规定，向出口企业支付货款。

（一）制备单据

在采用信用证付款的出口合同的履行中，正确、完整、及时地制备信用证规定的单据是至关重要的一个环节。为了确保安全、及时收汇，出口企业在制备和提交结汇单据时应做到以下几点。

(1) 正确，即"单证一致"、"单单一致"。所谓"单证一致"是指出口企业所缮制和提交的各种单据必须在表面上与信用证规定一致；"单单一致"是指所制备和提交的各种单据的同类项目，在内容上必须相互一致，相互补充，不能彼此矛盾。此外，还应做到单货一致，以免货物发生错发、错运。

(2) 完整，即单据的种类、份数及单据本身的项目完整。在CIF出口合同中，出口企业需要制备和提交的结汇单据主要有汇票、发票、海运提单、保险单据、检验证书、装箱单、重量单或尺码单、产地证明、普惠制证明等。此外，有时根据销售合同或信用证条款的规定，出口企业还须提供装运通知证明、寄单或寄样证明、船级证明、船龄证明、邮包收据等单证。

(3) 及时，即在信用证规定交单日之前，如果信用证未规定交单日，则在不迟于提单签发日的21天之内，并以不超过信用证到期日为限，将单据送交付款、承兑或议付银行。

(4) 简明，即单据的内容简洁明了，不要加列不必要的内容。

(5) 整洁，即单据的布局美观，表面清洁，字迹清晰。更改处要加盖校对图章，但诸如金额、数量等项目，一般不宜更改。

(二) 结汇

在我国的出口业务中，使用议付信用证比较多，目前对于这种信用证项下的货款，其结汇方式主要有以下三种。

(1) 收妥结汇，是指议付银行收到出口企业递交的单据，经审核无误后，即将单据寄往付款银行索取货款，等收到付款银行已将货款拨入议付银行账户的"贷记通知"时，再按当日外汇牌价折成人民币，付给出口企业。

(2) 定期结汇，是指议付银行根据向付款银行索汇所需时间的不同，预先对不同地区确定不同的结汇时限，一到时限，验放银行即主动将票款按当日外汇牌价折成人民币，付给出口企业。

(3) 出口押汇，又称买单结汇，指议付行在审单无误的条件下，按信用证条款买入受益人的汇票及结汇单据，并按票面金额扣除从议付日到估计收到票款之日的利息，将余款按议付日外汇牌价折成人民币拨入受益人账户，其实质是银行对出口公司的一种短期融资业务。议付银行向出口企业垫付资金买入跟单汇票后，即成为汇票的正当持票人，可以向付款银行索取票款。如果汇票遭到拒付，议付银行有权处理单据或向出口企业追索票款。但是，在实际业务中，由于种种原因，单证不符或单单不符的情况时有发生，此时，出口企业应尽快更正单据，以便能在信用证规定的交单期和到期日内重新向银行交单结汇。

如果信用证规定的交单期和到期日已经迫近，或出口货物已经装船出运，以致来不及更正单据或不能更正单据，此种情况下，出口企业可选择以下几种处理办法。

(1) 授权被指定银行将不符单据采用航空邮寄的方式寄交开证银行。银行在收到开证银行批准接受单据的通知后，才根据该信用证的种类，予以付款、承兑或议付。假若开证银行拒绝接受不符单据，出口企业只能寻求其他途径解决。

(2) 为了尽快知道开证银行对不符单据的态度，出口企业可以授权被指定银行采用电报、电传或传真等电讯方式，将单据中的不符点通知开证银行。被指定银行在收到开证银行授权通知后，才按授权通知的内容付款、承兑或议付。这种做法习称"电报提出"，简称"电提"。

(3) 出口企业出具担保书，要求被指定银行凭担保书付款、承兑或议付。如果开证银行拒付货款时，被指定银行有权要求担保人履行担保书中所做出的承诺。由于被指定银行向开证银行寄单时，通常都在单据的表盖上列明不符点，因此，这种做法被俗称为"表盖提出"，简称"表提"。

(4) 在被指定银行拒绝采用以上三种办法，或虽已采用但开证银行仍拒付的情况下，出口企业可委托被指定银行作为托收银行向开证银行寄单收款。由于此种托收与原信用证有关，为了便于进口商了解该笔托收业务的来由，出口企业要求托收银行仍以原开证银行作为代收银行，因此这种做法俗称"跟证托收"。

七、出口收汇核销与退税

(一) 出口收汇核销

出口收汇核销是指对每笔出口收汇进行跟踪，直到收回外汇为止。为了加强出口收汇管理，防止外汇流失，保证国家的外汇收入，经国务院批准，我国自1991年1月1日起，由外汇管理部门对所有贸易方式项下的出口收汇实行核销制度，有关部门还制定并发布了《出口收汇核销管理办法》和实施细则及操作规程。

办理出口收汇核销时应遵循以下原则：①属地原则，出口企业向其所在地的外汇管理部门办理注册备案，申领核销单和办理外销核销；②专单专用，谁申领的核销单就由谁使用，不得相互借用；③领用衔接，核销单的发放，一般按多用多发、不用不发的原则，也就是根据出口单位出口量的大小，发给出口单位一定量的核销单；④单单相应，一份核销单对应单位的一份报关单，以及与该报关单所附发票等有关栏目的内容相一致。

办理出口收汇核销的基本程序如下。

（1）出口企业应按期派人到当地外汇管理部门申请领取编有顺序号且加盖"监督收汇"章的"出口收汇核销单"，并如实进行填写。如果是首次领单，须出示主管部门准许本企业经营出口业务的书面文件。再次领单时，只需持本企业公函即可。

（2）出口报关时，出口企业或其代理必须向海关提供已填妥的"出口收汇核销单"，否则，海关不予受理。海关经审核"出口货物报关单"与"出口收汇核销单"在内容、编号等方面一致后，即分别在两单上加盖"验讫"章并签注日期。

（3）出口企业或其代理必须在规定的时限内，将核销单存根、报关单、发票或汇票送还当地外汇管理部门。出口企业在向银行寄送单据时，须多缮制一联注有核销单编号的发票。银行收汇后，向出口企业出具"出口结汇水单"（即外汇结算银行按照当日外汇牌价将出口货款折成人民币并贷记开户单位人民币账户的通知）或"收账通知"（即外汇结算银行将出口货款原币或折成的某种外币直接贷记开户单位账户的通知），并在上面注明核销单编号、寄单日期以及在货款结汇以前从该笔货款中扣付的有关从属费用的项目与金额。

（4）出口企业必须在规定的期限内凭载有同一核销单编号的报关单、结汇水单或收账通知，向外汇管理部门办理该笔出口收汇的核销手续。核销后，外汇管理部门在"出口收汇已核销证明"上盖章，并将出口退税专用联退给出口企业。

（二）出口退税

为了扶持和扩大本国产品出口，增强出口产品在国际市场的竞争力，同时也为了防止和避免出口产品双重征税，目前，国际上许多国家都普遍实行出口退税或免税制度。我国政府也于1985年起全面推行出口退税政策，对出口的已纳税产品在其报关离境后即将其已纳的增值税、消费税全部退还出口企业，实行"征多少，退多少""不征不退"和"彻底退税"。为了正确贯彻出口退税政策，加强出口退税管理，堵塞出口退税中的漏洞，我国政府有关部门还制定了《出口产品退税管理规定》，并于1994年1月1日开始实施。这些举措有力地保护了合法经营企业，并对严格出口退税管理，制止出口骗税等非法行为起到十分重要的作用。

办理出口退税的一般程序如下。

（1）出口企业应设专人负责办理出口退税，该人员在持有"办税员证"后，须按月填写"出口产品退税申请表"，并在规定的期限内将"两单两票一证明"，即盖有海关"验讫"章的"出口货物报关单"、银行的"出口结汇水单"、出口销售发票、出口产品购进发票及外汇管理部门出具的"出口收汇已核销证明"，送当地外经贸主管部门核查签章后，再报送所在地主管出口退税业务的税务部门申请退税。

（2）主管出口退税的税务部门收到出口企业申请退税的单、票、证后，即进行审核，如果符合条件和要求，就按照税收退税审批权限，逐级上报上级税务部门。

（3）出口企业所在地主管出口退税的税务部门收到上级税务部门批准的出口退税通知后，即签发"税收收入退回书"，并将其中的一份交出口退税企业，凭此进行账务处理。

在履行以其他贸易术语或支付方式达成的出口合同时，其工作环节与上述CIF出口合同的履约程序有所不同。例如，CFR合同不须出口企业投保货运险，FOB合同则出口企业对货物运输、保险均不负责;采用托收或汇付方式达成的出口合同,则省略核实信用证环节;通过铁路、航空、邮包运输货物的合同,其运输方式、单据和机构与海洋运输大相径庭。由此可见,出口合同的环节和工作内容,主要取决于合同的类别及其采用的付款方式。

在实际业务中,多数情况下合同都会被顺利履行。买卖双方在履行了合同规定的全部义务后,合同即告终止,双方即将有关的单证和资料归档备查。但有时也会发生因合同的一方当事人不履约或不如期履约而引起另一方当事人索赔的事件,如买方不开立信用证或不如期开立信用证;卖方不如期出运货物或所交货物的品质、数量、包装等条件与合同规定不符等。应当指出的是,在合同履行所发生的索赔事件中,由于卖方不履约而导致买方索赔的情况还是居多数。在出口贸易中,如果买方以我方不履行或不完全履行合同中规定的义务为由,向我方提出索赔,我方应在查明事实、分清责任的基础上,及时给予对方答复。如确属我方责任,应实事求是地赔付对方损失;如属对方不合理的要求,我方必须据理力争,不予赔偿。同样,如果发生了买方不履约或不完全履约的情况,致使我方遭受损失,我方也应及时向对方提出索赔,以维护我方的正当权益。

第二节 进口合同的履行

目前,我国进口合同多数是按 FOB 或 FCA 条件并采用信用证付款方式签订的,履行这类合同的环节一般包括申领进口许可证、开立信用证、办理货物运输和催装、办理货运保险、审单付汇、报关和纳税、验收提交货物、进口索赔。如果按 CFR 或 CPT 条件并采用托收方式签订进口合同,其履约环节中则免去了开立信用证和办理货物运输;如属 CIF 或 CIP 合同,又免去了办理货运保险。下面以信用证付款的 FOB 进口合同为例,介绍进口合同履行的一般程序。

一、申领进口许可证

为了维护正常的进出口秩序,保护和促进国内生产,加强对进口贸易的计划管理,我国对部分商品实行进口许可证管理。实行进口许可证管理的商品,除来料加工、来件装配、进料加工出口和外商投资企业的进口另有规定者外,不论进口贸易方式、外汇来源和进口渠道,都必须按照国家规定的审批权限,报经主管部门和归口审查部门审核批准,由订货单位凭批准证件申请领取进口货物许可证,然后由国家批准经营该项进口业务的公司办理进口。海关凭进口货物许可证和其他有关单证查验放行。如违反规定,事先未申领许可证而擅自进口货物的,海关可没收货物或责令退运;经发证机关核准补证进口的,海关可在酌情罚款后放行。

目前,我国统一签发进口货物许可证的机构是商务部及其授权的省级部门以及商务部驻主要口岸特派员办事处。国家限制进口货物的品种,由商务部根据国家规定统一公布、调整。

二、开立与修改信用证

进口企业应按照合同规定的时间和条件,向开证银行办理开证手续。信用证开出后,如果因情况变化或其他原因需要修改，也应及时办理改证手续。

（一）开立信用证

在履行以信用证方式付款的进口合同中，按照合同规定开立信用证是买方应尽的基本义务。因此，进口合同签订后，进口企业必须在合同规定的期限内根据合同内容向开证银行申请开立信用证。

▶ 1. 填写开证申请书

进口企业应按合同规定的时间向开证银行提交开证申请书，并随附进口合同副本或复印件，国家限制进口的货物还须提供进口货物许可证或有关批准文件。开证申请书是开证申请人指示开证银行向受益人开立信用证的一种书面文件。

进口企业在填写开证申请书时，应注意以下几点。

（1）申请书的内容必须完整、明确。为了避免对方误解，申请书中不要罗列过多的细节，也不要援引以前开立的信用证条款。此外，申请书内容应与进口合同中的相关条款一致，以免受益人提出改证或因不符点被受益人利用致使我方受损。

（2）为防止因第二受益人资信欠佳给我方造成损失，一般不宜对外开立可转让信用证。

（3）明确信用证的到期日和到期地点，否则为无效信用证。

（4）信用证金额必须明确具体，文字与阿拉伯数字表示应一致，同时应避免使用"约""近似"或类似词句。

（5）具体说明单据要求。对据以付款、承兑或议付的单据的种类、形式、份数、文字、内容、签发机构、证明事项等做出明确规定。

（6）如果进口合同中禁止分批装运和转运，则应在开证申请书中做出相同的规定。否则，根据国际商会现行的《跟单信用证统一惯例》的解释，信用证中如未禁止分批装运和转运，即视作允许分批装运和转运。

（7）汇票的收票人应为开证银行或指定的银行，而不应为开证申请人。根据国际商会现行的《跟单信用证统一惯例》的规定，如果将开证申请人作为付款人，那么该汇票即被视作附加的单据，银行不予审核，也不承担责任。

▶ 2. 开证银行开立信用证

开证银行收到开证申请书和有关证件后，通常要对开证申请人的外汇来源及资信状况进行审核，经核实无误后，再根据交易情况的不同，要求开证申请人交付全额或一定比例的开证保证金，或免交保证金，或提交担保文件，并交开证手续费。然后，开证银行即按照申请书的要求向受益人开立信用证。

需要注意的是，信用证的开立时间必须与合同规定的相符。目前，合同中较常见的开证时间的规定方法主要有以下三种：在装运期前若干天开立并送达信用证；在出口商确定交货期后开立信用证；在出口商领到出口许可证或支付履约保证金后开立信用证。

（二）修改信用证

信用证开出后，开证申请人如发现信用证内容与申请书内容不一致，或是因其他原因需要修改信用证，应及时办理改证手续；受益人收到信用证后，如果提出修改信用证，开证申请人应区别情况，同意或不同意对方的改证要求。如果不同意修改信用证，开证申请人应立即通知受益人，并敦促其按原证条款履行交货和交单义务。如果同意修改，应及时向开证银行申请修改信用证。开证银行同意受益人的改证申请后，便填制"修改通知书"，并通过通知银行将"修改通知书"通知受益人。

进口企业和开证银行首先在开立信用证时即应做到信用证内容与合同条款一致,以避免国外出口商提出修改信用证。一旦确实需要改证时,则必须采取认真谨慎的态度,一方面力求修改内容的正确、合理,以减少改证的次数和其中的周折;另一方面,还要做好充分的准备工作,以防出口商拒绝修改而仍按原证履行。此外,为了防止出口商在提出改证或对"修改通知书"表示拒绝时拖延时间,我方最好在信用证或"修改通知书"中对受益人提出改证或表示拒绝修改的有效期做出明确规定,以免被动。

三、租船或订舱、催装

(一) 租船或订舱

履行以 FOB 术语达成的进口合同时,进口企业应负责办理租船或订舱事宜。除非需整船运输的情况下要办理租船手续,一般少量货物的进口,只需洽订舱位。有关订舱的具体事宜,进口企业既可以亲自向运输公司办理,也可以委托货运代理代其办理。订舱的时间应符合进口合同的规定,同时又要适应船公司公布的船期表,以利货物及时配载。通常情况下,出口方在货物备妥后应将货物预计装船的时间通知进口方。如果合同中对此有明确的规定,进口企业必须在接到外商的预计装船通知后,再办理订舱事宜,以免被动。办理订舱手续时,进口企业或其代理应按要求正确填写"进口订舱通知单",作为订舱的依据。船公司或其代理在安排好船只并落实舱位后,即将具体情况通知进口企业或其代理。舱位订妥后,进口企业或其货运代理应在规定的期限内,将船名、船期、航次以及预计到达装运港日期等情况告知国外出口商,以便对方做好装船前的准备工作。

(二) 催装

船舶或舱位订妥后,进口企业或其代理应做好催装工作。在进口业务中,有时出口商会因生产成本上涨、商品价格上扬等原因而不愿或不能按期交货。为了防止此类情况的发生,保证我方如期收到合格的货物,进口企业必须密切关注出口商备货的进度和船舶动态,在交货期前的一定时间,通常是 45 天左右即应发出"催装通知",督促对方按时装船出运货物。对于数量多、金额大或重要、急需物资的进口,进口企业可委托我驻外机构就近了解备货情况,敦促出口商按照合同规定履行交货义务。此外,也可以派专人前往装运地点监督装运,以防对方在装货时有作假行为。

四、投保货运险

FOB 或 CFR 交货条件下的进口合同,保险由买方办理。货物装船后,出口商应及时向我国进口商发出装船通知,以便我方办理保险及做好接货准备。我国进口货运保险一般采取逐笔投保和预约保险两种方式。

(一) 逐笔投保

在进口业务不多、业务量不大的情况下,进口企业在为货物投保货运险时通常都采取逐笔投保的方式。其具体做法是,进口企业收到国外出口商"装船通知"后,立即填制"起运通知书",并送交保险公司。"起运通知书"上应列明被保险人名称、货物名称、唛头、数量、包装、合同、提单及发票号码、运费及运输工具名称、起运日期与港口、目的港、投保险别、费率、金额及保险费等内容。保险公司如果接受承保,即在"起运通知书"上签章,进口企业按规定缴纳保险费后,保险公司再向进口企业签发保险单。倘若保险货物发生了承保责任范围内的损失,保险公司即按规定负责赔偿。但如果进口企业未能及时办理投保手续和支付保险费,则保险公司对受损货物不负赔偿责任。

(二) 预约保险

预约保险是我国大多数外贸进口企业所采取的货运保险方式。为了防止漏保或延误投保，也为了简化投保手续，这些进口企业都与保险公司签订了不同运输方式下的"进口货物运输预约保险合同"，简称"预约保险合同"（open policy）。在预约保险合同中，详细列明了保险范围、保险金额、适用的保险条款、保险险别和费率、保险责任、投保手续、保险费、索赔手续及期限、合同期限等项内容。根据预约保险合同的规定，进口企业接到国外出口商发出的"装船通知"后，只要及时将保险合同号码、提单号码、船名、航次、航线、装运港和目的港、预计到港日期、货物名称、数量等内容告知保险公司，就视为已办妥保险手续。保险公司收到上述通知后，即对该批货物承担自动保险的责任，一旦发生承保范围内的损失，均按"预约保险合同"的规定负责赔偿。

五、审单与付汇

我国进口业务中多数采用信用证方式支付货款，为了确保我方付款的正确，开证银行或其指定银行在收到国外出口商的有关单据后，必须与进口企业密切配合，认真审核单据。经审核无误后，即按我国外汇管理的有关规定，对外履行付款、承兑或承担到期付款责任。如单据经审核发现单证不符或单单不符，应根据情况分别进行处理。

(一) 审单

在信用证支付方式下，货物装运出口后，国外出口商即按照信用证的规定，凭指定单据向当地银行办理议付，或将单据递交开证银行或保兑银行或其他指定银行。开证银行或保兑银行或其他指定银行收到单据后，必须对信用证规定的单据认真进行审核，以确定其表面上是否与信用证条款一致。按照我国进口业务的习惯做法，银行审核国外交来的单据后，无论其是否符合规定，通常都会交进口企业复核。由此可见，在我国，审核单据是银行与进口企业的共同职责，双方必须密切配合。

在审单工作中，应注意以下事项。

▶ 1. 审单原则

银行应按照国际商会现行的《跟单信用证统一惯例》的规定，并对照信用证条款，对单据的种类、份数及内容进行审核，看其表面上与信用证规定的是否相符，不同种类单据之间对相关项目的描述是否一致，即是否符合"单、证一致""单、单一致"的原则。银行只从表面上负责审核单据，对于其他方面的情况，如单据的真伪、单据所代表货物的真实性、与该笔业务有关的各当事人的资信和行为等，概不负责。

▶ 2. 审单期限

根据现行的《跟单信用证统一惯例》的解释，开证银行、保兑银行或代其行事的银行必须在其收到单据的次日起的七个银行工作日内审核单据，以决定是接受单据还是拒绝接受单据，并相应地通知交来单据的一方。

▶ 3. 对信用证中未规定单据的处理

根据《跟单信用证统一惯例》的规定，银行将不审核信用证中未规定的单据，如果银行收到这类单据，应该退还交单方或将其照转，并对此不承担责任。

▶ 4. 对不合格单据的处理

银行审核单据，如果确定其表面上与信用证条款不符，通常先征询进口企业意见，看其是否愿意接受不符点。如果愿意接受，进口企业即可指示银行对外付款或承兑。如果拒绝接受不符点，进口企业可采取以下几种处理办法：通过银行通知出口商更正单据后再付款；要求出口商凭国外银行出具的书面担保付款；改为货到后经检验合格再付款；拒付货款。如果开证银行、保兑银行或其指定银行决定拒绝接受单据，则必须在规定的审单期限内以电讯或其他快捷方式通知交单方，并注明全部不符点，同时还须说明单据已代为保管、听候处理，或已退回交单方，否则，将无权宣称单据与信用证条款不符。

（二）付汇

银行收到寄来的汇票及单据后，对照信用证的规定，核对单据份数和内容。如内容无误，即由银行对国外付款。同时进出口公司凭银行出具的"付款通知书"向用货部门进行结算。

在我国实际业务中，即使银行审核单据后认为单据符合规定，通常也要交进口企业复核。进口企业应按照"单证一致""单单一致"的原则对全套单据进行认真复核，并在规定的期限内通知银行是否接受单据。单据经银行审核和进口企业复核，如果符合信用证条款，或虽与信用证规定不符，但进口企业表示愿意接受，银行即应根据信用证的种类，对即期信用证予以即期付款、对延期付款信用证丁到期日付款、对承兑信用证则承兑受益人出具的汇票并于到期日付款、对议付信用证则向出票人或善意持票人付款。开证银行在对外付款的同时，即通知进口企业按当日国家外汇管理部门公布的"人民币外币牌价表"，向银行付汇赎单。如果属于代理进口，进口企业则凭银行出具的"付款通知书"与委托订货单位结算货款。

六、进口报关与提货

进口货物运抵目的港后，进口企业或其代理即应在海关规定的期限内，凭规定的单证向海关申报进口，经海关查验有关单证、货物，并在提单上签章放行后，才可凭单提货。

（一）报关

进口货物报关是指进口货物的收货人（这里是指进口企业）或其代理人向海关交验有关单证，办理进口货物申报手续的法律行为。根据我国《海关法》的规定，进口货物自进境起到办结海关手续止，应当接受海关监管。进口货物的报关纳税手续，除另有规定的外，必须由海关准予注册的报关企业或者有权经营进口业务的企业负责办理。上述单位的报关员应经海关考核认可。

办理进口货物报关手续的基本程序如下。

▶ 1. 申报

进口货物的收货人或其代理必须在海关规定的期限内，持有关单证向海关如实申报货物进口。

按照我国《海关法》的规定，进口货物的申报期限为自运输工具申报进境之日起14日内。逾期未申报的，除另有规定者外，由海关征收滞报金。滞报金的日征收金额为进口货物到岸价格的0.5‰（按征收之日国家外汇管理部门公布的"人民币外汇牌价表"买卖中间价折合人民币），起征点为10元人民币。自运输工具申报进境之日起超过3个月未向海关申报的，除特殊原因，进口货物由海关提取变卖。所得价款在扣除运输、装卸、储存等费用和税款后，尚有余款的，自货物变卖之日起一年内，经收货人申请，予以发还，逾期无人申请的，上缴国库。

收货人或其代理申报货物进口时应交验的主要单证有海关颁发的"报关员证件"、国家主管部门签发的"进口货物许可证"、发票、提货单、装箱单、法定检验证书或免检证明文件、危险品须附危险品说明书、减免税证明文件等。海关认为必要时，进口企业还须提供进口合同、产地证明及账册等。除提交以上单证外，进口货物的报关员还须按海关规定的格式填写"进口货物报关单"。由于进口货物报关单的填写质量直接关系到报关效率、企业的经济利益及海关的征、减、免、验、放等工作环节，因此，在申报货物进口时，报关员必须根据进口货物、运输工具的实际情况及海关的有关规定，如实进行填写。此外，《中华人民共和国进出口商品检验法》规定必须实施检验的进口商品到货后，收货人必须向卸货口岸或到达站的商检机构办理登记，由商检机构在进口货物报关单上加盖"已接受登记"印章。否则，海关不予验放。海关收到以上单证后，即进行认真审核，以检查所申报的进口货物是否符合我国《海关法》和有关法律规定。

▶ 2. 查验

海关以经过审核的单证为依据，在海关监管场所，对所申报的进口货物进行实际检查，以核对单、货是否相符，货物是否属实。对于成套设备、精密仪器、贵重物资、急需物资、集装箱货物等，如果在海关规定场所查验确有困难，经报关单位申请和海关核准，海关可以派员到收货人仓库、场地或监管区域外的其他合适地点进行查验。海关查验时，进口货物的收货人或其代理应派人到现场，协助海关工作。

▶ 3. 纳税

进口货物的收货人或其代理收到海关"税款缴纳证"后，应在规定的期限内缴纳进口税款。进口货物以海关审定的正常到岸价格（CIF 价格）为完税价格。到岸价格不能确定时，完税价格由海关估定。

(二) 提货

进口货物运抵港口卸货时，收货人或其代理必须派人到现场履行监卸任务。监卸人员应与理货人员密切配合，严把货物质量和数量关。一般情况下，进口货物经海关查验、放行后，进口企业或其代理即可凭海关已签章的提单提取货物。但如果卸货中发现货物短缺、残损或外表有异状，则必须先将货物存于海关指定的处所，同时及时向船方或港务部门办理"短卸证明""残损证明"等有效签证，并做好相关记录，等保险公司会同商检部门进行检验并出具证书后，再提取货物、妥为保管，并向有关责任方进行索赔。

七、报验与拨交货物

(一) 报验

进口报验是指进口商品的收货人或其代理在规定的期限内，向报关地商检机构申请办理进口检验。根据《中华人民共和国进出口商品检验法》的规定，必须经商检机构检验的进口商品的收货人或者其代理人，应当向报关地的商检机构报检。海关凭商检机构签发的货物通关证明验放。未报经检验的商品，一律不准销售、使用。必须经商检机构检验的进口商品的收货人或者其代理人，应当在商检机构规定的地点和期限内，接受商检机构对进口商品的检验。商检机构应当在国家商检部门统一规定的期限内检验完毕，并出具检验证单。必须实施的进口商品检验，是指确定列入目录的进口商品是否符合国家技术规范的强制性要求的合格评定活动。合格评定程序包括抽样、检验和检查；评估、验证和合格保证；注册、认可和批准以及各项的组合。

必须实施的进口商品检验报验程序如下。

(1) 申报，是指进口商品的收货人或其代理在商检机构规定的期限，向报关地的商检机构申报进口货物检验。申报时，报验人须填写"入境货物报验单"，并随附下列单证：进口合同或订单、国外出口商签发的商业发票、提单、装箱单、进口货物到货通知书。需要对进口货物进行品质鉴定的，须提交品质证明书、使用说明书及有关标准和技术资料；需要对进口货物进行数量鉴定的，须提交重量单、理货部门签发的"理货清单"及船长或大副签章的"短卸证明"；需要对进口货物进行残损鉴定的，须提交"海事报告"、理货部门签发的"理货残损单"、大副或船长签章的"残损证明"以及其他有关的货物验收记录。

（2）检验，即商检机构应报验人的申请，对进口商品按照规定的检验标准实施或组织实施检验。检验工作应当在国家商检部门统一规定的期限内完成。

（3）出证。进口商品经检验合格后，商检机构即出具检验情况通知单；经检验不合格的商品，商检机构签发不合格通知单。不合格的商品，经重新检验合格的，方可销售或使用；重新检验仍不合格的，由商检机构责令收货人退货或者销毁货物。《中华人民共和国进出口商品检验法》还规定，必须经商检机构检验的进口商品以外的进口商品的收货人如发现进口商品质量不合格或者残损短缺，需要由商检机构出证索赔的，应当向商检机构申请检验出证。对重要的进口商品和大型的成套设备，收货人应当依据外贸合同约定在出口国装运前进行预检验、监造或者监装，主管部门应当加强监督；商检机构根据需要可以派出检验人员参加。

（二）拨交货物

进口企业无论是自营进口还是代理进口，货物在港口卸货并经海关查验、放行后，都需办理货物拨交手续。凡属必须在卸货港检验的商品，经指定的商检机构检验后，方可办理货物拨交；如果用货单位在卸货港所在地，则就地进行货物拨交；如果用货单位不在卸货港地区，则委托货运代理安排将货物运至用货单位所在地。至于与进口货物有关的税费，进口企业先与货运代理结算后，再向用货单位办理结算手续。

八、索赔

在进口业务中，到货商品经商检机构检验或由收货人自行组织检验后，如果发现品质、规格、数量、包装、交货期等与合同规定的不相符，或者收货人根本收不到合同规定的货物，此时，进口企业应与商检机构密切配合，及时制备必要单据作为索赔的证据，并在合同规定的索赔期限内，向有关责任方索赔。

在办理索赔时，进口企业应注意以下几点。

（一）查明致损原因，确定责任归属

进口业务中，索赔对象主要有三个：出口商、承运货物的船公司和保险公司。进口企业应根据有关事实，确定责任方。除非发生不可抗力事件，凡属货物品质和规格不符合合同规定、货物原装数量不足、货物因包装不良受损、不如期交货或拒不交货，均应由出口商承担责任。进口企业可根据损失情况，依法向出口商提出索赔。如果到货数量少于提单所载数量，或货物有残损但提单是清洁的，则表明货物的短少、残损是由船公司过失所致，此时，进口企业应向有关船公司提出索赔。凡属自然灾害、意外事件或运输过程中其他事故导致货物受损，或虽属船公司责任，但船公司不予赔偿或赔偿金额不足抵补损失的部分，只要属保险公司承保责任范围内的，进口企业均应向保险公司提出索赔。

思考： 某公司以CIF鹿特丹出口食品1 000箱，即期信用证付款，货物装运后，凭已装船清洁提单和已投保一切险及战争险的保险单，向银行收受货款，货到目的港后经进口商复验发现下列情况：该批货物共有10个批号，抽查20箱，发现其中2个批号涉及200

箱内含沙门氏细菌超过进口国的标准；收货人只实收998箱，短少2箱；有15箱货物外表情况良好，但箱内货物共短少60千克。试分析以上情况，进口商应分别向谁索赔，并说明理由是什么？

（二）及时制备有关单据

对责任方提出索赔需要提供足够的证据，如果证据不足、责任不明或不符合合同中索赔条款的规定，均会遭致对方拒绝。因此，进口企业应根据索赔对象的不同，向有关责任方提交有说服力的单据。进口业务中，可以作为索赔证据的单据主要有检验证书、公证报告、理货报告、海事报告、残（破）损证明、短卸证明、发票、提单、装箱单（重量单或尺码单）、进口合同及往来函电等。

（三）正确计算索赔金额

对不同的对象进行索赔，索赔金额的计算不尽相同。根据国际惯例，向出口商索赔时，索赔金额除了包括受损货物的价值外，还应包括为进口该货物而支出的检验、装卸、清关、仓储等各项费用及合理的预期利润。向船公司索赔时，应按照提单（班轮运输方式下）或租船合约（租船方式下）的有关规定计算索赔金额。如果向保险公司索赔，则应根据保险合同，即保险单据中规定的方法计算索赔金额。

（四）在规定的索赔期限内向责任方索赔

进口企业向有关责任方索赔时，不得超过规定的索赔期限，否则，对方有权不予受理。根据索赔对象的不同，向其索赔的有效期限也有所不同。向出口商索赔时，应在进口合同规定的索赔期限内提出。如果商检工作需要较长时间才能完成，可在合同规定的索赔期限内要求对方适当延长索赔期限，或提出保留索赔权。如果合同中未规定索赔期限，根据《联合国国际货物销售合同公约》的规定，买方向卖方索赔的最长期限为自实际收到货物起不超过两年。向船公司索赔时，按《海牙规则》的规定，最长期限为货物到达目的港交货后一年内。向保险公司的索赔期限，根据中国人民保险公司《海运货物保险条款》的规定，为被保险货物在卸货港全部卸离海轮后两年内。

（五）设法保管

已提赔的货物或请公证部门出证对已经提出索赔的货物，进口企业必须妥善予以保管，在问题未解决之前，不得处置货物，以免对方要求实际考察损失程度时我方被动。如果提赔货物易腐烂变质，进口企业应请公证部门检验并出具证明文件，然后再处置货物。

在进口合同的履行过程中，有时也会发生出口商以我方违反合同条款为由，向我方提出索赔的情况，此时，我方应根据有关法律和惯例，在查明事实、分清责任的基础上，实事求是地进行理赔。对于确属我方责任的，应赔付对方损失；如属对方不合理的要求，我方必须据理力争，不予赔偿。

本章小结

基于信用证结算方式，本章以CIF术语为主，详细介绍了出口合同的履行程序，以FOB术语为主，介绍了进口合同的履行程序。在学习进出口合同履行程序的基础上，关注主要履行环节的注意事项与问题，并结合相关案例分析，认识进出口合同履行过程中的各种可能遭遇，理解并掌握基本的处理原则。

复习思考题

1. 我国某进出口公司为某工厂进口一台设备，经与外商签约后，待到装船时，外商突然来电称：须延迟交货 6 个月。经多次交涉，我方坚决不同意，最后正式通知外方：如不按其交货，我方除撤约外并保留索赔权。试分析我方采取这一措施是否得当？

2. 国内某研究所与日本客户签订一份进口合同，欲引进一精密仪器，合同规定 9 月份交货。9 月 15 日，日本政府宣布该仪器为高科技产品，禁止出口。该禁令自公布之日起 15 日后生效。日商来电以不可抗力为由要求解除合同。试分析日商的要求是否合理？我方应如何妥善处理？

3. 英国伦敦某进口商为购买我国罐头向 P 银行申请开出 L/C，金额为 60 280 美元。我方银行于 10 月 4 日议付，并向开证行寄单索汇。开证行接单后于 10 月 28 日来电拒付，理由是："受益人未按商务合同规定分两批发货装船。"经查我方供货人与英国进口方签订的商务合同确有分两批装运的条款。而我方议付行检查来证并无分批发货条款，且单证相符，单单相符，故复电开证行仍要求付款，且要求保留索偿迟付款项利息的权利。试分析开证行拒付理由是否成立？我方要求是否合理？

第十六章 国际贸易方式

> **学习目标**
>
> 通过本章的学习，了解国际贸易的基本方式和灵活的运作方式；了解各种贸易方式的内容、运行过程及适用条件；了解各种贸易方式的特点和异同。

引导案例

推进我国加工贸易转型升级

加工贸易是中国参与国际产业分工的重要贸易方式。过去30多年来的实践表明，我国在国际分工体系中的比较优势主要体现在劳动力、土地、水、电等生产要素低成本上，而加工贸易则是我国融入全球产品价值链的最主要方式。但也不难注意到，随着我国低成本比较优势的逐渐减弱，传统的来料加工和进料加工事实上很难涉及营销、设计等高附加值环节。因此，推动我国加工贸易转型升级，既要立足于现有的来料加工贸易和进料加工贸易，又不能仅仅局限于这两种贸易方式。

未来推进我国加工贸易转型升级的宏观目标主要如下：一是变"加工"为"研发制造"，即从现行的以来料加工和进料加工为主的加工贸易向自主研发、制造产品转变；二是变"贸易"为"全球营销"，即从单纯的出口产品向逐步建设全球营销网络转变；三是变"两头在外"为"内外结合"，即从单纯的承接国外订单生产向依据市场灵活自主地实施经营战略转变；四是变"双轨制"为"单轨制"，即从目前的加工贸易与一般贸易实行单独管理向加工贸易与一般贸易实行统一管理转变。

推进加工贸易转型升级，应当采取渐进方式淘汰传统加工贸易并主要依靠市场机制调节来完成，同时应继续对传统加工贸易给予适当的政策支持。

资料来源：吴涧生，李大伟，陈长缨. 推进我国加工贸易转型升级[J]. 中国发展观察，2014(6)：24-27.

第一节 一般贸易方式

一、经销

(一) 经销的概念

经销是国际贸易中常见的一种出口贸易方式,是指出口商(即供货方)与进口商(即经销方)之间签订经销协议,以"款货两清"的买断方式达成的一种商品买卖关系。在经销方式下,进口商以自有资金支付商品的货款,取得商品的所有权,在经营中以进口价格和转售价格之间的差额为经销利润,并在享有自货物进口后到将货物转售的全部收益的同时,承担一切经营风险。

经销克服了逐笔售定的不足之处,通过协议,进出口双方确定了在一定时期内的稳定关系。这种关系是相互协作与相互制约的,在规定的期限和地区内,由于进出口双方对市场的开发有着共同的目标和一致的利益,可以实现平等互利、同舟共济。

(二) 经销的种类

根据经销商权限不同,经销可分为一般经销和独家经销。

▶ 1. 一般经销

一般经销有时也称定销,是指出口商根据经销协议向国外经销商提供在一定区域、一定期限内经营某项(或某几项)产品的销售权。经销商有义务维护出口商的利益,并在必要时对经销的商品组织技术服务,进行宣传推广。出口商对经销商在价格、支付条件和折扣上给予一定的优惠,但不授予货物销售的专营权,即在同一地区和期限内,出口商可以指定几家经销商为其销售货物。这种经销商与国外供货商之间的关系同一般进口商和出口商之间的关系并无本质区别,所不同的只是确立了相对长期和稳固的购销关系。

▶ 2. 独家经销

独家经销也称包销,是指经销商在协议规定的期限和区域内,对某项(或某几项)商品享有独家经营权。在这种贸易方式下,出口商与包销商是一种买卖关系。包销商以一次付清货款的方式向出口商购买商品,因此购买这些商品的第三者,与该商品的原出口人无购销关系。特别的是,包销协议规定,在一定时间和地区内,出口人只能向包销人出售所包销商品,而不得向其他人出售该项商品;同时,包销人也只能向出口商购买该项商品。这就是专卖权与专买权,统称专营权。包销商被赋予专营权后,能积极开展产品宣传活动及售后服务,避免出口产品在统一市场上的恶性自相竞争,同时其稳固的购销关系也能使出口商对市场销售做全面和系统的长期规划和安排,进而采取适当的销售措施。

(三) 经销协议的主要内容

经销协议是供货商和经销商订立的确定双方法律关系的契约,其内容的繁简可根据商品的特点、经销地区的情况以及双方当事人的意图加以确定,其主要内容包括以下几方面。

(1) 经销协议的名称,包括双方当事人的名称、签约的地点和时间。

(2) 经销商品的范围。经销商品可以是供货商经营的全部商品,也可以是其中的一部分,因此,在协议中要明确指明商品的范围,以及同一类商品的不同牌号和规格。确定经销商品的范围要同供货商的经营意图和经销商的经营能力、资信状况相适应。如商品范围规定为供货商经营的全部商品,为避免争议,最好在协议中明确经销商品停止生产或有新产品推出对协议是否适用。

(3) 经销地区,即经销商行使经营权的地理范围。它可以是一个或几个城市,也可以是一个甚至是几个国家,其大小的确定,除应考虑经销商的规模、经营能力及其销售网络外,还应考虑地区的政治区域划分、地理和交通条件以及市场差异程度等因素。经销地区的规定也并非一成不变,可根据业务发展的具体情况由双方协议后加以调整。

在包销方式下,供货商在包销区域内不得再指定其他经销商经营同类商品,以维护包销商的专营权。为维护供货商的利益,有的包销协议规定包销商不得将包销品越区销售。

(4) 经销数量或金额,这是经销协议中必不可少的条款,此项数量或金额的规定对协议双方有同等的约束力,它也是卖方应供应的数量和金额。经销数额一般采用最低承购额的做法,规定一定时期内经销商应承购的数额下限,并明确经销数额的计算方法。为防止经销商订约后拖延履行,可以规定最低承购额以实际装运数为准。规定最低承购额的同时,还应规定经销商未能完成承购额,这是卖方的权利。

(5) 作价方法,即经销商品可以在规定的期限内一次作价,结算时以协议规定的固定价格为准。这种方法出于交易双方要承担价格变动的风险,故采用较少。在大多数经销协议中采用分批作价的方法,也可由双方定期地根据市场情况加以商定。

(6) 经销商的其他义务,包括做好广告宣传、市场调研和维护供货人权益等问题。通常规定,经销商有促进销售和广告宣传的义务,有的协议也规定,供货商应提供必要的样品和宣传资料,对于广告宣传的方式以及有关费用的负担问题,也应明确规定,一般多由经销商自己担负。在协议中,还可规定经销商承担市场调研的义务,以供出口商参考制定销售策略和改进产品质量。有的包销协议还规定,如在包销地区内发现供货商的商标权或专利权受到侵害,包销商要及时采取保护性措施。

(7) 经销期限,即协议的有效期,可规定为签字生效起一年或若干年。一般还要规定延期条款,可以经双方协商后延期,也可规定在协议到期前若干天如没有发生终止协议的通知,则可延长一期。经销期限届满协议即终止,但为了防止一方利用对方履约中的一些微不足道的差异作为撕毁协议的借口,在协议中还应规定终止条款,明确在什么情况下解除协议。

二、代理

(一) 代理的概念

代理是指委托人(出口商)与国外代理商达成协议,由出口商授权代理商代表出口商在特定区域和一定期限内,与第三方签订合同或做出其他法律行为,而由委托人直接负责由此产生的权利和义务。代理商在委托人授权的范围内行事,不承担任何风险和费用,通常按达成交易的数额提取约定比例的佣金而不管交易的盈亏。

代理是国际贸易中习惯采用的一种做法,许多业务都是通过代理人进行的,如银行代理、运输代理、保险代理、广告代理、仲裁代理等。代理方式有利于出口企业利用代理商的销售渠道扩大市场。

(二) 代理的特点

与包销方式相比,代理具有以下特点。

(1) 代理合同体现的是委托代理关系,不是买卖关系。

(2) 代理通常可以运用委托人的资金开展相关业务。

(3)代理人除代理协议规定外一般不得以自己的名义与第三方签订合同。

(4)代理人以佣金收入为主。

(三)代理的种类

根据代理权限的大小,代理可分为三种。

▶ 1. 总代理

总代理是委托人在指定地区的全权代表,不仅有权代表委托人签订合同,处理货物等有关业务,而且可以代表委托人从事非商业性活动。在商业活动中,代理商代表委托人签订合同、处理货物等。但总代理不享有代理商品的所有权,不承担经营中的风险,不得擅自改变委托人规定的交易条件。由于采用这种方式风险较大,我国一般不与外商签订总代理协议,通常都是指定我国驻外贸易机构作为总代理。

▶ 2. 独家代理

独家代理是在指定地区内单独代表委托人行为的代理人。委托人在该指定地区内不得委托第二个代理人。因此在出口业务中,采用独家代理这一方式,委托人给予代理人在特定地区和一定期限内享有代销指定商品的专营权。不过这种专营权与包销具有的专营权并不完全一样,独家代理下的专营权指的是专门代理权,商品出手前的所有权仍归委托人,由委托人自负盈亏。通常,除非协议另有约定,一般也可允许委托人直接向指定代理地区的买主进行交易。为了不损害独家代理商的利益,有些协议规定,凡委托人直接与指定代理地区的买主达成交易的,仍然向独家代理商计付佣金。

▶ 3. 一般代理

一般代理又称佣金代理,是不享有专营权的代理,委托人可在同一地区和期限内,选定一家或几家客户为其代理商,也可直接向该地区的实际买主成交,无须给一般代理商佣金。在我国出口业务中采用这种代理方式比较多。

(四)代理协议的主要内容

代理协议是规定出口企业和代理商之间权利和义务的协议,其主要内容如下。

▶ 1. 协议名称及双方当事人

签订代理协议时,一定要明确注明代理协议的性质是独家代理、总代理还是一般代理,同时,要保证所签订的代理协议不要与有关法律的强制性规定相抵触。

代理协议的双方当事人,即委托人和代理人,通常是独立的、自主的法人或自然人;协议必须清楚地规定双方当事人各自的全称、地址、法律地位、业务种类、注册日期、地点以及可以用来识别它的任何其他表示。

在代理协议的序言中,一般要对双方当事人的法律关系、授权范围和代理人的职责范围有明确的规定。

▶ 2. 指定代理的商品、地区和期限

在代理协议中,要明确、具体地对代理人代理商品的种类、名称、规格以及代理的地区、时间等做出规定。代理商品的范围,出口企业要根据其经营意图,代理商的规模、经营能力及资信等状况做出决定。

▶ 3. 代理的权限

不同性质的代理,条款的具体内容不同。如果是一般代理,应该在该条款中规定:委托人在代理人代理的地区,有直接向买主进行谈判和成交的权力。

独家代理协议中规定的独家代理权,通常可以分成两个方面:①独家代理权,即独家代理约定商品的专营权。委托人给予独家代理商专营权后，委托人在约定期限和约定地区内，不得另选代理商或自己直接销售。②独家代理商是否有权代表委托人订立具有约束力的合同。为避免独家代理商利用委托人的名义和信誉从事不利于委托人的活动，该条款常规定独家代理商的权限仅限于替委托人物色买主、招揽订单及中介交易等，而无权以委托人的名义与第三者订立合同。

▶ 4. 佣金条款

代理协议中必须规定佣金率、支付佣金的时间和方法。佣金率可与成交金额或数量相联系。

▶ 5. 最低成交额

独家代理通常承诺最低成交数量或金额。若未能达到该数额，委托人有权中止协议或按协议规定调整佣金率。

▶ 6. 宣传推广、商情报告和保护商标代理人

在代理期内，有义务定期或不定期地向卖方提供商情报告，代理商还应在代理区内努力而适当地进行广告宣传和促进产品的销售。

▶ 7. 其他规定

在代理协议中，进出口企业双方有时常就一些其他情况做出规定，主要包括以下内容。

（1）例外性条款，如委托人在授予独家代理商专营权时，往往又保留在约定地区一定的销售权限的例外规定。这种例外规定通常属于下列情况：政府机构或国营企业向委托人直接购货、进行国际招标或参与合资经营等。出口企业在进行上述业务时，不受协议约束，也不付给佣金或报酬，其销售额也不列入协议的最低推销额。

（2）非竞争性条款，如在代理人协议有效代理期内，不得在代理区销售或代理与约定商品相同、类似或具有竞争性的其他商品。

此外，独家代理协议还应规定代理商应负责进行产品的售后服务及保护委托人的知识产权等内容的条款。在代理协议中，委托人通常保留货主对代理商品的商标注册权。

（五）采用代理方式应注意的问题

▶ 1. 对代理方式的选用

独家代理比一般代理更能调动代理商的积极性，促使代理商专心代销约定的商品。

▶ 2. 对代理商品的选用

对代理商的资信能力和自己的经营能力及其在代理地区的商业地位做好市场调查。

▶ 3. 对代理商品的种类、代理地区和代销数量或金额的确定

商品种类的多少、地区的大小，要同客户的资信能力和自己的经营意图相适应。在一般情况下，独家代理的商品种类不宜过多，地区大小要看代理商活动范围及其经营能力，代理数量或金额的大小则要看自己的货源可能和市场的量及自己的经营意图。

▶ 4. 对中止或索赔条款的规定

为了防止独家代理商垄断市场或经营不力等现象的出现，最好在协议中有中止或索赔条款的规定。

三、寄售

（一）寄售的概念

寄售是一种委托代售的贸易方式，也是国际贸易中习惯采用的做法之一。它是指寄售

人先将货物运往寄售地，委托当地代销人按照寄售协议规定的条件，代替货主进行销售，货物出售后，由代销人向货主结算货款的一种贸易做法。寄售所得货款由代销人在扣除佣金和有关费用后，通过银行交给寄售人，寄售人同代销人之间并不是买卖关系，他是根据寄售人的委托照管货物并按寄售人的指示出售货物。

在我国进出口业务中，寄售方式运用并不普遍，但在某些商品的交易中，为促进成交，扩大出口的需要，也可灵活适当运用寄售方式。

（二）寄售的特点

与一般出口业务相比，寄售业务具有以下几个特点。

▶ 1. 寄售人的职责

寄售人先将货物运至目的地市场（寄售地），然后经代销人在寄售地向当地买主销售。因此，它是典型的凭实物进行买卖的现货交易。

▶ 2. 寄售人与代销人的关系

寄售人与代销人之间是委托代售关系，而非买卖关系。代销人只根据寄售人的指示处置货物，货物的所有权在寄售地出售之前仍属寄售人。

▶ 3. 寄售应承担的风险

寄售货物在售出之前，包括运输途中和到达寄售地后的一切费用和风险，均由寄售人承担。

寄售货物装运出口后，在到达寄售地前也可使用出售路货的办法，即当货物尚在运输途中，如有条件即成交出售，出售不成则仍运至原定目的地。

（三）寄售方式的优缺点

▶ 1. 寄售的优点

采用寄售方式可以在当地市场出售现货，有利于卖方根据市场的供求情况掌握销售时机、提高商品的竞争能力并使商品卖得好价。货物与买主直接见面，买主可以看货成交，随时采购，对开辟新市场、推销新产品有一定影响。代销商不负担风险和费用，一般不需垫付资金，多销多得，有利于促进其经营积极性。

▶ 2. 寄售的缺点

出口商承担一定的风险和费用。货物未售出之前发运，售后才能收回货款，收汇一般较缓慢，资金负担较重，货物已出口不能直接控制，一旦代销人不履行协议，可能遭到货款两空的危险。货物需在寄售地区安排存仓、提货，代销人不承担费用和货款，都将给出口商带来损失。如果货物滞销，需要运回或转运其他口岸，出口商将遭受损失。

（四）寄售协议的主要内容

寄售协议是寄售人与代销人之间就双方的权利与义务以及寄售业务中的有关问题签订的法律文件，其主要内容如下。

▶ 1. 协议双方之关系条款

寄售人和代销人之间的关系是一种委托代理关系。货物在出售前所有权仍属寄售人。代销人应按协议规定，以代理人身份出售商品、收取贷款、处理争议等，其中的风险和费用由寄售人承担。

▶ 2. 寄售商品的价格条款

寄售商品价格有三种规定方式：规定最低售价；由代销人按市场行情自行定价；由代销人向寄售人报价，征得寄售人同意后确定价格。其中最后一种做法较为普遍。

▶ 3. 佣金条款

规定佣金的比率，有时还可增加佣金比率增减额的计算方法。通常佣金由代销人在货款中自行扣除。

▶ 4. 协议双方当事人的义务条款

代销人的义务包括保管货物，代办进口报关、存仓、保险等手续并及时向寄售人通报商情。代销人应按协议规定的方式和时间将货款交付寄售人。有的寄售协议中还规定代销人应向寄售人出其银行保函或备用银行证，保证承担寄售协议规定的义务。寄售人按协议规定时间出运货物，并偿付代销人所垫付的代办费用。

此外，在寄售协议中，还应规定收受寄售商品的程序等内容。

四、展卖

（一）展卖的概念

展卖是出口商通过借助举办展览会、博览会、商品交易会及其他交易会的方式，对商品进行展销结合、以展促销的一种贸易方式。国际贸易中，展卖可在国外举行，也可在国内举行。展卖的开展，有利于宣传出口产品，扩大影响，招揽潜在买主，促进交易；有利于建立和发展客户关系，扩大销售地区和范围；有利于开展市场调研，听取消费者的意见，进而改进商品质量，增强出口竞争力。

（二）展卖的基本形式

▶ 1. 国际博览会

国际博览会又称国际集市，是指在一定地点举办的由一国或多国联合组办、邀请各国商人参加交易的贸易形式。不仅为买卖双方提供了交易方便，而且越来越多地作为产品介绍、广告宣传，以及介绍新工艺、进行技术交流的重要方式。国际博览会可分为以下两种形式。

（1）综合性国际博览会，又称"水平型博览会"，即各种商品均可参展并洽谈交易的博览会。这种博览会的规模较大，产品齐全，且会期较长。比较著名的有智利的圣地亚哥世界博览会、叙利亚的大马士革国际博览会、法国的巴黎国际博览会、德国的汉诺威世界博览会以及美国纽约、芝加哥等地举办的世界博览会等。

（2）专业性国际博览会，又称"垂直型博览会"，是指仅限于某类专业性产品参加展览和交易的博览会，规模较小，会期较短。比较著名的有德国纽伦堡玩具博览会、慕尼黑体育用品博览会及法兰克福消费品博览会等。

▶ 2. 中国出口商品交易会

中国出口商品交易会（Chinese Export Commodities Fair），又称"广州商品交易会"（Guangzhou Trade Fair），是我国各进出口公司在广州定期联合举办的、邀请国外客户参加的一种集展览与交易相结合的商品展销会，习惯上简称"广交会"。我国于1957年举办了首届广交会，以后每年春秋两季各举办一次。

▶ 3. 在国外举办展卖会

（1）自行举办展卖会。在国外自行举办展卖会时，相关的广告宣传费、展品的运费、保险费、展出场地的租用费以及其他杂项费用，均应由主办方自行负担。展卖结束后，剩余的展品也由主办方自行处理。这种方式下，货主将货物通过签约的方式卖断给外商，由外商在国外举办或参加展览会，货款在展卖后结算，双方是买卖关系。

（2）支持外商举办或与外商联合举办展卖会。支持外商在国外举办我国出口商品展卖会或与外商联合举办我国出口商品展卖会，是我国出口商品在国外展卖所采取的两种主要方式。货物所有权不变仍归货主，展品的价格由货主决定，国外客户只负责承担运输、保险、劳务及其他费用，货物出售后，国外客户只收取一定佣金作为补偿。这种方式下，双方是合作关系。

（三）开展展卖应注意的问题

展卖作为一种展销结合的贸易方式，所带来的经济效益远超过一次展卖会的销售额。一次成功的展卖会，往往会给参展商带来数量可观的订单。举办展卖会需注意以下问题。

▶ 1. 选择适当的展卖商品

在选择确定展卖商品时，要考虑选择一些质量较好、在市场上具有竞争力的参展商品；展出的品种应多样化，每一种花色的档次要多而全，既要有能满足特殊需要的高档品，也应有供应一般消费品的大路货和低档货，以适应各类不同层次消费者的需要。一般来说，机器设备、电子产品、手工艺品、儿童玩具以及一些日用消费品比较适用。

▶ 2. 选择合适的展销地点

一般来说，应考虑选择一些交易比较集中、市场潜力比较大且有发展前途的集散地或交易中心进行展卖活动。同时还应考虑当地的各项设施，如展出场地、通信、交通等基础设施所能提供的方便条件和这些服务的收费水平。

▶ 3. 选择适当的展卖时机

一般来说，展出的时间应与商品的销售季节一致，每次展出的时间不宜过长，以免费用过大，影响效果。

▶ 4. 做好参展组织工作

展卖本身是一种宣传活动，但要成功地进行展卖，需要做大量的宣传组织工作。可以利用各种媒体和互联网登出广告，引起公众注意，同时还可以邀请当地客户和知名人士，进行重点宣传以引起社会轰动，扩大在当地的影响。

▶ 5. 选择好合作的客户

合作的客户必须具有一定的经营能力，在当地市场应有一定的地位和影响，比较熟悉展出地点的市场情况，并有一定的业务联系网络或销售渠道，至少是具有一定能力的中间商。

五、招标与投标

（一）招标、投标的概念

招标，是指招标人在规定时间、地点、发出招标公告或招标单，提出准备买进商品的品种、数量和有关买卖条件，邀请卖方投标的行为。

投标，是指投标人应招标人的邀请，根据招标公告或招标单的规定条件，在规定投标的时间内向招标人递盘的行为。实际上，招标、投标是一种贸易方式的两个方面。

招标与投标多数用在国家政府机构、市政当局、国营企业或公用事业单位采购物资、器材或设备，这种方式更多地用在国际承包工程。近年来，不少发展中国家为了发展民族经济，日益广泛地采用招标方式来招包工程项目，甚至有些国家通过法律规定，凡属主要商品进口或对外发包的工程必须采用国际招标方式。目前，国际间政府贷款项目和世界银行的贷款项目，往往在贷款协议中规定供款国必须采用国际竞争性招标采购项目物资或发包工程。从目前国际贸易实务发展趋势来看，招标与投标这一方式用于国际承包工程业务的情况更为普遍。在货物买卖方面主要用于政府的大规模的采购。

（二）招标、投标的基本程序

招标、投标业务的基本程序包括招标前的准备工作、投标、开标、评标、决标及中标签约等几个环节。

▶ 1. 招标前的准备工作

一项招标能否成功，在很大程度上取决于招标前的准备工作是否充足。招标前的准备工作很多，包括发布招标公告、资格预审、编制招标文件等。

（1）发布招标公告。凡采用选择性招标或谈判招标方式时，一般先发出招标通知。如采用公开招标或两段招标时，则应在国内报刊或有权威的杂志上刊登招标广告。招标通知与招标广告的内容基本相同，一般是指招标项目的内容、要求条件和投标须知等。发送招标通知和刊登招标广告都必须及时，按照国际惯例，招标通知和招标广告一般在开始招标前两日发出。

（2）资格预审。所谓资格预审，包括由招标人对投标人的基本情况、财务状况、供应与生产能力、经营作风及信誉进行全面预先审查，是预先确定招标人的资格条件、确保其在各方面有投标能力的关键工作。预审合格后方能取得招标的资格。目前国际上招标人进行资格预审采用的方式很多，一般采用分发资格预审调查表，招标人对投标人所提供的数据进行分项评分后进行评估。

（3）编制招标文件。在物资采购的招标中，招标文件主要列明招标商品的各种交易条件，只有价格条件由投标人投标时递价。招标单还须列明投标人须知，如列明投标人资格、投标日期、开标日期、寄送投标单的方法等。此外，为防止投标人中标后不与招标人签约，招标单中还规定要求投标人交纳投标保证金及履约保证金的条款。

▶ 2. 投标

（1）投标前的准备工作。投标人参加投标之前，也须做许多准备工作，包括编制投标资格审查表、分析招标文件、寻找投标担保单位等。其中分析研究招标文件是一个核心问题，投标人要对招标文件中的招标条件、技术标准、合同格式等认真分析，做到量力而行，尽力而为。

（2）编制投标文件和提供保证函。投标人经过慎重研究标书后，一旦决定参加投标，就要按照招标文件的规定编制和填报投标文件。投标人通常被要求提供投标保证金或投标保证函或备用信用证。保证金额是以投标金额的百分比计算，一般为 10% 左右。如开标后，投标人未中标，招标人退回投标人保证金。如投标人在开标后中标，却不与招标人签约，保证金将被招标人没收。

（3）递送投标文件。投标文件须在投标截止日期之前送达招标人，逾期失效。递送投标文件，一般应密封后挂号邮寄，或派专人送达。

▶ 3. 开标、评标、决标

（1）开标。所谓开标，是指在指定时间和地点将全部投标寄来的投标书中所列的标价予以公开唱标，使全体投标人了解最高标价以及最低标价。开标时间和地点通常在招标文件中予以规定。开标有公开开标和不公开开标两种方式。公开开标要当众拆开所有密封投标单，宣读内容。投标人可派代表监督开标，开标后，投标人不得更改投标内容。不公开开标则是由招标人自行选定中标人，投标人不能派出代表参加开标。国际招标大多数采用公开开标的方式。

(2) 评标、决标。开标后，有些可以当场决定由谁中标，有的还要由招标人组织人员进行评标，参加评标的人员原则上要坚持评标工作的准确性、公开性和保密性。评标后就应当决标，确定中标人。

4. 中标签约

中标即为得标，是从若干投标人中选定交易对象。中标者必须与招标人签约，否则保证金予以没收。为了确保中标人签约后履约，招标人仍然要求中标人交纳履约保证金或者保证函。国际招标惯例是招标人在评标过程中，认为不能选定中标人时可以宣布招标失败而拒绝全部投标，这种行为称为拒绝投标。一般出现下列情况之一者，可以拒绝全部投标：①最低标价大大超过国际市场的价格水平；②所有投标书内容与招标要求不符；③在国际竞争性招标时投标人太少。

（三）招标的分类

1. 国际竞争性招标

国际竞争性招标是指招标人邀请几个乃至几十个投标人参加投标，通过多数投标人竞争，选择其中对招标人最有利的投标人达成交易，属于竞卖的方式。国际竞争性招标有两种做法：

（1）公开招标，又称无限竞争性招标。一般由招标人通过国内外报纸、杂志、电台、广播发出招标通告，使所有具备投标资格，并对该项招标有兴趣的投标人，都有均等机会购买标书，参加投标。世界银行贷款项下的采购，大多采用这种招标方式。

（2）选择性招标，又称邀请招标或有限竞争性招标。招标人不刊登广告，而是根据自己具体的业务关系和情报资料，或通过咨询公司的介绍，有选择地邀请招标，投标人进行资格预审合格后，才能参加投标。

2. 谈判招标

谈判招标，又称议标，是非公开的、非竞争性的招标。这种招标由招标人直接同卖方进行谈判，确定价格，达成交易，签订合同。谈判招标适用于专业性强、交货期紧迫的交易，如某些军事、保密工程所需的物资和设备的采购等。

3. 两段招标

两段招标是无限竞争招标与有限竞争招标的综合方式，采用此类方式时，先用公开招标，再用选择性招标的方式分两段进行。

（四）招标、投标应注意的问题

（1）如果招标通告中规定需通过代理人进行的，投标人必须在招标人所在国（地区）选定代理人，并签订代理协议，订明我方投标的具体条件，代理人的报酬和不中标时应付的手续费等。

（2）投标人在投标前应仔细审阅招标文件，避免遗漏，对标单的填写要慎重。因其具有实盘性质，不能随意撤销；按照国际投标的一般做法，投标文件是中标签订合同的一部分。

（3）投标前应了解招标国（地区）关于招标的规定和习惯，同时要落实货源。因为投标要支付一定的保证金，而且投标的商品一般数量较大，交货比较集中。如不能按时履约，将会造成不良影响，并须承担招标人因此而造成的经济损失。

六、拍卖

（一）拍卖的概念

拍卖是由专营拍卖业务的拍卖行接受货主的委托，在一定的地点和时间按照一定的章程和规则,以公开叫价竞购的方法,最后由拍卖人把货物卖给出价最高的买主的一种现货交易方式。

通过拍卖进行交易的商品大都是一些品质不易标准化的商品,如茶叶、烟叶、兔毛、皮毛、木材等;某些易腐坏、难以久存的商品,如水果、蔬菜、花卉、观赏鱼等;某些贵重商品或习惯上采用拍卖方式成交的商品,如贵金属、首饰、地毯、古董等;某些稀有商品,如水貂皮、澳洲羊毛等。拍卖所形成的价格,对这些商品的行市有很大影响。

(二)拍卖的程序

(1)准备阶段,主要是对商品进行挑选和分批、编印拍卖目录、允许参加拍卖的买主到仓库查看货物等。

(2)正式拍卖。

(3)成交与交货。拍卖成交后,拍卖行交给买主一份成交确认书,由买主签字表示交易达成,买主应在 10~14 天内提货。货款通常以现汇支付。货款付清后,货物的所有权即转移到卖方。拍卖行收取一定的佣金。

(三)拍卖的形式

根据出价的方法不同,拍卖的形式主要有以下三种。

▶ 1. 增价拍卖

增价拍卖又称英式拍卖,是最常用的一种拍卖方式。拍卖时,由拍卖人提出一批货物,宣布预定的最低价格,然后由竞买者相继叫价,竞相加价,有时规定每次加价的金额额度,直到拍卖人认为无人再出更高的价格时,则用击槌动作表示竞买结束,将这批商品卖给最后出价最高的人。在拍卖出槌前,竞买者可以撤销出价。如果竞买者的出价都低于拍卖人宣布的最低价格,卖方有权撤回商品而拒绝出售。

▶ 2. 减价拍卖

减价拍卖又称荷兰式拍卖,是由拍卖人喊出最高价格,然后逐渐减低叫价,直到某一竞买者认为已经低到可以接受的价格表示买进为止。减价拍卖成交迅速,经常用于拍卖鲜活商品和水果、蔬菜等。

增价拍卖和减价拍卖都是在预定时间和地点按照先后批次,公开叫价,现场确定,当时成交。

▶ 3. 密封递价拍卖

密封递价拍卖又称招标式拍卖,先由拍卖人公布每批商品的具体情况和拍卖条件等,然后由各买方在规定时间内将自己的出价密封递交拍卖人,以供拍卖人进行审查比较,决定将该货物卖给哪一个竞买者。这种方法不是公开竞买,拍卖人有时要考虑除价格以外的其他因素。有些国家的政府或海关在处理库存物资或没收货物时往往采用这种拍卖方法。

第二节 其他贸易方式

一、对销贸易

(一)对销贸易的概念

对销贸易又称反向贸易、互抵贸易、对等贸易等,也有人把它笼统地称为易货或大易货。它是指在互惠的前提下，由两个或两个以上的贸易方达成协议，规定一方的进口产品可以全部或部分以相对的出口产品来支付。

对销贸易的形成经历了漫长的演化过程，可追溯至原始的交换方式贸易，到20世纪60年代末，随着互购、产品回购等类交易在东西方贸易中大量涌现，苏联出现了补偿贸易基础上的贸易的提法，西方也开始用对销贸易来概括这类贸易方式。其突出特点是，不用或很少用硬通货进行结算。对销贸易带有强烈的双边性和封闭性，它增加了贸易保护主义，可能造成商品流向和贸易格局的不合理状态。

（二）对销贸易的种类

▶ 1. 易货贸易

易货贸易是一种最古老的贸易方式，买卖双方可将等值或基本等值的货物与服务直接交换，不涉及货币交易。易货贸易有两种传统形式：一种是狭义易货，又称直接易货，即纯粹的以货换货，买卖双方各以等值的货物相交换而不使用货币结算；另一种是广义易货，又称一揽子易货或综合易货，即交易双方交换的货物价值对等，货款可用外汇支付，也可通过双方记账。

▶ 2. 互购贸易

互购贸易，又称对购贸易或平行贸易，是一种现汇贸易，指出口的一方向进口一方承担购买相当于其出口货值一定比例的产品。互购贸易涉及两个相互独立又相互联系的合同：第一份合同是基础合同，规定出口方出口商品的数量、质量等有关内容，同时由出口方承诺在一定时期内承担反购义务；第二份合同则是约定由先出口国用所得货款的一部分或全部从先进口国购买商定的回头货。

互购不是单纯的以货换货，而是现汇交易，并且不要求等值交换，进、出口贸易也不需要同步进行。互购贸易中进出口双方的利益是不平衡的，先进口的一方要先以现汇支付，先出口的一方，不论从资金周转或续后的谈判地位衡量，都占有比较有利的地位。而实践中，西方发达国家凭其技术上的优势，往往是先出口国。因此，这种做法颇受西方发达国家的青睐。

▶ 3. 补偿贸易

补偿贸易是指交易的一方在对方提供信用的基础上进口机器、设备、技术或原材料，不用现汇支付，而用向对方回销上述进口设备或原料所生产的产品或劳务所得的价款分期摊还。按照我国有关部门的规定，如果利用国外信贷购置设备进行生产，然后以回销产品或劳务所得价款分期偿还货款者也属补偿贸易。

补偿贸易按偿付的方式不同可分为直接补偿、间接补偿、劳务补偿。直接补偿就是进口方用进口的设备或技术直接生产出来的产品来偿还价款和利息，这是补偿贸易的基本形式。间接补偿是指进口方用与进口的设备或技术无关的产品来偿还价款和利息。劳务补偿是指由进口方用向对方提供劳务所得的报酬偿还，多见于与来料加工或来件加工相结合的小额补偿贸易。这三种补偿方式在实践中并不见得是截然分开的，既可以是部分直接产品、部分其他产品，也可以是部分产品、部分劳务，甚至可以是部分直接产品、部分现汇支付等。

▶ 4. 转手贸易

转手贸易是一种特殊的贸易方式，是在记账贸易的条件下人们采用转手贸易作为取得硬通货的一种手段。最简单的转手贸易是将根据记账贸易办法买下的货物运到国际市场转售，从中取得硬通货。复杂的做法是在记账贸易项下握有顺差的一方将该项顺差（实际上是在相应的逆差国家购买货物的权利)转让给第三方,以换取他所需要的商品或设备,然后由该第三方利用该项顺差在相应的逆差国购买货物,运往其他市场销售,以期收回硬通货。在实践中,由于第三方购买的货物一般不是在国际市场上能够轻易换得自由外汇的产品,所以,第三者往往需要把所购产品与其他国家的产品交换。有时要经过多次交换才能获得能够换取硬通货的产品。由于转手贸易环节较多,手续复杂,成本高昂,再加上记账贸易的萎缩,转手贸易在对销贸易中的比重也逐渐下降。

▶ 5. 抵销贸易

抵销贸易多见于军火或大型设备如飞机等的交易。简单的抵销与互购没有太大差别,也是由先出口的一方承诺购买进口方一定数量的出口商品,一般是相关的零部件。但是到20世纪70年代,特别是进入80年代以来,出口方的承诺更多的是允诺用出口军火或设备的货款作为资本,在进口国家投资建立有关联的零部件生产工厂,以此向出口国家提供产品。

二、加工贸易

(一) 加工贸易的概念

加工贸易是指以加工为特征的进出口贸易,是来料加工、来样加工和来件装配业务的总称,是贸易的甲方提供原材料、零部件、样品,乙方按甲方要求,加工装配或生产出成品交给甲方,乙方只收取加工费的一种贸易方式。自20世纪90年代以来,我国积极开展加工贸易,并得到了迅速发展,每年的加工贸易额一度超过正常贸易额。

(二) 加工贸易的形式

▶ 1. 来料加工

来料加工通常是指加工一方由国外另一方提供原料、辅料和包装材料,按照双方商定的质量、规格、款式加工为成品,交给对方,自己收取加工费。有的是全部由对方来料,有的是一部分由对方来料,一部分由加工方采用本国原料的辅料。此外,有时对方只提出式样、规格等要求,而由加工方使用当地的原、辅料进行加工生产,这种做法常被称为"来样加工"。

来料加工与一般进出口不同。一般进出口贸易属于货物买卖;来料加工虽然有原材料、零部件的进口和成品的出口,却不属于货物买卖。因为原料和成品的所有权始终属于委托方,并未发生转移,加工方只提供劳务,并收取约定的工缴费。因此,来料加工这种委托加工方式属于劳务贸易的范畴,是以商品为载体的劳务出口。

对委托方而言,来料加工可以利用别国廉价的劳动力及土地等资源,降低产品成本,增强竞争力,促进产业结构调整。而对加工方来说,可以充分利用国内的廉价劳动力,增加就业,提高居民收入,同时引进相对先进的技术设备和管理手段,提高企业的生产、技术和管理水平,发挥本国的生产潜力,补充国内原材料的不足,增加外汇收入。

▶ 2. 进料加工

进料加工又称"以进养出",指用外汇购入国外的原材料、辅料,利用本国的技术、设备和劳力,加工成成品后,销往国外市场。这类业务中,经营的企业以买主的身份与国外签订购买原材料的合同,又以卖主的身份签订成品的出口合同。两个合同体现为两笔交易,它们都是以所有权转移为特征的货物买卖。而来料加工中的原料进口和成品出口属于同一笔交易,所有权不发生转移。

此外,进料加工中加工后成品由自己负责销售,赚取的是从原料到成品的附加价值;

而来料加工中加工后的成品由外方负责销售,我方只赚取加工费。从这个角度看,进料加工的经济效益要大于来料加工。但另一方面,进料加工却要承担价格风险和成品的销售风险,而来料加工则不存在这些风险。

▶ 3. 来件装配

来件装配指由一方提供装配所需设备、技术和有关元件、零件,由另一方装配为成品后交货。来料加工和来料装配业务包括两个贸易进程:一是进口原料;二是产品出口。但这两个过程是同一笔贸易的两个方面,而不是两笔交易。原材料的提供者和产品的接受者是同一家企业,交易双方不存在买卖关系,而是委托加工关系,加工一方赚取的是劳务费,因此属于劳务贸易范畴。

▶ 4. 协作生产

协作生产是指一方提供部分配件或主要部件,而由另一方利用本国生产的其他配件组装成一件产品出口。商标可由双方协商确定,既可用加工方的,也可用对方的。所供配件的价款可在货款中扣除。协作生产的产品一般规定由对方销售全部或一部分,也可规定由第三方销售。

三、期货交易

(一) 期货交易的概念

期货交易是指在期货交易所内,买卖双方按照严格的程序和规则,集中买卖期货合约的交易行为。期货合约是由期货交易所统一制定的、在将来某一特定时间和地点交割一定数量标的物的标准化合约。

期货交易的商品大多数属于供求量较大、价格波动较频繁的初级产品,如谷物、棉花、可可、咖啡、活牲畜、木材、有色金属、原油及贵金属等。随着期货市场的发展,可交易的期货种类越来越多,总的来看可分为两类:商品期货和金融期货。商品期货包括农产品期货、金属期货和能源期货。

(二) 期货交易的特点

(1) 期货交易以标准化的期货合约为标的,在期货交易所内进行交易。

(2) 期货交易的结果不是实体货物的转移,而是支付或取得签约合同之日与履行合同之日的价格差额。

(3) 期货交易一般不规定交易双方提供或接受实体货物,若要求以接受实物来清算,一般不超过交易总额的2%。

(4) 期货交易实行严格的保证金制度,交易者必须在交易所开立保证金账户,并按交易金额的一定比例缴纳保证金,一般需要支付5%~10%的履约保证金。

(5) 期货交易所为交易双方提供结算交割服务,买卖双方无须见面,由交易所进行统一交割、对冲和结算。

(6) 人们参与期货交易的目的不是获得商品的使用价值和价值,有的是为了利用期货市场来规避风险,有的则是为了投机谋利。

(三) 期货市场的构成

期货市场是按一定的规章制度买卖期货合约的有组织的市场。它由期货交易所、期货佣金商、清算所、期货交易参与者共同构成。

▶ 1. 期货交易所

期货交易所也称商品交易所,是专门进行期货合约买卖的场所,一般实行会员制,其财产来源于初始投资及会员会费、席位费及交易手续费。交易所的最高权力机构是会员大会,下设董事会或理事会,董事会聘任交易所总裁负责日常行政和管理工作。期货交易所的主要职能是:①为期货交易提供场地、设施和服务;②制定标准化的期货合约;③制定并监督执行交易规则,保证交易公正、公开、公平;④组织和监督期货交易、结算与交割,保证期货合约的履行;⑤负责收集和发布交易信息;⑥设立仲裁机构,解决交易纠纷。

▶ 2. 期货佣金商

期货佣金商又称经纪行,是依法成立的以期货代理业务为主的公司,他们以自己的名义代理客户买卖期货,收取佣金,并向交易所、清算所和客户负责。期货佣金商的代理业务主要包括:执行客户交易指令,代理实物交割;保管并处理客户保证金;为客户提供市场信息、商品行情和相关服务,充当交易决策的参谋;记录客户盈亏。

▶ 3. 清算所

清算所是负责期货合约对冲、结算和交割的机构。从组织形式上看,有的附属于交易所,也有的完全独立。清算所是期货交易双方的代理人,拥有代位权,对期货合同的买家来说它代表卖家,而对期货合同的卖家来说它代表买家,并有义务担保每笔合约的履行,因此具有权威性,是期货市场运行机制的核心。清算所的主要功能是:负责处理期货合约交易的一切账目往来,所有在交易所达成的交易,都必须在清算所进行结算,而不是交易双方之间相互往来款项;担保期货合约的履行,处理违约者账户并对受损者进行补救;负责安排、监督期货交割。

▶ 4. 期货交易参与者

期货交易参与者是指参加期货交易的成员,各国法律对期货交易参加者的资格没有严格规定,可以是公司,也可以是个人,无任何限制。但能够进场直接交易的只能是会员和场内经纪人。前者拥有自己的交易席位,可以为自己的利益进行交易;后者则是接受客户委托,代理客户交易或者经过允许从事双重交易。其他不能进场交易的客户,只能委托经纪人进行间接交易。

参与者按其参加期货交易的目的不同,又可以分为套期保值者和投机者两类。

(1) 套期保值者一般是实际商品的生产商、加工商、储运商和贸易商。他们参与期货交易的目的,是在期货市场建立与现货交易相反的交易头寸,以便将现货市场价格波动风险转嫁给第三方。简而言之,就是在买入或卖出一种商品现货的同时,又在期货市场卖出或买进在各方面同等的期货,以规避因市场价格波动而带来的市场风险。

(2) 投机者也称风险经营者,通常是指采用各种技术方法预测未来商品期货价格,并试图通过频繁的买卖期货合同以赚取买卖差价的市场参与者。通常分为"多头"与"空头",前者的交易行为是首先买进期货合约,而后在合适的价位上卖出;后者的做法则相反。但无论他们如何操作,其交易理念都是"低买高卖"。

■ 四、电子商务

(一) 电子商务的概念

电子商务是指一种以互联网为基础,以交易双方为主体,以银行电子支付和结算为手段,以客户数据为依托的全新商业模式。电子商务系统不受空间的限制,能够自动化、高质量地处理贸易单据,解决国际贸易全球化中遇到的众多问题。

国际贸易中的电子商务,指的是从事国际贸易的企业在国际贸易活动中采用国际互联网等现代电子信息技术开展国际贸易的实践做法。在全球经济一体化进一步加强，市场竞争更加激烈的今天，集计算机技术、网络技术、信息技术为一体的电子商务，掀起了国际贸易领域的一场新的革命。它的运用，打破了国际贸易的时空性和地域性的限制，缩短了国际贸易的空间和场所，简化了国际贸易的程序和过程，使国际贸易活动全球化、智能化、无纸化和简易化，并实现了划时代的深刻变革。

拓展案例

我国跨境电商的发展概况

随着2015年"互联网＋"时代的来临，跨境电商应运而生。当今世界，随着国际经济与贸易条件的逐渐恶化，日本、欧洲的需求持续变小，中国出口贸易增加速度出现了大幅减缓。然而以跨境电商为代表的新型贸易方式，近年来的发展脚步却在逐渐加快，并有望引领中国贸易乃至整个经济的增长。

2015年，中国跨境电商交易规模同比增长28.6%，为5.4万亿元。其中跨境进口交易规模为9 072亿元，跨境出口交易规模为4.49万亿元。中国跨境电商的进出口结构比例中出口电商占比83.2%，进口电商占比16.8%；进出口比将近1∶5。从结构上看，跨境进口电商的比例将长期低于跨境出口电商的比例，中国跨境电商的发展将持续以跨境出口为主，跨境进口为辅。我国近年来大力扶持跨境电商，更多是为了帮助传统外贸企业实现"互联网＋外贸"的模式转型升级。2015年，中国跨境电子商务的交易模式跨境电商B2B交易占比达到88.5%，跨境电商B2B交易占据绝对优势，跨境电商B2C交易占比11.5%。

未来几年，跨境电商将快速发展，2017年跨境电商交易额将占进出口贸易总额的20%左右，而其中主导仍是出口电商，占比保持在80%以上。未来几年里，我国出口电商的交易规模将继续保持20%～25%的增长速度，预计2017年将达到6.64万亿的规模。未来随着支付方式、跨境物流等环节的进一步完善和跨境电商企业盈利能力的提升，跨境电商行业将迎来发展的黄金期。将来我国跨境电商的重点将从B2C转向具有更大发展潜力的B2B，尤其是通过帮助制造型企业上线，加强现代物流企业和外贸综合服务企业转型速度，从销售端和生产端共同发力，成为未来跨境贸易电子商务发展的主要策略。

资料来源：中国跨境电商的发展概况．

（二）电子商务的分类

按照交易对象的不同，电子商务主要分为以下几类。

▶ 1. 企业对消费者的电子商务

企业对消费者的电子商务（business to consumer，B2C）基本等同于电子零售商业，主要是企业借助互联网所开展的针对消费者的在线式销售活动，是各类电子商务中发展较快的一种模式。应用这种模式销售的产品主要有鲜花、书籍、计算机、汽车等。

▶ 2. 企业对企业的电子商务

企业对企业的电子商务（business to business，B2B）是指企业使用Internet或各种商务网络向供应商（企业或公司）订货和付款。这种电子商务模式发展最快，已经有了多年的历史，特别是通过增值网络（value added network，VAN）运行的电子数据交换，使企业对企业的电子商务得到了迅速扩大和推广，公司之间可以使用网络进行订货和接受订货、合同等单证和付款。

▶ 3. 企业对政府的电子商务

企业对政府的电子商务（business to government，B2G）可以覆盖公司与政府组织间的许多事务。目前我国有些地方政府已经推行网上采购。

4. 消费者对政府的电子商务

消费者对政府的电子商务(consumer to government，C2G)，即政府将会把电子商务扩展到福利费发放、自我估税及个人税收的征收方面。

(三) 电子商务在国际贸易中的优势

1. 降低交易成本

买卖双方通过网络直接进行商务活动，避免了中间商的参与，减少了贸易的中间环节，降低了交易费用；降低存货占用成本，节省了存储费；通过网络营销活动提高销售效率，降低促销费用；利用网络在全球市场选择价格最低的供应商，降低采购成本。

2. 提高交易效率

利用电子商务开展国际贸易，买卖双方可采用标准化、电子化的合同、提单、保险凭证、发票、汇票、信用证等，使各种相关单证在网上实现瞬间传递，极大地节省了单证的传输时间，显著提高交易效率。此外，电子商务还可以优化企业内部组织机构，使经营管理中的客户信息、库存信息、采购信息、销售信息等的整理、统计、存储等工作由计算机来完成，提高了办事效率。

3. 促进世界服务贸易的扩大

现代信息技术突破了时空限制，服务贸易的提供者不必跨出国门就能为其他国家的客户提供国际服务。利用电子商务，可以将服务贸易推向全球，而在推广的同时也降低了贸易成本，提高了服务效率。

4. 促进世界技术贸易的发展

现代工业产品更新换代速度加快，产品生命周期缩短，制成品中的科技含量提高。在竞争日趋激烈的国际市场，信息技术的普及和发展对此起了推波助澜的作用。任何科技新成果一出现马上"家喻户晓"，成为同行业赶超的目标。信息技术大量应用于产品的开发和生产，提高了相关产品的贸易量，国际贸易额也随之增加。

(四) 发展国际电子商务面临的问题

国际电子商务作为一种新的贸易方式，促进了国际贸易的发展，但同时也给世界各国和企业带来了新的问题。

1. 法律问题

随着电子商务在国际贸易中的发展和应用，原有的贸易法已不能适应新形势的要求，急需一个强有力的法律来维护以电子商务为基础的国际贸易的秩序。1996年，联合国国际贸易法委员会通过了《电子商务示范法》，该法是世界上第一个电子商务的统一法规，对电子商务的一些基本法律问题做出了规定，有助于填补国际上电子商务的法律空白。

2. 标准化问题

标准化是电子商务普及中的重点和难点。电子商务的实施要依靠网络技术的发展，因此，电子商务的标准化也是建立在网络技术标准化基础之上的，包括网络标准化和数据传输标准化。在网络标准化方面，著名的网络协议有国际互联网协议和开放系统互联协议。在数据传输标准化方面，被世界各国普遍接受的是电子数据交换的标准化。

3. 税收问题

电子商务现阶段与税收的关系十分矛盾，一方面电子商务的发展促进了经济的发展，在电子商务展开的同时开拓了广阔的税源空间，为政府创造了大量税收；另一方面，电子商务本身具有的交易双方的隐蔽性、交易地点的不确定性以及交易对象的复杂性，再加上现行的税收征管制度以及征管手段存在很多漏洞，往往又造成税收的大量流失。国际上对电子商务的税收征管有两种倾向，即征税与免税，怎样取舍主要是看各国政府的选择。目前我国还没有关于电子商务专门的税收规定，但电子商务的发展已经对我国现有的税收政策提出了严峻的挑战。

▶ 4. 安全问题

电子商务的运作涉及多方面的安全问题，包括资金安全、信息安全、货物安全、商业秘密等。大量的经济信息在网上传递，资金在网上划拨流动，网上交易的权威性认证都要求做到万无一失，无论国际还是国内，电子商务的安全性还是令人忧虑，安全问题如果不能妥善解决，电子商务的实现就是一句空话。电子商务的安全问题，不仅涉及技术问题，同时也涉及管理问题和法律问题。如何有效地保障电子商务的安全性，将是电子商务生存的关键。

| 本章小结 |

本章主要介绍了国际贸易中经销、寄售、代理、招标与投标、对销贸易、加工贸易与电子商务等贸易方式。可以通过梳理不同国际贸易方式的含义与特点，了解它们应用差异；结合拓展案例或相关财经报道，了解国际贸易实践中不同贸易方式的应用概况，深入领会各种贸易方式的应用前景，把握国际电子商务等未来发展潜力较大的国际贸易方式，为实际工作奠定基础。

| 复习思考题 |

1. 独家经销与独家代理有何不同？
2. 对销贸易的优势有哪些？
3. 期货交易和现货交易的含义与区别是什么？
4. 我国外贸企业开展电子商务的主要问题有哪些？应如何解决？

参 考 文 献

[1] 张锡嘏. 国际贸易[M]. 5版. 北京：对外经济贸易大学出版社，2013.
[2] 贾金思. 国际贸易理论政策实务[M]. 北京：对外经济贸易大学出版社，2013.
[3] 谢琼，吴启新. 国际金融[M]. 北京：北京理工大学出版社，2015.
[4] 刘舒年，温晓芳. 国际金融[M]. 北京：对外经济贸易大学出版社，2011.
[5] 宁烨，杜晓君. 国际商法[M]. 北京：机械工业出版社，2014.
[6] 李红丽. 国际贸易单证实务[M]. 上海：立信会计出版社，2012.
[7] 罗农. 进出口贸易实训及案例分析[M]. 北京：中国人民大学出版社，2006.
[8] 刘建民，睢利萍，徐文捷. 国际商法[M]. 上海：上海交通大学出版社，2013.
[9] 韩晶玉，李辉，郭丽. 国际贸易实务[M]. 北京：对外经济贸易大学出版社，2014.
[10] 杨芬，刘传晓. 国际贸易实务[M]. 北京：对外经济贸易大学出版社，2013.
[11] 马祯，武汉生. 国际贸易实务[M]. 北京：对外经济贸易大学出版社，2014.
[12] 黄爱科，李凡. 国际贸易实务[M]. 长沙：中南大学出版社，2014.
[13] 丛凤英，陈树耀. 国际货物运输与保险实务[M]. 北京：对外经济贸易大学出版社，2012.
[14] 姚新超. 国际贸易运输与保险[M]. 北京：对外经济贸易大学出版社，2013.
[15] 胡俊文. 国际贸易实务操作[M]. 北京：机械工业出版社，2007.
[16] 尹显萍. 国际贸易实务实验教程[M]. 武汉：武汉大学出版社，2008.
[17] 刘志惠，周宝玉，国际结算，北京：对外经济贸易大学出版社，2014.
[18] 王迎，韩晶玉. 国际结算[M]. 北京：对外经济贸易大学出版社，2014.
[19] 张炳达，唐辉亮，李成军. 国际贸易理论与实务[M]. 上海：上海财经大学出版社，2008.
[20] 李朝民. 国际贸易理论与实务[M]. 北京：中国人民大学出版社，2010.
[21] 胡国松. 国际贸易与国际金融[M]. 北京：石油工业出版社，2011.
[22] 张帆，胡曙光，门淑莲. 国际经济学[M]. 大连：东北财经大学出版社，2003.
[23] 黄卫平，彭刚. 国际经济学教程[M]. 北京：中国人民大学出版社，2004.
[24] 〔美〕保罗·克鲁格曼. 国际经济学[M]. 海文，等，译. 北京：中国人民大学出版社，1998.
[25] 邹根宝. 新编国际贸易与国际金融[M]. 上海：上海人民出版社，2004.
[26] 海闻，P. 林德特，王新奎. 国际贸易[M]. 上海：上海人民出版社，2005.
[27] 芦琦. WTO概览[M]. 上海：复旦大学出版社，2008.